KB058336

영어 어휘 지식 백과

이지연 영어연구소 소장 이력
미국 남가주대(USC) 영어교육학 TESOL 석사
'93-'98 L.A. RADIO SEOUL 영어 한마디 진행자
2002 월드컵 조직위원회 외신 보도 과장
REUTERS NEWS AGENCY SEOUL 월드컵 Logistics Manager
2005-현재 영어교재 100여권 저술가 및 강연자
에세이 작가

도표와 이미지 출처: 셔터스톡(shutterstock)

영어 어휘 지식 백과 생활 교양 편

초판 1쇄 인쇄 2022년 12월 27일
초판 1쇄 발행 2023년 1월 9일

지은이 이지연
발행인 박효상 | **편집장** 김현 | **기획 · 편집** 장경희, 김효정 | **디자인** 임정현
편집 진행 강윤혜 | **조판** 조영라
마케팅 이태호, 이전희 | **관리** 김태옥

종이 월드페이퍼 **인쇄 · 제본** 한영문화사 | **출판등록** 제10-1835호
펴낸 곳 사람in | **주소** 04034 서울시 마포구 양화로11길 14-10(서교동) 3F
전화 02) 338-3555(代) **팩스** 02) 338-3545 | **E-mail** saramin@netsgo.com
Website www.saramin.com

책값은 뒤표지에 있습니다.
파본은 바꾸어 드립니다.

ISBN 978-89-6049-988-1 14740
978-89-6049-976-8 세트

우아한 지적만보, 기민한 실사구시 사람in

영어 어휘 지식 백과

어휘에서 어원으로,
어원에서 배경으로
배경에서 교양으로 이어진

이지연 지음

A REPOSITORY OF ENGLISH VOCABULARY

생활 교양 편

BREAKING NEWS

사람in

Preface

언어는 참지식을 맛볼 수 있는 통로입니다

SNS 시대에 영어는 권력입니다

언어는 권력입니다. 언어에 익숙해야 필요한 정보에 접근할 수 있고, 그 정보를 우리 생활에 녹여내고 활용할 수 있습니다. 언어에 익숙해야 자유롭게 소통할 수 있고, 그러한 소통을 통해 우리 생활은 더욱 풍부해지고 살맛납니다. 즉 누릴 수 있는 것이 그만큼 많아진다는 얘기이죠.

'글로벌(global)'이란 말이 일상적으로 쓰이고 '세계인'이라는 개념이 일반화된 시대입니다. 교통의 발달로 돈만 있으면 세계 어디든 갈 수 있는 시대이지만, 굳이 돈이 없어도 이제는 SNS로 전 세계 어떤 문화든 접하고 소통할 수 있는 시대이죠. 마치 겉과 안이 연속적인 흐름을 갖는 뫼비우스의 띠처럼 SNS로 전 세계가 하나의 띠로 이어졌습니다. 여기에 영어라는 언어가 없다면 SNS가 있다 한들 전 세계는 하나로 연결될 수 없었을 것입니다. 서로의 정보를 공유하고 소통할 수는 없었을 것입니다.

다국 공용어이자 우리에게는 제2외국어인 영어가 세계인과 소통하고 다른 문화를 이해하는 데 그 어느 때보다도 가장 중요한 수단이 되었습니다. 영어를 알면 누릴 수 있는 것이 더더욱 많아졌습니다. 그야말로 영어가 권력입니다.

영어는 참지식을 맛볼 수 있는 통로입니다

물질적인 풍요와 권력만으로는 채울 수 없는 정신적인 풍요와 행복도 우리는 무시할 수 없습니다. 삶의 본질과 진리를 추구하는 마음, 단순히 지식을 쌓는 것이 아니라 참지식을 맛보고 삶의 통찰력과 지혜를 갈구하는 마음, 이 또한 '지적 생물'인 우리에게는 무시할 수 없는 아주 근본적이고도 중요한 부분이죠. 그런데 말입니다. 이러한 마음을 충족시키는 데 필요한 가장 기본적인 도구 역시 '언어'라는 것입니다. 그리고 우리가 접하는 철학, 종교, 사회, 정치, 경제, 스포츠, 예술, 과학, 놀이문화 등에 모두 삶의 진리가 알알이 박혀 있습니다. 어떤 이는 옛 철학자의 말을 통해 삶의 지혜를 찾고, 어떤 이는 정치와 경제 속에서 인류의 모습을 들여다보며, 어떤 이는 과학을 통해 우주와 인간의 본질을 찾기도 합니다. 사람마다 자신에게 맞는 분야, 끌리는 분야가 있기 마련이니까요. 영어를 알면 전 세계 곳곳에 널려 있는 그 분야의 지식과 정보를 접할 수 있는 기회가 더욱 넓어집니다. 영어는 참지식을 맛볼 수 있는 멋진 통로입니다. 따라서 현 시대를 살아가는 '지적 생물'인 우리가 참지식을 맛볼 기회를 잡기 위해서는 그에 맞는 영어 학습을 병행해야 합니다. 해당 분야의 어휘를 모르는데 어떻게 해당 분야의 영어로 된 기사나 책을 읽고 강연을 이해할 수 있을까요? 지식 습득에 토대를 둔 영어학습이 더더욱 필요한 시대가 되었습니다.

그래서 《영어 어휘 지식 백과》를 선물합니다

또 하나! 언어는 '배움'의 수준을 넘어서 '습득(acquisition)'의 수준에 이르러야 자유롭게 구사할 수 있습니다. 남가주대학교(USC) 대학원에서 TESOL 석사과정에 재학 중 운 좋게도 세계적인 언어학자 크레션(Krashen) 교수의 수업을 듣게 되었습니다. 교수님의 습득-학습(acquisition-learning) 이론에 따르면 '습득'은 아이들이 모국어를 습득할 때처럼 문법 같은 언어의 형식에 집중하지 않고 '의사전달'에 중점을 두고 외국어를 습득하는 것입니다. '의사전달'에 중점을 두고 대화를 하기 위해선 모국어로 이미 '충분한 지식'을 습득하고 있어야 하죠. 그래서 우리 삶의 전반에 영향을 미치는 모든 것들에 대한 영어 어휘를 담은 이 책 《영어 어휘 지식 백과》를 준비한 것입니다.

뿌리를 알면 어휘의 개념을 더 잘 이해하고 습득할 수 있습니다

산스크리트어, 라틴어, 그리스어, 프랑스어, 스페인어, 이탈리아어, 독일어, 영어 등의 언어가 원시 인도게르만공통조어에서 파생하여 각기 다른 언어의 형태로 발전하였지만 이 또한 뫼비우스의 띠처럼 하나의 띠로 묶여 있습니다. 영어라는 세계어를 알려면 그 뿌리인 인도게르만공통조어에서부터 그리스어, 라틴어, 게르만어 등의 어근을 살피며 발전의 흔적을 파악하고, 그리하여 영어에 도달하는 여정을 경험해 보세요. 《영어 어휘 지식 백과》에서는 어휘의 뿌리를 찾아가며 그 어휘의 개념을 이해하고자 합니다. 그 어휘가 왜 그런 모양, 그런 의미로 쓰이게 되었는지 그 뿌리와 서사를 알면 그 어휘는 물론이고 그 어휘와 연관된 어휘까지 줄줄이 쉽게 습득되고 이해됩니다. 생소한 여정이어서 여정의 첫걸음은 힘들고 낯설게 느껴질지도 모릅니다. 꼭 다 완벽하게 알아야 한다는 부담감을 버리고 그저 새로운 여정을 즐긴다는 기분으로 책을 펼쳐 함께해 보세요. 그러면 서서히 힘들고 낯설었던 자리가 재미있는 이야기와 즐거움으로 채워질 것입니다.

언젠가, 새벽에 도서관 자리를 잡아 공부를 하다 늦은 밤 귀가할 때 맛본 참지식을 얻었을 때의 환희를 기억합니다. 그런 환희를 독자들과 공유하고 싶었습니다. 배움은 눈을 뜨게 해주고 진실을 볼 수 있게 해줍니다. 생명이 다하는 날까지 계속 배우고 깨닫고 실천하며 앞으로 나아가야 할 것입니다.

여러분이 익숙해 있던 배움의 방법에서 벗어나 새로운 방법으로 지식에 접근할 수 있도록 이 책을 썼습니다. 이 책이 완성되기까지 저술과 편집에 총 7년의 세월이 소요되었습니다. 그 7년 동안 너무 많은 시련들을 겪게 되어 순간순간 손을 놓고 싶었지만 그럴 때마다 알 수 없는 힘에 이끌려 써내려 갔습니다.

언어는 마치 건물의 토대를 세우듯 기초를 튼튼히 해야 확장·발전시킬 수 있습니다. 하나의 어휘를 습득하는 데 그저 암기에만 의존하기보다는 다양한 통로로 그 어휘를 접해봐야 진정한 내 것이 됩니다. 삶의 여정에서 겪게 되는 시련에 무너지지 말고 굳건히 삶을 살아내야 하듯이 하나의 언어에 유창해지기 위해선 포기하지 말고 계속 갈고 닦아야 합니다.

끝으로, 제가 작가이자 영어교육자로 정신적으로 성장하는 데 도움을 주신 남가주대 교육학 대학원의 제 지도교수이셨던 고(故) David E. Eskey님과 영어교육의 대가 Stephan Krashen 교수님께 감사드립니다. 또한 인생의 여정을 함께해온 나의 가족과 친구들에게 감사를 전하며 마지막으로 하느님께 감사를 드립니다.

이 책을 마치는 여러분에게 들려주고 싶은 성경구절이 있습니다.
"시작은 미약하였으나 끝은 창대하리라." (욥기 8장 7절)

이지연 영어연구소 소장
이지연

이 책은 성격이나 가치관에서부터 철학, 종교, 사회, 정치, 경제, 스포츠, 예술, 과학, 놀이 등 태어나 죽는 순간까지 우리와 관계하며 삶과 죽음의 전반에 영향을 미치는 모든 것들에 대한 영어 어휘를 인문 교양 편, 생활 교양 편 총 2권에 걸쳐 다룹니다. 관심 있는 분야를 그때 그때 골라 읽어도 좋고, 처음부터 끝까지 죽 훑은 다음 필요할 때마다 관련 분야를 찾아보셔도 좋습니다.
필요할 때마다, 관심이 갈 때마다 반복해서 찾아 읽고 이해하는 가운데 저절로 어휘를 습득해야 하는 책입니다. 의무적으로 억지로 외우기를 강요하지 않습니다.

CHAPTER

생활 교양 편은 '오락과 스포츠'에서부터 '사회와 제도'에 이르기까지 총 7개의 큰 챕터로 구성되어 있습니다.

UNIT

챕터의 문을 열면 또 다시 세부 주제별로 나뉜 유닛이 등장합니다.

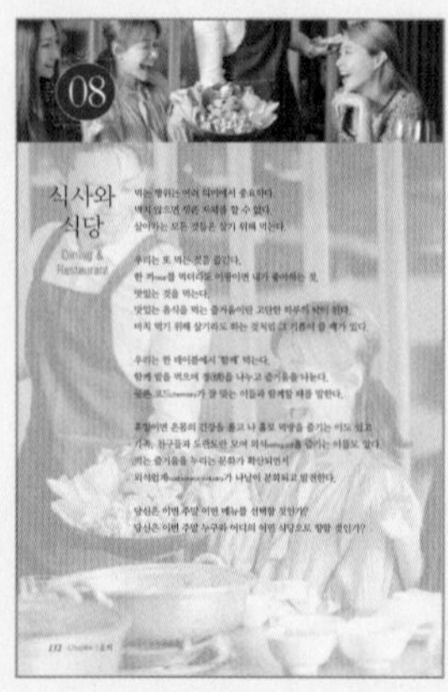

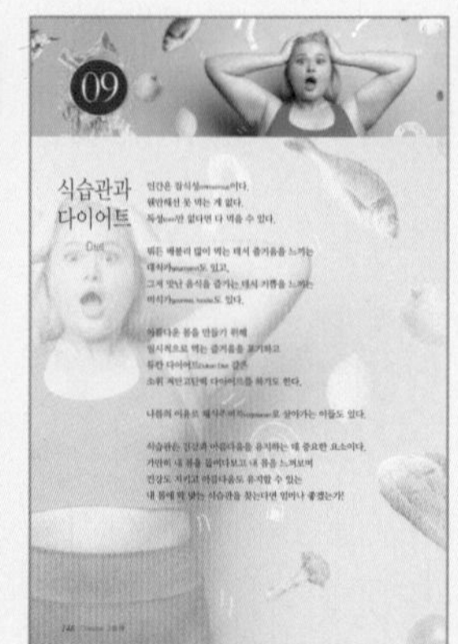

본문 이제 본격적으로 해당 주제의 '지식백과어휘'를 습득하는 자리입니다.

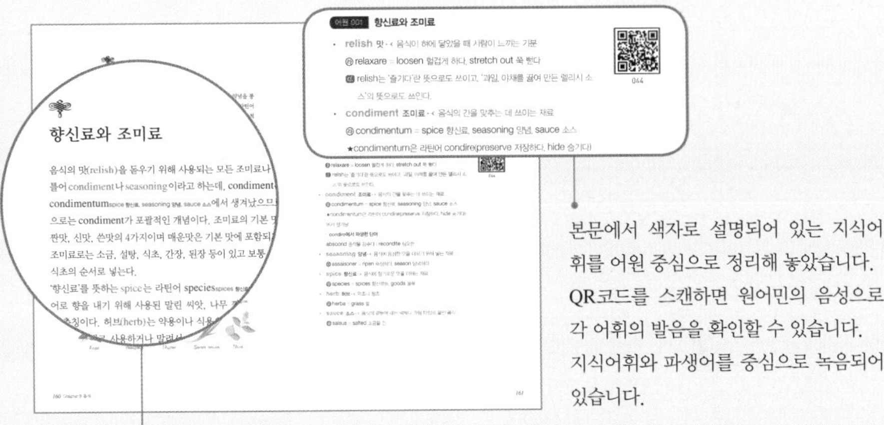

본문에서 색자로 설명되어 있는 지식어휘를 어원 중심으로 정리해 놓았습니다. QR코드를 스캔하면 원어민의 음성으로 각 어휘의 발음을 확인할 수 있습니다. 지식어휘와 파생어를 중심으로 녹음되어 있습니다.

지식어휘의 개념을 설명을 통해 익힐 수 있습니다.
어원 정리가 되어 있는 어휘는 색자로 표시되어 있습니다.

그 밖의 관련 표현들 필요에 따라 기타 관련 표현들을 수록해 두었습니다.

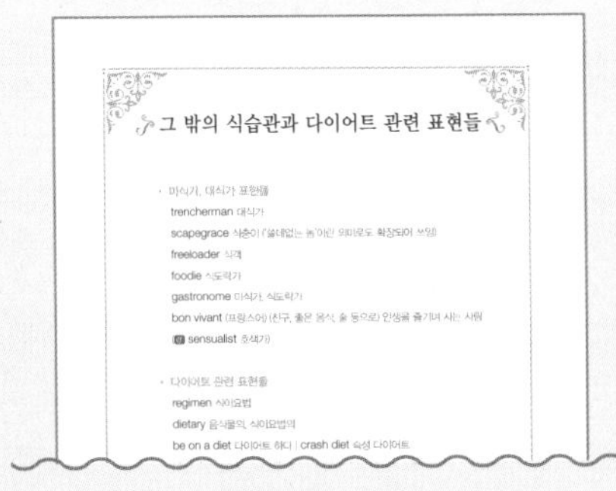

책 속의 부록 개념입니다.
필요한 어휘만 골라 참고하세요.
녹음은 되어 있지 않습니다.

알아두기

어원표시 [라] 라틴어 [그] 그리스어 [히] 히브리어 [게] 게르만조어 [인] 인도게르만공통조어
[힌] 힌두어 [프] 프랑스어 [영] 영어 [스] 스페인어 [독] 독일어

품사표시 [명] 명사 [동] 동사 [형] 형용사 [부] 부사

Contents

Chapter 4
건강

Chapter 5
정보통신과 교통수단

Chapter 6
경제

Chapter 7
사회와 제도

1

오락과 스포츠

Fun & Sports

한 번쯤 물어도 좋을 질문 1

당신은 지금 즐기는 일이 있는가?

Is there anything you are enjoying?

일만 하며 살 수는 없다.
적당히 잘 놀아야 일도 더 잘할 수 있다.
내가 좋아하는 일을 직업으로 가진 사람조차도
놀아야 한다.
놀면서 머리를 식히고 한숨을 돌릴 시간을 가져야 한다.
놀면서 스트레스를 날릴 시간을 가져야 한다.

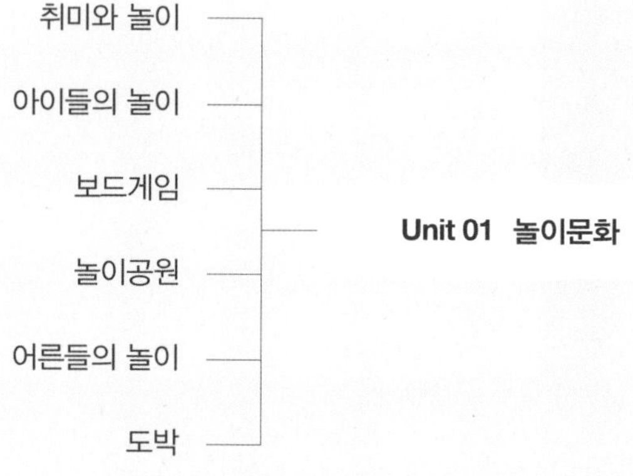

취미와 놀이

아이들의 놀이

보드게임

놀이공원

어른들의 놀이

도박

Unit 01 놀이문화

어원표시 [라] 라틴어 [그] 그리스어 [히] 히브리어 [게] 게르만조어 [인] 인도게르만공통조어
[힌] 힌두어 [프] 프랑스어 [영] 영어 [스] 스페인어 [독] 독일어

품사표시 [명] 명사 [동] 동사 [형] 형용사 [부] 부사

Chapter 1
오락과 스포츠

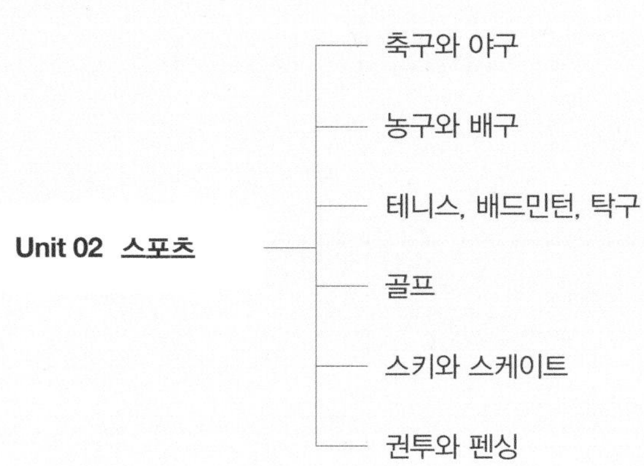

01

놀이문화

Fun

All work and no play makes Jack a dull boy.

일만 하고 놀지 않으면 바보가 된다.

아이들은 열심히 공부하고 어른들은 열심히 일해야
살아남을 수 있다는 암묵적인 약속이 흐르는 세상,
이것이 우리가 만들어놓은 세상이다.

하지만 '유희의 인간'이라 했던가?
인간은 놀고 쉬며 즐기지 않으면 사는 게 답답해 미쳐 버리기도 한다.
아이들은 아이들만의 놀이문화 속에서
어른들은 어른들의 여가leisure와 취미hobby를 즐기며
삶의 균형을 맞춰간다.
몸과 마음의 건강을 지켜낸다.

갈수록 더! 더! 바쁘게 돌아가는 세상!
워라밸을 추구하는 현대인들에게
All work and no play makes Jack a dull boy.가 더욱 와 닿는 시대이다.

쉴 틈 없이 바쁜 배움의 일정 속에 있는 현대의 아이들에게
All work and no play makes Jack a dull boy.를 알려주어야 할 시대이다.

취미와 놀이

선사시대부터 인간들은 사용할 수 있는 모든 도구와 신체 일부를 이용하여 게임을 즐겨왔다. 게임은 마치 금지된 일탈deviation과 자유를 경험하는 것과 같은 일종의 즐거운 경쟁competition이다. 인간뿐 아니라 동물들도 유희를 즐긴다. 강아지가 주인이 던진 공이나 인형을 달려가 잡아다 주인 손에 놓아주고 다시 던지면 또 잡아오는 것 또한 놀이이다. 이렇듯 놀이는 넓게는 모든 생명체, 좁게는 인간이 살아가는 동안 잘 먹고 잘 살아가는 데 반드시 필요한 행위임에 틀림없다.

사람마다 특별히 좋아서 즐기는 놀이나 일이 있을 수 있는데, 우리는 이를 '취미(hobby)'라고 한다. hobby란 단어는 원래 '작은 장난감 나무 말'이란 뜻이었다가 후에 '취미'란 뜻이 생겨났다. 장난감 말은 내가 주도해서 재미있게 가지고 놀 수 있다는 점에서 먹고 살기 위해 어쩔 수 없이 해야 하는 밥벌이와 달리 내가 좋아서 자발적으로 즐겨 하는 일이나 놀이라는 의미의 '취미'로 의미가 확장된 것이 아닌가 한다. 즉, 취미는 전문적으로 하는 일과 달리 여가(pastime, leisure)를 위해 하는 활동을 가리킨다. 우표수집collecting stamps, 새 관찰하기watching birds, 하이킹hiking, 사냥hunting 등의 다양한 정적, 동적 활동들이 취미의 예이다. hiking은 레크레이션의 일환으로 걷는 것을 즐기는 행위이므로 산을 오르는 행위인 climbing등산과 다르다. climb은 서게르만어 klimbango up by clinging 매달려 올라가다에서 생겨난 단어이다. 따라서 climbing은 전문적 등산을 가리키고 hiking은 평지나 얕은 산을 오르는 '걷기'에 해당한다.

또한 '직업'을 뜻하는 vocation라틴어 vocare = call 부르다에 anot 아닌를 붙인 avocation은 본업이 아닌 행위, 즉 '부업'이나 '취미'를 뜻한다. 참고로 moonlighting job은 '야간에 하는 부업'을 가리키는 표현이다.

어원 001 **취미와 놀이**

001

- **hobby** 취미 ↔ 좋아하여 즐겨 하는 일

  ⓔ hobi 1400년대 초에 '작고 활동적인 말'이란 뜻이었다가 1800년대 초에 '취미'란 뜻이 생김

cf. **여러 가지 취미활동**

collecting coins 동전수집 ★collector 수집가

backpacking 배낭여행하기 | mountain climbing 등산하기

fishing 낚시하기 | watersports 수상스포츠

dancing 춤추기 | playing a musical instrument 악기 연주하기

drawing 그림 그리기 | making jewelry 보석 만들기

- **pastime 소일거리** ↔ 시간을 때우려고 하는 일

  라 passus = step 발걸음, pace 보폭

  cf. kill one's time 시간을 때우다

- **leisure 여가** ↔ 일을 하지 않는 한가로운 시간

  라 licere = be allowed 허용되다

  | **licere에서 파생한 단어**

  licit 합법적인 | illicit 불법적인 | license 면허증

- **avocation 부업, 취미** ↔ 본업 외에 재미 삼아 하는 돈벌이 혹은 여가 활동

  라 ab = away from ~에서 떨어져

  라 vocare = call 부르다

  | **유의어**

  sideline 부업 | moonlighting 밤에 하는 부업

아이들의 놀이

가위바위보

아이들이 즐기는 간단한 게임 중 동서양을 막론하고 하는 놀이가 가위바위보 "Rock, Paper, Scissors, Shoot!"이다. 가위바위보 게임 Rock, Paper, Scissors는 영어순서대로라면 '바위, 보, 가위'이며 Shoot은 놀이의 시작을 알리는 명령어이다. 가위는 종이를 잘라낼 수 있고, 종이는 바위를 감쌀cover 수 있으며, 바위는 가위를 부술crush 수 있다.

숨바꼭질

숨바꼭질을 영어로는 hide and seek이라 한다. 한 명의 참가자가 다른 참가자들이 숨고conceal 난 뒤 숨은 참가자들을 찾아내는(locate) 놀이이다. '무궁화 꽃이 피었습니다The mugunghwa is in full bloom'는 숨바꼭질의 한 형태로, 우리의 국화國花인 무궁화(the flower of Sharon)가 포함된 한국적 정서가 담긴 놀이이다. 영어권에서는 일명 Red Light, Green Light 놀이라고 한다. Green Light을 외치면 참가자들이 움직이고 Red Light을 외치면 참가자들이 멈추는데 이때 동작을 멈추지 못하면 탈락이다be out.

유사한 놀이 형태로는 '얼음 땡(freeze tag)' 놀이가 있다. 술래tagger/it가 다른 참가자에게 손을 대면서tag "얼음 Freeze!"라고 말하면 그 사람은 행동을 멈추고 얼어붙은 것처럼 서 있게 된다. 다른 참가자가 "땡 Unfreeze!"라고 말하며 얼음이 된 사람을 쳐주면tap 다시 움직일 수 있다.

공기놀이

공기놀이jackstones, knucklebones는 고대에는 양이나 염소의 손목뼈, 발목뼈를 갖고 하던 것이 돌이나 다른 재질의 공기로 대체되었다. 영어 jackstones(줄여서 jacks라고도 함)는 '던지는 돌'이란 의미의 chackstones에서 유래한 단어이다. 즉 jack이 chackbe tossed 던져지다이란 단어에서 생겨난 것. 이 놀이를 하기 위해선 공기 돌에 해당하는 다섯 개 또는 그 이상의 jacks만 있으면 된다. 한국에서는 돌이나 고무재질의 공기를 사용한다.

줄다리기

줄다리기(tug of war)는 고대 이집트, 그리스, 인도, 중국, 한국 등지에서 행해져온 전 세계적인 놀이이다. 1900년부터 1920년 사이에는 올림픽 종목이기도 하였다. tug세게 당김는 pull당김보다 '세기'가 강조된 단어이다. 그러니 tugboat예인선는 다른 배를 견인하기 위해 얼마나 세게 당겨야 하겠는가! war은 이 놀이가 심한 몸싸움(tussle) 혹은 격한 경쟁severe contest이라는 점을 강조해 붙인 명칭이다.

딱지치기

한국의 전통놀이 중 하나인 딱지치기Ddakji Chigi는 자신의 딱지를 상대방의 딱지에 세게 쳐서 넘겨야flip over 하는 놀이이다. 딱지는 a folded paper tile접은 종이 패이라고 부를 수 있다. tile은 마작이나 보드게임 등에서 사용되는 작은 게임용 패를 가리킨다. 유사한 형태의 pogs 혹은 milk caps란 놀이가 있는데 딱딱한 마분지 우유뚜껑을 모아서 쌓아놓고 쳐서 무너뜨리는 놀이이다. Pogs는 주스의 브랜드 명칭이었는데 그 뚜껑이 애용되면서 Pogs 놀이라 불리게 되었다.

달고나

한 TV 프로그램의 열풍으로 인기를 가장 많이 얻은 한국제품이 달고나dalgona 혹은 달고나 뽑기이다. 달고나는 한국어 '달구나!It's sweet!'가 변형된 단어이다. 4~50대의 장년층이라면 초등학교 앞에서 쭈그리고 앉아(crouch) 달고나 뽑기를 안 해 본 사람이 있겠는가! 이들에게는 어린 시절의 추억을 불러일으키는nostalgic 놀이이다. 달고나와 비슷한 사탕 중 honeycomb toffee 혹은 spongy candy는 설탕과 베이킹 소다를 섞어 만든 얇고 딱딱한 사탕을 가리킨다. 달고나는 국자에 설탕과 베이킹 소다를 녹여 바닥에 쏟은 다음 누름판으로 눌러주고 모양틀shaped mold로 다시 한 번 눌러준다. 그런 다음 다양한 형태의 모양들을 이쑤시개 등을 이용해 깨끗하게 잘라내야cut out 달고나 뽑기에 성공하는 것이다.

놀이터와 놀이기구

요즘은 학교나 어린이집은 물론이고 동네마다 아이들이 일상적으로 뛰어놀 수 있도록 놀이터playground 하나쯤은 다 마련되어 있다. 놀이터 하면 시소seesaw, 그네swingset, 미끄럼틀slide, 정글 짐jungle gym, 철봉chin-up bar, 미로maze 등의 놀이기구가 떠오른다. 여기서 seesaw는 톱질하는 사람들이 앞뒤로 움직이는 동작에 빗대어 만들어진 단어라고 추정된다. 또한, 사전 상으로는 흔히 maze와 labyrinth 둘 다 '미로'라고 정의되어 있지만 심층적으론 약간의 차이는 있다. maze는 중앙으로 가는 길이 여럿이지만 labyrinth는 길이 하나인unicursal 단번에 그릴 수 있는 미로이다. labyrinth

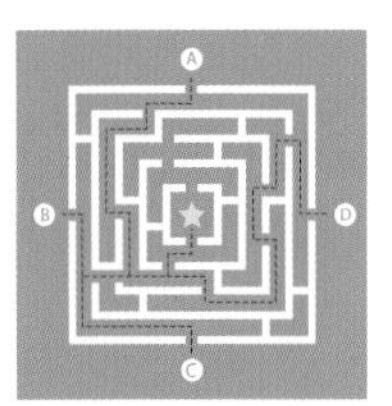

maze

labyrinth

는 마치 비밀정원같은 유럽 귀족들의 정원을 떠올리면 된다. 그리스 신화에선 크레테의 다이달로스Daedalus가 사람의 몸에 소의 머리가 달린 괴물 미노타우루스를 가두기 위해 복잡한 구조물인 labyrinth를 만들었다고 한다.

어원 002 아이들의 놀이

002

- **scissors** 가위 ↞ 자르거나 오리는 데 쓰는 도구

  [라] caedere = cut 자르다, kill 죽이다

  | **caedere에서 파생한 단어**

  homicide 살인 (homo = man 인간)

  deicide 신을 죽임 (deus = god 신)

  fratricide 형제살해 (frater = brother 형제)

  matricide 모친살해 (mater = mother 어머니)

  patricide 부친살해 (pater = father 아버지)

  parricide 존속살인 (parus = relative 친척)

  circumcise 할례를 받게 하다 (circum = around ~의 주위에)

  incise 새기다 | excise 삭제하다, 물품세, 소비세

  incisor 앞니 | precision 정확성 | chisel 끌

- **locate** (어디에 있는지) 찾다 ↞ 뒤져서 위치 등을 알아내다

  [라] locare = place 두다, arrange 정돈하다

- **sharon** 무궁화 ↞ 대한민국의 국화인 낙엽활엽관목

  [히] yesharon = the Plains 평원

  [cf.] **여러 나라의 국화**

  (미국) rose 장미 | (캐나다) maple leaf 단풍잎

  (프랑스) iris 붓꽃 | (독일) Knapweed 수레국화

  (스페인) red carnation 붉은 카네이션

  (중국) plum blossom 매화꽃 | (일본) cherry blossom 벚꽃

- **freeze** 얼다 ↞ 영하로 온도가 내려가 액체가 고체로 바뀌다

  [게] freusan = freeze 얼다

  | **freusan에서 파생한 외국어**

  (네덜란드어) vriezen 얼다 | (독일어) frieren 얼다

- **tug** 세게 당김, 세게 당기다 ↞ 갑자기 강하게 당김 혹은 당기다

  [게] teuhan = pull 당기다

| teuhan에서 파생한 외국어

(독일어) zücken 빨리 당기다

- **tussle** 몸싸움 ↔ 몸을 부딪히며 싸움을 하는 것

(스코틀랜드와 영국북부방언) touse = handle roughly 거칠게 다루다

| touse에서 파생한 단어

tousle 머리를 엉클어뜨리다

- **tile** 게임용 패 ↔ 마작 등의 보드게임에서 사용되는 작고 평평한 도구

㉶ tegala = roofing shingle 지붕의 판자

| tegala에서 파생한 외국어

(네덜란드어) tegel 석판, 타일 | (독일어) Ziegel 벽돌, 기와

- **crouch** 웅크리고 앉다(= stoop low) ↔ 몸을 펴지 않고 쭈그린 상태로 앉아 있다

(고대프랑스어) croche = hook 고리

| croche에서 파생한 단어

crochet 코바늘 뜨개질

| 유의어

squat 쪼그리고 앉다 | hunker 쭈그리고 앉다 | scrooch 웅크리다

- **toffee** 캔디 ↔ 설탕, 버터, 물을 넣고 끓인 사탕

(영국남부방언) taffy = candy made from sugar 당과 (19세기 초에 생겨남)

- **maze** 미로 ↔ 입구부터 출구까지가 복잡하게 설계된 길

(중세영어) mæs = delirium 망상

- **labyrinth** 미로 ↔ 입구와 출구가 오직 하나인 길 (maze와 동의어로 쓰이기도 함)

㉠ labyrinthos = large building with intricate passages 통로가 복잡한 큰 건물

보드게임

앞에서 언급한 놀이들이 동적인 놀이라면 보드게임은 전략strategy과 계획의 능력 형성에 도움이 되는 정적인 놀이이다. 보드게임은 판

board 위에서 자신의 패를 이동하는 게임을 가리키는데 보드게임 중 참가자들이 부동산을 사고 팔며 상대를 파산하게 하여 전권을 잡는 게임을 모노폴리(Monopoly)라고 한다. 일반 영어에서 monopoly는 '독점'이란 뜻으로 주로 사용된다.

아이들이 즐겨 하는 보드게임

Scrabble은 15×15의 칸grid이 있는 판에 단어를 나열하여 득점하는 단어 게임이다. 미국의 대표적인 장난감 및 게임 제조사인 Hasbro해즈브로의 상표명으로, scrabble이란 단어는 '뒤적이며 찾다'란 뜻이다. Clue 혹은 Cluedo 역시 Hasbro사의 보드게임 제품 중 하나로, 살인의 정황(circumstances)을 파악하여 실마리clues를 찾아내어 미스터리를 풀어내는 게임이다.

어원 003 **보드게임**

003

- **Monopoly** 모노폴리 게임 ← 땅과 집을 사고 파는 주사위 보드게임

  [cf.] monopoly는 일반적으로 '독점'이란 뜻으로 쓰이는 단어이다.

  [그] monos = single 단독의

  [그] pōlein = sell 팔다 ★pōlein은 인도게르만공통조어 pel(팔다)에서 파생

  | **pel에서 파생한 단어**

  bibliopole 고서적상

  oligopoly 소수독점 (oligos = little 적은)

- **scrabble** 뒤져서 찾다 ← 샅샅이 들추어 보면서 찾다

  [중세네덜란드어] schrabben = scrape 긁어내다

- **clue** 실마리 ← 문제를 풀 수 있는 증거

  [중세영어] clew = a ball of thread 실 뭉치

- **circumstance** 정황, 환경 ← 일이 펼쳐지는 상황

  [라] circumstare = surround 둘러싸다

  [cf.] circumstantial evidence 정황 증거

놀이공원

연인들의 데이트 코스이자 아이들이 열광하는 놀이공원에는 타고 놀 것들로 가득하다. 실제 말을 타는 건 아이들에게 위험하지만 회전목마를 타는 건 즐거우면서도 안전한 놀이가 된다. 실제 제트기를 타고 속도와 회전을 즐기는 건 아이뿐 아니라 어른에게도 위험한 일이지만 놀이공원의 롤러코스터 등을 타는 건 아주 짜릿하면서도 안전하게 즐길 수 있는 놀이가 된다. 놀이공원은 영어로 amusement park라 하고, 놀이공원에 있는 탈 것들은 통틀어 rides라고 한다. 또, 미국의 Dinosaur World처럼 특정한 테마를 주제로 꾸민 놀이공원을 테마파크theme park라고 한다. 만화가 Walter E. Disney1901-1966의 이름을 딴 미국의 디즈니랜드Disneyland는 전 세계적으로 가장 유명하며 대표적인 놀이공원이다.

롤러코스터

롤러코스터(roller coaster)는 놀이공원의 대표적인 탈 것이다. 일명 vertical loop수직으로 서 있는 원라고도 불린다. 위아래가 360도로 완전히 뒤집히는 롤러코스터의 특징은 '뒤집힘'을 뜻하는 inversion이라는 단어로 표현할 수 있다.

회전목마

놀이공원의 기구 중 목마wooden horses가 말 달리듯이 위아래로 움직이는 동시에 원을 도는 회전목마는 영어로 merry-go-round라 한다. 같은 말로 roundabout즐겁게 돌아가는 것 또는 carousel이라고도 한다.

어원 004 놀이공원

004

- **amusement** 오락, 재미 ←즐기기 위해 보거나 하는 것

  (중세프랑스어) a = at ~에

  (중세프랑스어) muser = stare fixedly 응시하다, ponder 숙고하다

  | **muser에서 파생한 단어**

  muse 사색하다, 뮤즈

- **roller coaster** **롤러코스터** ⟷ 위, 아래로 경사진 레일 위를 빠르게 달리는 놀이기구

  [라] rota = wheel 바퀴

  [고대프랑스어] coste = sled downhill 비탈 아래로 썰매 타다
- **inversion** **역전, 도치** ⟷ 정상의 반대로 뒤집힘

  [라] invertere = turn upside down 위아래로 뒤집히다 ★라틴어 in(in 안에)과 vertere(turn 돌다)가 합쳐진 단어임

  | **vertere에서 파생한 단어**

  vertigo 현기증 | vertex 꼭짓점 | subvert 전복시키다
- **carousel** **회전목마** ⟷ 놀이동산의 놀이기구 중 하나

  [라] carrus = two-wheeled Celtic war chariot 켈트족의 두 바퀴 달린 전투용 마차

  [cf.] carousel은 공항의 수하물 컨베이어 벨트란 뜻도 있다.

  | **carrus에서 파생한 단어**

  car 자동차

어른들의 놀이

어른들은 전략(strategy)과 전술(tactics)이 필요한 스릴 있는 게임을 즐기는 경향이 있다. 즉, 카드게임인 포커poker, 판을 놓고 그 위에서 말을 이동시키며 하는 체스chess나 바둑the game of go, 마작mah-jong, 서양식 주사위dice 놀이인 backgammon 등의 다양한 보드게임을 즐긴다. 이런 보드게임을 '한다'고 할 때는 play chess체스를 하다, play go바둑을 두다, play mah-jong마작을 하다처럼 동사 play를 함께 사용하면 된다.

카드

카드놀이는 어른들이 모임에서 서먹서먹함을 깨는break the ice 수단으로도 좋고 홀로 집에서 온라인으로 게임을 하기에도 좋다. 한국에 화투가 있다면 서양에는 블랙잭과 포커poker가 있다. poker는 독일어 pochenbrag 자랑하다에서 생겨난 단어이다. 카드 한 벌은 pack 혹은

deck이라고 한다. 하트가 그려진 하트카드hearts, 클로버 모양의 클럽카드clubs, 스페이드spades, 다이아몬드diamonds의 네 세트suits가 각 에이스ace부터 10, 그리고 잭jack, 퀸queen, 킹king까지 13개로 이루어져서 총 52장으로 한 벌의 카드가 구성된다. 여기에 한두 장의 조커jocker가 곁들여질 수 있다.

체스

일명 서양장기Western Chess라고 불리는 Chess는 64개의 정사각의 눈금이 그려진 체스판 위에서 두 명이 각각 16개의 말을 갖고 하는 게임이다. chess는 산스크리트어 chaturanga에서 유래하였다. chaturanga는 군대의 네 구성원(코끼리, 말, 마차, 보병)이란 뜻이었는데 이것이 체스에서 bishop교황 둘, knight기사 둘, rook룩 둘, pawn졸 여덟 개로 변화하였다. 여기에 king왕과 queen여왕이 하나씩 더해져 각기 16개의 말chesspiece, 즉 양측이 총 32개의 말을 갖고 게임을 하는 것이다.

Queen's Gambit

넷플릭스 체스 드라마 *The Queen's Gambit*의 queen's gambit은 보드의 중앙을 지켜내기 위해 퀸의 폰을 내주는 체스의 초판 수를 뜻한다. 상대에게 킹이 무력해져 붙잡히게 된 상황은 checkmate라고 하는데 페르시아어 šāh māt the king is dead 왕이 죽었다에서 생겨난 단어이다. 이렇게 상대편 킹을 먼저 잡는 측이 체스게임에서 이기게 된다.

주사위 굴리기

주사위, 즉 dice는 throwing a dice주사위 던지기 혹은 rolling a dice주사위 굴리기처럼 throw나 roll이란 동사를 함께 사용한다. 주사위를 무작위로(randomly) 던져 숫자 1~6을 고르는 주사위 던지기는 고대 로마의 황제들도 즐겼던 게임이다. 주사위는 입방체(cube)로 주사위 각 면의 점은 pip이라고 한다. 주사위는 반대 면과의 합이 7이 되도록 1과 6, 3과 4, 2와 5가 마주보게 배치되어 있다.

어원 005 어른들의 놀이

005

- **strategy** 전략 ↤ 전쟁을 이끄는 책략

  ㉠ strategos = commander of an army 군대의 지휘자

- **tactics** 전술 ↔ 전투에서 사용되는 군사적 기술

  ㊵ taxis = disposition of an army 군대의 배치

  | 유의어

  stratagem 술책 | game plan (정치 · 사업상의) 전략

  action 작전, 행동 | approach 접근방법

  blueprint 청사진, 계획 | plan 계획 | scenario 각본, 행동계획

  scheme 책략 | artifice 책략 | gimmick 술책

- **rook** 룩 (castle 모양) ↔ 한국장기의 차에 해당

  (페르시아어) rokh/rukh = chariot 전차

- **pawn** 졸 ↔ 체스의 8개의 말

  ㊵ pedonem = foot soldier 보병 ★pedonem은 라틴어 pes(foot 발)에서 생겨남

- **gambit** 초판 수 ↔ 체스의 첫 수

  ㊵ gamba = horse's hock or leg 말의 무릎이나 다리

- **checkmate** 체크메이트 ↔ 왕이 잡히게 된 상황

  (페르시아어) šāh māt = the king is dead 왕이 죽었다 ('죽었다'는 쩔쩔매고 있다(be stumped)의 오역으로 추정됨) ★고대프랑스어에서 eschec mat로 바뀌었다가 중세 영어에서 checkmate가 됨

- **dice** 주사위 ↔ 정육면체에 1~6의 점을 새긴 놀이기구

  ㊵ datum = something wihich is given 주어진 것

- **randomly** 무작위로 ↔ 의도적으로 조작하지 않고

  (고대프랑스어) randir = run fast 빨리 달리다

- **cube** 정육면체 ↔ 여섯 개의 면이 모두 정사각형인 육면체

  ㉠ kybos = six-sided die 육면체 주사위

- **pip** 주사위에 새겨진 점 ↔ 주사위에 찍힌 1~6개의 점

  ★기원을 알 수 없음

  cf. pip은 과일의 '씨'란 뜻도 있는데 이때 어원은 고대프랑스어 pepin이다.

  | 유의어

  dot 작고 둥근 점 | birthmark 모반

  mole 피부의 진갈색 점 | spot 작은 점, 얼룩

  freckle 기미 | age spots 검버섯

  rash 뾰루지, 발진 | pimple 여드름 (= zit) | blemish 잡티

  speck 얼룩, 작은 점 | point 점, (나침반상의) 방위 표시점

도박

라스베이거스와 마카오의 카지노(casino)는 건전한 오락entertainment, 혹은 요행chance을 바라는 사람들의 심리로 도박(gambling)을 즐기는 사람들로 넘쳐나고 있다. casino의 라틴어 어원이 오두막cottage, hut인 걸 생각하면 도박은 오두막에서 즐기는 오락치곤 너무 화려한 듯하다. 카지노 용어 중에 beat the house라는 말이 있는데, 이는 '고객이 카지노를 이기다'란 뜻이다. casino host는 카지노에 크게 기여하는 고객들을 유치하는 전문가이다.

판돈

도박의 판돈을 stakes cf. '말뚝'이라는 뜻도 있음라고 하는데, 카지노 용어로는 wager 또는 bet이라고도 한다. sweepstakes는 혼자 또는 몇 사람이 판돈 전부를 독차지할 수 있도록 꾸민 내기 경마나 도박을 가리킨다. 말 그대로 판돈stakes을 휩쓰는sweep 것이다.

배당률

경마horse racing의 마권업자들bookmakers은 배당률이 미리 결정된 수익률(fixed odds)을 제시한다. 원래 odds는 '공산/가능성', '배팅을 건 각자의 승률' 등의 뜻이 있다.

동전 던지기

내기를 좋아하는 사람들은 굳이 도박이 아니더라도 사소한 결정을 할 때도 내기를 하는데 동전 던지기coin-tossing가 그 예이다. Head or Tail이 '앞면인지 뒷면인지' 맞추는 거라면 two-up은 동전 두개를 던져 '둘 다 앞면인지 둘 다 뒷면인지' 맞추는 것이다.

복권

모든 도박이 중독성이 있지만addictive 일확천금을 노리는 사람get-rich-quicker이 가장 즐기는 것이 바로 복권(lottery)이다. 참여자가 각자 로또 티켓의 번호를 고르면 추첨drawing or lots으로 우승자가 선택되고,

정해진 상금cash prize이 그 우승자에게 전달된다. 복권에 1등으로 당첨되면 금액을 일괄 지급(lump-sum payment)받거나 때로는 연금(annuity) 형식으로 받을 수도 있다.
공식적인 최초의 로또는 16세기 중반 엘리자베스 1세 여왕 시절 영국에서 항구와 배를 건조할build 목적으로 생겨났다.

어원 006 도박

006

- **casino** **카지노** ← 도박, 쇼 등을 하거나 볼 수 있는 장소

  [라] casa = cottage 오두막

  | **casa에서 파생한 단어**

  chalet 오두막 | chasuble 사제가 옷 위에 입는 소매 없는 제복
- **gambling** **도박** ← 돈을 걸고 내기를 하는 일

  [영] gamen = joy 기쁨, fun 재미, game 게임
- **wager** **내기, 노름, 판돈** ← 이기는 사람이 돈을 갖기로 하고 내기를 하는 것, 또는 그 내기에 건 돈

  [고대프랑스어] wagier = pledge 선언하다, reward 보상

  [cf.] wager는 '돈을 걸다'라는 뜻의 동사로도 쓰인다.

  [ex.] make a wager 내기를 걸다 | wager 100 dollars 100달러를 걸다
  win a wager 내기에 이기다 | lose a wager 내기에 지다

  | **wagier에서 파생한 단어**

  wage 임금
- **bet** **내기, 판돈** ← 이기는 사람이 돈을 갖기로 하고 승부를 다투는 것, 또는 그 내기에 건 돈

  ★16세기에 생겨난 영어

  [cf.] bet은 동사로 '돈을 걸다, 내기하다', '장담하다'는 의미로도 쓰인다.

  [ex.] bet big 판돈을 많이 걸다
- **sweepstakes** **내기 경마** ← 판돈을 우승자가 독차지하는 경마

  [고대영어] swapan = sweep 휩쓸다

  [중세영어] stake = prizes 상금

  [ex.] win the sweepstakes 판돈을 모조리 쓸어오다
- **odds** **배당률, 가능성** ← 지급되는 배당금의 비율

  [cf.] odd는 형용사로 보통 '이상한, 괴상한', '이따금의', '홀수의' 등과 같은 의미로 쓰인다.

[게] uzdaz = pointed upward 위를 가리킨

| **uzdaz에서 파생한 외국어**

(네덜란드어) oord 장소 | (독일어) Ort 장소

[ex.] offer long odds 높은 배당률을 제시하다

[cf.] be at odds 뜻이 맞지 않다, 상충하다

- **lottery** **로또** ↞ 복권

[이탈리아어] lotto = lot 몫

- **lump-sum** **일괄의, 총액의** ↞ 일정 기간에 한꺼번에 처리하는

★lump는 스칸디나비아어에서 유래한 것으로 추정

[라] summa = summit 정상, essence 정수, an amount (of money) 돈의 액수

| **summa에서 파생한 단어**

summa cum laude 최우등

- **annuity** **연금** ↞ 정부나 회사 등이 퇴직 후 일정 기간 개인에게 해마다 주는 돈

[라] annus = year 일 년

| **유의어**

pension 연금 | superannuation (정년퇴직 후 받는) 연금

severance pay 퇴직금 | retirement allowance 퇴직금

스포츠

Sports

축구soccer, 야구baseball, 농구basketball,
테니스tennis, 골프golf 등의
스포츠는 우리 생활 속에 녹아 있는
즐길거리이며 스트레스 해소제이다.

어떤 이는 테니스를 치며play tennis
건강과 즐거움의 두 마리 토끼를 잡고,
어떤 이는 프로선수들의 경기를 지켜보고watch 응원하며
감정의 롤러코스터를 즐긴다.

당신은 어느 쪽인가?
직접 스포츠를 하면서 즐기는 쪽인가?
경기를 지켜보며 즐기는 쪽인가?
특히 어떤 스포츠를 얼마나 자주 즐기는가?

축구와 야구

축구, soccer 혹은 football

팀당 11명의 선수들이 전반전과 후반전의 경기를 치르는 축구는 football 혹은 soccer라고 불린다. 최초의 축구는 중국의 추주cuju蹴鞠: kick ball 공을 차다에서 시작되었다고. soccer는 football association축구협회에서 association의 줄임말인 assoc.가 변하여 생긴 단어로 19세기 말경에 영국 대학에서 사용되던 속어였다. 반면 football은 축구에 사용되는 공을 일컫기 위해 사용되기 시작한 단어였다. 참고로 미국에서는 football이라고 하면 '미식축구'를 가리킨다. 국제축구대회인 월드컵World Cup은 국제축구연맹FIFA이 주관하며 4년마다 개최한다. 공격수는 offender, 수비수는 defender, 골키퍼는 goalie 혹은 goalkeeper라고 한다.

야구

팀당 9명의 선수들이 9회에 걸쳐 치르는 경기를 야구(baseball)라고 한다. 투수(pitcher)가 공을 던지면 공을 치는 팀(batting team)의 선수 한 명이 대표로 나와 야구 방망이로 공을 쳐서 4루(본루 포함)를 돌아 득점을 하는 score 경기이다. 야구에서 base는 '루'에 해당하며 9회 중 한 회는 inning이라고 한다. base나 inning을 표현할 때는 1st base, 1st inning처럼 서수를 붙인다는 것을 잊지 말자. 공을 치는 타자는 batter 또는 hitter라고 하며 투수의 공을 받는 포수는 catcher이다.

야구는 영국과 아일랜드에서 인기 있었던 구기의 일종인 rounders에서 생겨났을 것으로 추정되지만, 영국의 옛 여자 구기였던 stool-ball크리켓과 비슷함에서 시작되었다는 주장도 있다.

어원 001 **축구와 야구**

007

- **football** 축구 ↔ 사커나 럭비, 미식축구 따위를 통틀어 이르는 말 혹은 사커의 동의어

  ㉮ fōts = foot 발

㉮ balluz = ball 공

| fōts에서 파생한 외국어

(덴마크어) fod 발 | (스웨덴어) fot 발

(네덜란드어) voet 발 | (독일어) Fus 발

| balluz에서 파생한 외국어

(네덜란드어) bal 공 | (독일어) Ball 공

- **soccer 축구** ↔ 발로 공을 차서 상대방 골에 공을 넣어 승부를 겨루는 구기 경기

  ㉯ assoc → socca → socker → soccer ★assoc는 football association(축구협회)에서 association의 약자임

- **association 협회** ↔ 같은 목적을 가진 사람들이 설립하여 꾸려나가는 모임

  ㉰ ad = to ~에게

  ㉰ sociare = unite with ~와 결합하다

  | 유의어

  society 협회, 사회 | institute 교육관련 기관 | league 연맹

  guild (같은 관심의) 조합 | union 조합, 협회

  cooperative 협동조합 (형용사로 '협력하는'이란 의미로도 쓰임)

  organization 기관, 기구 | affiliation 정치종교적 소속, 결연

  alliance 동맹 | coalition 연합체, 연합정부

  confederacy 연합, 동맹 | confederation 연방, 연합

  pool 기업연합, 공동기금 | syndicate 신디케이트, 연합체

- **baseball 야구** ↔ 아홉 명으로 이루어진 두 팀이 9회에 걸쳐 공격과 수비를 번갈아 하며 득점을 하는 구기 경기

  ㉱ basis = step 계단

  ㉮ balluz = ball 공

- **pitcher 투수** ↔ 야구에서 공을 던지는 사람

  ★어원을 알 수 없지만 pitch(내던지다)는 14세기에, '투구하다'는 19세기에 생긴 뜻임

- **bat 공을 치다** ↔ 공을 힘껏 맞추다

  ㉲ battre = strike 치다

  cf. bat은 '방망이'라는 의미로도 쓰인다.

- **score 득점(하다)** ↔ 시합에서 점수를 얻는 것 혹은 점수를 얻다

㉦ skor = mark 표시, notch 등급, 표시 ★skor는 인도게르만공통조어 sker(cut 자르다)에서 파생

- **inning** 1회 ↔ 야구의 9회 중 1회

(고대영어) innung = putting in 들여놓는 것

그 밖의 축구와 야구 관련 표현들

- 축구 용어

fullback 후위 공격수 | midfielder 미드필더

winger 윙에서 뛰는 선수 (공격수로 골잡이(striker)에게 공을 패스해줘 득점을 돕는 선수)

kick-off 축구경기의 시작에 공을 차는 것 | marking 방어하기

dribble 공을 계속 차며 나아가다

tackling 태클 동작 (상대편 선수를 건드리지 않고 공을 빼앗아오는 수비 동작)

throw-in 경기장 측면으로 공이 나갔을 때 측면에서 공을 던지는 것

offside 오프사이드 (공이 패스되었을 때 공격수가 수비수보다 상대 골라인에 더 가까이 갔을 때의 반칙)

penalty area 벌칙구역

hooligan 폭력적 · 광적 축구팬

- 야구 용어

ballpark 야구장 | at-bats 타석 | home base[plate] 본루

earned run average 방어율 | hitting average 타율 | home run 홈런

strikeouts 삼진 | triple play 삼병살

hit into a double play 병살타를 치다

stolen base 도루 | hit by pitch 데드볼

sacrifice hit 희생타 | bunt 번트

cleats 스파이크 운동화

농구와 배구

농구

팀당 5명의 선수들이 경기를 펼치는 농구(basketball)는 미국 매사추세츠 스프링필드의 체육교사physical education instructor인 James A. Naismith가 고안한 경기이다. 농구공을 넣는 농구의 링(hoop)이 바구니와 비슷하다고 하여 basket이란 단어가 붙었다.

배구

배구(volleyball)는 팀당 6명 혹은 9명의 선수들이 네트(net)를 사이에 두고 공을 넘겨 득점하는 경기이다. volley는 '공이 땅에 닿기 전에 맞받아치기'란 뜻이 생기기 전에 '총의 일제 사격'이란 뜻이 먼저 생겨났다. 원래는 테니스에서 먼저 사용되던 용어였다.
배구는 1895년 미국 매사추세츠 홀요크Holyoke의 YMCA 체육 지도자인 William G. Morgan이 Mintonette란 실내 구기를 고안해낸 데서 시작된 스포츠이다.

어원 002 농구와 배구

- **basketball 농구** ⇠ 상대편의 바스켓에 공을 던져 득점하는 경기
  [영] bascat = basket 바구니 ★bascat은 영국 노르만 왕조에서 사용하던 단어임
- **hoop 농구공을 넣는 링** ⇠ 농구 경기에서 골을 넣게 되어 있는 링
  [게] hōp = ring 고리
- **volleyball 배구** ⇠ 코트의 중앙에 네트를 두고 양 팀이 공을 손으로 패스하여 득점하는 경기
  [라] volare = fly 날다
  | **volare에서 파생한 단어**
  volant 새가 나는 모양의 | volatile 휘발성의, 변덕스러운
- **net 코트 중간의 네트** ⇠ 구기 경기에서 양쪽 팀을 구별하는 그물
  [게] natjo = net 그물망
  [cf.] goalpost 골대

008

그 밖의 농구와 배구 관련 표현들

- 농구 용어

assist 어시스트 | rebound 리바운드 | backboard 농구 골대의 백보드

block 상대편의 패스나 슛을 막다

bounce pass 공이 바닥에 되튀겨진 후의 패스

double-dribbling 더블드리블 (양손으로 잡고 드리블을 하거나 1회의 드리블이 끝나고 또 다시 드리블을 하는 위반)

drive 득점하려고 빨리 세게 드리블해서 몰고 가다

foul 파울을 범하다, 파울

shoot 득점하기 위해 공을 던지다

shoot a free throw 자유투를 던지다

jump shot 점프슛 | set shot 선 자세에서 두 손으로 던지기

dunk 덩크슛 | slam dunk 강력한 덩크슛

turnover 드리블 중 공을 빼앗기거나 수비에게 잘못 패스하는 것

dig 상대의 스파이크나 킬을 받아내는 리시브

MVP (= most valuable player) 최우수선수

referee 심판

draft 스포츠 프로팀에서 대학 선수 등을 대상으로 선수 선발을 하는 연례 과정

- 배구 용어

ace 에이스 포인트 (패스하지 않고 즉시 점수로 연결되는 서브)

spike 네트 가까운 곳에서의 어택

attack block 어택 블록 (네트를 넘어오기 전에 상대가 던진 공을 막으려는 필사적 시도)

attack error 공격 실수

backcourt 코트 끝쪽 | back row attack 후위 공격

block 공을 막다

cross court shot 크로스코트 샷 (상대편 네트 안으로 대각으로 스파이크를 때리는 것)

cut shot 예각으로 스파이크를 때리는 것

decoy 미끼

floater 플로터 서브 (높이 쳐서 포물선을 그리며 예측 불허의 방향으로 움직이는 서브)

jump serve 점프하여 공을 내리쳐 서브하는 것

joust 양편 선수 둘이 동시에 네트 위 공을 치려고 하는 것

block out 공격한 볼이 블라킹에 맞고 코트 밖에 떨어지는 것

side out 서브권이 상대에 넘어가는 것

four hits 한 팀이 세 번 넘게 공을 터치하는 것

touch out 공격한 볼이 수비 측의 몸에 맞고 아웃 볼이 되는 것

penetration 블록킹할 때 손을 뻗어 상대편 진영에 침투하는 것

power alley 스파이크가 코트 반대편 가장 먼 지점에 꽂히는 것

roll shot 상대편 블로커 뒤쪽의 수비수 앞으로 공을 짧게 떨구기 위한 기법

tip 손가락을 이용해 공을 조절하여 상대편을 공격하는 것

wipe 블록아웃

테니스, 배드민턴, 탁구

테니스, 배드민턴, 탁구는 모두 라켓(racquet)으로 공을 치는 스포츠이다.

테니스

tennis는 1873년에 웨일즈의 Walter C. Wingfield가 배드민턴badminton에서 영감을 받아 고안한 경기로 lawn tennis의 줄임말이다. 12세기 프랑스에는 테니스 라켓racquet 대신에 손바닥으로 공을 친 jeu-de-paulmethe palm 손바닥라 불리는 경기가 있었는데 이 경기에서 테니스가 유래되었다. 테니스에선 두 선수가 0점일 때 Love-all!이라고 한다. Love가 0점이므로 둘 다 0점이란 뜻이다. 특이하게도 숫자 15(첫 득점), 30(2점 득점), 40(3점 득점)으로 득점을 나타낸다.

배드민턴

테니스와 마찬가지로 라켓으로 공을 치는 또 다른 경기가 배드민턴badminton이다. 배드민턴공(shuttlecock)을 사용한 스포츠는 수 세기 동안 존재해왔지만 badminton이란 이름은 보퍼트 공작the Duke of Beaufort의 글로스터셔Gloucestershire 영국 남서부의 주 저택의 명칭인 Badminton House에서 1874년에 생겨났다.

탁구

탁구(table tennis)는 빅토리아 시대 영국의 상류층에서 하던 경기가 발전된 것이다. 탁구는 흔히 ping-pong이라고도 불린다. ping-pong은 Parker Brothers미국의 완구 및 게임 회사의 테니스 장비의 상표인 Ping-Pong에서 생겨난 단어이다. ping은 금속물건에 단단한 것이 부딪혀 나는 소리를 나타내 탁구공이 탁구대에 부딪힐 때 나는 소리를 빗대 표현한 것이다.

어원 003 테니스, 배드민턴, 탁구

009

- **racquet** 라켓 ←← 테니스, 배드민턴, 탁구 따위에서 공 또는 셔틀콕을 치는 채

  (중세프랑스어) rachette = palm of the hand 손바닥

  cf. racket for hitting 치는 라켓

- **tennis** 테니스 ←← 중앙에 네트를 두고 양측에서 라켓으로 공을 주고받으며 득점하는 경기

  (고대프랑스어) tenez = hold 잡다, receive 받다

  ★tennis는 처음에는 그리스어 sphairistike(tekhne = 구기)에서 유래한 명칭이다. sphairistike를 사용하다가 19세기 후반에 lawn tennis의 줄임말인 tennis로 바뀐 것

- **shuttlecock** 배드민턴공 ←← 네트를 사이에 두고 라켓으로 서로 치고받는 배드민턴공

  (인) skeud = shoot 쏘다, chase 쫓다, throw 던지다 ★skeud에서 게르만조어 skutilaz로, 다시 고대영어 sċytel/sċutel(dart 화살)로 발전함

  ★shuttle은 직조기의 북(shuttle)이 왔다갔다 하는 것처럼 배드민턴공이 네트 양편을 왔다갔다 하여 붙여짐

  (게) kukkaz = cock 수탉 ★배드민턴공의 깃털 부분이 수탉의 털과 닮아서 붙여짐

  | **skeud에서 파생한 단어**

  sheet 종이 한 장, 돛 아래에 달아 돛 방향을 조정하는 것

  shoot 쏘다 | shot 발사 | shut 닫다

- **table tennis** 탁구 ←← 테이블 가운데에 네트를 치고 라켓으로 공을 쳐넘겨 득점하는 경기

  (게) tabal = board 널빤지 ★더 거슬러 올라가면 라틴어 tabula(board 널빤지)에서 파생된 어근임

  | **tabal에서 파생한 외국어**

  (네덜란드어) tafel 식탁 | (독일어) Tafel 판 모양의 물건

  (덴마크어) tavle 칠판, 안내판

  | **tabula에서 파생한 외국어**

  (스페인어) tabla 판자 | (이탈리아어) tavola 목판, 테이블

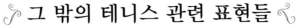

그 밖의 테니스 관련 표현들

- 현대 유명 테니스 선수(남)

  Novak Djokovic 노박 조코비치 | Roger Federer 로저 페데러

  Rafael Nadal 라파엘 나달

- 현대 유명 테니스 선수(여)

  Ashleigh Barty 애슐리 바티 | Aryna Sabalenka 아리나 사바렌카

  Barbora Krejcikova 바르보라 크레이치코바

- 테니스 용어

  serve 서브하다, 서브 | flat serve 플랫서브 | spin serve 스핀서브

  service box 서비스 박스 (상대편 코트에 공이 닿아야 하는 부분)

  service line 서브선 | baseline 베이스라인

  tramline 테니스 코트의 두 줄 측선

  overarm stroke 팔을 어깨 위로 올려치기

  forehand 포핸드 (팔을 뻗은 채로 공을 치는 것)

  backhand 백핸드 (손등이 상대를 향하게 공을 치는 것)

  volley 발리 (공이 땅에 닿기 전에 받아치는 것)

  Ace! 에이스 (서브한 공을 상대가 받아내지 못해 발생한 득점)

  In! 인 (공이 라인 안에 들어옴)

  Out! 아웃 (공이 라인 밖에 떨어짐)

  Fault! 폴트! (서브실수)

  Let! 렛 (공이 네트에 닿았다 들어옴)

  deuce 듀스 (마지막 한 점 전에 동점이 됨)

  advantage 어드밴티지 (스코어가 40:40에서 먼저 득점하는 것)

골프

골프(golf)는 18홀 경기를 1회전으로 하여 골프채로 공을 쳐서 홀(hole)에 넣는 경기이다. 골프 코스는 9홀 혹은 18홀을 돌게 되어 있는데 다양한 지형(terrain)에서 칠 수 있다는 것이 다른 구기와 다른 점이다.

로마 시대에 막대기로 가죽 공을 치는 경기인 파가니카paganica를 원조로 주장하는 사람들도 있고, 중국의 추이완chuiwan이란 경기를 원조로 보는 사람들도 있다. 하지만 현대식 골프 경기는 스코틀랜드에서 시작되었다. 중세 네덜란드에서 colf/colve라고 불리다가 15세기 중반 스코틀랜드에서 gouf라고 불리게 되었다.

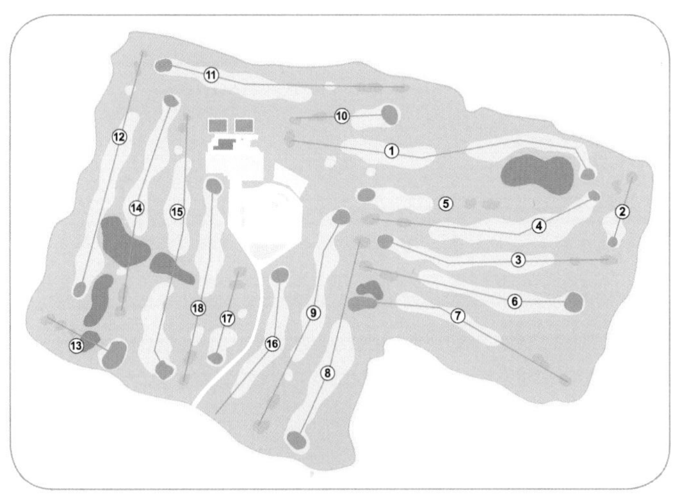

18 holes

골프채

골프채는 golf club이라고 하는데 club은 게르만조어 klumpôclamp 죔쇠, lump 덩어리에서 파생하여 곤봉cudgel이란 뜻의 노르웨이어 klubba/klumba가 되었다가 현재의 club이 되었다. 골프채 한 세트는 우드채woods 3개, 웨지채(wedges: 공치는 부분이 쐐기모양) 2개, 퍼터채(a putter) 1개, 하이브리드채(hybrid) 2개, 아이언채(irons) 6개의 총 14개가 일반적이다. 그중 공을 가장 멀리 보내는 용도의 우드채로 머리 부분이 가장 큰 드라이버driver, 그린 위에서 공을 홀컵에 넣는 용도인 퍼터, 그리고 단거리용의 정교한 채인 웨지채 정도는 기억해두자. putter퍼터는 동사 putt공이 홀에 굴러가게 가볍게 치다의 명사 형태이다.

골프 득점 용어

birdie

eagle

골프의 기준타수는 영어로 par인데, 기준타수 72타보다 1타 적게 치면 버디(birdie), 2타 적게 치면 이글(eagle), 3타 적게 치면 더블이글(double eagle, albatross), 기준타수보다 1타 많이 치면 보기(bogey), 2타 많이 치면 더블보기(double bogey), 3타 많이 치면 트리플보기(triple bogey)라고 한다. 기준타수 5인 홀에서 7번 만에 홀에 공을 넣었다면 더블보기로 마친 것이다. ace는 일명 hole-in-one이라고도 하는데 말 그대로 한 번에 홀에 공을 넣은 것이다.

어원 004 **골프**

010

- **golf 골프** ↞ 일정한 장소에서 골프채로 공을 쳐서 가장 적은 타수로 홀에 넣는 경기
  (게) kulth = club 곤봉
- **hole 홀** ↞ 골프 그린 위의 지름 10.8cm 가량의 구멍
  (게) hulan = hollow 움푹 파인
- **terrain 지형** ↞ 땅의 생긴 모양
  (라) terra = earth 흙, land 땅
- **club 골프채, 클럽** ↞ 골프공을 치는 도구
  (게) klumpô = clamp 죔쇠, lump 덩어리
- **wedge 웨지채, 쐐기모양** ↞ V 모양의 것
  (게) wagjaz = wedge 쐐기
  | **wagjaz에서 파생한 외국어**
  (네덜란드어) wig 쐐기
- **putter 퍼터채** ↞ 공을 홀컵에 넣을 때 사용하는 채
  (동) putt 퍼트하다
  (고대영어) putian = thrust 밀어넣다
- **hybrid 하이브리드채** ↞ 아이언채 디자인과 우드채 디자인의 혼합 형태

[cf.] hybrid는 원래 '혼합물, 잡종'의 뜻이다.

[라] ibrida = mongrel 잡종

- **birdie** 버디 ↞ 기준타수보다 1타 적게 공을 넣음

[고대영어] bridd = chick 새끼 새, fledgling 새끼 새

- **eagle** 이글 ↞ 기준타수보다 2타 적게 공을 넣음

[라] aquila = black eagle 검은 독수리

★새끼 새만큼 기준타수가 좋아진 것보다 독수리 크기만큼 좋아진 것이 더 좋아진 것이라고 기억해두자. 혹자는 미국 국조라서 독수리를 좋은 의미의 골프 용어로 넣었다고도 한다. 기준타보다 3타수 적게 공을 넣으면 더블이글 혹은 albatross라고 하는데 알바트로스 새가 더 희귀한 만큼 더블이글도 드물다.

- **bogey** 보기 ↞ 기준타보다 한 타 더 많이 쳐서 공을 넣음

[중세영어] bugge = frightening specter 무서운 유령

- **ace** 홀인원 ↞ 한 번에 홀에 공을 넣음

[라] as = unit 한 개

| **as에서 파생한 외국어**

(스페인어) as 에이스 | (이탈리아어) asso 에이스

(독일어) Ass 카드 에이스 | (네덜란드어) aas 에이스

그 밖의 골프 관련 표현들

- 골프 구간

teeing ground 티샷을 치는 구간

bunker 모래가 쌓여 있는 벙커 구간

fairway 페어웨이 (티와 그린 사이의 짧은 잔디밭으로 공을 치기 좋은 곳)

green 잔디를 짧게 자른 홀 주변 구역

fringe 프린지 (그린보다는 잔디가 길고 페어웨이보다는 짧은 둘 사이 구역)

rough 러프 (풀이 길어 공치기 힘든 구역)

• 골프경기 관련 용어

finger grip 골프채의 손가락 쥐는 법

tee 골프 공을 올려놓는 작은 받침 (이곳에 올려놓고 공을 침)

tee up 공을 티 위에 올려놓다

tee off 티에서 공을 치다 (off 시작하여)

handicap 핸디캡 (약한 선수에게 주는 점수로 만일 100타를 쳤는데 핸디캡이 18이면 실제로는 82타를 친 것임))

scratch golfer 아마추어 골퍼 중 핸디를 주지 않고도 잘 치는 실력의 골퍼

fat shot 뒷땅 (공 뒤의 땅을 치는 것)

thin shot 클럽헤드가 볼의 윗부분을 치는 것

tee off

Fore! 공이 거기로 가요! (공이 나아가는 방향에 있는 사람들에게 외치는 말)

mulligan 처음 친 샷을 잘못 친 경우 타수에서 제외하고 다시 칠 기회를 주는 것

even par 이븐파 (72타 기준타수로 경기를 마치는 것)

under par 언더파 (72타 기준타수보다 적게 쳤을 때)

over par 오버파 (72타보다 많게 쳤을 때)

yips 입스 (퍼트 시에 매우 불안해하는 증세)

slice 슬라이스 (공을 깎듯이 쳐서 한쪽으로 휘어져 나아가게 하는 타법)

hook 훅 (공이 옆으로 휘어가도록 치는 것)

fried egg 모래벙커에 공이 반쯤 묻히게 된 것

스키와 스케이트

스키

스키(ski)는 길고 좁은 모양의 스키를 타며 빙상을 활주하는(glide) 운동이다. 가장 오래된 나무 스키는 기원전 6000~5000여 년 전에 오늘날의 러시아와 스웨덴에서 발견되었다. 스키를 타며 턴을 하거나 비탈길을 오르내릴 때 균형을 유지하도록 하는 장비는 스키 폴(poles)이라고 한다.

스케이트

스케이트(skate)는 부츠 바닥에 쇠 날(blades)을 붙이고 얼음판 위를 지치는 slide미끄러지다, 미끄러지듯이 가다 운동이다. 최초의 아이스 스케이트는 5천여 년 전에 핀란드에서 사슴, 황소, 말과 같은 동물의 다리뼈로 만들었는데 혹독한 겨울에 사냥을 나갈 때 사용되던 기구였다. 스케이팅은 아이스 스케이팅ice skating뿐 아니라, 인라인 스케이팅inline skating, rollerblading, 롤러 스케이팅roller skaiting, 스케이트보딩skateboarding 등이 있다. 아이스 스케이팅은 다시 피겨 스케이팅(figure **skating**), 쇼트트랙 스피드 스케이팅short-track speed skating, 롱트랙 스피드 스케이팅long-track speed skating으로 구별된다. 피겨 스케이팅 선수들은 빙판 위에 원형 패턴pattern의 모양을 만들기 때문에 '도형, 모습'이란 뜻의 **figure**가 붙여졌다. 최초의 동계올림픽1924년에서 피겨 스케이트는 유일한 여성 부문의 스포츠였다.

어원 005 스키와 스케이트

011

- **ski** 스키 ↞ 눈 위를 지치는 데 쓰는 좁고 긴 널빤지 모양의 기구, 또는 그 기구를 타고 하는 운동
  (고대노르웨이어) skið = long snowshoe 긴 스노우슈즈, stick of wood 나무막대 ★더 거슬러 올라가면 게르만조어 skid(divide 나누다)에서 파생함
  | **skið에서 파생한 외국어**
  (독일어) Scheit 나무토막
- **glide** 활주하다 ↞ 미끄러지듯이 가다

[게] glidan = glide 활주하다

| glidan에서 파생한 외국어

(독일어) gleiten 활주하다

- **pole 장대** ↔ 손잡이가 있는 긴 막대

  [라] palus = stake 말뚝

  | 유의어

  mast 안테나 기둥, 돛대

  rod 장대 | stick 막대기

  plank 널빤지 | shaft 손잡이, 화살대

  stake 말뚝 | butt (무기, 도구의) 뭉툭한 끝부분

  stub 몽당연필, 쓰다 남은 토막

- **skate 스케이트** ↔ 부츠 바닥에 쇠 날을 붙이고 얼음판 위를 지치는 기구

  [고대프랑스어] escache = stilt 기둥, trestle 버팀다리

- **blade 날, 날개깃** ↔ 연장의 날카로운 부분

  [게] bladaz = leaf-like part 잎 모양의 부분

  | bladaz에서 파생한 외국어

  (네덜란드어) (덴마크어) blad 꽃잎 | (독일어) Blatt 꽃잎, 톱 등의 날

- **slide 미끄러지듯이 가다** ↔ 미끄러운 곳에서 한쪽으로 밀며 나아가다

  [게] slidan = slide 미끄러지다

  | slidan에서 파생한 외국어

  (독일어) Schlitten 썰매

- **figure 피겨** ↔ 빙판 위에 도형을 그리듯 패턴을 만드는 스케이트

  [라] figura = shape 모양, form 형태

  [cf.] 일상생활에서 figure는 '도형', '모습', '인물', '수치' 등의 의미로 흔히 쓰인다.

  [ex.] a figure of speech 비유적 표현

  a figure of authority 권위자

  a nice figure 멋진 몸매

  single figures 한 자릿수

그 밖의 스키와 스케이트 관련 표현들

- 스키 종류

downhill skiing 활강 스키

cross-country skiing 크로스컨트리 스키 (산과 들을 달리는 스키로 노르딕 스키로도 불림)

backcountry skiing (off-piste, alpine touring) 활강코스를 벗어난 오지 스키

Telemark skiing 텔레마크 스키 (노르웨이 텔레마크 지역의 이름을 딴 스키로 알파인 스키와 노르딕 스키 기술 일부를 결합한 스키)

freestyle skiing 자유형 스키

biathlon 바이애슬론 (크로스컨트리 스키와 사격을 혼합한 경기)

- 스키 용어

black run 극도로 힘든 상급자용 비탈 코스 | red run 중상급 비탈 코스

blue run 중급자용 비탈 코스 | green run 초급자용 비탈 코스

groomed mellow runs 손질된 매끄러운 비탈 코스

piste 눈을 다져 놓은 스키 활강 코스

mogul 모굴 (점프해서 뛰어넘도록 뭉쳐놓은 눈더미)

crevasse 빙하 속 깊이 갈라진 틈

make wedge turns 다리를 피자조각 모양, 즉 쐐기모양을 하고 한 다리에 힘을 주어 돌다

ski down 스키를 타고 내려오다 | lean back 상체를 뒤로 젖히다

steep 가파른 | perpendicular 직각의 | slope 경사면

take a plunge to ski 과감히 스키를 타기 시작하다

ski touring 스키 투어, 크로스컨트리 스키 | skid 미끄러지다

traverse 가로지르다 | faceplant 얼굴이 바닥에 먼저 닿다

schussing 직활강 | slalom 슬랄롬 활강 경기

salopettes 샐로펫 (멜빵바지 형태의 스키복)

gondola 스키 리프트에서 사람이 앉는 자리

ripper 스노우보딩이나 스키에 뛰어난 사람

slush 진창이 된 눈 | avalanche 눈사태

white out 폭설로 앞이 보이지 않다

• 스케이트 용어

axel 악셀점프 (Axel Paulsen의 이름을 땀)

Biellmann 비엘만 스핀 (피겨스케이트의 스핀기술로 Denise Biellmann 의 이름을 땀)

camel spin 캐멀 스핀 | flip jump 플립 점프

glide 미끄러지듯 가다 | bend 굽히다

jump 점프 | spin 회전 | turn 회전 | step 걸음

forward 앞쪽으로 | outward 바깥쪽으로

backward 뒤쪽으로 | revolution 회전

bunny hop 토끼점프

loop jump 스케이트 바깥 가장자리로 점프하고 착지하는 점프

land 착지하다

free leg 몸 뒤쪽으로 직선으로 뻗은 다리 모양

parallel to ~와 평행으로 | horizontally 수평으로

arch 아치형으로 하다 | spiral 나선형

pivot 회전하는 물체의 중심축, 회전하다 | face 마주보다

blade 스케이트 날

권투와 펜싱

권투

권투(boxing)는 권투 링에서 정해진 시간 동안 두 사람이 권투용 장갑(boxing gloves)을 끼고 상대를 주먹으로 쳐서(throw punches) 득점을 하는 경기이다. box는 동사로 '주먹으로 싸우다'라는 뜻이 있으며 여기에 -ing를 붙여 동명사를 만든 것이 오늘날의 권투가 되었다. 그 외에 주먹뿐 아니라 발도 사용할 수 있는 킥복싱(kickboxing), 가상의 상대를 대상으로 혼자 연습하는 권투인 쉐도우 복싱(shadow boxing) 등이 있다.

펜싱

결투에서 검술을 사용한 것에 기원한 펜싱(fencing)은 스페인에서 시작되었을 것으로 여겨진다. 철망으로 된 마스크를 쓴 두 선수가 검으로 상대를 찔러 득점하는 경기이다.

fencing은 15세기 중반 fence defend 방어하다란 동사에 -ing를 붙여 펜싱 연습용 칼인 플뢰레 foil나 검(sword)을 사용한 운동이란 뜻이 생겨났다. 플뢰레 Flueret, Foil, 에페 Épée, 사브르 Sabre 세 종목이 올림픽에서 정식으로 채택되고 있다. 영어로 펜싱 검을 foil이라고 하고 프랑스어로는 fleuret라고 한다. 에페는 중세 결투에서 사용되었던 검으로 전신을 공격할 수 있고 플뢰레는 이보다 가볍고 잘 휘는 flexible 검이며 둘 다 찌르기용 검이다. 사브르는 칼날로 베는 것이 가능하며 가장 빠른 검이다.

어원 006 **권투와 펜싱**

012

- **boxing** 권투 ↢ 주먹으로 상대의 상체를 쳐서 득점하는 경기
  영 (1300년경) box = blow 한 방
- **glove** 장갑 ↢ 손을 보호하기 위해 착용하는 것
  게 galofo = covering for the hand 손 가리개
- **punch** 주먹으로 침 ↢ 주먹을 휘둘러 때림
  고대프랑스어 ponchon = pointed tool 뾰족한 도구

- **shadow 그림자** ↞ 물체가 빛을 가려서 그 물체의 뒷면에 드리워지는 검은 그늘

  (고대영어) sceadwe, sceaduwe = dark image cast by someone or something when interposed between an object and a source of light 사람 또는 사물이 빛을 가려 드리워지는 그늘

- **fencing 펜싱** ↞ 철망으로 된 마스크를 쓰고 두 명의 경기자가 검으로 서로 찔러 득점하는 경기

  (고대프랑스어) fence = defend 방어하다 ★이때 fence는 defens의 약자로, 여기에 -ing를 붙여 fencing이 됨

- **sword 칼, 검** ↞ 무기로 쓰는 크고 긴 칼

  (게) swerdam = sword 칼

  | **swerdam에서 파생한 외국어**

  (스웨덴어) svard 칼 | (독일어) Schwert 검, 큰 칼

그 밖의 권투와 펜싱 관련 표현들

- 권투 용어

  fighting stance 싸움 자세 | guard position 방어 자세

  throw one's jab 잽을 날리다 | hook 훅 (팔을 구부리고 짧고 세게 치기)

  uppercut 올려치기 | tuck 밀어넣다

  square one's shoulders 어깨를 펴다

  punch 펀치를 날리다 | sparring 스파링 | KO (knockout) 케이오

  throw one's punch 주먹을 휘두르다

  punch in the solar plexus 명치를 주먹으로 치다

  attack a vital[pressure] point 급소를 공격하다

  high guard 하이가드 (두 주먹을 관자놀이(temples)로 올린 방어)

  counter blow 받아치기 | clinch 상대를 껴안아서 방어함

hammerlock 상대편 팔을 뒤로 꺾어 꼼짝못하게 함

groggy 몸을 가누지 못하는

knockdown 넉다운 (쓰러진 후 10초 이내에 일어서 경기를 하는 경우)

knockout 넉아웃 (쓰러진 뒤 10초 이내에 경기를 재개할 수 없는 경우)

jolt 졸트 (팔꿈치를 몸에 밀착한 채 허리의 회전을 이용해 치는 강한 펀치)

chop 춉 (찍어 내리듯이 치는 타격으로 반칙임)

knuckle 손가락 마디 | fist 주먹 | clenched fist 꽉 쥔 주먹

chin 턱 | elbow 팔꿈치 | rear 뒤쪽의

• 펜싱 용어

remise 공격이 끝난 후에도 칼날을 계속 뻗는 것

appel 아펠 (공격의 의사 표시로 마루를 쿵 치거나 상대편 검을 치는 것)

balestra 발레스트라 (찌르기 공격을 할 때 상대방을 향해 도약하기)

fleche 플레시 (날쌔게 공격하는 것)

upright 자세가 똑바른 | evenly 고르게 | in line 일직선을 이루는

straight ahead 똑바로 | straighten 똑바로 펴다

away from ~에서 떨어져 | keep distance 거리를 유지하다

lunge 돌진하다, 찌르기 | score a hit 득점하다

parry 공격하는 무기를 쳐내다 | advance 앞으로 나아가다

cadence 동작의 리듬

draw 추첨 | bout 시합

plastron 가죽으로 만든 펜싱용 가슴받이

manchette 소맷부리 | breeches 반바지

lame 라메 (금실 · 은실을 섞어 짠 천) | coquille 칼의 자루

Fédération International D'escrime 국제 펜싱 연맹 ★escrime 검술, 펜싱

2

뷰티 • 패션 • 집

Beauty, Fashion
& House

한 번쯤 물어도 좋을 질문 2

아름다움의 기준은 무엇인가?

What is the standard of beauty?

누구나 아름다워지고 싶다.
누구나 아름다운 존재를 동경한다.
아름다움이란 무엇일까?
우리는 어떤 아름다움에 매료되는 것일까?
돈을 들이면, 시간을 들이면, 관심을 가지면
겉으로 보이는 아름다움은 쉽게 얻을 수 있는 세상이다.
그런 아름다움만으로 우리는 충분한 걸까?

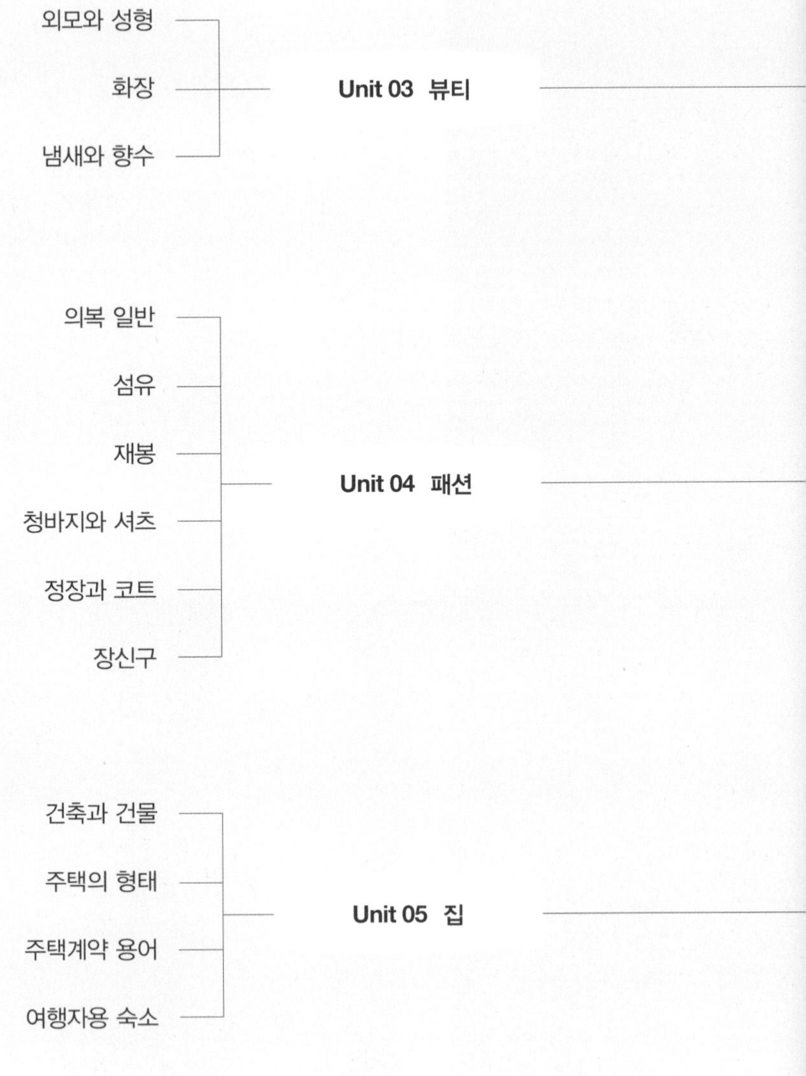

어원표시 ㊇ 라틴어 ㉠ 그리스어 ㊍ 히브리어 ㊃ 게르만조어 ㊉ 인도게르만공통조어
㊌ 힌두어 ㊈ 프랑스어 ㊆ 영어 ㉦ 스페인어 ㊂ 독일어

품사표시 ㊅ 명사 ㊂ 동사 ㊌ 형용사 ㊋ 부사

Chapter 2
뷰티 • 패션 • 집

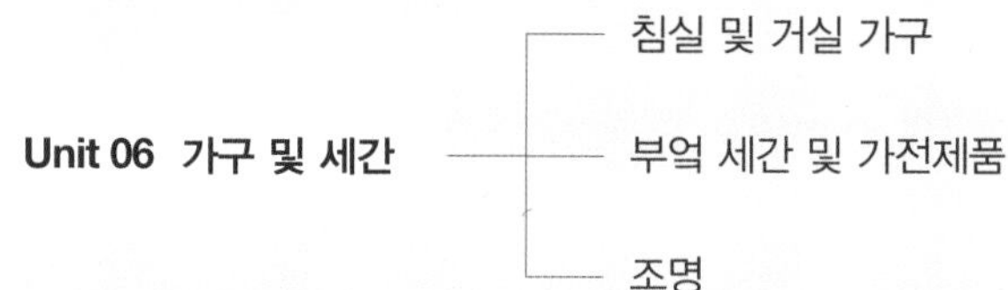

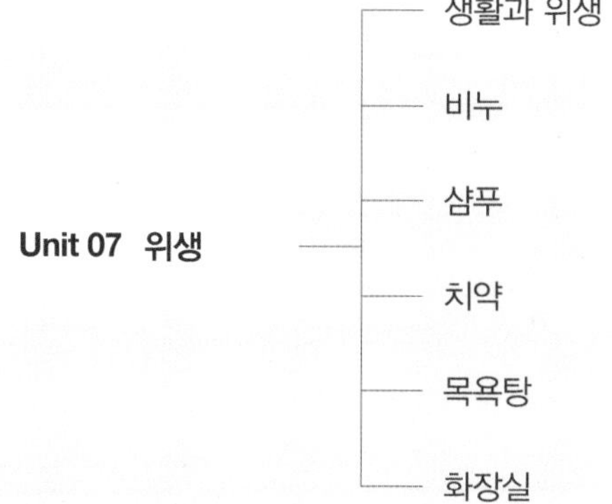

뷰티
Beauty

예뻐야 한다.
아름다워야 한다.
힙해야 한다.
트랜디해야 한다.

시각적 미beauty가 극도로 디테일하게 발전하고 있다.
모든 분야에서.

성형cosmetic surgery은 인생의 당연한 코스가 되었으며
화장술makeup은 피부와 신체의 단점을 완벽에 가까울 정도로
커버할 수 있는 수준이다.
여기에 향기fragrance까지 입힌다.
향기로운 냄새는 사람을 현혹시켜 더 아름답다고 느끼게 만든다.

아름다움에 대한 갈망은 영원한 목마름이다.

외모와 성형

외모

성격personality이 한 사람이 지닌 내적인 모습의 표현이라면 외모(appearance)는 겉으로 드러나는 한 사람의 모습을 가리킨다. 눈 색깔, 키height, 몸무게weight, 피부색complexion, 피부결, 머리색, 머리결, 체형 및 체격build 등 머리에서 발끝까지 눈으로 볼 수 있는 한 사람의 외적 모습이 모두 외모에 해당한다.

외모 지상주의

외모가 가장 중요하다고 여기는 사고방식을 외모 지상주의(lookism)라고 한다. 외모 지상주의가 팽배한 사회에서는 어떤 개인에 대한 평가와 그 사람의 성공 여부에 외모가 상당한 영향을 미치게 된다.

성형수술

Beauty is only skin-deep.미모도 따지고 보면 피부 한 꺼풀이란 말로 외적 아름다움이 심성보다 덜 중요하다고 말하곤 하지만 외모 때문에 스트레스를 받는 사람이 많아지면서 성형수술(cosmetic surgery)이 인기를 끌기 시작했다. 눈이나 코, 턱 선, 여성의 경우 가슴 등과 같이 특히 콤플렉스를 느끼는 부위가 있거나 더 아름다워지고 싶을 때 성형수술을 한다. 또, 노화로 인해 피부가 쳐지거나sag 탄력을 잃었을 때(lose elasticity) 다시 젊어 보이게(rejuvenate) 스스로 핸디캡이라고 느끼는 신체부위를 수술받는다.

이렇듯 요즘엔 주로 심미적인(aesthetic) 이유로 성형수술을 하지만 예전에는 전쟁 중 부상이나 사고로 인해 심하게 손상된 신체의 일부를 복원하거나 기형(deformation)을 바로잡기 위해 시술되었다. 참고로 성형수술이 활기를 띠게 된 데는 마취제(anesthesia) 발명이 일역을 담당하였다.

치아교정

치아의 모양이 인상에 안 좋은 영향을 주면 치아를 교정하기도 한다. 치아를 교정하는 동안에는 일정 기간 치아교정기를 착용하게 되는데, 치아교정기는 영어로 teeth brace라 한다. brace는 라틴어 bracchiumarm 팔에서 생겨난 단어로 '버팀대'란 뜻으로 주로 사용된다.

문신

좀 더 매력적으로 보이기 위해 문신, 즉 tattoo를 하기도 한다. tattoo는 타히티어와 사모아어 tatau에서 생겨난 단어로 원래 '피부에 생긴 자국'을 가리킨다. 또한 마르게사스 제도어 tatu도 '피부에 생긴 자국'을 가리킨다. 로마제국에선 해외로 팔려가는 노예들뿐 아니라 검투사에게도 문신을 했다. 나타니엘 호돈Nathaniel Hawthorn의 《주홍글씨Scarlet Letter》란 작품에선 주인공 헤스터가 자신이 간통 죄를 저지른 것의 상징으로 자신의 가운gown에 주홍글씨로 A를 새겼는데 a는 흔히 adultery간통의 약자로 여겨진다. 물론 주홍글씨 A는 피부에 새긴 것이 아니므로 carve새기다 가 아니라 wear착용하다란 단어가 적합하다.

어원 001 외모와 성형

013

- **appearance** 외모, 모습 ↤ 겉으로 보이는 모양
  [라] apparere = come in sight 나타나다
  | apparere에서 파생한 단어
  apparition 유령 ★사람이 눈에 보이듯 유령도 눈에 보이는 존재란 뜻이 내포된 표현
- **lookism** 외모 지상주의 ↤ 외모가 가장 중요하다고 여기는 의식
  [게] lokjan = see 보다
- **cosmetic** 성형의 ↤ 외과적 방법으로 외모를 바꾸는
  [그] kosmein = arrange 정돈하다, adorn 장식하다
  [cf.] 성형수술의 종류
  breast augmentation 가슴 확대 (aug = increase 증가하다)
  abdomino-plasty 복부지방절제술 (abdomen = belly 배 + plastos = formed 형성된)
  orthognathic surgery 양악수술 (gnathos = jaw 턱)

★prognathous 턱이 나온 (pro = forward (하악골처럼) 앞으로)

- **surgery** 수술 ↔ 피부나 조직 등을 째고 잘라내서 병을 고치는 일

[그] kheir = hand 손

| kheir에서 파생한 단어

chiromancy 손금보기, 수상술

- **elasticity** 탄력성 ↔ 물체가 힘을 받았을 때 튕기는 힘의 정도

[그] elastos = ductile 잡아늘일 수 있는, flexible 유연성 있는

- **rejuvenate** 다시 젊어 보이게 하다 ↔ 혈기왕성한 생김새로 보이게 하다

[라] re = again 다시

[라] juvenis = young 젊은

- **aesthetic** 심미적인 ↔ 아름다움을 즐기려는

[그] aisthanesthai = perceive 인지하다

- **deformation** 기형 ↔ 정상과는 다른 생김새

[라] de = off ~에서 벗어나서

[라] formare = shape 모양을 형성하다

- **anesthesia** 마취제 ↔ 몸에 감각을 잃게 하는 약

[그] an = without ~없이

[그] aisthesis = feeling 느낌

| aisthesis에서 파생한 단어

kinesthetic 운동감각의 (kinein = move 움직이다)

paraesthesia 감각이상 (para = disordered 고장 난)

synaesthesia 공감각 (syn = together 함께)

- **teeth brace** 치아교정기 ↔ 치아를 고르게 만들어주는 보철장치

[게] tanthu- = tooth 치아

| tanthu에서 파생한 외국어

(덴마크어) (스웨덴어) (네덜란드어) tand 치아 | (독일어) Zahn 치아

- **tattoo** 문신 ↔ 살갗에 그림, 글씨 등을 새기는 것

[타히티와 사모아어] tatau = mark made on skin 피부에 생긴 자국

[마르케사스 제도어] tatu = mark made on skin 피부에 생긴 자국

화장

앞서 성형수술에서 언급된 형용사 cosmetic은 '미용을 위한'이란 의미이다. 따라서 미용과 관계된 뜻인 '화장용의', '성형의'란 뜻으로 모두 쓰인다. cosmetic은 또 명사로 '화장품', '결점을 감추는 것'이란 의미로도 쓰인다. 특히 '화장품'이란 의미로 쓰일 때는 cosmetics와 같이 복수형으로 쓰는 게 보통이다.

기초 화장

세수를 하고 가장 먼저 바르는 토너toner는 피부에 탄력을 주는 화장수로 피부를 덜 기름지게oily 해주는 수렴제(astringent)이다.
emollient는 화장수나 피부연화크림이며 로션lotion 같은 보습제는 moisturizer라고 하는데 피부에 수분을 공급하는(hydrate) 역할을 한다.

색조 화장의 기원

수천년 전에도 원석(gemstone)을 갈아서 눈두덩이나 입술에 바르기 시작했으니 이것이 색조화장의 시초인 셈이다. 색조화장품 중 요즘의 립스틱은 알코올 성분이 들어 있어서 염료(dye)를 입에 스며들게 하는데 브러쉬와 같은 도구를 이용해 바른다.

눈 화장

마스카라(mascara)는 속눈썹eyelash, 아이라이너eyeliner는 눈꺼풀과 아래 라인에 발라 눈매가 예뻐 보이게 하거나 고혹적인(alluring) 모습을 연출할 때 쓰인다. 요즘은 가짜false 속눈썹을 붙이기도attach 하며, 방수가 되는waterproof 마스카라와 립스틱이 인기를 끌고 있다.

피부 결점을 가려주는 화장품

화장의 원래 목적은 피부의 잡티(blemish), 뾰루지(spot), 여드름(acne), 주근깨(pimple) 등을 가리는cover 것이다. 컨실러(concealer)피부 결점을 가려주는 화장품나 파운데이션foundation이 특히 그런 용도로 사용되는 화장품이며 윤곽선 보정 화장품contour cream은 얼굴 윤곽선(contour)을 보정해주는 역할을 한다.

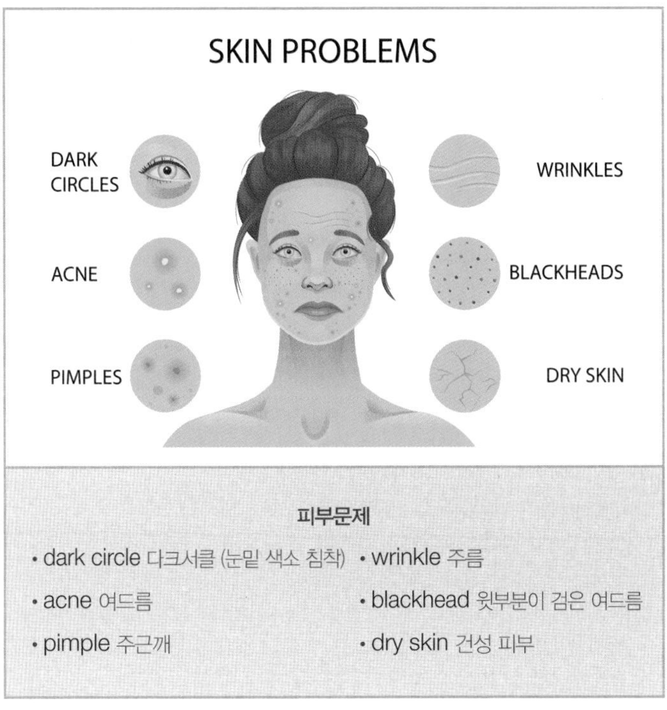

피부문제

- dark circle 다크서클 (눈밑 색소 침착)
- acne 여드름
- pimple 주근깨
- wrinkle 주름
- blackhead 윗부분이 검은 여드름
- dry skin 건성 피부

각질제거제

깨끗하고 뽀송뽀송한 피부를 유지하기 위해 각질제거제를 정기적으로 쓰는 사람들도 많다. 각질제거제는 영어로 exfoliant라고 한다. 피부에 발라 각질dead skin을 문질러 벗겨내는 용도로 쓴다.

어원 002 화장

014

- **cosmetics** 화장품 ⟵ 화장하는 데 쓰는 모든 제품

  ㉦ kosmein = arrange 정돈하다, adorn 장식하다

  | **화장 관련 표현**

  wear makeup 화장하다 (상태에 초점)

  put on makeup 화장하다 (동작에 초점)

  apply makeup 화장품을 바르다

- **astringent** 수렴제 ⟵ 신체 조직을 수축시키는 화학물질

[라] ad- = to ~에게

[라] stringere = draw tight 바짝 잡아당기다

| **stringere에서 파생한 단어**

stricture 협착, 심한 혹평 | strain 긴장 | strict 엄격한

restrict 제한하다 (re = back 다시)

distress 고통 (dis = apart 따로)

constrain 강요하다 (com = together 함께)

prestigious 명망 높은 (prae = before 전에)

- **emollient** **피부연화크림** ↔ 피부를 부드럽게 하여 피부를 보호하는 크림

  [라] ex = out 밖에

  [라] mollire = soften 부드럽게 하다 ★mollire는 인도게르만공통조어 mel(soft 부드러운)에서 파생함

  | **mel에서 파생한 단어**

  bland 자극적인 맛이 없는, 단조로운 | mild 온화한

  malaxation (의학) 연화 | melt 녹다 | mollify 달래다

  moil 끊임없이 격렬히 일하다 | smelt 광석을 제련하다

- **moisturizer** **보습제** ↔ 피부를 촉촉하게 해주는 제품

  [라] mucidus = moldy 곰팡이가 핀

- **hydrate** **수분을 공급하다** ↔ 촉촉한 물기가 더 생기게 하다

  [그] hydor = water 물

- **gemstone** **보석의 원석** ↔ 가공하지 않은(unprocessed) 보석

  [라] gemma = precious stone 보석, jewel 보석 ★gemma는 인도게르만공통조어 geb-m-(bud 봉우리)에서 생겨남

- **dye** **염색** ↔ 염료를 사용하여 물들이는 것

  [게] daugo = color 색깔

- **mascara** **마스카라** ↔ 속눈썹을 진하게 보이게 하는 화장품

  [스페인어] mascara = stain 얼룩, mask 마스크

- **alluring** **매혹적인** ↔ 사람의 마음을 홀리는

  [고대프랑스어] aleurer = attract 매료시키다

  | **유의어**

  beguiling 묘한 매력이 있는 | captivating 매혹적인

  charming 매력적인 | enticing 유혹적인

  seductive 성적으로 유혹적인 | tempting 솔깃한

bewitching 넋을 빼놓는 | winning 사람의 마음을 끄는

magnetic 자석같은, 사람의 마음을 강하게 끄는

- **blemish** **피부의 티** ↞ 피부의 조그마한 흠

  [고대프랑스어] ble(s)mir = make pale 창백하게 하다

- **spot** **점, 뾰루지** ↞ 살갗의 조그마한 얼룩

  [중세네덜란드어] spotte = spot 작은 점, speck 반점

  [cf.] 일상생활에서 spot은 '장소'라는 의미로도 자주 쓰인다.

- **acne** **여드름** ↞ 얼굴에 나는 검붉은 종기

  [그] akme = point 점

- **pimple** **주근깨** ↞ 얼굴에 나는 작고 검은 점

  [고대영어] piplian = break out in pustules 농포들이 생기다

- **concealer** **컨실러** ↞ 피부의 흠을 가리는 화장품

  [라] con = 강조 접두사 [라] celare = hide 숨기다

- **contour** **윤곽선** ↞ 사물의 테두리

  [라] contornare = go around 돌아가다

- **exfoliant** **각질제거제** ↞ 피부 맨 위층의 각질을 없애는 물질

  [라] ex = off 떨어져 [라] folium = leaf 잎

  | **folium에서 파생한 단어**

  folio 책의 종이 한 장

냄새와 향수

냄새와 향기

일반적으로 '냄새'는 smell'어떤 냄새가 나다, 어떤 냄새를 맡다'는 동사로도 쓰임이란 말을 쓴다. fragrance향기는 달콤한 냄새sweet smelling라는 뜻의 라틴어 fragrans에서 유래했다. 그래서 냄새 중 좋은 냄새를 가리킬 때 쓰인다. 향기를 나타내는 또 다른 단어 aroma는 그리스어 aroma에서 파생했는데 향신료

spice나 향미채소sweet herb란 뜻이었다. 그래서 fragrance가 꽃 향기 같은 향기로움을 나타내는 반면 aroma는 커피 향처럼 맛있는savory 냄새도 포함한다. odor냄새는 라틴어 odor냄새에서 유래하였으며 현대어에선 stink악취, 악취가 나다나 stench와 마찬가지로 주로 '악취'의 개념으로 사용된다.

냄새 제거제

안 좋은 냄새를 나타내는 odor에 '없앤다'는 뜻의 deaway ~ 없이를 붙인 단어 deodorant는 말 그대로 냄새 제거제이다. 오늘날 사용되는 형태의 냄새 제거제는 1888년 생산된 Mum이란 제품이다. 땀 냄새 제거제는 perspiration deodorant라고 한다.

향수

고대부터 사람들은 향수를 사용해 왔는데 주로 냄새를 제거하기 위해 사용되었지만 때론 공기로 전파되는 질병에 걸리지 않기 위해서 향수를 사용하기도 했다. 향수(perfume)에 대한 기록은 이집트인들이 미라(mummy)를 처리할 때 향수를 사용했던 기원전 2,000년으로 거슬러 올라간다. 고대 이집트인들도 향기욕을 하거나 겨드랑이armpits 냄새를 제거하기 위해 향수를 뿌렸으며 그 문화가 그리스와 로마에도 전해졌다. 고대의 향수는 시체를 처리하는 향유(balm)나 상처 치료용 연고(ointment)로 사용되었다. 고체 형태의 연고를 발라 몸에 스며들게smear 하거나 심지어는 향기로운 연기를 공기에 스미게도infuse 하였다.

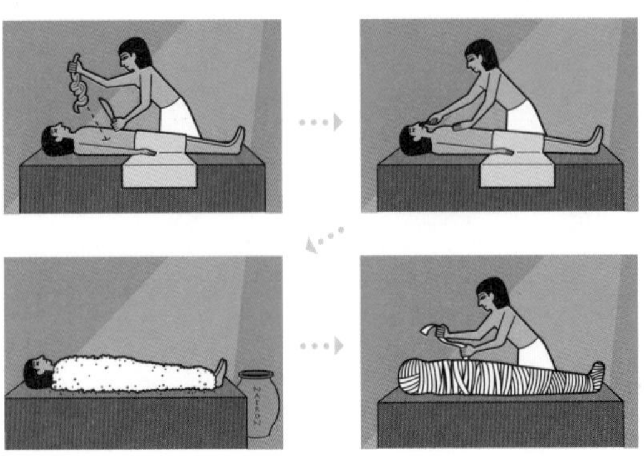

mummification 미라화 과정

영화 향수

향수를 소재로 한 영화 중에 2006년 개봉된 〈향수Perfume: The Story of a Murderer〉가 있다. 프랑스 한 어시장에 버려졌던 소년이 성장하여 우연히 냄새에 집착하게 되고 후에 살인을 통해 소녀들의 몸에서 향기aroma를 짜내어 향수를 만드는 모습을 그린 영화이다.

어원 003 냄새와 향수

015

- **fragrance** 향기 ← 좋은 냄새

  [라] fragrans = sweet-smelling 좋은 냄새가 나는

- **aroma** 향기 ← 후각을 자극하는 향기롭고 맛있는 냄새

  [그] aroma = spice 향신료, sweet herb 향미채소

- **odor** (안 좋은) 냄새 ← 코로 맡을 수 있는 온갖 기운

  [라] odor = smell 냄새

  [ex.] trash odor 쓰레기 냄새

- **stink** 악취, 악취가 나다 ← 지독한 냄새, 또는 그런 냄새가 나다

  [영] stincan = emit a smell of any kind 온갖 종류의 냄새를 풍기다

  [cf.] (독일어) stinken 나쁜 냄새가 나다 | (네덜란드어) stin'ken 악취를 풍기다

- **stench** 악취 ← 지독한 냄새

  [게] stankwiz = smell 냄새

  [ex.] foot stench 발 냄새

  | **stankwiz에서 파생한 외국어**

  (독일어) Stank 악취

- **deodorant** 냄새 제거제 ← 냄새를 없애기 위하여 사용하는 약품

  [라] de = away ~ 없이

  [라] odor = smell 냄새

- **perspiration** 발한, 땀 ← 몸에 땀을 내는 일

  [라] per = through 통하여

  [라] spirare = breathe 호흡하다, (구어체) sweat 땀, 땀을 흘리다

- **perfume** 향수 ← 좋은 향기가 나는 액체 화장품

  [라] per = through 통하여

  [라] fumare= smoke 연기를 내다

  | **fumare에서 파생한 단어**

  fume 연기를 내뿜다

- **mummy** 미라 ⟷ 썩지 않고 보존되고 있는 인간이나 동물의 시체

  [라] mumia = embalmed body 방부처리한 시체

- **balm** 향유 ⟷ 향기로운 냄새가 나는 기름

  [그] balsamon = balsam 향유

- **ointment** 연고 ⟷ 살갗에 바르는 약

  [라] unguentem = ointment 연고 ★unguentem은 인도게르만공통조어 ongw(anoint 성유를 바르다)에서 생겨남

  [cf.] unguent 연고

  | **ongw에서 파생한 외국어**

  (산스크리트어) anakti 성유를 바르다

  (독일어) Anke 버터

그 밖의 냄새와 향수 관련 표현들

• 향수 관련 표현들

spray perfume 향수를 뿌리다 | apply perfume 향수를 바르다

wear perfume 향수를 뿌리다/바르다 (상태에 초점)

put on perfume 향수를 뿌리다/바르다 (동작에 초점)

smell of strong perfume 진한 향수 냄새가 나다

be heavily perfumed 향수 냄새가 물씬 풍기다

• 향유 및 바디오일 관련 표현들

attar 장미꽃에서 모은 향유

balsam 발삼 나무 (향유 · 방향성 수지 채취용으로 쓰이는 모든 나무)

unction 도유 (塗油: 종교 의식에서 머리나 몸의 일부에 기름을 바르는 일)

• 연고 관련 표현들

potion 묘약 | salve 상처에 바르는 연고

demulcent 통증완화제 | embrocation (근육통 등에 바르는) 도포제

poultice 습포제 | unguent 고약 | pain relief patch 파스

• 그 밖의 악취 관련 표현들

fetid 악취가 진동하는 | rank / reek 악취가 나다

fetor 강한 악취 | malodor 고약한 냄새 | mephitis (의학) 악취

noisomeness 악취가 남 | ozochrotia 피부악취

foot odor 발냄새 | bromopnea 입 냄새 | halitosis 구취

ozostomia (병리) 구취증 | stomatodysodia (의학) 구취증

smellfie 자신의 겨드랑이 냄새를 맡아보는 행동

패션
Fashion

Fine feathers make fine birds.

옷이 날개다.

동서양을 막론하고 예부터 '옷이 날개'라 했다.
더욱 예뻐 보이고 멋져 보이고 아름다워 보이고 싶어 하는 것은
인간의 당연한 본능!

보다 예쁜 디자인의 옷을 입고
액세서리로 치장해
나의 매력을 뽐내고 싶다.

이러한 욕구에 기반해
패션은 끊임없이 발전했다.

보다 더 예쁘고 다양한 디자인의
값싼 의류와 액세서리가 넘쳐나는 시대.
물질과 만들어진 아름다움이 넘쳐나는 시대이다.

의복 일반

아프리카 북서부의 모로코에서 발견된 바로는 옷(clothing, clothes)의 발명은 12만 년 전쯤 이루어졌다고 한다. 물론 성경에 따르면, 아담과 이브가 선악과 나무를 따 먹고 수치심을 알게 되어 자신들이 발가벗고 있다는 사실을 알고 무화과 잎들fig leaves로 옷을 만들어 입었다고 적혀 있다. 인간은 일단 옷이 발명된 후에는, 동물 가죽, 털, 아마flax, 면cotton, 리넨linen 등 다양한 재료를 이용하여 옷을 만들었다. '옷이 날개다. Fine feathers make fine birds.'란 말에서 알 수 있듯 옷은 사람의 외모를 돋보이게 하는 역할을 한다. 뿐만 아니라 옷은 추운 날씨나 더운 날씨에 대비하여 단열재(insulation) 역할을 해주며 땀을 흡수하고soak up 사람들을 위험한 환경으로부터 보호해주는 역할도 한다. 사람들은 자신의 사회적 신분status, 종교religion, 문화 등에 어울리는 옷을 착용한다.

치마와 바지

성별gender에 따라 입는 옷도 다른데 예를 들어 여자는 치마(skirt)와 바지(trousers)를 입지만 남자들은 보통 바지만 입는다. 하지만 스코틀랜드에서는 남자들이 킬트kilt라고 불리는 짧은 치마를 입는다. 과거에 그리스인들은 퍼스타넬라fustanella라 불리는 흰 무명스커트를 입었다.

예복

보통 성직자들이 입는 길고 소매가 있는 드레스는 카속cassock이라고 하는데 이런 신분을 드러내는 헐렁한 외투를 예복(robe = liturgical vestment)이라고 한다. 예복은 어깨에 두르는 망토capes, cloaks와는 구별된다. 종교인들의 옷은 순결purity을 나타내므로 정결하고 소중하게 다루고 관리했다.

016

어원 001 의복 일반

- **clothing** 의복 ← 몸을 싸서 가리는 목적의 물건

  [게] kalithaz = garment 의복

  | **kalithaz에서 파생한 외국어**

  (네덜란드어) kleed 옷, 헝겊조각 | (독일어) Kleid 옷, 여성복
- **insulation** 단열재 ← 열이 통하지 못하게 하는 재료

  [라] insula = island 섬 ★섬에 있는 것처럼 주변 환경으로부터 단절된 상태를 뜻함
- **skirt** 치마 ← 하체를 감싸는 가랑이가 없는 옷

  [노르웨이고어] skyrta = shirt 셔츠, a kind of kirtle 일종의 짧은 상의
- **trousers** 바지 ← 하의로 입으며 양다리를 따로 끼는 긴 옷

  [게일어 혹은 중기아일랜드어] triubhas = close-fitting shorts 딱 붙는 반바지
- **robe** 예복 ← 의식을 치를 때 입는 옷

  [게] raubo = booty 노획물

  | **raubo에서 파생한 단어**

  rob 강탈하다

섬유

textile은 '옷감'이나 '섬유', '직물', '방직'을 가리킨다. textile industry섬유산업, textile mill방직공장처럼 사용할 수 있다. 반면 fabric라틴어 fabricare = make 만들다은 단순히 직물이나 천cloth을 가리킨다. textile은 카펫과 같이 천으로 만들 수 있는 의류 외의 품목에도 적용되므로 fabric보다 더 포괄적인 의미이다.

천을 이용하여 만드는 옷은 garment복장, attire의상, clothes의류라고 한다. garment는 셀 수 있는 명사로 한 벌의 옷을 가리키며, attire은 셀 수 없는 명사로 formal/informal attire 정장/편한 의상처럼 쓰인다. clothes는 드레스, 바지, 코트처럼 몸에 착용하는 의복들을 가리키며 clothing은 winter clothing겨울 의복, waterproof clothing방수복, various items of clothing다양한 옷들처럼 특정 목적에 사용되는 의

복 전체를 가리킨다.

참고로, costume은 할로윈데이의 변장 복장처럼 무대 의상이나 축제 의상 등 특정 행사에 이용되는 복장을 가리킨다. 또, outfit은 17세기에 탐험에 필요한 물품들articles이라는 뜻으로 시작되었으나, 현재는 운동복처럼 '한 벌로 이루어진 복장'이나 '장비 한 벌'을 가리킨다.

어원 002 섬유

017

- **textile** 직물, 방직 ↔ 실로 천을 짜는 것 혹은 그것과 관련된 일
  ㊸ texere = weave 짜다
- **fabric** 직물 ↔ 실을 직기에 걸어 짠 것
  ㊸ fabricare = make 만들다
- **garment** 복장 ↔ 차려 입은 옷의 모양
  (고대프랑스어) garnement = attire 의복
- **attire** 의상 ↔ 몸을 가리는 용도의 옷
  (고대프랑스어) a = to ~에게 (고대프랑스어) tire = dress 드레스
- **costume** (행사) 복장, 의상 ↔ 특정 행사에 착용하는 옷
  (이탈리아어) costume = fashion 패션
- **outfit** 한 벌 ↔ 여러 개의 옷이나 장비가 세트로 갖춰진 것
  (1787년 미국영어) outfit = articles and equipment required for an expedition 탐험에 필요한 장비

재봉

재봉틀

베틀은 날실과 씨실을 교차되게 짜서 직조하는 장치인데 북shuttle에 바퀴를 달아 씨실이 날실 틈을 통과하는 기법을 1773년 존 케이가 발명하면서 그 전보다 직조weaving 속도가 4배나 빨라졌다. 그 후 1830년 프랑스 재단사 티모니에Barthélemy Thimonnier가 사슬뜨기(chain stitch)를 이용하여 일직선의 솔기(seam)를 바느질하는 실용적인 재봉틀(sewing machine)에 대한 특허를 냈다. 1846년에는 일리아스

하우Elias Howe가, 1873년에는 블랜차드Helen Blanchard가 각기 자신들 고유의 재봉틀에 대한 특허를 냈다. 이런 방적기계spinning machine의 발전은 18세기 후반부터 일어난 산업혁명의 계기가 되었다.

한국의 재봉틀은 일본을 통해 들어오면서 소잉머신sewing machine의 '머신'이 '미싱'으로 발음되어 재봉틀을 미싱이라 부르게 되었다.

재봉틀은 바늘(needle), 밑실걸이(looper), 실패(bobbin), 실(thread), 노루발(presser foot) 등으로 구성되며 실로 섬유를 바느질하는 데 사용되는 기계이다.

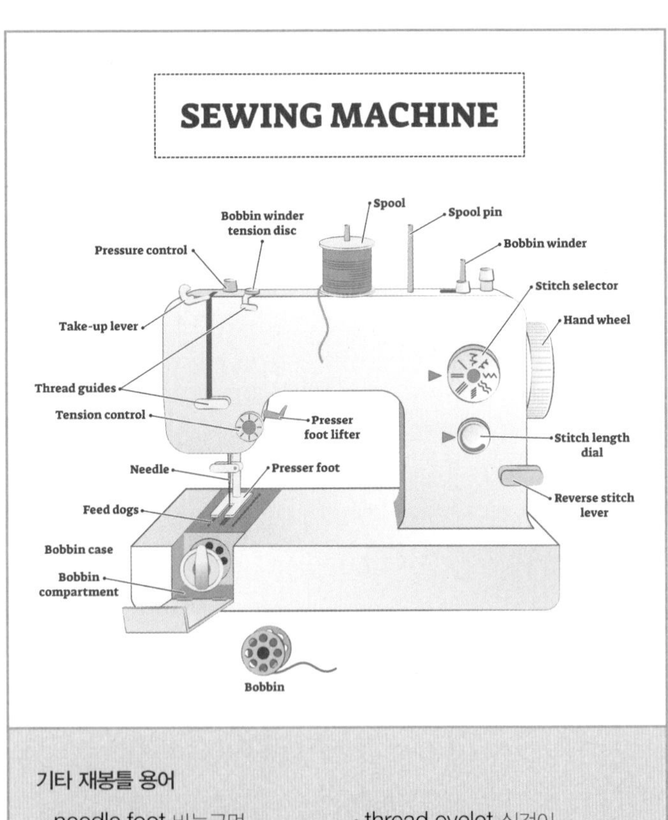

기타 재봉틀 용어

- needle foot 바늘구멍
- thread eyelet 실걸이
- bobbin winder 실감개
- feed dog 톱니판
- tension control 실 장력 조절기
- pressure control 압력 조절기
- spool 실타래
- stitch selector 땀 모양 조절기
- reverse stitch lever 후진 땀 레버

재단사

재단사(tailor)는 전문적으로 옷을 만들고 수선하는(alter) 사람이다. 재단사는 개인의 주문에 맞춘(custom-made) 의상을 만드는데 이렇게 기존 패턴을 사용하지 않고 오로지 한 고객을 위해 만드는 의상을 bespoke garment라 한다. 산업화와 더불어 기성복ready-to-wear clothing이 출현하면서 맞춤의상bespoke은 상류층 전용이 되었다. 참고로 삼성냉장고 비스포크도 맞춤형 냉장고란 뜻이다.

어원 003 **재봉**

018

- **stitch** 바느질(하다) ↞ 바늘에 실을 꿰어 꿰매는 것, 또는 꿰매다

  ㉮ stikiz = prick 찌르다

  | **stikiz에서 파생한 외국어**

  (독일어) Stich 칼로 찌름

- **seam** 솔기 ↞ 옷을 만들 때 두 폭을 맞대고 꿰맨 줄

  ㉮ saumaz = seam 솔기

  | **saumaz에서 파생한 외국어**

  (네덜란드어) zoom 꿰맨 가장자리 | (독일어) Saum 단

- **sewing** 바느질 ↞ 바늘로 깁거나 얽어매는 것

  ㉤ syu- = bind 매다, sew 꿰매다

- **needle** 바늘 ↞ 꿰매는 데 쓰는 물건

  ㉮ næthlo = needle 바늘

  | **næthlo에서 파생한 외국어**

  (독일어) Nadel 바늘

- **looper** 밑실걸이 ↞ 밑실 부위 조절기

  (14세기 후반) loop = a fold or doubling of cloth, rope, leather, cord 천, 밧줄, 가죽, 끈 등을 접거나 접어 겹친 것

- **bobbin** 실패 ↞ 실을 감아두는 작은 도구

  (16세기 중반 프랑스어) bobine = small instrument used in sewing 바느질에 사용되는 작은 장치

  | **유의어**

  reel 얼레 | spool 얼레, 실패에 감다

- **thread** 실 ↞ 바느질 할 때 쓰이는 얇고 긴 방적사

  ㉮ thredu = twisted yarn 꼬은 실

| thredu에서 파생한 외국어

(네덜란드어) draad 실, 섬유 | (독일어) Draht 실

- **tailor** 재단사 ↔ 옷을 마름질하는 것을 업으로 삼은 사람

  [라] taliare = split 작은 부분들로 나뉘다

- **alter** 고치다, 수선하다 ↔ 낡거나 헌 물건을 고치다

  [라] alter = the other 둘 중 나머지 하나

  | alter에서 파생한 단어

  alter ego 또 다른 자아 | alternation 교체 | altercation 언쟁

  alternative 대안, 양자택일 | adulteration 섞음질 (ad = to ~에게)

- **custom-made** 주문 제작한, 맞춤 제작된 (명사 앞에만 사용되는 형용사) ↔ 주문에 의해 물건을 만드는

  [라] consuetudinem = habit 습관, usage 용, tradition 전통

  ★consuetudinem은 강조 접두사 com과 suescere(accustom oneself 익숙해지다)가 합쳐진 단어

청바지와 셔츠

바지

구석기 시대부터 착용되었다고 여겨지는 바지는 영국영어에서는 trousers라 하고 미국영어에선 pants라고 한다. 보통 발목ankles까지 온다. 반바지는 무릎 주변까지 오는 형태의 바지로 간단히 shorts라고 부른다.

양복바지의 벨트라인 바로 아래 주름처럼 천을 박아서 잡아놓은 주름을 pleat라고 하며, 밑단은 cuff 혹은 hem이라고 한다. 허리부분의 벨트를 넣는 벨트고리는 belt loop라고 한다. cuff는 옷의 바깥쪽으로 접혀 있고 hem은 옷의 안쪽으로 접혀 있다는 차이가 있고 바지가 해어지지fray 않게 하는 것이 목적이다. 단을 줄이고 늘이는 것은 hemming이다.

청바지

산업화로 의복의 대량 생산이 가능해지며 일명 노동착취공장(sweatshop)에서 옷들을 다량으로 만들어낼 수 있었다. 노동력 착취를 하는 작업장인 sweatshop은 노동자들의 땀(sweat)을 기반으로, 즉 노동력 착취를 통해 옷을 만드는 공장을 뜻한다. 19세기 후반 미국에서 대량 생산으로 인기를 끌게 된 데님으로 만든 청바지 작업복(blue jean overalls)인 청바지jeans는 이미 17세기부터 이탈리아 북부의 노동자들 사이에서 인기를 끈 복장이었다. jeans란 단어는 원래 이탈리아의 제노바Genoa란 도시 이름에서 생겨났다. 청바지를 가장 잘 표현해주는 단어는 sturdy튼튼한라 할 수 있겠다.

19세기는 또한 지퍼(zipper, zip, fly)가 발명된 시기이기도 했는데 지퍼의 특징은 지퍼의 이teeth가 맞물려 있다(interlocking)는 점이다.

셔츠

상의인 셔츠는 보통 깃(collar), 소맷동(cuff)이 있는 소매(sleeve)와 버튼(button)이 달린 dress shirt드레스셔츠와 깃과 버튼 없이 편하게 입는 반팔의short-sleeved T-shirt티셔츠로 구별된다. 참고로 셔츠의 소맷동은 cuff이며 셔츠 밑단은 hem이다. 이 둘의 차이를 다시 한 번 말하자면, cuff는 옷의 바깥 쪽으로 접혀 있고 hem은 옷의 안쪽으로 접혀 있다는 것이다.

어원 004 청바지와 셔츠

019

- **trousers** (영국) 바지 ↔ 하의로 입으며 양다리를 따로 끼는 긴 옷
  (게일어 혹은 중기아일랜드어) triubhas = close-fitting shorts 딱 붙는 반바지
- **pants** (미국) 바지, (영국) 팬티 ↔ 하의로 입는 옷
  (이탈리아어) pantaloons(판탈롱 바지, 1660년대 팬티스타킹(kind of tights)의 일종)의 약자로 그 당시 유럽 전역에서 인기를 끈 이탈리아 코미디에 등장하는 주인공의 이름인 Pantaloons/Pantaloun을 딴 것
- **pleat** 주름 ↔ 바지 등에서 천을 박아서 줄을 만든 것
  (라) plicare = fold 접다
  | plicare에서 파생한 단어
  duplicate 복사하다 | triplicate 3중의, 3배하다
  quadruplicate 4통으로 작성한, 4겹으로 하다

pliable 잘 휘어지는, 유순한 | pliant 나긋나긋한

plight 역경 | ply 도구를 부지런히 쓰다, 정기적으로 왕복하다

replica 복제품, 모형 | reply 응답하다 | application 지원서

accomplice 공범 | complicity 공모 | complicate 복잡하게 만들다

implicit 암시된, 내포된 | implicate 원인임을 보여주다

explicit 명백한 | explicate 설명하다

exploit 이용하다, 착취하다 | employ 고용하다

deploy 배치하다 | display 전시하다

- **sweatshop 저임금으로 일하며 노동력을 착취당하는 작업장** ↔ 노동력 착취의 현장

  [게] swaitaz = sweat 땀을 흘리다, 땀

  | **swaitaz에서 파생한 외국어**

  (덴마크어) sved 땀 | (스웨덴어) svett 땀

  (네덜란드어) zweet 땀 | (독일어) Schweiß 땀

- **sweat 땀, 땀을 흘리다** ↔ 피부에서 나오는 염분을 함유한 액체, 또는 그 액체가 몸밖으로 나오다

  [게] swaitaz = sweat 땀 / swaitjan = sweat 땀 흘리다

- **overalls 작업복** ↔ 작업할 때 입는 헐렁하고 질긴 옷

  [고대영어] ofer eall = including everything 모든 것을 포함한 것

- **sturdy 튼튼한, 건장한** ↔ 몹시 굳센

  [고대프랑스어] estordiir = daze 눈부시게 하다, stupefy 망연자실하게 하다

- **zipper 지퍼** ↔ 고리로 밀고 당겨 여닫을 수 있도록 만든 옷의 일부

  [1852년] zip = move rapidly 빨리 움직이다 ★1932년 '지퍼를 잠그다'란 뜻이 생김

  [cf.] XYZ = Examine Your Zipper! 지퍼가 열려 있어요!

- **interlocking 서로 맞물린** ↔ 하나의 물체를 마주 문 상태의

  [라] inter = between ~ 사이에

  [게] lukana- = close 닫다

  | **lukana에서 파생한 외국어**

  (독일어) Loch 구멍 | (네덜란드어) luik 덧문

- **collar 옷깃** ↔ 윗옷에서 목둘레에 길게 덧붙여 있는 부분

  [라] collum = the neck 목

- **cuff** 소맷동, 바지 밑단 ← 셔츠나 바지의 끝 단을 밖으로 접은 부분
  [라] cuffia, cuphia = head covering 머리 덮개
- **sleeve** 소매 ← 윗옷의 좌우에 있는 두 팔을 넣는 부분
  [고대영어] sliefe, slefe = arm–covering part of a garment 의복의 팔을 덮는 부분
- **button** 단추 ← 단춧구멍에 끼워 옷 따위의 두 짝을 한데 붙였다 떼었다 하는 물건
  [인] bhau- = strike 치다 ★단추는 단추구멍 밖으로 치고 나오는 것이라고 상상하자.
- **hem** (셔츠나 바지의) 밑단 ← 옷이나 바지 따위를 안으로 접어 붙이거나 감친 부분 (밑단)
  [게] hamjam = border of a garment 옷의 경계선
  | **hamjam에서 파생한 외국어**
  (스웨덴어) hamma 멈추다
  (독일어) hemmen 멈추다, 방해하다
  | **유의어**
  brim 모자의 챙 | rim (둥근 물건의) 가장자리[테두리, 테]
  selvage 천의 가장자리 부분 | edging 테두리
  brink 벼랑의 끝, 강가의 끝 | verge 도로변

정장과 코트

정장

남성용 정장은 재킷(jacket)과 바지trousers로 구성되며 한 벌의 정장은 suit라고 한다. 재킷은 외줄 단추식single breasted과 두 줄 단추식double-breasted으로 구성된다. 또한 조끼(vest)영국영어 waistcoat를 함께 입는 경우도 있다.
챙이 말려 있고(soft brim) 굴곡이 있는(indented) 중절모는 fedora페도라라고 하며 그중 털이나 모직을 압축해서 만든 것은 felt fedora라고 한다.

정장은 맞춤bespoke 정장도 있고 기성복ready-to-wear 정장도 있다. 기존에 떠놓은 패턴을 고객의 사이즈에 맞게 맞춰주는made to measure 정장도 있다.

코트

코트(coat)는 단추, 지퍼, 짤막한 막대 모양의 단추(toggles), 벨트, 찍찍이(hook-and-loop fasteners) 등으로 여밀 수 있는 외투이다. 고대 프랑스어 cotecoat 코트에서 생겨난 단어이다. 고대 그리스나 로마인들이 입던, 소매가 없고 무릎까지 내려오는 헐렁한 웃옷(tunic)에서 비롯되었다.

[어원 005] 정장과 코트

020

- **jacket** 재킷 ⟵ 앞이 터져 단추로 여미고 소매가 달린 짧은 상의
  [고대프랑스어] jaquet = short coat with sleeves 소매가 있는 짧은 코트
- **vest** 조끼 ⟵ 셔츠 위에 입는 소매 없는 옷
  [라] vestis = clothing 옷 ★거슬러 올라가면 인도유럽공통조어 eu(dress 옷을 입다)에서 생겨남
  | vestis에서 파생한 단어
  invest 투자하다 | divest 벗다, ~을 없애다
  wear 입다 | vestry 제의실
  transvestite 복장 도착자 | travesty 졸렬한 모방
  revetment 기슭막이 (제방 · 둑 등을 튼튼하게 하기 위해 쌓는 것)
  exuviae 뱀의 허물, 잔해
- **brim** 챙, 챙이 ~한 ⟵ 모자 끝에 대서 햇볕을 막는 부분
  [1200년] brymme = edge (of the sea) 바닷가, bank 둑
- **indented** 들쑥날쑥한, 굴곡이 있는 ⟵ 굽어 꺾인 부분이 있는
  [중세영어] dint, dunt = hollow mark made by pressure 압력으로 생긴 움푹 꺼진 자국
- **fedora** 페도라 ⟵ 챙이 말려 있고 높이가 낮은 중절모
  ★1882년 개막한 연극 Fedora에서 Fedora Romanoff란 러시아의 공주가 중앙에 주름이 있고 챙이 부드러운 모자를 쓴 것에서 유래한 단어

[cf.] **영화에서 유래한 단어**

gaslighting 가스라이팅 (자신에게 유리하도록 타인을 심리적으로 조정하는 것) ★1944년작 Gaslight에서 생겨남

bucket list 버킷 리스트 (살아 있는 동안 하고 싶은 일들의 목록) ★2007년작 Bucket List

- **coat 코트** ↔ 겉옷 위에 입는 옷

[고대프랑스어] cote = coat 코트

- **toggle 토글** ↔ 짤막한 막대 모양 단추

[18세기 중반] 밧줄의 틈을 관통하는 핀(pin passed through the eye of a rope)이란 뜻으로 생겨남

- **fastener 잠금장치** ↔ 물건이 열리지 않게 하는 장치

[게] fastinon = make firm 단단하게 하다

| **fastinon에서 파생한 외국어**

(독일어) festbinden 단단히 매다

- **tunic 튜닉** ↔ 허리 밑까지 내려오는 헐렁한 블라우스나 고대 그리스 로마인들이 입던 소매가 없고 무릎까지 내려오는 헐렁한 웃옷

[라] tunica = undergarment worn by either sex 양성이 모두 입는 속옷

장신구

액세서리(accessory)는 장식을 목적으로 하는 부대용품들, 즉 장신구들 전체를 가리킨다. 라틴어 accedereapproach 접근하다에서 생겨난 단어로 액세서리란 뜻 외에 '범죄의 방조자'를 뜻하기도 한다. 라틴어 어원을 연상해보면, 범죄현장에 접근하여 범죄를 보고도 도와주는 사람이 방조자이고 마찬가지로 복장outfit이 완벽해지도록 곁에서 돕는 것이 액세서리이다. 액세서리는 가방이나 우산처럼 드는carry 것과 모자나 장갑처럼 착용하는wear 것이 있다.

보석

보석류(jewelry)의 일종으로는 착용 부위에 따라 목걸이(necklace), 팔찌(bracelet), 귀걸이(earrings), 반지(ring) 등이 있다. 참고로 보석 한 점은 jewel이고 보석류를 통틀어 말할 때는 jewelry라고 한다.

보석의 용도를 잘 나타내는 동사가 ornament장식하다이다.

어원 006 장신구

021

- **accessory** 액세서리 ← 복장 외에 장식을 목적으로 하는 부대용품들

  [라] accedere = approach 접근하다 ★접근하여 범죄를 돕는 '방조자'란 뜻도 있음

- **jewelry** 보석류 ← 보석 전체를 통틀어 말하는 것

  [고대프랑스어] jouel = jewel 보석, ornament 장신구

- **necklace** 목걸이 ← 목에 거는 장신구

  [게] hnekk- = the nape of the neck 목 뒤쪽

  [라] laqueum = noose 올가미 ([cf.] lasso 올가미, 밧줄)

  | **hnekk-에서 파생한 외국어**

  (독일어) Nacken 목

- **bracelet** 팔찌 ← 팔에 끼는 장신구

  [라] bracchium = forearm 팔뚝

  | **bracchium에서 파생한 단어**

  brace 버팀대, 치아교정기 | embrace 안다, 포용하다

- **ornament** 장식하다 ← 액세서리로 치장하다

  [cf.] ornament는 '장신구, 장식품'이란 뜻의 명사로도 잘 쓰인다.

  [라] ornare = adorn 장식하다

그 밖의 패션 관련 표현들

- **섬유 및 실 관련 표현들**

fiber 섬유질, 섬유 | strand 실 등의 가닥

yarn 실, 방적사 | cotton (바느질용) 실(영국), 면

linen 아마섬유, 린넨 | nylon 나일론 | rayon 인조견

silk 실크 | wool 털실, 양모

lisle 라일사 (특히 타이츠나 스타킹을 짜는 데 쓰이는 고운 면사)

- **재봉 및 수선 관련 표현들**

mend / alter 수선하다 | alteration 수선 | alteration shop 수선집

iron 다림질하다 | ironing 다림질

weave 직물을 짜다 | knit 옷을 뜨다

seamless 솔기가 없는 | rip 찢어진 곳

stiched 꿰매진 | unstitched 꿰매지지 않은

loom 베틀

- **청바지 종류**

skinny jeans 몸에 딱 붙게 디자인된 청바지

tapered jeans 발목으로 갈수록 점점 좁아지는 청바지

straight jeans 일자 청바지

boot-cut jeans / flared jeans / bell bottom jeans 나팔바지

low waist jeans 허리선이 내려간 청바지 | baggy jeans 헐렁한 청바지

- **단추 종류**

sew-through button 구멍단추

shank button 생크버튼 (아래쪽이 볼록형이고 위쪽이 오목형인 버튼)

stud button 장식용 금속단추 | shirt studs 셔츠 장식단추

hook-and-eye 호크단추 | snap fastener 똑딱단추

• 여러 가지 의복

dress code 복장규정 | outer 겉옷 | sportswear 스포츠복
tracksuit 운동복 | wet suit 잠수복
leotard 체조선수가 입는 딱 붙는 타이츠
salopette 가슴받이가 달린 작업복 | spandex 스판덱스 | capes 망토
mass vestments 미사의 제복 | Hijab 히잡 | headscarf 머리 스카프
burqa 무슬림 여성의 복식 | toga 고대 로마인들이 입던 헐렁한 옷
gilet 가볍고 두툼한 조끼 | cropped jacket 단을 짧게 자른 재킷
anorak 방수 · 방한 파카

• 속옷 종류

panties 팬티 | briefs 짧고 꽉 끼는 팬티 | boxer 박스형 팬티
thong 끈 팬티 | knickers 무릎까지 오는 여성용 속바지
jockstrap 운동선수들의 국부 보호대 | thigh band 샅바, 운동선수들의 허벅지 밴드 (일본 스모 선수들이 입는 샅바(loincloth)는 마와시(mawashi 廻し)라 불림)
lingerie 란제리 | bra 브래지어 | tank top 민소매 티셔츠
bra top 브라가 붙어 있는 아주 짧은 민소매 티셔츠

• 착복 및 옷 쇼핑 관련 표현들

wear 착용하다 (상태) | put on 입다, 착용하다 (동작)
change one's clothes 옷을 갈아입다 | try on 입어보다
fitting room / dressing room 탈의실
be dressed up 옷을 잘 빼입다 | be well dressed 옷을 잘 입다
be in uniform 제복을 착용하고 있다 | uniformed 제복을 입은
stylish 세련된 | sophisticated 세련된, 교양 있는
spend money on clothes 옷에 돈을 쓰다 | flea market 벼룩시장
Fine feathers make fine birds. 옷이 날개네요.

• 양말 및 신발 관련 표현들

socks 양말 | stockings 스타킹 | toe socks 발가락 양말

footwear hosiery 양말류 | a pair of socks 양말 한 켤레

sneakers 운동화 | cleats 스파이크 운동화

boots 부츠 | earth shoes 뒤축이 앞축보다 낮은 구두

sandals 샌들 | flip-flops 끈을 끼워 신는 샌들 (thongs) | slippers 슬리퍼

eyelet 끈을 꿰는 작은 구멍 | heel 힐 | insole 안창 | sole 밑창

laces 레이스 | shank 구두창의 잘록한 부분

climbing shoes 등산화 | ski boots 스키화 | ballet shoes 발레화

espadrilles 에스파드리유 (로프 같은 걸 꼬아 만든 바닥에 윗부분은 천으로 된 가벼운 신발)

lace-up shoes 끈을 묶는 신발 | loafers 가죽으로 된 끈 없는 슈즈

mocassins 모카신 (북미 인디안 들의 가죽으로 만든 납작한 신)

shoe rack 신발장 (shoe closet)

stocking stuffer 양말에 넣은 크리스마스 선물

barelegged 양말을 신지 않은, 맨 다리의

put on one's socks wrong side out 양말을 뒤집어 신다

take off shoes 양말을 벗다 | darn socks 양말을 깁다

drag one's shoes 신발을 찍찍 끌다 | scuff 발, 발뒤꿈치 등을 질질 끌다

• 안경 관련 표현들

put on glasses 안경을 쓰다 | polish one's glasses 안경을 닦다

tighten the screws 나사를 죄다

lens in one's glasses pop out 안경 알이 빠지다

The nose pads are missing. 안경 코 받침대가 사라졌어요.

• 가방 관련 표현들

carry a bag 가방을 들고/매고 가다 | sling a bag 가방을 매다

handbag 핸드백 | purse 여성용 작은 지갑 | wallet 손지갑

clutch 손잡이 없이 손에 드는 작은 지갑

baguette bag 옆구리에 끼고 다니는 납작한 가방

pouch 동전지갑 같은 작은 주머니 모양 지갑

hobo bag 잡화개인용품 호보백 | tote bag 여성용 대형 손가방

shoulder bag 어깨에 매는 가방

cross-body bag 몸에 대각선으로 걸치는 가방

backpack 등 뒤에 매는 가방

- **모자 관련 표현들**

wear one's cap backwards 모자를 거꾸로 쓰다

jam one's hat on 모자를 깊숙이 쓰다

hooded (옷에) 모자가 달린 | bonnet 끈을 턱 밑에서 묶는 모자

hat 챙 있는 모자 | cap 야구모자 | beret 베레모

deerstalker 사냥모자 | hard hat 안전모

top hat 서양의 남성 정장용 모자 | toque 방울 달린 털모자

turban 터반 | keffiyeh 중동국가 남자들이 쓰는 머리 스카프

- **스카프, 장갑, 벨트 관련 표현들**

shawl 쇼올 | scarf 스카프 | cravat 넥타이처럼 매는 남성용 스카프

gloves 장갑 | muffs 벙어리 장갑 | cane 지팡이

tighten a belt 벨트를 조이다

- **보석: 탄생석(birthstone)**

Traditional table of stones by month of birth

January	February	March	April
Red Garmet	Amethyst	Aquamarine	Diamond
May	**June**	**July**	**August**
Emerald	Pearl	Ruby	Peridot
September	**October**	**November**	**December**
Sapphire	Opal	Yellow Topaz	Turquoise

1월 garnet 석류석 | **2월** amethyst 자수정

3월 aquamarine 남옥, bloodstone 혈옥 | **4월** diamond 다이아몬드

5월 emerald 에메랄드 | **6월** pearl 진주, moonstone 월장석

7월 ruby 루비 | **8월** peridot 투명감람석

9월 sapphire 사파이어 | **10월** opal 오팔, tourmaline 전기석

11월 topaz 토파즈, citrine 황수정

12월 turquoise 터키 옥, zircon 지르콘, tanzanite 탄자나이트

- 그 밖의 보석 관련 표현들

gemstone 원석 | precious metal 귀금속 | alloy 합금 | bronze 동

gold 금 | silver 은 | platinum 백금 | titanium 티타늄

amber 호박 | jade 비취 | jasper 벽옥

quartz 석영 | diamond 다이아몬드

bead 구슬 | karat 캐럿 | purity 순도

jeweled 보석을 박은 | pavé 파베 (보석을 빽빽이 박아 세팅한 것)

colorful 오색찬란한 | brilliant 화려한

gemless 보석이 없는

lavalier 보석이 박힌 팬던트 | sham jewelry 가짜 보석

jeweller 보석 세공사 | silversmith 은 세공인 | goldsmith 금 세공인

lapidary 보석 세공의 | forging 단조, 대장일

casting 주조 | soldering 납땜 | welding 납땜 | carving 새김

adhesive 접착제 | rivet 대갈못 | goldwork 금세공

deck oneself out 보석으로 치장하다

adorn oneself 보석으로 치장하다

pawn one's jewels 보석을 전당포에 잡히다

snatch one's jewels 보석을 잡아채다

be set with gems 보석이 박혀 있다

집
House

하늘을 찌르는 초고층빌딩skyscraper,
무수한 건물building과 집house들의 불빛으로
대도시의 밤하늘이 알록달록하다.

이렇게 바라보면
세상에 널린 게 집house인 거 같은데
살아생전 내 소유의 집my own house 한 채 갖기가 가능할까?
하우스푸어house poor가 늘어간다.
사라진 듯 사라지지 않은 홈리스homeless들도 이따금 눈에 띈다.

모두가 home sweet home즐거운 나의 집이라고 부를 수 있는
각자의 house 한 채씩은 가질 수 있는 세상이 온다면
그야말로 얼마나 아름다운 세상인가? What a wonderful world!

건축과 건물

건축(architecture)은 건물을 설계하여 짓는 것이며 현대 건축물 중 40층 이상의 초고층건물은 skyscraper라고 한다. 고대부터 고층건물이 존재했는데 가자의 대피라미드Great Pyramid는 고대의 가장 높은 건물로 높이가 무려 479피트나 되었다. 대도시에 산재한 skyscraper보다는 낮은 아파트와 같은 고층건물은 high-rise building이라 하며 이미 고대 로마 시대부터 존재했다. edifice는 크고 인상적인 건물이나 구조물을 가리키며, structure는 하중을 견디게 지어진 건물, 댐, 다리, 터널 등의 구조물을 가리킨다. 즉 structure가 edifice보다 포괄적인 개념이다. 건물의 정면은 facade라고 하는데 그 어근인 faccia는 이탈리아어로 얼굴face이란 뜻이다. 참고로 건축을 하기 위해 설치한 가설물을 scaffold비계라고 한다.

건축과 환경문제

요즘 건축물은 환경지속성(environmental sustainability)이 주요 이슈가 되고 있다. 즉 환경파괴 없이 지속될 수 있는지에 많은 관심을 기울이고 있다. 그중 하나가 자연분해 가능한(biodegradable) 재료들을 사용하는 것이다.

그리스 로마 신화와 목수의 신

그리스 신화의 대장장이(blacksmith)이자 목수(carpenter)의 신은 헤파이스토스Hephaestus이며 로마 신화에선 불카노스Vulcan이다. 헤파이스토스는 또한 조각과 불의 신이기도 하다. 목수는 가구나 문짝 등을 짜는 소목cabinetmaker뿐 아니라 집을 짓는 대목housebuilder도 포함된다. 즉 목수일carpentry은 건축자재인 나무를 자르고, 짜맞추어, 필요한 곳에 설치하는 일이므로 집을 짓는 데 가장 중요한 역할을 하는 사람 중 하나이다.

022

[어원 001] 건축과 건물

- **architecture** **건축** ← 구조물을 설계하여 짓는 일

  [명] architect 건축가

  [그] arkhi = chief 대장, tekton = builder 짓는 사람

  ([cf.] tectonic 구조상의)

- **skyscraper** **초고층건물** ← 층수가 많은 매우 높은 건물

  [게] skeujam = cloud 구름, skrapojan = erase 지우다 ★구름이 가려서 안 보일 정도로 높은 건물을 생각해보자.

  | **유의어**

  high-rise 고층건물 | supertall 초고층건물 | tower 탑

- **edifice** **건물** ← 크고 인상적인 구조물

  [라] aedificium = building 건물

- **structure** **구조물** ← 하중을 견디는 큰 건축물들

  [라] struere = pile 쌓다

- **facade** **건물의 정면** ← 건물의 앞면으로, 특히 크고 중요한 이미지가 부각된 경우에 자주 쓰는 말

  [이탈리아어] faccia = face 얼굴

- **scaffold** 비계 ← 공사용 임시 가설물

  [프] eschaffaut = scaffold 비계

- **sustainability** **지속가능성** ← 환경과 자원 등을 계속해서 사용할 수 있는지 여부

  [라] sustinere = hold up 지탱하다

- **biodegradable** **자연분해될 수 있는** ← 인공적 처리 없이 분해될 수 있는

  [그] bio = one's life 생명

  [라] des- = down 아래로, 더 작게

  [라] gradi = walk 걷다, go 가다

- **blacksmith** **대장장이** ← 쇠를 달구어 연장을 만드는 사람

  [게] smithaz = skilled worker 숙련공

  | **smithaz에서 파생한 외국어**

  (덴마크어) smed 대장장이 | (독일어) Schmied 대장장이, 철물공

- **carpenter** **목수** ← 나무로 가구나 집을 만드는 사람

  [라] carpentum = wagon 마차

주택의 형태

주거용 주택은 지역의 자연환경과 날씨, 그리고 구할 수 있는 자재에 따라 지역마다, 부족마다 특유의 주택구조가 생겨났다. 예를 들어 북미대륙 북쪽 이누잇족Inuit은 이글루igloo라는 얼음 집을, 북미원주민은 원뿔형 뼈대에 물소가죽을 씌운 천막teepee과 갈대, 풀, 나무껍질 등으로 지붕을 씌운 돔형천막wigwam의 주택구조를 채택하였다. 아프리카, 중동, 스페인 같은 건조한 기후에서는 햇빛에 말린 점토나 짚을 섞어 만든 아도비(adobe) 벽돌을 사용하여 집을 지었다.

현재에 사용하는 건축자재로는 강철steel, 콘크리트concrete, 돌stone, 벽돌brick 등이 있다. 그중 강철steel은 지진을 가장 잘 견디는 건축자재 중 하나인데, 금속은 일반적으로 연성이라서(ductile: 힘을 가해도 부서지지 않고 늘어나는 성질을 지닌) 지진에도 충격이 적다.

날씨는 집의 외부 구조뿐 아니라 집안의 구조에도 영향을 미쳤다. 예를 들어, 추위에 대비하기 위해 한국은 불이 직접 방바닥 아래를 통과하여 방바닥을 덥히는 온돌마루ondol 형태를, 일본은 온돌 대신 마루 위에 짚으로 속을 채운 다다미tatami를 까는 방식을 선택하였다.

house와 home

house주택, 집는 사람이 사는 물리적 공간이지만, home은 '가정'이란 심리적 공간과 '집'이란 물리적 공간을 모두 가리킨다. 그래서 집이나 고향hometown을 떠나면 느끼게 되는 향수병을 **homesick**이라고 한다. '집이 아픈' 것이 아니라 '집이 그리워서 사람이 아픈' 것이다.

미국의 단독주택에는 기본적으로 garage차고가 달려 있으며, 집의 세간 중 욕조나 변기처럼 이사 갈 때 가지고 갈 수 없는 붙박이 세간은 fixture라고 한다. 참고로, 집 앞에 사용하던 중고 물건을 내다 놓고 파는 것을 **garage sale**이라고 한다.

개인용 주택을 구매할 때 은행에서 집을 담보로 돈을 빌려주는 것을 담보대출(mortgage)이라고 한다. 담보대출금은 매달 이자 혹은 이자와 원금을 갚지 않으면 차압당한다(**be** foreclosed). 차압된 집은 공매(**public** auction)로 대중에게 되팔리게 된다.

개인 주거지는 집주인의 소유이기 때문에 그 영토에 외부인이 함부로 들어갈 수 없다. 외부인이 주인의 허락없이 남의 주거지에 들어가는 것을 trespass무단 침입하다라고 한다.

현대 집의 형태

요즘 인기 있는 한 토지 위에 세워진 두 세대용 건물 혹은 땅콩주택을 듀플렉스(duplex)라고 한다. 아파트보다 더 규모가 큰 고층건물 혹은 단독주택detached home 스타일 등으로 지어져 각 채별로 구분 소유되어 있는 주거 형태는 condominium콘도미니엄이라고 한다. 구분 소유partitioned ownership란 전체 건물 내 각 집의 소유권을 개개인이 갖고 있는 형태를 뜻한다. 한국에서는 콘도가 리조트 내에 있는 것으로 여겨지지만 미국에서 콘도는 아파트와 나란히 대도시 내에도 존재한다. 미국에선 각 콘도 한 채unit의 소유권은 개개인이지만 아파트는 전체 건물의 소유권을 한 개인이나 법인이 지닌 임대용 건물이다. 즉 한국의 아파트 개념이 콘도인 것이다. apartment아파트는 이탈리아어 apartereseparate 분리하다에서 생겨난 단어로 집단 건물 내에서 각자의 집이 분리되어 있다는 뜻이다. 영국에서는 flat이란 단어가 더 흔히 사용된다. 스튜디오(studio)는 원룸 형태의 아파트이다.

한국에서는 연립주택이나 다세대주택을 흔히 빌라라고 일컫지만, 영어의 빌라(villa)는 원래 고대 로마 시대의 상류층 저택을 가리키다가 요즘에는 주로 해변의 휴가용 주택(소위 '별장')을 가리키게 되었다. townhouse타운하우스는 여러 층으로 이루어진 건물이 여러 가구로 나뉘어지고 각자의 출입문과 테라스가 있는 주택의 형태이다. townhouse보다 좀 더 저렴하고 작은 형태를 rowhouse라고 부른다. rowhouse의 row가 '열'을 뜻하므로 일렬로 붙어서 즐비하게 늘어서 있는 똑 같은 집들을 상상해보자. 반면 townhouse는 설계가 다양하여 층이나 넓이 등이 각기 다르다.

rowhouse

townhouse

condominium

대저택과 궁전

라틴어 manere dwell 살다에서 생겨난 mansion은 대저택을 가리킨다. 고대 로마의 왕들을 위한 대저택은 palace궁전라고 불렸다. palace는 로마 황제가 최초의 궁전을 세운 팔라틴 언덕the Palatine hill에서 생겨난 단어이다. 왕족이나 귀족이 머물긴 하지만 요새화된 성(castle)이나 요새(fortress)와 달리 궁전은 군사적 방어시설이 없는 곳이다.

오두막

시골이나 캠핑장 등 외딴 지역에서 볼 수 있는 집의 형태 중 hut오두막은 작은 헛간 같은 집이고 cottage는 작은 시골집이다. cabin은 통나무집을 가리킨다. 참고로 치즈 중에 cottage cheese코티지 치즈가 있는데 작은 시골집에서 우유 찌꺼기를 가지고 만든 치즈에서 비롯되었기 때문에 생겨난 이름이다. 스위스 산간지방에서 흔히 볼 수 있는 뾰족한 지붕의 주택은 chalet샬레라고 한다.

hut

cottage

cabin

chalet

기타 주택

개인 주거용 주택 외에 기숙사(dormitory), 막사(barrack), 고아원(orphanage), 양로원nursing home처럼 특정 목적을 위한 건물이나 목적에 맞게 설비를 갖춘 시설(institution)들도 있다.

어원 002 **주택의 형태**

023

- **adobe** 아도비 ↔ 짚을 섞어 만든 점토
  ⓢ adobe = unburnt brick dried in the sun 햇빛에 말린 굽지 않은 벽돌
- **ductile** 연성인 ↔ 힘을 받으면 길게 늘어나는 성질을 가진
  ⓡ ducere = lead 이끌다

| 유의어

malleable 펴서 늘일 수 있는 | plastic 형태를 바꾸기 좋은

pliable 유연한

• **house** 주택, 집 ↔ 사람이나 동물이 살기 위해 지은 건물

[게] hūsan = house 집

| hūsan에서 파생한 외국어

(네덜란드어) huis 집, 가정 | (독일어) Haus 집 | (노르웨이어) hus 집

• **home** 가정, 집 (건물을 가리키는 말이 아님) ↔ 부모와 자식, 조부모와 손자 등의 혈연관계의 생활공동체

[게] haimaz = home 집

| haimaz에서 파생한 외국어

(덴마크어) hjem 집 | (독일어) Heim 집

• **garage** 차고 ↔ 차를 넣어두는 장소

[인] wer- = cover 덮다, 가리다

| wer-에서 파생한 단어

aperture 구멍, 조리개

covert 비밀의, 은신처 | curfew 통행금지시간

cover 가리다 | discover 발견하다

garment 의상 | garnish 요리에 고명을 얹다 | garret 다락방

garrison 수비대, 주둔군 | guarantee 보장하다

landwehr 예비군 | operculum (조개 등의) 숨문 뚜껑

warn 경고하다 | warrant 영장, 보증서 | warrantee 보증하다

warren 토끼 굴, 토끼 군서지

• **fixture** 붙박이 세간 ↔ 벽에 붙여진 가구나 살림

[라] fixitatem = anything fixed 고정된 것

★동사에 ture를 붙이면 상태를 나타내는 명사가 됨 ([ex] mixture 혼합된 것)

• **mortgage** 주택담보대출 ↔ 자신이 소유한 주택을 담보로 하는 대출

[고대프랑스어] mort = dead 죽은

[고대프랑스어] gage = pledge 선언

★빚을 다 갚으면 그 계약관계가 무효가 되고 갚지 못하면 집을 뺏긴다는 뜻

| 유의어

homeowner's loan 주택담보융자 | financing 자금조달, 융자

credit 융자금 | debt 빚 | liabilities 채무

- **foreclose** **차압하다** ↔ 채무자의 특정 재산을 압류하다

  [라] foris = outside 밖에서

  [라] clore = shut 닫다

- **auction** **경매** ↔ 값을 가장 높이 부르는 사람에게 물건을 파는 것

  [인] aug = increase 증가시키다 ★어원적으로는 경매금액을 점차 올린다는 뜻

  | **aug에서 파생한 단어**

  augment 늘리다, 증가시키다 | augur 전조가 되다

  august 위엄 있는 | inaugurate 취임시키다

  author 작가 (창조하는 사람)

  auxiliary 보조의 | auxin 옥신 (식물에서 발견되는 호르몬)

  wax 증가하다, 달이 차다 ([cf] wax and wane 흥하다가 이울다) ★wax는 aug의 변형된 형태 weg-에서 생겨남

- **trespass** **무단 침입하다** ↔ 허락 없이 타인의 영역에 들어가다

  [라] tres = beyond 넘어서

  [라] passer = pass 지나가다

  | **passer에서 파생한 단어**

  surpass 능가하다 (sur = beyond 넘어서)

  impasse 교착상태 (im = not 아닌)

  passage 통로

- **duplex** **두 세대용 건물** ↔ 한 토지에 두 가구의 건물이 나란히 지어진 주택

  [라] duo = two 2

- **condominium** **콘도미니엄** ↔ 아파트보다 더 큰 규모로 각 채별로 구분 소유되어 있는 주거 형태

  [라] com = together 함께

  [라] dominum = right of ownership 소유

- **apartment** **아파트** ↔ 고층의 공동 주거 형태

  [이탈리아어] apartere = separate 분리하다

- **studio** **원룸 아파트** ↔ studio apartment의 줄임말 ★원래는 화가의 작업실을 가리키던 표현

  [라] studium = study 공부하다

  [cf] bachelor apartment 독신자용 원룸 아파트

- **villa** **별장** ↔ 가끔씩 휴양 차 머무는 세컨드 하우스

[라] villa = farm 농장

- **mansion 대저택** ↢ 규모가 매우 큰 저택

  [라] manere = dwell 살다

  | **유의어**

  manor 영주의 저택 | château 대저택 | estate house 대저택

- **palace 궁전** ↢ 왕이 거처하던 집

  [라] palatium = the Palatine hill 팔라틴 언덕

- **castle 성** ↢ 높은 담으로 둘러싸인 구역

  [라] castrum = fort 요새, 보루

  | **유의어**

  acropolis 성채 | peel 탑 모양의 작은 성채

  alcazar 궁전, 요새 | citadel (과거 도시의) 요새

  donjon 아성 | fastness 요새 | fort 보루

  fortification 방어시설 | stronghold 근거지, 요새

- **fortress 요새** ↢ 군사적으로 방어시설을 갖춘 곳

  [라] fortis = strong 튼튼한

  | **fortis에서 파생한 단어**

  forte (음악) 세게 | fortitude 불굴의 용기 | fortify 강화하다

  effort 노력 | comfort 안락

- **hut 오두막** ↢ 원룸인 헛간 형태의 집

  [게] hudjon = cottage 오두막 ★인도게르만공통조어 (s)keu(cover 덮다)에서 파생한 단어

  | **(s)keu에서 파생한 단어**

  custody 구금, 양육권 | obscure 모호한, 잘 알려지지 않은

  hide 숨기다 | huddle 웅성거리며 모이다

- **cottage 시골의 작은 집** ↢ 시골 마을에 있는 촌가

  [고대프랑스어] cote = hut 오두막

- **cabin 통나무집** ↢ 나무로 된 오두막집

  [라] capanna = hut 오두막

- **dormitory 기숙사** ↢ 학생이나 직원에게 숙식을 제공하는 시설

  [라] dormire = sleep 자다

  | **dormire에서 파생한 단어**

  dormer 지붕창 | dormant 휴면기의

- **barrack** 막사 ↞ 군인들이 주둔하는 건물 혹은 가건물

  ⓢ barraca = soldier's tent 군인의 막사
- **orphanage** 고아원 ↞ 고아를 거두어 기르는 기관

  ⓜ orphan 고아

  ⓖ orphanos = fatherless 아버지가 없는
- **institution** 시설 ↞ 특정 목적을 위한 설비를 갖춘 기관

  ⓛ instituere = set up 세우다

  cf. institute (특히) 교육기관

  | 유의어

  establishment 기관, 시설

주택계약 용어

집이나 건물을 임대할 때엔 부동산중개소real estate agency를 통하게 된다. 참고로 agency라틴어 actus = doing 행동는 기관이지만 agent는 중개인인 사람을 가리킨다.
임대를 하는 사람들 간의 관계를 보면, 집주인(landlord, leasor), 임차인(leasee), 세입자(tenant)로 구별된다. 참고로 임대계약을 하여 이사를 들어가는 것은 move in이라 하고, 이사 나가는 것은 move out이라고 한다.

어원 003 주택계약 용어

024

- **leasee** 임차인 ↞ 돈을 내고 빌려 쓰기로 임대차 계약을 한 사람

  ⓜ ⓓ lease 임대차 계약(서), 임대하다, 임차하다

  (고대프랑스어) laissier = let 임대하다
- **tenant** 세입자 ↞ 세 들어 사는 사람

  ⓛ tenere = hold 갖고 있다

  | tenere에서 파생한 단어

  tenable 공격에 견딜 수 있는 | tenacity 고집 | tenure 종신 재직권

  tenor 취지 | tenet 교리, 임대차 계약

rent 임차, 집세

maintain 유지하다 (manu = hand 손)

sustain 지속하다 | retain 유지하다, 보유하다

contain 포함하다 | obtain 획득하다 | pertain (특정한 때에) 적용되다

abstain 삼가다 (ab = away from ~에서 떨어져)

detain 구금하다

entertain 즐겁게 하다 (enter = among ~ 중에서)

여행자용 숙소

호텔, 모텔, 호스텔 등 여행객들을 위한 숙소를 통틀어 lodging 혹은 accommodation이라고 한다. 특히 호스텔(hostel)은 도보여행자, 자전거 여행자, 배낭여행자backpacker 등을 위해 한 방에 2단 침대bunk bed를 여러 개 설치해놓고 침대를 빌려주는 저렴한 숙소이다. hotel호텔도 hostel과 같은 어근에서 파생한 단어이다. 무인호텔은 unmanned hotel이라고 한다.

motel모텔은 motor자동차와 hotel호텔을 합쳐 만든 단어로, 자동차 운전자들을 위해 주차장 시설을 겸비한 숙소를 가리킨다.

B&B와 게스트 하우스

약자 B&B라고 표시된 간판은 bed and breakfast를 가리키며 숙박과 아침식사를 제공하는 민박집을 가리킨다. 요즘에는 guest house게스트 하우스라고 불리는 저렴한 여행자용 숙소가 인기를 끌고 있다. 펜션pension은 유럽대륙과 한국, 일본 등에서 찾아볼 수 있는 게스트 하우스나 작은 호텔의 일종으로 숙박뿐 아니라 3끼 식사도 함께 제공한다. 호텔보다 더 저렴한 형태의 숙소lodging이다.

어원 004 여행자용 숙소

025

- **lodging** 숙소 ↤ 집을 떠나 임시로 묵는 곳

  (고대프랑스어) loge = hut 오두막
- **accommodation** 숙박시설 ↤ 여행객이 잠을 자는 시설

[라] ad = to ~에게

[라] commodare = make fit 알맞게 하다

- **hostel 호스텔** ↔ 여행객을 위한 저렴한 숙박시설

[라] hospitale = inn 여인숙

★hotel(호텔)과 hospital(병원)도 같은 어근에서 파생되었다.

그 밖의 집 관련 표현들

- 건축 및 건물/집 관련 표현들

structure 구조물 | foundation 건물의 토대

residential 주거용의 (residere = settle 정착하다)

commercial 상업용의 (commercium = trade 교역)

compound 구내 | complex 단지

unit 아파트 등의 한 가구 | dwelling 주거, 주택

infrastructure 기반시설

rental house 임대주택

bungalow 방갈로

log home 통나무집 | shack/shanty 판잣집

ramada 짚으로 집을 이은 정자

warehouse 창고건물 (waru = article of merchandise 물건 품목)

boathouse 보트 하우스 | mobile home 이동식 주택

flophouse 싸구려 여인숙 | inn 여인숙 | pension 작은 호텔

monastery 수도원 | sanatorium 요양원

homeless shelter 노숙자 임시숙소 | refugee camp 난민부락

- **집 구조 관련 표현들**

attic / loft 다락방 | wind sill 창문턱

parlor 응접실 (parler = speak 말하다)

corridor 복도 (currere = run 달리다)

pantry 식료품 저장실 (panis = bread 빵)

atrium 안마당 (ater = fire 불 ★'화로가 놓여 있는 곳'이란 뜻)

patio 집 뒤쪽 테라스 (patio = patio 테라스)

balcony 발코니 (건물 내부, 방밖의 부가적 여유공간)

terrace 테라스 (발코니보다 넓은 건물 밖의 독립적 구조물)

eaves 처마 | shingle 지붕널 | gutter 지붕의 홈통

- **임대 관련 표현들**

chattels 동산 | real property 부동산

property 부동산, 재산 (proprietatem = ownership 소유권)

security deposit 임대보증금 (deponere = put down 내려놓다)

key money 보증금 | sublease 전대차

rent-to-own 현재 주택 구입 여력이 없는 구입자가 일단 렌트부터 시작하고 일정기간 후 주택을 구입할 수 있는 옵션이 주어지는 계약 (일종의 임대주택 제도)

hire purchase 할부 구입

tenure 거주권 | tenancy 임차권

dweller 거주자 | occupant 입주자

upkeep 건물 등의 유지비 | utility bill 공과금

furnished 가구가 완비된

06

가구 및 세간

Furniture & Furnishings

'침대는 과학이다'라는 광고 카피처럼
오늘날 가구는 인체공학적인ergonomic 부분까지 고려해
실용적이면서 안정감 있고 건강하게
가구를 사용하게끔 설계하는 것을 목표로 한다.
어디 그뿐인가?

침대도 예뻐야 하고
이불도 예뻐야 하며
냉장고도 예뻐야 하고
냄비도 예뻐야 하며
찻잔도 예뻐야 한다.

쏟아지는 제품도 다양해
선택의 폭도 아주 넓다.

때로는 가구 하나가
집에 온기를 불어넣어
하교 후, 퇴근 후 빨리 집에 돌아가고 싶은 마음이 들게 한다.

침실 및 거실 가구

집에서 먹고 자고 쉬고 생활하는 데 필요한 여러 용품 및 기구 등을 한 마디로 가구(furniture)라 한다. 인간은 이미 신석기 시대(Neolithic Period)부터 돌로 만든 가구를 사용했다. 현대에는 철재(steel), 목재(wooden), 합판(veneer) 등 매우 다양한 소재의 가구들로 발전했다.

의자

특히 의자같은 가구들을 디자인할 때엔 사용자가 얼마나 편안하게 느낄지를 고려한다. 따라서 의자의 높이 등을 설계할 때 일명 인체공학적 설계에 초점을 맞춘다. 여기서 '인체공학적(인)'이란 의미의 영어단어는 ergonomic이다. 그리스어 ergonwork 일, 작업에서 생겨났다. 참고로, 사람이름인 George조지도 그리스어 geearth 땅와 ergonwork 일, 작업이 합쳐진 것이다. 즉 George라는 이름에는 땅에서 일하는 농부farmer라는 의미가 내포되어 있다.

침대

침실가구 중 침대는 매트리스의 크기에 따라 single1인용, double2인용, queen size대형 사이즈, king size초대형 사이즈로 분류된다. 호텔 예약을 할 때 직원이 A single room or a double room?이라 하면 1인용 침대가 있는 객실을 원하는지 2인용 침대가 있는 객실을 원하는지를 묻는 것이다. 1인용 침대가 따로 두 개 놓여있는 객실은 twin room이라고 한다.

벽장

벽장은 closet이라고 한다. 옷장이나 청소용품을 보관하는 용도로 활용된다. 영어표현 중 come out of the closet벽장 밖으로 나오다, 즉 커밍아웃하다은 동성연애자들이 자신이 동성애자임을 감추고 있다가 밝힌다는 뜻이다. 즉 벽장 속에 감추어 두었던 비밀이 세상 밖으로 드러난다는 의미. closet이 쓰인 또 다른 관용표현으로 '말 못할 비밀이 있다'는 뜻의 have skeletons in one's closet도 함께 기억해두자.

소파

거실가구 중 couch소파는 고대 프랑스어 coucher lie down 눕다에서 생겨난 단어로, 말 그대로 누워서 쉴 수도 있는 의자와 침대의 중간 형태인 긴 소파이다. 여기에서 소파에 드러누워 하루 종일 텔레비전만 보는 사람을 일컫는 couch potato란 표현이 생겨났다.

고대에는 집안 한가운데 굴뚝chimney이 설치된 벽난로(hearth)가 있는 방이 별도로 있었고 영국에선 1년에 두 차례 벽난로 세금tax이라는 것을 시민들에게 추징한 바도 있다. hearth는 벽돌이나 돌로 쌓은 바닥 혹은 주위 부분으로 벽난로 선반mantel과 마찬가지로 fireplace의 일부이다. 요즘은 벽난로가 거실에 장식용으로 가구처럼 설치되어 있는 경우가 많다. 참고로 그리스 신화의 벽난로와 아궁이의 여신은 헤스티아Hestia, 로마 신화는 Vesta이다.

어원 001 **침실 및 거실 가구**

026

- **furniture** 가구 ↔ 집안 생활에 사용되는 용품들

  [프] fornir = furnish 공급하다

- **neolithic** 신석기의 ↔ 구석기(paleolithic) 다음 시대의 ★1865년에 생겨난 단어임

  [라] neo- = new 새로운

  [라] -lith = stone 돌

  | **lith에서 파생한 단어**

  tonsillolith 편도결석 | gastrolith 위결석

  lithotomy 쇄석술 (방광 속 결석을 기계를 넣어 부수는 방법)

  lithology 암석학, 결석학

- **steel** 강철 ↔ 탄소가 0.035~1.7% 함유된 철

  [게] stakhlijan = made of steel 강철로 된

  | **stakhlijan에서 파생한 외국어**

  (덴마크어) staal 강철 | (스웨덴어) stål 강철

  (네덜란드어) staal 강철 | (독일어) Stahl 강철

- **wooden** 나무로 된 ↔ 목재로 만든
  [게] widu- = wood 나무
  | **widu에서 파생한 외국어**
  (덴마크어) (스웨덴어) ved 나무, 목재
- **veneer** 베니어판 ↔ 얇게 켠 널빤지
  [프] fornir = furnish 공급하다
- **ergonomic** 인체공학적인 ↔ 인간의 신체에 맞게 설계 제작된
  [그] ergon = work 작업
  | **ergon에서 파생한 단어**
  allergy 알레르기 (allos = other 다른 + ergon = activity 활동)
  argon 비활성 기체원소 아르곤 (a = without ~ 없는)
  energy 에너지 (en = at ~에)
  synergy 시너지 (syn = together 함께)
  surgeon 외과의사 (kheir = hand 손)
  thaumaturge 마술사 (thauma = wonder 경이)
  metallurgy 금속공학 (metallon = metal 금속)
  georgic 농사의, 농경가 (ge = earth 땅)
  zymurgy 발효화학 (zyme = leaven 효모)
  liturgy 교회의 예배식 (leito = public 대중의)
- **closet** 벽장 ↔ 벽을 뚫어 문을 달아 만든 장
  [라] claudere = shut 닫다
  | **claudere에서 파생한 단어**
  close 닫다 | closure 폐쇄 | clause 조항
  recluse 은둔자 (re 강조어) | cloister 수도원 안뜰
  claustrophobia 폐소공포증 (phobia = fear 두려움)
  include 포함시키다 (in = in 안에)
  exclude 제외하다 (ex = out 밖에)
  preclude 미리 배제하다 (pre = ahead 미리)
  seclude 고립시키다 (se = apart 따로)
  occlude 가리다 (ob = in front of ~ 앞에)
  conclude 결론짓다 (com = together 함께)
- **couch** 소파 ↔ 등받이가 있는 긴 안락의자
  [프] coucher = lie down 눕다

- **hearth 벽난로 (바닥이나 부근)** ↞ 벽난로의 벽돌로 되어 있는 아랫부분 이나 주변

  ㉮ hertha = burning place 태우는 곳

  | **hertha에서 파생한 외국어**

  (네덜란드어) haard 아궁이, 현대식 벽난로 | (독일어) Herd 아궁이, 화덕

그 밖의 침실 및 거실 관련 표현들

- **의자의 종류**

  rocking chair 흔들의자 | recliner 안락의자

  chesterfield 체스터필드 소파 (등받이 높이가 같고 팔걸이가 있는 형태)

  stool 등받이와 팔걸이가 없는 의자 | bench 벤치

  divan (등받이와 팔걸이가 없는) 긴 의자

  window seat (등받이 없이) 팔걸이만 있는 긴 의자

  chaise longue 등받이가 뒤로 젖혀지는 긴 의자

  davenport (미국) 침대 겸용의 대형 소파

  daybed 침대 겸용 소파 cf. sofa bed 소파 겸용 침대

  beanbag 빈백 (천 안에 플라스틱 등을 채워 의자처럼 사용하는 것)

  ottoman 위에 부드러운 천을 대고 안에는 물건을 넣는 의자같은 가구

  futon (일본식) 방석 겸 요

- **의자에 앉는 표현들**

  sit in[on] a chair 의자에 앉다

  drop[flop] into a chair 의자에 털썩 앉다

  fling oneself into a chair 의자에 털썩 앉다

  rest in chair 의자에 앉아서 쉬다

- 침대 관련 표현들

bunk bed 2단 침대

canopy bed 침대 위에 덮개 같은 장식지붕을 얹은 침대

sofa bed 소파 겸용 침대 | futon 동양식 요

hammock 나무에 매어 쓰는 그물침대

lie down on the bed 침대에 눕다 | sit up in bed 침대에서 일어나다

turn over and over in bed 침대에서 뒤척이다

sleep on one's stomach 엎드려 자다

sleep on one's back 똑바로 누워 자다

sleep on one's side 옆으로 자다

sleep curled[huddled] up 웅크리고 자다

tuck in ~에게 이불을 잘 덮어주다

pull a blanket over one's head 머리 위까지 담요를 덮다

wrap someone up in a blanket 담요로 돌돌 말다

wet the bed 이불에 오줌을 싸다 | make one's bed 침대를 정돈하다

upholstery 의자 등에 천을 씌움, 덮개 | upholster 천을 씌우다

upholster a sofa 소파 천을 씌우다

- 침구 관련 표현들

bedclothes 침구 | bed sheet 침대시트

bed cover 침대보 | bedspread 침대보

pillowcase 베갯잇 | blanket 담요 | mattress cover 매트리스 커버

quilt comforter 누비이불 | stuffing 속 (충전재)

- 카펫 및 커튼 관련 표현들

rug 깔개, 양탄자 | mat 깔개 | carpet 카펫

runner 러너 (가구 위나 바닥 등에 까는 길고 가느다란 천이나 카펫)

drapery 두껍고 긴 커튼 | drapes 커튼 | curtain rod 커튼용 봉

spread 깔다 | lay 두다, 깔다 | dust the carpet 카펫을 털다

lower[drop] the curtain 커튼을 내리다

draw aside the curtain 커튼을 젖히다

take down a curtain 커튼을 내리다
draw[pull] curtains 커튼을 치다
(open) set up a curtain 커튼을 올리다

- 물건을 두거나 보관하는 여러 가지 장과 선반

bookcase / bookshelf 책꽂이 | bureau 뚜껑을 여닫는 책상
drawer 서랍장 | wardrobe 옷장
garderobe 옷장, 침실, 사실(私室) | chiffonier 양복장, 낮은 찬장
walk-in closet 사람이 걸어 들어갈 수 있는 크기의 벽장(옷방)
coat rack 코트 걸이
jewelry armoire 보석 장식장 | cloakroom 휴대품 보관실
cellarette 술병 선반 | étagère 골동품 등을 장식하는 장식 선반
vitrine 진열품 유리케이스
end table 작은 탁자 | folding table 접는 테이블 | workbench 작업대

부엌 세간 및 가전제품

외국에선 흔히 부엌과 식당이 분리되어 있다. 부엌은 그 배치 형태에 따라 1자 부엌single file kitchen, 2자 부엌double file kitchen, L자 부엌L kitchen, 3면으로 싱크대와 찬장이 배치된 U자 부엌U kitchen, 그리고 요즘 유행하는 독립된free-standing 아일랜드island 식탁이 설치된 부엌block kitchen 등이 있다.

double file kitchen

U kitchen

block kitchen

싱크대

흔히 부엌 싱크대sink가 싱크대 위의 찬장을 포함한 가구 일체를 포함한다고 생각하기 쉬운데 sink는 개수대만을 가리키며 개수대 아래쪽의 찬장은 floor cabinet이라 하고 위쪽 찬장은 wall cabinet이라고 한다.

부엌 가전제품

전기로 돌아가는 가정용 제품을 가전제품이라 하고 영어로는 home appliances라 한다. 오늘날 부엌에서 흔히 쓰는 대표적인 가전제품에는 전자레인지microwave oven, 식기세척기dishwasher, 냉장고(refrigerator) 등이 있다.

부엌 세간

그릇이나 냄비 등의 부엌 세간을 통틀어 kitchenware라고 한다. 특히 냄비(pot), 주전자(kettle), 프라이팬frying pan 등의 조리용 기구는 kitchen utensil이라 하고, 숟가락spoon, 젓가락chopsticks, 포크fork, 나이프knife 등의 날붙이류 식기는 cutlery라고 한다.

숟가락은 중세 이집트에서 종교적 목적으로 기원전 1천 년에 이미 사용되었다. 상아, 나무, 소뿔 등 다양한 재료를 이용해 만들어졌으며, 특히 중세 영국에서는 숟가락이 부를 상징하기도 하였다. 포크도 마찬가지로 이집트에서 처음 사용되었지만 젓가락은 중국에서 생겨난 것으로 추정된다.

식사용 도구는 아니지만 식탁에 비치되곤 하는 이쑤시개는 영어로 toothpick이라 한다. 치아 위생을 위해 네안데르탈인들부터 사용되었을 것으로 추정되며, 시대에 따라 나무, 동, 은, 자기 등 여러가지 재료로 만들어졌다.

테이블웨어

cutlery수저 및 포크, 나이프 등의 날붙이류 식기를 포함해 식사를 하기 위해 식탁 위에 갖춰지는 접시와 컵, 컵 받침(saucer), 수프 등을 담는 뚜껑 있는 큰 그릇(tureen) 등을 통틀어 tableware식탁용 식기류 혹은 eating utensil 식사용 도구이라고도 부른다.

접시는 흔히 사기stoneware나 도기earthenware로, 본 차이나bone china, 자기(porcelain) 등의 세라믹 제품으로 만들어진다. bone china는 원래 porcelain imported from China중국에서 수입된 자기란 뜻에서 생겨난 단어로 일반적으로는 영국에서 생산되는 동물의 뼛가루를 갈아 넣은 고급 도자기류를 가리킨다. porcelain은 라틴어 porcellusyoung pig 새끼 돼지에서 생겨난 단어로, pork돼지고기, 라틴어 porcus = pig 돼지와 어근을 공유한다. 자기 위쪽 표면이 돼지 등의 곡선과 비슷해서 생긴 이름이라 추정된다. 라틴어 porcellus에서 이탈리아어 porcellana개오지 조개껍질(cowrie shell)이나 자기제품가 생겨났고 여기에서 프랑스어 porcelaine, 영어 porcelain이 생겨났다.

tureen

saucer

porcelain

[어원 002] 부엌 세간 및 가전제품

027

- **appliance** 기구, 도구 ↔ 세간, 도구, 기계 등
  [라] applicare = attach to ~에 부착시키다, join 연결시키다
- **refrigerator** 냉장고 ↔ 냉각 장치가 달린 저장고
  [라] re- = again 다시
  [라] frigerare = make cool 차게 만들다
- **kitchenware** 부엌용품 ↔ 부엌에서 사용되는 물품
  [게] waro = goods 물건
  | **waro에서 파생한 외국어**
  (스웨덴어) vara 상품 | (덴마크어) vare 상품

(네덜란드어) waar 상품 | (독일어) Ware 물건

- **pot 냄비** ← 음식을 끓이는 데 사용되는 도구

  [고대프랑스어] pot = container 그릇

- **kettle 주전자** ← 물을 끓이는 데 사용되는 도구

  [프] catillus = container 그릇

- **utensil 가정에서 사용하는 도구** ← 가정에서 사용하는 연장들

  [라] utensilia = materials 재료

- **cutlery (나이프 · 포크 · 숟가락 등) 날붙이류 식기** ← 식탁에서 사용하는 나이프, 포크 등

  [라] culter = knife 칼

  | **culter에서 파생한 단어**

  colter 풀베는 날

- **saucer 받침** ← 그릇이나 컵의 밑에 두고 쓰는 물건

  [라] salsarius = for salted things 염장한 것들을 위한

- **tureen 큰 그릇** ← 그리 높지 않고 둥글넓적하며 뚜껑이 있는 큰 그릇

  [라] terrenus = of the earth 흙의

- **porcelain 자기** ← 아주 높은 온도로 구운 그릇

  [라] porcellus = young pig 새끼 돼지

그 밖의 부엌 세간 및 가전제품 관련 표현들

- **찬장 및 조리대 관련 표현들**

  cupboard 찬장 | built-in cupboard 붙박이 찬장

  base cabinet 조리대 수납장 | hutch 서랍이 있는 선반 장식장

  cooking counter 조리대 | countertop 작업대 윗부분, 조리대

  credenza 식기 진열대, 제구대

  swing-out shelf 싱크대 안쪽에 설치된 잡아뺄 수 있는 선반

• 가전제품 관련 표현들

air conditioner 에어컨 | freezer 냉장고 (refrigerator)
washing machine 세탁기
heater 히터 | electronic kettle 전기 주전자
grinder 분쇄기 | juicer 즙 짜는 기계 | blender 믹서기
coffee maker 커피 메이커 | rice cooker 밥솥
camcorder 캠코더 | DVD player DVD 플레이어

• 주방도구 관련 표현들

pick up something with chopsticks 젓가락으로 ~을 집다
ladle 국자로 푸다 (scoop up), 국자 | rice paddle 주걱
spatula 주걱 | scoop 아이스크림 등을 푸는 숟가락
turner 뒤집개 | pancake turner 부침개 뒤집개
grater 강판 | grate 강판에 갈다
skewer 고기를 꽂는 꼬치 | tongs 부젓가락
fish scaler 생선 비늘 벗기는 도구 | potato peeler 감자 껍질 벗기는 도구
nutcracker 호두 까는 도구 | lemon squeezer 레몬 짜는 기구
bottle opener 병따개 | tin opener 깡통따개
cutting board 도마 | scales 저울
whisker 거품기 | sieve / sifter 채 | blow torch 소형 토치
pot lid 냄비뚜껑 | griddle 요리용 번철
bowl 공기그릇 | plate 접시 | platte 큰 서빙용 접시 | ramekin 얕은 종지
teapot 차 주전자

• 여러 가지 컵

cup 컵 | mug 머그컵
snifter 브랜디 잔 | schooner 맥주용으로 쓰는 손잡이 없는 긴 유리 잔
tankard 금속 소재 맥주잔 | shot glass 작은 유리잔
chalice 미사 때 포도주를 담는 성배
beaker 손잡이가 없는 길쭉한 플라스틱 컵

조명

조명과 빛의 신

lumen빛이란 어근에서 생겨난 illumination조명, 빛은 흔히 조명기구light fixture 등을 이용한 인공(artificial) 조명뿐 아니라 과거에 밤을 밝히는 데 이용했던 개똥벌레의 불빛인 반딧불(glow of a firefly)과 같은 자연 조명도 가리킨다. 횃불(torch), 호롱불(kerosene lamp) 등도 모두 불빛 혹은 조명이다. illumination은 또한 햇빛에서 얻는 낮의 채광daylighting도 포함한다.
참고로, 그리스와 로마 신화에서 제우스의 아들인 아폴로Apollo는 치료의 신이자 빛과 태양의 신이기도 하였다. 반면 그리스 신화의 셀레네(Selene)와 아르테미스Artemis 그리고 로마 신화의 루나(Luna)와 다이애나Diana는 달의 여신goddess이었다.

백열등과 형광등

진공의 둥근 유리 속에 필라멘트를 넣어 만든 백열등은 incandescent lamp라 하고, 형광등은 fluorescent lamp라고 한다. 형광등의 발명으로 조명은 더욱 발전하게 되었다.

샹들리에

호텔 연회장 등에서 흔히 볼 수 있는 Chandelie샹들리에는 조명 중 호화로우며 장식적인ornate 집합등이다. candle초과 마찬가지로 라틴어 어원 candelacandle 초에서 생겨났다. 초기에는 샹들리에가 많은 초들을 이용한 조명 장치였기 때문이다.

어원 003 **조명**

028

- **illumination** 조명, 빛 ← 밝게 비춰주는 자연 혹은 인공 광선
  [라] in = in 안에, into 안으로
  [라] lumen = light 빛
- **artificial** 인공적인 ← 사람의 힘으로 가공한
  [라] artifex = craftsman 공예가

- **glow** 은은한 빛 ↔ 강하지 않은 빛

[게] glo- = glow 빛나다

| glo-에서 파생한 외국어

(독일어) gluhen 빛나다, 반짝반짝 빛나다

- **torch** 횃불 ↔ 홰에 켠 불

[고대프랑스어] torche = torch 횃불

- **kerosene lamp** 호롱불, 등유 램프 ↔ 석유를 담은 그릇에 켜는 불

[그] kros = wax 밀랍

[그] lampas = torch 횃불, light 불빛

- **Selene** 셀레네 ↔ 그리스 신화의 달의 여신

[그] selas = light 빛 ★더 거슬러 올라가서는 인도게르만공통조어 swell(shine 빛나다)에서 파생하였는데, 여기에서 swelter(무더위에 시달리다)와 sultry(무더운)란 단어가 생겨남

- **Luna** 루나 ↔ 로마 신화의 달의 여신

[라] luna = moon 달

| luna에서 파생한 단어

lune 달 | lunar 음력의 | lunation 태음월

lunate 초승달 모양의 | lunette 초승달 모양의 물건

lunatic 미치광이 | loony bin (속어) 정신병원

- **incandescent lamp** 백열등 ↔ 금속의 가는 선이 전류로 가열되어 빛을 내는 등

[라] in = within ~안에

[라] candere = shine 빛나다

| candere에서 파생한 단어

incendiary 방화의 | candid 솔직한 | candle 초

candor 솔직함 | candidate 후보자

- **fluorescent lamp** 형광등 ↔ 진공 유리관 속에 수은과 아르곤을 넣고 안쪽에 형광 물질을 바른 등

[라] fluorspar 형석

[라] escentia = state of being 존재 상태

- **Chandelier** 샹들리에 ↔ 천장의 방사형 모양의 등

[라] candela = candle 초 ★예전에는 촛불이나 가스등을 켰음

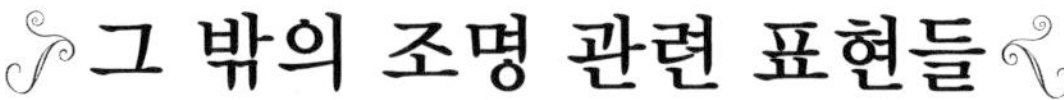

그 밖의 조명 관련 표현들

- 여러 가지 조명의 형태

alcove lighting 벽면을 움푹하게 파둔 공간에 두는 램프

neon lighting 네온 조명 | recessed lighting 매입형 조명

downlight 천정에 설치된 스포트라이트 | uprighter 상향등

track lighting 천정이나 벽에 레일을 달아 이동시키는 조명

reflector lamp 반사형 램프 | pendant light 늘어뜨리는 등

sconce 벽에 거는 촛대 | torchiere 플로워 램프

lantern 손전등 | solar lamp 태양등

floodlight 투광조명 (야간 경기 등을 위한 강력한 조명)

beacon light 표식등, 충돌방지등 | security lighting 방범등

accent light 액센트 조명 (수영장 속 등에 설치하는 조명)

strobe light 사진을 찍을 때 빛의 양이 부족하면 사용하는 광원

- 초(candle) 관련 표현들

wick 심지 | wax 초, 밀랍 | tallow 수지

a piece of string 줄 한 조각 | braided 꼰

flame 불꽃 | naked flame 노출된 불꽃

wax drippings 촛농 | candlestick 촛대

candle labrum 가지에 달린 촛대

- 그 밖의 조명 관련 표현들

visible light 가시광선 | black light 불가시광선 (자외선, 적외선)

ceiling-mounted 천정에 설치된

mounted into the ceiling 천정 속에 고정시킨

wall-mounted 벽에 고정된 | stanchion-mounted 지지대에 설치된

bulb 전구 | socket 소켓 | troffer 형광등에 씌우는 반원형 갓

wall-plug 콘센트

위생

Hygiene

지구상엔 우리 눈에 보이는 생명체들living things만
살아가는 것은 아니다.
눈에는 보이지 않지만 분명 서로가 서로에게 영향을 미치며
살아가는 것들이 있다.
이를 우리는 미생물이라 한다.
이러한 미생물 가운데는
박테리아bacteria나 바이러스virus 같은 세균germ들이 있다.

사실 세균은 온갖 곳에 다 있다.
우리의 몸속에도 일정량의 세균이 함께 살아가고 있으니까.
개중에는 우리와 공생관계에 있는 세균들도 있고,
일방적으로 우리의 생명에 치명적인 위협을 가하는 것들도 있다.
코로나 바이러스coronavirus처럼 말이다.

이런 치명적인 세균들로부터 건강과 안전을 지키기 위한
기본 자세는 잘 씻는 것이다.
우리 몸도 잘 씻고
주변 환경도 깨끗하게 유지해야 한다.
물론 과유불급이 되어서는 안 되겠지만.

생활과 위생

배수시설

기원전에 이미 인더스강 분지basin의 사람들은 하수와 배수시설을 이용했으며 로마 시대에는 공중목욕탕이 생기는가 하면 야외 화장실의 대소변urine and feces을 배수시키기 위해 하수관(sewer)도 생겨났다. 그만큼 오래 전부터 사람들은 배수drainage와 하수sewage 같은 물의 위생 처리가 인간의 건강, 나아가 인간의 생존과 밀접한 관계가 있다는 것을 인식하고 있었다. 그리스와 로마 신화 속 청결clean과 위생(hygiene)의 여신인 히게이아Hygieia가 존재한다는 것 또한 사람들이 실제로 위생에 관심이 있었다는 방증일 것이다.

일상생활 속 다양한 위생관리법

세균(germ)의 감염을 방지하기 위해 손을 잘 씻는 것, 식중독food poisoning에 걸리지 않도록 음식을 상하지 않게 보관하고 물을 끓여 마시는 것 등의 행위는 우리 생활속에 녹아 있는 기본적인 위생관념이다. 정기적으로 샤워나 목욕을 하는 것도 마찬가지이고, 우리의 몸뿐 아니라 우리가 사용하는 장소도 정기적으로 청소한다. 즉 화장실을 소독하고 욕실을 청소하는 것, 하수구에 고인(stagnant) 물을 빼내고 소독하는 것 등도 위생 관리의 일부이다.

살균제와 세정제

박테리아, 바이러스, 균류(fungi) 등의 세균들을 없애는 제품을 살균제(disinfectant)라 한다. 손 세정제처럼 청결과 살균을 목적으로 하는 제품은 세정제(sanitizer)라고 한다.

멸균과 환기

멸균(sterilization)은 미생물을 제거하는 행위로 미생물이 살 수 없는 불모의 상태를 만드는 것이다. 세균이 공기로 전염되는 것을 막기 위해 한 공간 내의 바람을 바꿔 넣는 환기는 ventilation이라고 한다.

검역소

전염성 질병 등에 노출된exposed 사람들이 실제로 병에 걸리는지 등을 알아보기 위해 이동을 제한하는 것을 격리(quarantine)라 한다. quarantine은 검역이란 뜻도 있는데 검역은 전염병과 해충이 퍼지는 것을 방지하기 위해 공항, 항구 등에서 하는 검진, 소독, 격리, 폐기 등을 포함한 광범위한 일을 가리킨다. 검역소는 quarantine station이라고 한다. quarantine은 quaranta giorni란 이탈리아 베니스의 방언으로 '40일'을 뜻한다. 이것은 1300년대에 흑사병으로 유럽인구의 1/3이 사망하자 크로아티아의 두브로부니크그 당시 명칭 Ragusa란 도시에 들어오기 전에 배에 탄 사람들을 40일간 격리시키던 행위에서 유래한 단어이다. 코로나 시대를 살고 있는 우리는 CDC recommends 14 days of quarantine from the day of last exposure to a person with COVID-19.에서 quarantine이란 단어의 쓰임을 확인할 수 있다. '질병통제센터가 코로나 바이러스에 걸린 사람과 접촉한 날로부터 14일간 격리하는 것을 권장한다.'란 문구이다.

참고로 isolation격리은 이미 전염성 질병에 걸렸다고 확진을 받은confirmed 사람들을 일반인들과 분리시키는 것이다. 또한 전염병 확산을 방지하기 위한 '사회적 거리두기'는 social distancing이라고 한다.

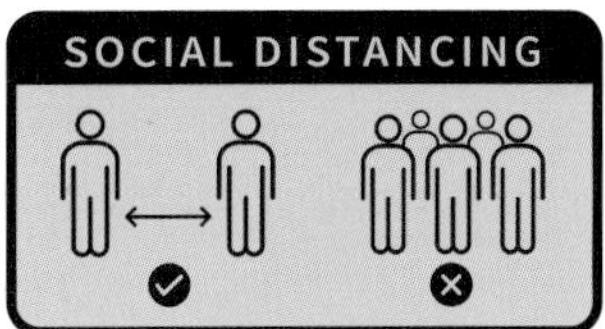

[어원 001] 생활과 위생

029

- **sewer** 하수관 ↔ 수채에 버린 물이 흘러가도록 땅속에 묻은 통
  [라] ex = out 밖으로 [라] aquarius = pertaining to water 물에 관한
- **hygiene** 위생 ↔ 건강에 유익하게 조건을 갖춤
  [그] hygies = healthy 건강한 ★hygies는 그리스 신화의 위생의 여신(goddess of sanitation) Hygeia에서 생겨난 단어임
  [cf.] hygienist 치과위생사
- **germ** 세균 ↔ 가장 미세하고 가장 하등한 단세포 생물체
  [라] germen = offshoot 새 나뭇가지, sprout 싹
- **stagnant** 고여 있는, 침체된 ↔ 액체나 가스, 냄새 등이 우묵한 곳에 모여 있는 [동] stagnate 물이 고이다, 침체되다
  [라] stagnatum = standing water 고여 있는 물

- **fungi** (복수형) 곰팡이류 ↔ 어둡고 습기 찬 것을 좋아하는 하등균류

  cf. (단수형) fungus

  라 fungus = mushroom 버섯, fungus 균류

- **disinfectant** 살균제 ↔ 병균을 죽이는 약

  라 dis = not 아닌 라 inficere = stain 얼룩지게 하다

- **sanitizer** 세정제 ↔ 불순물을 씻어내는 약

  라 sanus = healthy 건강한

  | **sanus에서 파생한 단어**

  sanitary 위생의 | sanity 온전한 정신

  sane 제정신인 | insane 제정신이 아닌 (in = not 아닌)

- **sterilization** 멸균 ↔ 세균을 죽여 없앰

  라 sterilis = unfruitful 불모의

- **ventilation** 환기 ↔ 탁한 공기를 내보내고 맑은 공기를 불러들임

  라 ventus = wind 바람

- **quarantine** 격리, 검역 ↔ 전염성이 있는 환자를 따로 떼어놓는 것, 혹은 전염병 방지를 위해 특정 장소의 검진 및 소독 등을 하는 것

  (이탈리아 베니스의 방언) quaranta giorn 40일 ★배에 탄 사람들을 40일간 격리시키던 행위에서 유래한 표현으로, quaranta는 라틴어 quadraginta(forty 40)에서 생겨났으며 quadraginta는 quattuor(four 4)와도 연관이 있음

  | **4란 뜻의 quattuor에서 파생한 단어**

  quart 1갤론의 1/4 | quarter 1/4 | quartrain 4행시

  quadrangle 사각형 | quadrant 평면을 4로 나눈 면

  cf. **이탈리아어에서 파생한 단어**

  ghetto 유태인 거주 지역, 빈민가 (gheto = the Jewish quarters 유태인 거주 지역)

  pantaloons 나팔바지 (이탈리아 코미디 Pantaloon(1580년대)의 꽉 끼는 바지를 입은 주인공 이름)

- **isolation** 격리 ↔ 전염병 환자를 따로 떼어놓음

  동 isolate 격리하다 형 isolated 격리된

  라 insula = island 섬

  ★라틴어 insula에서 파생한 insulates(made into an island 섬으로 만들어진)에서 프랑스어 isole(isolated 고립된)이란 단어가 생겨남. 동사 isolate는 형용사 isolated에서 파생한 형태

| insula에서 파생한 단어

insulin 인슐린 ★호르몬이 췌장의 랑게르한스 섬(islets of Langerhans)에서 분비되기 때문에 생겨난 단어임

insulate 절연처리를 하다 | isle 섬 | peninsula 반도

비누

기원전 2800년 바빌론 사람들에 의해 최초로 만들어졌다고 알려진 비누, soap의 라틴어 어원은 sapo이다. 최초의 고체 비누를 만들어냈던 이탈리아 제노바 근처의 Savona라는 마을에서 sapo란 단어가 생겨났다는 설이 있다. 또, 동물을 제물로 바쳤던 Mount Sapo사포 산에서 제물로 바쳐진 동물기름(tallow)과 재(ashes) 등을 합쳐 비누를 만들었다는 설도 있다. 프랑스어로 비누가 savon이고 이탈리아어로 sapone인 걸 보면 전자가 더 설득력 있어 보인다.

비누의 원료

기원전의 고대 국가들에선 동물지방tallow과 나무 재ashes를 섞어 비누를 만들기도 하였고 염소기름과 나무 재를 섞어서 비누를 만들기도 하였다. 짚이나 나무를 태운 재를 물에 혼합한 것이 잿물(lye)인데 이것과 동물지방 등을 섞으면 화학작용이 일어나 비누가 만들어진다. 비누는 원래 목욕용이 아니라 직물 세탁용이나 피부질환 치료 등을 위한 의학용으로 사용되었다.

아로마 비누

비누 중에는 향기가 강한 아로마 비누가 있다. aroma는 원래는 향기 나는 식물이나 향신료의 냄새를 뜻하다가 신선한 커피 향the aroma of fresh coffee처럼 강하고 좋은 향까지 가리키게 되었다. 최근에는 기분을 바꾸거나 심리적, 육체적 안정을 위하여 식물에서 추출한 오일의 향기를 이용하는 aromatherapy향기요법가 인기를 끌고 있다.

soap와 lather

soap는 동사로 '~을 비누로 씻어내다'라는 의미도 있다. 따라서 soap oneself down 하면 '비누로 완전히 씻어내다'란 뜻이다. lather는 '비누칠을 하다' 혹은 '비누거품'이란 뜻이다.
덧붙여, soap를 이용한 표현으로 soap opera를 기억해두자. '연속극'이란 뜻이다. 연속극 중간중간 비누광고를 했던 것에 기인해 붙은 명칭이다.

어원 002 **비누**

030

- **soap** **비누** ← 몸을 씻을 때 쓰는 것

  [라] sapo = pomade for coloring the hair 머리 염색용 포마드(머릿기름)

  | **sapo에서 파생한 외국어**

  (핀란드어) saippua 비누

- **tallow** **동물기름** ← 동물의 살, 뼈, 가죽에 엉기어 있는 액체

  [게] talga = firm material 딱딱한 물질

- **ash** **재** ← 불에 타고 남는 가루

  [인] ai = burn 태우다

  | **ai에서 파생한 외국어**

  (산스크리트어) asah 재

  | **유의어**

  cinders 나무나 석탄이 타고 남은 재

  embers (장작, 숯이 타다 남은) 잉걸불 | slag 화산암재 | soot 검댕

- **lye** **잿물** ← 재를 우려낸 물

  [인] leue = wash 씻다

  | **leue에서 파생한 외국어**

  (스웨덴어) lordag 토요일 ★바이킹들이 토요일에 목욕을 하던 습관으로 인해 토요일이 bathing day, 즉 목욕일로 불린 것

- **aroma** **향** ← 식물의 향기나 이를 가공한 물질

  [그] aroma = spice 향신료

- **lather** **비누칠을 하다, 비누거품** ← 때를 씻기 위해 비누로 문지르다, 또는 그렇게 해서 생긴 거품

  [인] loutro = bathe 목욕하다 ★같은 어원에서 라틴어 lavere(wash 씻다)도 생겨남

샴푸

비듬(dandruffs)이나 피지(sebum) 등의 불순물을 제거하기 위해 머리에 사용하는 shampoo샴푸는 '누르다press'란 뜻의 힌두어 champo에서 생겨났다. 1800년대 중반경 영어에 처음 등장하였을 당시는 shampoo가 오늘날의 의미와는 다르게 전신을 문지르고 눌러주는 마사지를 뜻하였다. 19세기 중반이 되어서야 오늘날의 '머리 감는 용도의 샴푸'란 뜻이 사전에 실렸다. 참고로 영어단어 jungle밀림(힌두어 jangal 황무지), veranda베란다(힌두어 varanda 발코니), thug폭력배(힌두어 thag) 등의 단어들이 힌두어에서 생겨났다.

샴푸의 형태

샴푸는 비누처럼 막대기bar의 형태였다가 후에 점액질의 액체 형태로 바뀌었으며 비듬방지용 샴푸는 살진균제(fungicide)를 포함하고 있다. rinse린스는 샴푸를 헹구어내는 제품이다. 라틴어 recensfresh 신선한에서 생겨난 rinse는 동사로 '헹구다'란 뜻이다. conditioner컨디셔너는 샴푸 후 부스스해(frizzy) 보이는 것과 모발줄기hair shaft가 손상되는 것을 막아주는 제품이다. 컨디셔너를 충분히 헹구어주지 않으면 머리카락 가닥들strands에 기름기가 낀greasy 듯 보일 수 있다.

어원 003 샴푸

031

- **dandruff 비듬** ↞ 머리에 생기는 회백색의 잔비늘

  [게] hreufaz = scab 딱지 ★같은 어근에서 고대 영어 hreofla(leper 문둥이)가 생겨남
- **sebum 피지** ↞ 피지샘에서 분비되는 기름 물질

  [라] sebum = sebum 피지
- **shampoo 샴푸** ↞ 머리를 감는 데 쓰는 액체 비누

  [힌] champo = press 누르다

  [ex.] shampoo one's hair = wash one's hair 머리를 감다

  apply shampoo 샴푸를 바르다

  rinse out shampoo 샴푸를 헹궈내다

- **fungicide 살진균제** ← 곰팡이의 생육을 막는 화학물질
  [라] fungus = mushroom 버섯
  [라] cida = killer 살해자
- **rinse 헹구다** ← 비누나 샴푸, 린스 제품을 발라 문지른 다음 그 성분이 없어지도록 물에 깨끗하게 씻어내다
  [라] recens = fresh 신선한
- **frizzy 부스스한** ← 머리카락이 흐트러져 있는
  [프] friser = curl 곱슬곱슬하게 만들다

치약

비누와 샴푸가 피부위생과 향기를 위해 사용되는 제품이라면 치아의 위생과 악취 제거를 위한 제품으론 치약(toothpaste)이 있다. 냄새 중에서도 입에서 나는 구취를 의학용어로는 halitosis라 하고 구어체에선 bad breath입 냄새라고 한다.

치약의 원료

최초의 치약은 달걀껍질이나 부석pumic 등을 가루 내어 사용하였고 그리스 시대에는 으깬 뼈나 굴 껍질shell 등이 연마제abrasive로 첨가되었다. 19세기 후반이 되면서 충치방지 목적으로 불소(fluoride)가 치약에 첨가되었다.

[어원 004] **치약**

032

- **toothpaste 치약** ← 이 닦는 데 쓰는 용품
  [게] tanthu- = tooth 치아
  [라] pasta = paste 덩어리
  | **tanthu에서 파생한 외국어**
  (덴마크어) (스웨덴어) (네덜란드어) tand 치아
  (독일어) Zahn 치아
  [ex] squeeze toothpaste 치약을 짜다 | brush one's teeth 이를 닦다

- **halitosis** 구취 ⊷ 입에서 나는 악취

  [라] halare = breathe 호흡하다

  | halare에서 파생한 단어

  exhale 숨을 내쉬다 | inhale 숨을 들이마시다

- **fluoride** 불소 ⊷ 충치 방지 목적으로 치약에 섞는 것

  [라] fluor = flow 흐름

목욕탕

기원전부터 사람들은 목욕을 했고 고대 로마에도 thermae라 불리는 공중목욕탕도 있었지만 현대식 공중목욕탕은 19세기 초에 영국 북서부의 도시 리버풀에 처음으로 문을 열었다.

보통 목욕이라고 하면 편안히 오래 시간을 두고 씻는다고 인식되고, 샤워라고 하면 물이 위에서 쏟아지는 동안 서서 간단히 씻는다고 인식된다. 영어로 '목욕'은 bath이고, '샤워'는 우리말 그대로 shower이다. 두 단어 모두 take 동사와 결합해 take a bath목욕하다, take a shower샤워하다로 자주 쓴다.

집의 욕실bathroom에 설치되어 있는 욕조는 bathtub라고 하고 대중탕은 public bath라고 한다. 스파spa는 광물이 풍부한 온천수spring water로 목욕을 하는 리조트 지역이며 스파를 발전시킨 형태로 도심 내 마사지와 사우나를 동시에 즐길 수 있는 스파를 day spa라고 한다. 자쿠지Jacuzzi는 물에 뽀글뽀글 기포가 생기는 욕조의 형태이다.

참고로 역사적으로 목욕을 즐기지 않은 왕들도 있는데, 스페인의 이사벨라 여왕은 평생 두 번 목욕을 하였고 영국 왕 제임스 1세는 한 번도 목욕을 한 적이 없다고 한다. 그들은 한결같이 Hygiene is not my priority. "난 위생을 중시하지 않아."라고 말할 것이다.

터키탕

그리스, 로마 시대에는 대중탕이 큰 인기를 끌었으며 이후 터키탕Turkish bath이 생겨났고 영국에까지 소개되었다. 터키는 이슬람교가 주를 이

루는데 이슬람교도들이 기도 전에 몸을 깨끗이 씻는 목욕(ablution) 행위에서 비롯된 것이다. 전통적인 터키 목욕탕 hammam은 스팀식이라서 더운 공기가 몸을 이완시켜주고 땀구멍pores이 열리는 데 도움이 된다.

찜질방

찜질방jjimjilbang은 공중목욕탕과 여러 편의시설이 결합된 한국식 목욕탕이다. 찜질방에는 대중목욕탕, 온돌마루뿐 아니라 노래방, 수면실, 다양한 온도의 찜질방 등이 갖춰져 있다. 찜질방의 이전 형태인 한증막hanjeungmak은 이미 15세기부터 존재하였다.

사우나

목욕탕의 일종으로 증기욕과 열기욕을 합친 것이 사우나(sauna)이다. 핀란드어 sauna에서 유래했다. 핀란드 사우나의 특징은 vihta라 불리는 자작나무 가지들(birch boughs)로 마사지를 하는 것이다. 러시아에도 러시아어로 대중탕public bathhouse을 뜻하는 banya라는 사우나의 형태가 있다.

때밀기

한국과 일본 같은 몇몇 나라에서는 때를 미는 문화가 있다. 때를 민다는 것은 죽은 피부를 문질러서 벗겨내는scrub off the dead skin 행위이다. 영어로는 wash off the dirt 또는 scrub off the dirt때를 밀다 정도로 표현할 수 있다. 참고로, 각질제거(exfoliation)는 오돌도돌한 과립형 물질이나 도구로 피부 표면의 각질을 제거하는 것이다. exfoliation은 피부가죽을 벗겨내는 '박피'란 뜻으로도 사용된다. 한국에서 때밀 때 사용하는 일명 이태리 타월은 the exfoliating mitt라고 하는데 한국에서 처음 사용되었을 때 이탈리아에서 수입한 원단을 사용하여 이태리 타월이라 불리게 되었다. 사포와 비슷한 재질의 긴 목욕용 수세미는 loofah라고 불린다.

어원 005 목욕탕

033

- **bath** **목욕** ← 머리를 감고 몸을 씻음

  (게) badan 목욕

  | **badan에서 파생한 외국어**

  (독일어) Bad 목욕

- **shower** **샤워** ← 소나기처럼 위에서 아래로 뿜어 나오는 물에 씻는 행위

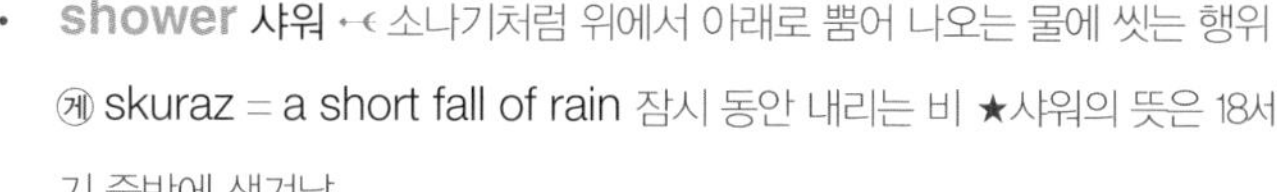

  (게) skuraz = a short fall of rain 잠시 동안 내리는 비 ★샤워의 뜻은 18세기 중반에 생겨남

  | **skuraz에서 파생한 외국어**

  (독일어) Schauer 샤워, 폭우

- **ablution** **목욕재계** ← 목욕하고 몸가짐을 가다듬는 것

  (라) ab = off 떨어져

  (라) luere = wash 씻다

- **sauna** **사우나** ← 증기욕과 열기욕이 합쳐진 목욕 ★핀란드 사우나에서 유래함

  (핀) sauna 사우나

- **birch** **자작나무** ← 나무껍질이 흰색인 낙엽 활엽 교목

  (게) berkjon = hardy, slender northern forest tree 딱딱하고 쭉 뻗은 북부 삼림의 나무

  | **berkjon에서 파생한 외국어**

  (덴마크어) birk 자작나무 | (스웨덴어) bjork 자작나무

  (네덜란드어) berk 자작나무 | (독일어) Birke 자작나무

- **bough** **나뭇가지** ← 나무에서 뻗어나온 줄기

  (게) bogaz = arm 팔 ★더 거슬러 올라가면 인도게르만공통조어 bhagu-(arm 팔)에서 파생함

  | **bogaz에서 파생한 외국어**

  (독일어) Bug 소, 말 등의 어깨 부위

- **scrub** **북북 문질러 씻다** ← 이리저리 비비며 씻다

  (13세기 영어) shrubben = scrub 문지르다

  | **유의어**

  brush 솔질하다 | cleanse 세척하다

  mop 걸레질하다 | rub 문질러 닦다

  scour (먼지, 기름 등을) 문질러 없애다, 씻어 없애다

polish 윤을 내다

- **exfoliation** 각질제거, 박피 ↔ 죽은 피부세포를 없애는 것

㉣ ex = out 밖으로

㉣ folium = leaf 잎

화장실

Roman toilet

cesspit

영국에선 the Groom of the Stool용변 담당자이라는 왕의 배변excretion을 돕는 사람이 있었다. groom은 현재엔 '마부'나 '신랑'이란 뜻이지만 예전엔 man사람이란 뜻이 있었다. 용변 담당자가 직접 왕을 닦여준 것은 아니고 용변을 본 후 씻는 데 필요한 물, 수건 등을 준비해주는 일을 하였다. 로마에서는 사람들이 돌 벤치에 구멍을 여러 개 뚫어 만든 화장실에 나란히 앉아 대화를 하며 용변을 보기도 하였다.

16세기 유럽에선 매일 집에서 쓰는 요강을 비우는 오물통(cesspit)을 사용하기 시작했다. 오물통에 쌓인 변이 발효되어 가스가 방출되면 사람을 질식시킬(asphyxiate) 수도 있을 정도로 위험하였다. 오물통에서 똥을 푸는 것을 업으로 삼는 사람은 nightman분뇨 수거인이라고 불렀다.

19세기 후반의 서민들은 야외에 설치된 오물통 위에 화장실을 지어 이용하였다. 이 또한 위생상 상당히 열악한 환경이라 하겠다. 물이 변에 오염되어 콜레라가 전염된다는 것이 발견된 한참 후에야 오늘날과 같은 수세식 화장실(flush toilet)의 형태가 확산되었다.

화장실 용어

화장실은 lavatory, bathroom가정의 화장실, toilet화장실 변기, restroom공공화장실, washroom세면장 등의 표현으로 다양하게 표현할 수 있다. 비행기

기내에 설치되어 있는 화장실 문에 lavatory라고 표시되어 있는 것을 보았을 것이다. 라틴어 lavarewash 씻다에서 파생한 lavatory는 예전에는 '세면대'를 뜻하다가 후에 '화장실'이란 뜻이 되었다.
flush변기의 물을 내리다란 단어는 기존의 구덩이를 파서 만든 변소(latrine)에서는 존재하지 않던 단어이다. 공원이나 유원지의 간이화장실은 portable toilet이라고 하는데 말 그대로 이동 가능한 화장실이란 뜻이다. 참고로 쪼그리고 앉아 용변을 보는 재래식 화장실은 squat toiletsquat 쪼그리고 앉다이라 하고 한국에서 사용하던 요강은 chamber pot이라 한다.
아이들이 자다가 이불에 오줌을 싸는 것을 bedwetting이라 하고 전문용어로는 nocturnal enuresis야뇨증라고 한다. 한국에서는 아이가 이불에 오줌을 싸면 이웃에 가서 소금을 얻어오게 하였는데 사실 이렇게 아이가 창피함shame을 느끼게 하는 것은 아이의 자존감을 낮추는having low self-esteem 일이라 한다. 반려견이 집에서 대소변을 가리도록 훈련하는 것은 housebreak라고 한다. 따라서 My dog is housebroken.이라고 하면 '우리 개는 배변을 잘 가려요.'란 뜻이다.

lavatory

squat toilet

chamber pot

어원 006 화장실

034

- **cesspit** 오물통 ↔ 오물을 버리는 통
  ⓔ cess cistern(물탱크)에서 바뀐 형태로 추정됨
- **asphyxiate** 질식시키다 ↔ 숨을 못 쉬게 만들다
  ⓖ a = not 아닌
  ⓖ sphyzein = throb 고동치다
- **flush** 물을 내리다, 물을 내림 ↔ 물이 빠지게 아래로 보내다
  (13세기 영어) flusshen = move rapidly or violently 빨리 혹은 격렬히 움직이다

- **lavatory 변기, 화장실** ↞ 공중변소

  [라] lavare = wash 씻다 ★화장실에 가는 것을 '손을 씻으러 간다'고 할 때처럼 미화된 표현

  | **lavare에서 파생한 단어**

  lave 씻다 | lavation 세정 | lavage (의학) (장기의) 세척

  lavish 아주 후한 | lautitious 화려한 ★lautus(elegant 우아한)는 lavare에서 파생함

- **toilet 변기** ↞ 대소변을 누도록 만든 기구

  [중세프랑스어] toilette = cloth 천 ★원래 화장대 위에 얹어 두는 장식용 천을 가리켰는데 화장대가 보통 화장실 옆에 붙어 있어서 19세기 말에 '화장실'이란 뜻을 갖게 된 것으로 추정됨

- **latrine 변소** ↞ 땅에 구덩이를 파서 만든 변소

  [라] lavare = wash 씻다

- **portable 이동 가능한, 휴대용의** ↞ 옮길 수 있는

  [라] portare = carry 운반하다

  [ex.] portable water 휴대용 식수 | portable computer 휴대용 컴퓨터

- **squat 쪼그리고 앉다** ↞ 몸을 움추리고 앉다

  [cf.] squat은 '불법 점유하다'는 의미로도 쓰인다.

  [고대프랑스어] esquatir, escatir = compress 누르다, lay flat 넙적 엎드리다

  | **유의어**

  crouch 쭈그리고 앉다

  scrootch 웅크리다

  stoop 웅크리다

  huddle 추워서 웅크리다[움츠리다]

  hunch 등을 구부리다 ([cf.] hunchback 곱추)

  curl up 눕거나 앉아서 몸을 웅크리다

- **chamber pot 요강** ↞ 방에 두고 오줌을 누는 항아리

  [라] camera = room 방

  [고대프랑스어] pot = container 용기

- **enuresis** 야뇨증 ↔ 밤에 자다가 오줌을 지리는 증세

  ㉢ en = in ~안에

  ㉢ ourein = urinate 소변을 보다

  | **ourein에서 파생한 단어**

  uretic 오줌의 | urethra 요도

  ureter 수뇨관 | diuresis 이뇨

3

음식

Food

한 번쯤 물어도 좋을 질문 3

당신은 지금 잘 먹고 있는가?

Are you eating well?

잘살고 싶다면 잘 먹어야 한다.
많이만 먹는 게 잘 먹는 건 아니다.
세 끼 빠뜨리지만 않고 먹는다고 잘 먹는 것도 아니다.
다이어트를 한답시고 너무 안 먹으면
되레 스트레스가 쌓인다.
우리는 먹는 행위를 통해
생존을 위한 에너지도 얻지만
맛있는 것을 먹는 즐거움과 여유를 가지며
그 속에서 스트레스를 날려버리기도 한다.

음식과 요리
식사
식사와 파티
식당
외식산업 관계자

Unit 08 식사와 식당

식성
채식주의
미식가, 대식가
다이어트

Unit 09 식습관과 다이어트

향신료와 조미료
음식의 간을 맞추는 소금
단맛을 더하는 것들
후추
고추
기타 향신료

Unit 10 양념과 향신료

영양과 영양소
6대 영양소❶: 탄수화물
6대 영양소❷: 단백질
6대 영양소❸: 지방
6대 영양소❹: 비타민
6대 영양소❺❻: 무기질과 물
기생충과 식중독

Unit 11 6대 영양소와 식중독

육류
육류: 소고기
육류: 돼지고기
육류: 양고기와 염소고기
육류: 닭고기
유제품
곡류
곡류: 밀
곡류: 쌀, 보리, 옥수수

Unit 12 육류와 곡류

Chapter 3
음식

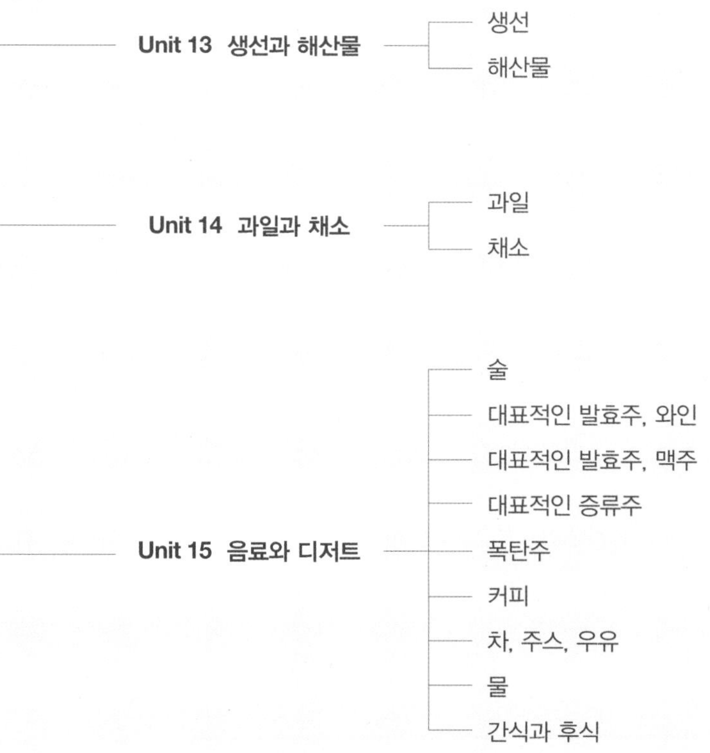

Unit 13 생선과 해산물
- 생선
- 해산물

Unit 14 과일과 채소
- 과일
- 채소

Unit 15 음료와 디저트
- 술
- 대표적인 발효주, 와인
- 대표적인 발효주, 맥주
- 대표적인 증류주
- 폭탄주
- 커피
- 차, 주스, 우유
- 물
- 간식과 후식

어원표시 [라] 라틴어 [그] 그리스어 [히] 히브리어 [게] 게르만조어 [인] 인도게르만공통조어
[힌] 힌두어 [프] 프랑스어 [영] 영어 [스] 스페인어 [독] 독일어

품사표시 [명] 명사 [동] 동사 [형] 형용사 [부] 부사

식사와 식당

Dining & Restaurant

먹는 행위는 여러 의미에서 중요하다.
먹지 않으면 생존 자체를 할 수 없다.
살아가는 모든 것들은 살기 위해 먹는다.

우리는 또 먹는 것을 즐긴다.
한 끼meal를 먹더라도 이왕이면 내가 좋아하는 것,
맛있는 것을 먹는다.
맛있는 음식을 먹는 즐거움이란 고단한 하루의 낙이 된다.
마치 먹기 위해 살기라도 하는 것처럼 그 기쁨이 클 때가 있다.

우리는 한 테이블에서 '함께' 먹는다.
함께 밥을 먹으며 정(情)을 나누고 즐거움을 나눈다.
물론 코드chemistry가 잘 맞는 이들과 함께할 때를 말한다.

휴일이면 온몸의 긴장을 풀고 나 홀로 먹방을 즐기는 이도 있고
가족, 친구들과 도란도란 모여 외식eating out을 즐기는 이들도 있다.
먹는 즐거움을 누리는 문화가 확산되면서
외식업계food service industry가 나날이 분화되고 발전한다.

당신은 이번 주말 어떤 메뉴를 선택할 것인가?
당신은 이번 주말 누구와 어디의 어떤 식당으로 향할 것인가?

음식과 요리

food vs. dish vs. cuisine

food음식가 먹을 수 있는 것 전체를 일컫는다면 dish는 한 끼meal로 요리된 음식들 중 하나의 품목을 가리킨다. the main dish주요리처럼 쓰이기도 하고 a vegetable dish채소 요리처럼 쓰이기도 한다. food는 셀 수 없지만 dish는 dishes처럼 셀 수 있다. cuisine은 Vietnamese cuisine베트남 요리처럼 흔히 나라나 지역 이름과 같이 쓰여서 특정 지역의 요리나 특별히 우수한 요리를 나타낸다. cuisine은 라틴어 coquina kitchen 부엌에서 유래하였다.

요리법

음식을 만드는 방법, 즉 요리비법은 영어로 recipe라고 한다. recipe는 라틴어 recipere take 받다에서 생겨난 단어이다. recipe 어원의 의미가 take받다인 걸 보면 요리법은 사실 '개발하는 것'이 아니라 '전수받는 것'이 맞는 듯하다.

[어원 001] 음식과 요리

035

- **cuisine** 요리 ↔ 음식을 조리하여 만드는 것
  [라] coquina = kitchen 부엌
  | **coquina에서 파생한 단어**
  kitchen 주방 | culinary 요리의
- **recipe** 요리법 ↔ 요리를 만드는 방법
  [라] recipere = take 받다
  | **recipere에서 파생한 단어**
  receptacle 그릇 (recipere = hold 담다)
  reception 접수처 | recipient 수령인 | receipt 영수증

식사

일반적으로 '한 끼 식사'를 meal이라고 한다. meal은 먹을 수 있도록 으깬 곡물을 가리키다가 오늘날의 '한 끼'라는 뜻이 되었다. 같은 어원의 mallet나무망치가 곡물을 부드럽게 으깨기 위한 도구였음을 연결시켜 생각해보자.

아침식사

아침식사인 breakfast는 15세기 중반 fast금식 앞에 break깨다를 붙여 자면서 공복 상태였던 것이 깨지는 순간을 나타내게 되었다. 아침식사를 나타냈다가 현재엔 점심식사의 뜻이 된 프랑스어 dejeunerdis = away 떨어져서 + jejunare = fast 금식도 breakfast와 같은 뜻인 셈이다.

점심식사

lunch점심식사는 luncheon오찬에서 생겨난 축약어로 19세기 전에는 남편이 일하러 나간 동안 가정주부들이 집에서 먹는 가벼운 식사를 가리켰다. 아침과 점심 사이에 먹는 식사를 brunch아점라고 한다면, 점심과 저녁 사이에 먹는 식사는 linner점저 혹은 dunch점저라고 한다.

저녁식사

dinner는 고대 프랑스어 disnerbreakfast 아침식사에서 유래하였고 13세기에는 오전 9시에서 정오 사이에 먹는 하루 중 첫 끼니로 먹는 '정식'이란 뜻이었는데 점차 시간이 뒤로 밀려나 현재의 '저녁식사'가 되었다. supper는 원래는 '정찬'인 dinner와 대조되는 늦은 밤의 가벼운 간식을 가리키다가, 오늘날 북미영어에선 dinner와 동의어로 사용된다.

코스 요리

서양권의 식사는 흔히 식전에 제공되는 appetizer애피타이저, 프랑스어로는 hors-d'oeuvre와 soup수프, salad샐러드, meat육류 혹은 fish생선 코스의 main course/main dish정찬, 식사 후에 제공되는 달콤한 dessert후식, 디저트로 이루어진다. appetizer는 또한 starter나 antipasto라고도 하는데

antipasto는 라틴어 pasto food 음식에 anti before 전에를 붙인 단어로 주요리 전에 가볍게 먹는 전채요리를 가리킨다. main course 중에서 가장 중심이 되는 정찬 전에 먹는 생선과 같은 요리를 entrée앙트레라고 한다. entrée는 고대 프랑스어 entrée entrance 입장에서 생겨난 단어로, 즉 정찬의 도입부인 요리를 뜻하였다.

수프

chowder

수프의 종류는 퓌레puree, 포타주potage, 차우더chowder, 비스크bisque 등 다양하다. puree퓌레는 채소, 콩 등을 으깨 체에 걸러(sieve) 만든 수프이고, potage포타주는 재료의 녹말성분 때문에 걸쭉하고 크림이 듬뿍 들어 있는 수프이다. chowder차우더는 조개, 생선과 채소를 넣어 끓인 걸쭉한 수프이고, bisque비스크는 조개, 게, 새우 등을 넣고 크림으로 걸쭉하게 만든 수프이다. 이 외에도 가스파초gazpacho는 다양한 채소를 갈아서 만든 스페인의 차가운 수프이고, 보르시치(borscht)는 비트를 넣은 러시아 수프, 부야베스(bouillabaisse)는 생선, 게, 새우, 채소 등을 넣고 향신료를 많이 넣은 프랑스 남부의 수프이다. 부야베스 수프와 더불어 중국의 샥스핀shark's fin과 태국의 똠양꿍tomyumgoong이 세계 3대 수프라고 불린다. broth는 고기, 생선 등을 뭉근히 끓인simmer 맑은 국이며, stew스튜는 고깃덩어리가 들어간 진한 수프이다. 생선, 고기, 채소 등을 넣고 우려낸 stock스톡은 수프의 기본이 되는 국물을 가리킨다. 이 스톡을 밀가루와 버터를 볶은 roux루에 넣어서 수프를 만든다.

진미

그리스 신화를 보면 신들은 언제나 만찬을 즐겼는데 이때 신들이 즐겨 먹던 음식을 ambrosia진미라고 한다. 신들이 먹는 ambrosia는 먹는 이에게 장수 혹은 불멸(immortality)을 가져다 주는 음식들이었다. ambrosia는 그 맛이 얼마나 뛰어난지 제우스의 아들이자 시필루스의 왕인 탠탈루스Tantalus가 신들의 식사에 초대받아 ambrosia와 nectar꿀, 과일즙를 맛본 후 인간들mortals에게 주고 싶어서 도둑질을 했을 정도이다. 탠탈루스는 자신의 아들 펠롭스Pelops를 희생하여 요리를 만들어 제공하기까지 한 신이다. 후에 신들이 펠롭스를 되살렸

으나 여신 한 명이 어깨 부분을 먹어버려 이 부분만은 되살리지 못했다고 한다.

참고로 세계 3대 진미는 푸아그라foie gras 거위, 오리의 간, 프랑스어로 foie는 '간'을 뜻함, 캐비아caviar 철갑상어알, 트뤼플truffle 송로버섯이다.

[어원 002] 식사

036

- **meal 한끼 식사** ← 한 차례의 식사 ★셀 수 있는 명사

  [게] mela- = time 시간, meal 한 끼

  | **mela에서 파생한 외국어**

  (네덜란드어) maal 시간, 한 끼 | (독일어) Mal 시간 | (독일어) Mahi 한 끼

- **breakfast 아침식사** ← 아침에 먹는 한 끼 음식 ★셀 수 없는 명사

  [영] 15세기 중반에 fast(금식)와 break(깨다)를 합쳐 만든 단어

- **lunch 점심식사** ← 점심에 먹는 한 끼 식사 ★셀 수 없는 명사

  [영] luncheon의 줄임말 ★16세기의 북부지방 영어 lunch(hunk of bread or cheese 빵이나 치즈 조각)와 nuncheon(light mid-day meal or drink 가벼운 점심식사나 음료)이 합쳐진 단어로 추정됨

- **dinner 저녁식사** ← 저녁에 먹는 한 끼 식사 ★셀 수 없는 명사

  [라] dis = undo 하지 않다

  [라] ieiunare = fast 금식하다 ★어원은 자는 동안 금식 상태였다가 일어나 첫 끼니로 먹는 정식을 가리킴

  [cf.] diner 식사하는 사람

- **appetizer 전채요리** ← 주요리를 먹기 전에 식욕을 돋우기 위해 먹는 음식

  [라] appetere = long for ~를 갈망하다

- **soup 수프** ← 고기나 채소 따위를 삶아서 낸 즙을 걸죽하게 끓여낸 국물

  [라] suppa = bread soaked in broth 걸죽한 수프에 적신 빵

- **salad 샐러드** ← 생채소나 과일에 드레싱을 뿌려 먹는 음식

  [라] salata = salted 소금에 절인 (sal = salt)

  ★salata는 herba salata(salted vegetables 소금에 절인 채소)의 줄임말임

  ★그리스어 hals(salt 소금)도 라틴어 sal과 마찬가지로 인도게르만공통조어 sal에서 파생 ([cf.] halieutic 고기잡이의)

- **dessert 디저트** ← 식사 끝에 나오는 케이크나 과일 따위의 음식

  [라] des = remove 제거하다

  [고대프랑스어] server = to serve 음식을 내놓다

★주요 식사를 치우면서 내놓는 음식을 가리킴

- **puree 퓌레** ↔ 으깨서 체로 걸러 만든 걸쭉한 액체나 수프
  [라] purée = purified 정제된
- **sieve 체에 치다** ↔ 체로 걸러내다
  [게] sib = sieve 체 ★sib은 인도게르만공통조어 seib(pour out 쏟아붓다, sieve 체에 거르다, drip 똑똑 떨어지다)에서 파생
  | **sib에서 파생한 외국어**
  (네덜란드어) zeef 체 | (독일어) Sieb 체
- **potage 포타주** ↔ 걸쭉한 수프의 일종
  [프] potage = vegetable soup 야채수프, food cooked in a pot 냄비에 끓인 요리 ★라틴어 pot은 냄비(pot)임
- **chowder 차우더** ↔ 생선, 조개 등과 야채를 넣은 걸쭉한 수프
  [라] caldaria = cooking pot 냄비 ★caldaria는 calidus(warm 따뜻한, hot 뜨거운)에서 생겨남
  | **caldaria에서 파생한 외국어**
  (영어) cauldron 가마솥 | (스페인어) caldero 작은 솥
  (이탈리아어) calderone 큰 솥
- **borscht 보르시치** ↔ 러시아인과 폴란드인이 먹는 수프
  [러] borshch = cow parsnip 소의 먹이인 어수리 무리
- **bouillabaisse 부야베스** ↔ 샤프란을 넣은 프랑스 수프
  [프랑스 프로방스어] bolhir = boil 끓이다
  [프랑스 프로방스어] abaissar = simmer 뭉근히 고다
- **broth 맑은 국** ↔ 육수 같은 맑은 수프
  [게] bruþą = broth 맑은 국이나 수프
  [cf.] Scotch broth 스카치 수프 (보리가 주원료라 걸쭉함)
- **stew 스튜** ↔ 고기를 넣고 졸인 탕
  [프] estuver = have a hot bath 뜨거운 물로 목욕을 하다
- **stock 스톡** ↔ 수프, 스튜, 소스의 기본이 되는 육수
  [게] stauk- = tree trunk 나무의 몸통
- **roux 루** ↔ 밀가루와 버터를 볶은 수프의 기초 재료
  [프] roux = reddish-brown 불그스름한 갈색이 도는 ★roux는 라틴어 ruber(red 붉은)에서 파생

| ruber에서 파생한 단어

rubefacient 염증으로 빨갛게 부어오른, 발적제

bilirubin 간에서 분비되는 적황색물질

- **ambrosia** **진미** ↔ 매우 좋은 맛이 나는 음식

  [그] a = not 아닌

  [그] mbrotos = mortal 죽어야 하는, 인간

  [cf.] delicacy 산해진미

- **immortality** **불멸** ↔ 죽지 않음

  [라] in- = not 아닌, opposite of ~의 반대인

  [라] mortalis = mortal 죽어야 할 운명의

- **nectar** **과즙** ↔ 과일의 즙

  [그] nektar = name of the drink of the gods 신이 마시는 음료의 명칭

식사와 파티

연회

'작은 벤치'란 뜻의 고대 프랑스어 banco에서 생겨난 banquet연회은 원래는 벤치에 앉아 먹는 간식이란 뜻이었다. 그리스 시대엔 손님에 대한 환대를 중요시하여 메가론megaron 중앙에 난로가 있는 방이 있는 건물에서 연회를 베풀었는데 세련되고 아름다운 직업여성courtesan 헤타이라hetaira는 참석할 수 있어도 여주인hostess은 연회를 관장할 뿐 참석할 순 없었다. 참석자들은 소파에 몸을 반쯤 누인 채 연회를 즐겼다고 한다. 하지만 16세기엔 저녁식사 후 테이블이 치워지는 동안 와인을 마시며 서 있는 때를 가리키게 되었다가 오늘날의 연회로 발전하였다.

뷔페

음식을 한꺼번에 늘어놓고 원하는 것을 골라 먹는 식사의 형태인 buffet뷔페는 16세기에 스웨덴에서 식전에 술을 마실 수 있도록 차려 놓은 brannvinsbord table에서 유래하였을 거라고 추정된다. 이 표현에서 스웨덴어 smörgåsbord스칸다나비아식 뷔페요리란 단어가 생겨났다.

파트럭

파티나 모임에 각자 음식을 조금씩 가져와 나눠먹는 것을 potluck이라고 하는데 말 그대로 pot냄비과 luck운이 합쳐진 단어이다. 상대가 무엇을 가져왔을지 모르기 때문에 냄비에 어떤 음식이 들어 있는지는 운에 맡길 수밖에 없었을 것이다.

케이터링

파티에 음식을 제공하는 출장요리를 catering이라고 한다. 동사형 cater음식을 공급하다는 고대 프랑스어 achatour식량을 구매하다에서 파생하였는데 현대 프랑스어에선 이에서 유래한 acheter 동사가 여전히 '사다 buy'의 뜻으로 사용되고 있다.
참고로, 학교나 병원 등에서 제공하는 단체 급식은 institutional food service기관 급식라고 한다.

어원 003 **식사와 파티**

037

- **banquet** **연회** ↔ 축하 혹은 기념하기 위해 모여서 즐기는 잔치
  ㊥ banco = small bench 작은 벤치
- **buffet** **뷔페** ↔ 여러 가지 음식을 큰 식탁에 차려 놓고 각자 덜어 먹도록 하는 방식
  ㊥ bufet = bench 벤치 ★16세기에 스웨덴에서 식전에 술을 마실 수 있도록 차려 놓은 brannvinsbord table에서 유래하였을 거라고 추정
- **potluck** **파트럭** ↔ 각자 음식을 조금씩 가져와서 나눠 먹는 식사 또는 파티
  ㊥ pot 냄비
  (중세네덜란드어) luc (gheluc의 줄임말) = good fortune 행운
  ★냄비에 어떤 음식이 들어 있는지는 순전히 운이란 뜻임
- **catering** **케이터링** ↔ 연회, 파티 등에 음식을 공급하는 업
  ㊥ achatour = buy provisions 식량을 구매하다
  | **achatour에서 파생한 외국어**
  (프랑스어) acheter 사다 | (프랑스어) acheteur 구매자

그 밖의 식사 관련 표현들

- 장소와 식사

eat in 집에서 먹다 | eat out 외식하다

take out 음식을 사서 갖고 가다 (take away)

- 먹는 모습을 나타내는 기본 표현들

munch 우걱우걱 먹다 | chomp 쩝쩝거리며 먹다 | champ 우적우적 먹다

slurp (국물을) 후루룩 마시다 | gulp 꿀꺽 마시다

smack one's lips 쩝쩝거리다

- 다식

eat up 다 먹어치우다 | dig in 실컷 먹다 (pitch in)

guzzle 마구 먹어대다 | gulp down 한 입에 꿀꺽 집어삼키다

devour 게걸스럽게 먹다 | gobble up 게걸스럽게 먹어치우다

garbage down 게걸스럽게 먹다 | eat like a pig 게걸스럽게 먹다

wolf down 급하게 먹어대다 | bolt 제대로 씹지 않고 급하게 먹다

make a pig of oneself 대식하다 | gluttonize 대식하다, 폭식하다

gorge 실컷 먹다 | feast 맘껏 먹다 ('연회, 축제'란 의미로 많이 쓰임)

spread 진수성찬 ('빵에 발라 먹는 스프레드'를 뜻하는 말로 많이 쓰임)

- 소식

bite 한 입, 소량의 음식, 요기

take a bite 한 입 베어 물다 | grab a bite 간단히 요기하다

peck at ~를 조금씩 먹다, 쪼다 | nibble at ~를 깨작거리며 먹다

eat like a bird 소식하다 | sip 홀짝 마시다

snack 간식 | snack on ~을 주전부리로 먹다

collation (가톨릭) 단식일에 허용되는 가벼운 식사

• 먹다

ingest 삼키다, 먹다 | consume 섭취하다 | take in 섭취하다, 흡수하다
have 먹다 | take (약 등을) 복용하다 | chew 씹다
feed 먹이를 주다 | treat someone to a meal ~에게 식사 대접을 하다
dine with ~와 함께 식사하다 | sustain oneself 끼니를 때우다

• 소화와 위 관련 문제

digest 소화시키다 | belch / burp 트림하다
have an upset stomach 체하다
acute indigestion 급체 | dyspepsia (의학) 소화불량
heartburn 속쓰림 | gastroesophageal reflux disease 역류성 식도염
ulcer 위궤양 | stomach cramps 위경련
bloating 팽창 | vomiting 구토

• 허기

growl / rumble 배에서 꼬르륵거리다
be starved 허기지다 | be famished 허기지다

• 동물이 먹는 모습을 나타내는 표현들

ruminate 되새김질하다 | forage (동물이) 먹이를 찾다
raven 먹이를 찾아 다니다, 약탈하다 게걸스럽게 먹다
suckle 젖을 먹이다, 젖을 빨다 | graze 풀을 뜯다
browse (염소가) 높이 자란 잎을 뜯어먹다 (쇼핑 시 물건을 '둘러보다'는 의미로 잘 쓰임)
crop (동물이) 풀을 뜯어먹다 ('농작물', '수확량'이란 의미로 잘 알려진 표현)

• 먹지 않다

skip a meal 끼니를 거르다 | fast 금식, 금식하다
fasting 단식 | hunger strike 단식투쟁
Lenten fasting 사순절 금식
Ramadan 라마단 (회교력에서 제 9월. 이 기간 중에는 일출에서 일몰까지 금식함)

- **기타 식사 관련 표현들**

  repast 식사 | course 식사의 개별 코스

  mess 군대의 식당에서 먹는 식사

  brunch 아침 겸 점심 | petit dejeuner 아침식사 | tiffin 간단한 식사, 점심

  teatime 오후 늦게 먹는 간단한 차와 간식 시간 (afternoon tea)

  second helping 그릇에 한 번 더 담은 음식

  serving 1인분 | portion 1인분

  entremets 앙트르메 (① 주요리 사이에 나오는 간단한 요리 ② 곁들이는 요리)

  side dish 주요리에 곁들이는 요리, 밑반찬

  a la carte = according to the board 알라카르트 (각 코스별로 별도로 가격이 책정되어 있는 메뉴)

  short-order 즉석요리의

  meal kit 바로 조리해 먹을 수 있도록 구성된 식자재 세트

  food cooked on high flame 센 불을 입혀 만든 음식

식당

레스토랑

돈을 내고 음식을 먹을 수 있는 장소 중 하나가 restaurant식당이다. 고대 그리스와 로마에도 대중식당이 있었지만 오늘날과 같은 형태의 레스토랑은 18세기 중반에 파리의 루브르 근처에서 식당을 운영하는 Boulanger라는 남자가 원기를 회복시켜restore 주는 bouillons restaurants고기를 듬뿍 넣은 맑은 수프라 불리는 음식을 팔았던 데서 비롯되었다. 이로 인해 중세에는 restaurant가 고기를 듬뿍 넣은 육수bouillons를 뜻했다고 한다.

카페테리아

구내식당이나 푸드코트food court와 같은 셀프 서비스식 식당을 cafeteria카페테리아라고 한다. cafe커피에 teriahelping yourself 스스로 먹는 곳가 합쳐진 단어이다.

군대 내의 구내식당은 mess hall이라 불리고, 수도원이나 기숙학교 등의 시설에 포함된 식당은 refectory라 불린다. canteen은 군대, 학교, 공장 등의 매점snack bar을 가리킨다.

그 밖의 식당 종류

작은 식당인 bistro는 프랑스어 bistro에서 생겼는데 원래는 '작은 와인샵이나 식당'을 가리켰다. 별로 비싸지 않은 프랑스풍 식당은 brasserie라 하며, 고기를 쇠꼬챙이에 끼워 돌려 가면서 굽는 기구를 사용하는 식당은 로티세리(rotisserie restaurant)라고 한다. 커피를 파는 노점을 coffee stall이라 하며 야구장, 놀이공원, 해변 등지의 매점은 concession stand라고 한다. concession은 경기장 등지의 큰 건물이 제 3자에게 부여하는 '영업권'을 뜻한다. 그런 영업권을 사서 운영하는 스낵바라는 뜻에서 concession stand라고 한다. 이때 stand는 '가판대'를 의미한다.

[어원 004] **식당**

038

- **restaurant** 레스토랑 ← 서양식 식당
  [프] restaurer = restore 복구하다
- **cafeteria** 카페테리아 ← 셀프 서비스식 식당
  [이탈리아어] caffe = coffee 커피
  [이탈리아어] teria= helping yourself 스스로 가져다 먹는 곳
- **refectory** 식당 ← 종교 단체나 영국 일부 학교 · 대학 등의 큰 식당
  [라] facere = make 만들다
- **canteen** 구내매점 ← 공장, 학교, 군대 등지에서 식품 등을 파는 곳
  [이탈리아어] cantina = wine cellar 와인 셀러
- **bistro** 비스트로 ← 아늑한 분위기의 작은 식당
  [프] bistro 비스트로

- **brasserie 프랑스풍 식당** ↢ 그다지 비싸지 않은 프랑스풍 식당
  Ⓟ brasserie = beer-garden attached to a brewery 맥주공장에 붙어 있는 노천탁자
- **rotisserie 로티세리** ↢ 고기를 쇠꼬챙이에 끼워 돌려 가면서 굽는 기구
  Ⓟ rostir = roast 굽다
- **coffee stall 커피를 파는 노점** ↢ 길가에서 커피를 파는 곳
  ⓘ stel = stand 서다, put 두다, put in order 정돈하다
  cf. stall은 말을 집어넣는 마구간이란 뜻도 있다.
  | **stel에서 파생한 단어**
  forestall 미연에 방지하다 | installation 설치 | installment 분할불입
  stallage 매점 영업권 | stallion 종마 | stale 신선하지 않은
  stolid 무신경한 | stout 통통한 | peristalsis 장의 연동운동
  systole 심장수축기 | diastole 심장확장기
- **concession 영업권, 영업장소** ↢ 경기장 같은 건물에서 영업권을 사서 운영하는 곳
  ⓛ com = together 함께
  ⓛ cedere = go 가다

외식산업 관계자

사회가 고도로 분화하고 발전하면서 외식산업food service(dine-out) industry도 함께 발전하게 되었고 따라서 좀 더 폭넓게는 식당업을 포함한 서비스 산업 전반(hospitality industry)이 발전하게 되었다.

주방장을 비롯한 요리 종사자들

일반적으로 요리를 업으로 하는 요리사는 cook이라 하고, 그중에서도 주방의 대장인 주방장은 chef라 부른다. chef는 고대 프랑스어 chiefhead 우두머리에서 유래했다.
큰 식당은 보통 chef를 중심으로 돌아가며, 재료준비와 손질을 담당하는 요리사인 prep cook, 주방의 각 섹션, 즉 그릴, 수프, 튀김 등

을 맡는 각 라인의 실무 요리사인 line cook이 있다. line cook은 식품보관소pantry 및 빵류pastry, 샐러드, 애피타이저 등을 담당하는 cold stations와 그릴, 튀김 등 뜨거운 요리를 담당하는 hot stations에 배정된다.

cook의 위로는 부주방장 Sous Chefsous는 프랑스어로 under(밑의)를 의미와 총주방장 Executive Chef가 있고 cook의 아래로는 조리원second cook이 있다.

기타 주방 인원

chef가 요리를 담당하는 우두머리라면 주방 전반의 관리는 kitchen manager주방 매니저가 담당하고, dishwasher는 설거지만 담당한다. 중세에는 가정의 부엌에서 설거지 등의 허드렛일을 하는 사람을 가리켜 scullion이라고 하였다. 빗자루broom를 뜻하는 라틴어 scopa에서 생겨난 말인 걸 보면 빗자루질 같이 하찮은 일을 하는 사람이라는 어감이 깔려 있음을 알 수 있다. 현대영어의 scopa도 같은 어원에서 파생하였는데 '꽃가루솔'이란 뜻이다. 요즘 시대에는 전반적인 청소는 주방 직원들kitchen staff이 나눠서 한다. 주방 청소에는 주방 하수구drain가 막히지be clogged 않도록 지속적으로 청소, 관리하는 것도 포함된다.

참고로 하인들(servants)을 관리하며 집안 전체의 관리도 맡고 있는 하인의 우두머리에 해당하는 사람은 butler집사이다.

식당 종업원

식당업의 발전은 당연히 웨이터(waiter)나 웨이트리스(waitress)와 같은 server서빙하는 사람의 전문화를 초래하였다. 동사 waitwait for 기다리다 / wait on 시중들다가 게르만조어 wahtwatch 지켜보다에서 생겨난 걸 보면 손님을 잘 지켜보고 있다가 필요한 서비스를 제공하는 종업원이 waiter, waitress인 셈이다. server는 라틴어 servirebe a servant 하인이 되다에서 유래하였다. 손님이 먹은 그릇들을 치우는 사람은 bus person 또는 bus boy라고 한다.

식당의 menu메뉴는 라틴어 minutussmall 작은에서 유래하였는데 원래 작은 칠판chalkboard에 메뉴를 써놨기 때문에 이런 이름이 붙었을 것으로 추정된다.

어원 005 외식산업 관계자

039

- **hospitality** 접대 ← 손님의 시중을 드는 것 ★hospitality는 주로 손님을 접대하는 업종들과 관련 있음

  [라] hospes = guest 손님

  [cf.] host 주최측 (손님을 받는 사람)

- **cook** 요리사 ← 요리가 업인 사람

  [라] coquere = cook 요리하다

- **chef** 주방장 ← 조리 부분의 우두머리

  [고대프랑스어] chief = head 우두머리

- **scullion** 허드렛일 하는 사람 ← 갖가지 잡일을 하는 사람

  [라] scopa = broom 빗자루

- **servant** 하인 ← 누군가의 집에서 업으로 허드렛일(chores)을 하는 사람

  [라] server = attend 시중들다

- **waiter** 웨이터 ← 손님의 시중을 드는 남자종업원

  [게] waht = watch 지켜보다

  | **waht에서 파생한 외국어**

  (네덜란드어) wacht 경호 | (독일어) wachten 지켜보다

- **waitress** 웨이트레스 ← 손님의 시중을 드는 여자종업원

  [게] waht = watch 지켜보다 ★waht는 인도게르만공통조어 weg(be strong 강하다, be lively 활기차다)에서 파생함

  | **weg에서 파생한 단어**

  awake 깨어 있는, 깨다 | bewitch 홀리다 | bivouac 야영지, 야영하다

  invigilate 감독하다 | surveillance 감시, 원격감시

  vigilant 바싹 경계하는 | vigor 원기

  vegetable 채소 | velocity 속도

- **menu** 메뉴 ← 파는 음식의 종류와 가격 등이 적혀 있는 판이나 종이

  [라] minutus = small 작은

  [cf.] **메뉴의 종류**

  a la carte menu 일품요리 종류가 적힌 메뉴

  static menu 변함이 없는 고정요리 메뉴

  du jour menu 오늘의 요리 메뉴

  table d'hôte menu 정식 메뉴 (= prix fixe menu)

  cycle menu 특정 주기를 기준으로 바뀌는 메뉴

  beverage menu 음료 메뉴 | dessert menu 디저트 메뉴

그 밖의 식당 및 요리사 관련 표현들

• 그 밖의 다양한 식당

drive-through 차에 탄 채로 이용할 수 있는 식당

soup house / hash house / dog wagon (속어) 싸구려 식당

greasy spoon 청결하지 못한 값싼 식당

brewpub 직접 양조한 맥주를 파는 선술집 겸 작은 식당

dining car 식당차 | hash house 간이식당

(ham)burger joint 햄버거 가게

chophouse / steakhouse 스테이크 전문점 | teahouse 찻집

restaurant chain 레스토랑 체인점 | stall 가판대, 매점

• 그 밖의 다양한 외식산업 관계자들

baker 제빵사 | bartender 바텐더

broiler cook 그릴 담당 요리사 | fry[saute] cook 튀김 담당 요리사

pantry cook 차가운 요리 담당 요리사 중 한 명

beverage manager 음료 담당 매니저

banquet manager 피로연 매니저

catering manager 케이터링 담당 매니저

general manager 총 매니저

expediter 원료 공급 담당자

09

식습관과 다이어트

Diet

인간은 잡식성omnivorous이다.
웬만해선 못 먹는 게 없다.
독성toxin만 없다면 다 먹을 수 있다.

뭐든 배불리 많이 먹는 데서 즐거움을 느끼는
대식가gourmand도 있고,
그저 맛난 음식을 즐기는 데서 기쁨을 느끼는
미식가gourmet, foodie도 있다.

아름다운 몸을 만들기 위해
일시적으로 먹는 즐거움을 포기하고
듀칸 다이어트Dukan Diet 같은
소위 저탄고단백 다이어트를 하기도 한다.

나름의 이유로 채식주의자vegetarian로 살아가는 이들도 있다.

식습관은 건강과 아름다움을 유지하는 데 중요한 요소이다.
가만히 내 몸을 들여다보고 내 몸을 느껴보며
건강도 지키고 아름다움도 유지할 수 있는
내 몸에 딱 맞는 식습관을 찾는다면 얼마나 좋겠는가!

식성

육식, 초식, 잡식

살아 있는 모든 것들은 생존을 위해 먹어야 한다. 동물이나 식물 중에는 주로 육식을 먹고 사는 것들도 있고, 풀을 먹이로 먹고 사는 것들도 있으며, 동식물 닥치는 대로 다 먹는 것들도 있다. 육식을 하는 성질을 영어로는 carnivorous육식성의라 하고, 초식성을 herbivorus초식성의, 잡식성을 omnivorous잡식성의라 한다.

식물 중에는 곤충이나 개구리 등을 먹으며 생명을 유지하는 육식성의carnivorous 특성을 띤 것들도 있다. 인간은 본질적으로 채소, 육류, 해산물 등 모든 음식을 골고루 섭취하는 잡식성의omnivorous 동물이다.

식인 행위

동족끼리 서로 잡아먹는 행위인 cannibalism이란 단어는 사람을 죽여서 잡아먹었던 서인도의 카리브해인들the Caribs을 일컫는 스페인어 Canibales에서 유래한 단어이다. 식인 풍습은 또한 anthropophagy라고도 불린다.

신화 속 식인종

그리스 신화에서 제우스의 아버지인 크로누스Cronus는 누이 레아와 결혼하여 헤스티아, 데미테르, 헤라, 하데스, 포테이돈을 낳는다. 하지만 그들 중 하나가 자신의 권력을 빼앗을 것이라는 예언 때문에 그들을 모두 태어나자마자 삼켜서swallow 먹어버린다. 후에 태어난 제우스는 어머니의 지혜로 강보에 제우스 대신 돌을 싸서 크로누스가 삼키게 했기 때문에 목숨을 건졌다. 제우스는 후에 크로누스를 응징(retribution)하고 자신의 형제자매도 구해낸다. 이렇게 크로누스가 자신의 자식들을 삼켜서 먹어버린 것도 식인행위cannibalism의 일종으로 볼 수 있다.

040

어원 001 식성

- **carnivorous** **육식성의** ← 동물성 먹이를 먹는

  [라] carnis = of the flesh 살의

  [라] vorare = devour 게걸스럽게 먹다

  | **vorare에서 파생한 단어**

  voracity 폭식 | devour 게걸스럽게 먹어 치우다

- **herbivorous** **초식성의** ← 식물성 먹이를 먹는

  [라] herba = plant 식물

  [라] vorare = devour 게걸스럽게 먹다

- **omnivorous** **잡식성의** ← 동물성 먹이와 식물성 먹이를 다 먹는

  [라] omnis = all 전부

  [라] vorare = devour 게걸스럽게 먹다

  | **omnis에서 파생한 단어**

  omnipotent 전능한 (potentis = powerful 힘센)

  omniscient 모든 것을 다 아는 (scientia = knowledge 지식)

- **cannibalism** **식인 행위** ← 사람이 사람의 고기를 먹는 행위

  [스] canibal = cannibal 식인종

  [cf.] cannibal 인육을 먹는 사람, 식인종

- **anthropophagy** **식인 풍습** ← 사람이 인육을 먹는 풍습

  [그] anthropo- = human being 인간

  [그] phagein = eat 먹다

  | **phagein에서 파생한 단어**

  aphagia 못삼킴증 | esphagus 식도 (gullet)

  omophagia 생육을 먹는 것 (omos = raw 날 것의)

  polyphagia 잡식성, 다식증 | geophagy 흙을 먹음 (geo = earth 흙)

- **retribution** **응징, 처벌** ← 잘못에 대해 징계함

  [라] re- = back 되받아, 다시

  [라] tribuere = assign 배정하다, allot 할당하다

  | **tribuere에서 파생한 단어**

  contribute 기여하다 | distribute 분배하다

  attribute ~의 탓이라고 보다 | tribute (to) 죽은 사람에게 바치는 헌사

채식주의

사람들 중에는 종교적인 이유에서, 혹은 동물 학살에 대한 반대 등을 이유로 자신만의 식습관을 선택하는 사람들도 있다. 그중 채식주의자(vegetarian)는 1847년 영국에 채식주의자 협회Vegetarian Society가 설립되면서 인기를 끌기 시작했다.

채식주의의 종류

육류를 금하는 채식주의자에는 그 정도에 따라 여러 유형이 있다. 과일을 날 것으로 먹는 식습관을 선호하는 fruitarian, 고기, 달걀, 생선은 먹지 않고 특정 유제품은 먹는 lacto-vegetarian, 달걀은 먹되 유제품은 먹지 않는 ovo-vegetarian, 달걀과 유제품은 먹는 lacto-ovo-vegetarian이 있다. 또 주로 채식을 먹지만 생선도 더불어 섭취하는 pescetarian, 닭을 비롯한 가금류는 먹는 pollotarian도 있다. 오로지 채식만 먹고 육류, 해산물, 그리고 그로부터 비롯된 부산물인 달걀, 유제품, 꿀 등의 식품까지 일체 먹지 않는 엄격한 채식주의자는 vegan이라 한다. 모하마드 간디를 필두로 종교계의 많은 사람들이 채식주의자였던 것은 잘 알려진 사실이나 반유태주의자이자 독재자였던 아돌프 히틀러AdolfHitler 1889~1945 또한 생애 후반에 채식주의자로 바뀌었다는 것을 아는가? 그가 채식주의자로 바뀐 이유에 대해 의견이 분분하지만 인간에 대한 학살(slaughter)을 서슴지 않은 사람이 동물 학살에 반대하여 채식주의자가 되진 않았을 것이다.

참고로, 무농약 곡물이나 채소 중심의 장수식은 macrobiotic diet라고 하는데 요즘 인기를 끄는 식이요법이다.

041

[어원 002] 채식주의

- **vegetarian 채식주의자** ← 고기류를 먹지 않고 과일, 채소만 섭취하는 사람

  [라] vegetus = enlivened 활기가 있는

  | **vegetus에서 파생한 단어**

  vegetation 식물

  vegetate 무위도식하다 (사람이 식물처럼 살아가는 모습을 빗댄 말)

  vegetated 초목이 있는.

- **fruitarian 과일만 먹는 사람** ← 과일을 날 것으로 먹는 채식주의자

  [프] fruit = fruit 과일

- **lacto-vegetarian 유제품을 먹는 채식주의자** ← 우유를 가공하여 만든 식품과 채소, 과일을 섭취하는 사람

  [라] lac = milk 우유

  | **lac에서 파생한 단어**

  lactate 젖이 나오다

  lacteal 젖의 | lactic 젖의

  lactose 젖당 | lactescence 유즙액, 젖색

- **ovo-vegetarian 달걀 채식주의자** ← 달걀은 먹되 우유는 먹지 않는 채식주의자

  [라] ovum = egg 달걀

  | **ovum에서 파생한 단어**

  ovoviparous 난태생의 | ovate 달걀 모양의, 크게 박수치다

  oviform 달걀 모양의 | oval 계란형의 | ovoid 타원형의

  ovule 밑씨, 배주

- **pescetarian 해산물 채식주의자** ← 해산물 외의 동물성 식품은 섭취하지 않는 채식주의자

  [라] piscis = fish 물고기

  [cf.] pescetarianism 해산물 채식주의

  | **piscis에서 파생한 단어**

  Pisces (별자리) 물고기자리

- **pollotarian 가금류 채식주의자** ← 소고기, 돼지고기 등은 먹지 않지만 가금류 고기는 먹는 채식주의

  [라] pullus = poultry 가금류, young fowl 어린 가금

cf. pollotarianism 가금류 채식주의

| pullus에서 파생한 단어

pullet 영계, 어린 닭 | pony 조랑말

| pullus에서 파생한 외국어

(스페인어) pollo 닭 | (이탈리아어) pollo 가금

- **vegan** **엄격한 채식주의자** ↔ 채소, 과일, 해초 등의 식물성 음식 이외에는 일체 먹지 않는 사람

  영 1900년대 중반에 영국의 채식주의자 Donald Watson이 만든 용어

- **slaughter** **도살, 학살** ↔ 짐승을 잡아 죽이거나 사람을 잔인하게 죽임

  고대노르웨이어 slátr = butche's meat 도살업자의 고기

- **macrobiotic** **자연식의, 건강식의** ↔ 유기농으로 기른 곡류와 채소 위주로 먹는

  라 macro = long 오랜, large 큰

  라 bio = life 생명

  | macro에서 파생한 단어

  macroeconomic 거시경제의 | macroscopic 육안으로 보이는, 거시적인

  macrocephalic 대두의, 머리가 큰 (kephalē = head 머리)

  macrospore 큰홀씨 세포

  macrophage 대식 세포 (phagein = eat 먹다 cf. aphagia 무섭식)

  macropodia 거족증 | macrocosm 대우주 | macron 장음기호

미식가, 대식가

미식가와 감식가

1900년 프랑스의 타이어 생산업자인 안드레 미슐랭Andre Michelin과 에두아르 미슐랭Edouard Michelin 형제는 자동차와 타이어의 수요를 증진시킬 목적으로 ≪미슐랭 가이드Michelin Guide≫를 발행하기 시작하였다. 후에 이 안내서에는 주유소나 자동차 수리점에 대한 정보뿐 아니라 호텔과 식당에 대한 정보도 실리게 되었고 특히

식당에 대한 정보는 인기를 끌었다. 그 후 맛집을 평가하는 평가자들이 고용되어 익명으로(anonymously) 고급 음식점들(fine-dining establishments)을 방문하여 별점을 매기기 시작하였다3 스타가 최고점임. 이런 과정을 거쳐 미슐랭 가이드는 미식가들을 위한 안내서로 자리매김하게 되었던 것. 프랑스인들은 미식가로 정평이 나 있는데 그래서인지 '미식가'를 뜻하는 gourmet란 단어도 프랑스에서 생겨났다. 고대 프랑스어에서 gourmet는 원래 와인 시음가wine-taster란 뜻이었다가 점차 미식가란 뜻으로 바뀌었다. 미식가와 관련된 단어는 이외에도 gastro위란 어근을 활용한 gastronomy미식, epicurean 미식가(의), 향락주의의 등의 단어들이 있다.
한편, 감식가(connoisseur)는 요리cuisines나 예술품을 알고 평가하는 사람을 가리킨다.

대식가와 소식가

미식가와는 구별되는 대식가(gourmand) 혹은 폭식가(glutton)는 맛을 즐기기보단 많이 먹는 사람들에 해당한다. 반면 적게 먹는 소식가는 light eater라고 한다.
지나치게 적게 먹는 사람들이 걸리는 질병인 거식증은 영어로 anorexia 혹은 anorexia nervosa라고 한다. 신경과민으로 식욕을 상실하는 증상이다. 원래는 그리스 헬레니즘 시대에 종교를 이유로 금식fasting 하던 행위에서 비롯되었다. 마른 몸매를 미의 기준으로 삼는 현대에 일부 연예계 종사자들이 거식증을 겪곤 한다. 앙상한 뼈를 드러낸 채 No Anorexia거식증은 안 됩니다라는 광고 캠페인에 출연한 바 있던 프랑스 모델 이자벨 카로Isabelle Caro는 안타깝게도 거식증으로 인해 18세의 나이에 생을 마감하고 말았다. 거식증과 반대로 bulimia nervosa은 신경성 과식증 혹은 식욕이상 항진증을 가리키며 폭식을 하고 토해내기를 반복하는 질병이다.

어원 003 **미식가, 대식가**

042

- **anonymously** 익명으로 ←← 이름을 알리지 않고
  ⓐ an = without ~없이
  ⓐ onyma = name 이름
- **establishment** 시설, 기관 ←← 특정 목적을 갖고 설립된 조직

[cf.] establishment는 특정 목적을 가진 조직이나 제도 등의 '설립'을 뜻하는 말로도 잘 쓰인다.

[라] stabilire = make stable 안정되게 하다

- **gourmet** **미식가** ← 음식에 대한 뛰어난 기호를 가진 사람

  [프] groume = wine-taster 와인 시음가

- **gastronomy** **미식** ← 좋은 음식을 먹음

  [그] gaster = stomach 위

  [그] nomos = rule 법칙

- **epicurean** **미식가(의)** ← 식도락가(의)

  [그] 쾌락을 최고의 선이라고 주장한 그리스 아테네의 철학자 Epikouros(에피쿠로스)의 이름을 딴 것

  | **유의어**

  epicure 식도락가, 미식가

- **connoisseur** **감식가** ← 감정하여 가치를 평가해주는 전문가

  [라] cognoscere = get to know 알게 되다

- **gourmand** **대식가** ← 일반인보다 음식을 많이 먹는 사람

  [프] gourmand = glutton 폭식하는 사람

  | **유의어**

  fresser 대식가 | hearty liver 대식가

  gorger 게걸스럽게 먹는 사람

- **glutton** **폭식가, 식충이** ← 밥을 빨리 많이 먹는 사람이나 밥만 먹고 노는 사람

  [라] gluttire = swallow 삼키다 ([cf.] gula = throat 목구멍 [ex.] gullet 식도)

  | **유의어**

  scapegrace 식충이 ('망나니'라는 의미도 있음)

- **anorexia nervosa** **거식증** ← 먹는 것을 두려워하는 증상

  [그] an- = without ~이 없는 [그] orexis = appetite 식욕

  [라] nervus = nerve 신경

- **bulimia nervosa** **식욕이상 항진증** ← 먹는 것을 지나칠 정도로 밝히는 사람

  [그] bous = ox 소 [그] imos = hunger 배고픔

  [라] nervus = nerve 신경

  ★마치 황소가 배가 고플 때처럼 먹고 토한다고 상상해보자.

다이어트

애트킨스 다이어트

현대사회에서는 다이어트의 목적으로 특별한 식이요법을 따르는 이들이 많다. 한때 '황제 다이어트'라고도 일컬어진 고단백high-protein 식품 위주의 애트킨스 다이어트(Atkins Diet)가 그중 하나이다. 영양학자 Robert Atkins가 주창한 식이요법이다.

듀칸 다이어트

사람들에게 인기를 끈 다이어트 중에 듀칸 다이어트(Dukan Diet)도 있다. 프랑스의 Pierre Dukan이 주창한 식이요법으로 고단백질 식품과 저 탄수화물 식품을 토대로 한 다단계 다이어트이다.

디톡스 다이어트

최근에 와선 방부제가 들어 있지 않은 음식을 섭취하고 몸에 해로운 물질을 체외로 배출시키는 독소 배출(releasing toxin)을 핵심으로 한 디톡스 다이어트(detox diet)가 인기를 끌고 있다.

어원 004 다이어트

043

- **Atkins Diet** 애트킨스 다이어트 (황제 다이어트) ← 탄수화물 섭취를 하지 않고 단백질 섭취를 늘리는 식이요법
  ★이 다이어트를 주창한 영양학자 Robert Atkins의 이름을 딴 것
  [그] diaita = regimen 식이요법, way of life 생활방식
- **Dukan Diet** 듀칸 다이어트 ← 고단백 저탄수화물 다이어트
  ★이 다이어트를 주창한 Pierre Dukan의 이름을 딴 것
- **release** 배출하다 ← 밖으로 내보내다
  [라] re = back 다시
  [라] laxare = loosen 느슨하게 하다, open 개방하다
  | **laxare에서 파생한 단어**
  laxative 배변 완화제 | laches 태만(법)
  laissez-faire (프랑스어) 자유방임주의 (faire = do 하다)

lush 우거진, 멋진 | delay 지연시키다

relax 휴식을 취하다 | relish 대단히 즐기다

lease 임대계약하다, 임대계약

- **toxin 독소, 독성물질** ↔ 해로운 성분이 들어 있는 물질

[그] toxikon = poison for use on arrows 화살에 사용되는 독

★toxon은 bow(활)란 뜻이었음

- **detox diet 디톡스 다이어트** ↔ 인체 유해물질 해독 다이어트 ★detox = detoxify 해독하다

[라] de = away 떨어져

[그] toxikon = poison for use on arrows 화살에 사용되는 독

★toxikon이 라틴어 toxicus(poisoned 중독된)로 발전됨

| **toxicus에서 파생한 단어**

toxic 유독성의 | toxin 독소 | toxemia 독혈증

intoxicate 취하게 하다

그 밖의 식습관과 다이어트 관련 표현들

- **미식가, 대식가 표현들**

trencherman 대식가

scapegrace 식충이 ('쓸데없는 놈'이란 의미로도 확장되어 쓰임)

freeloader 식객

foodie 식도락가

gastronome 미식가, 식도락가

bon vivant (프랑스어) (친구, 좋은 음식, 술 등으로) 인생을 즐기며 사는 사람 (cf. sensualist 호색가)

- **다이어트 관련 표현들**

regimen 식이요법

dietary 음식물의, 식이요법의

be on a diet 다이어트 하다 | crash diet 속성 다이어트

abstain 자제하다 | abstinence 자제, 금욕

restrict 제한하다 | avoid 피하다

exclude 배제하다 | include 포함하다

contain 함유하다 | zero-calorie 칼로리 없음

low-carbohydrate 저탄수화물 | high protein 고단백

intake 섭취 | consume 섭취하다

eat sparingly 적게 먹다

weight loss 체중 감량 | lose weight 체중을 감량하다

watch one's weight 체중을 조절하다 | gain weight 체중이 늘다

slim 날씬한 | healthy 건강한 | unhealthy 건강하지 않은

pose a health risk 건강에 위험을 가하다

양념과 향신료

Seasoning & Spice

사자는 사슴을 사냥하면 날raw 것 그대로 먹는다.
기린도 나무의 잎을 날 것 그대로 뜯어먹는다.
개구리는 날아다니는 파리를 재빨리 낚아채 산 채로 삼킨다.

하지만…
못 먹는 것만 빼고 다 먹을 수 있는 인간은 좀 다르다.
고기도 풀도 날 것으로 먹든 익혀 먹든
양념을 하고 조미seasoning를 한다.
같은 고기를 먹더라도 어떻게 하면 더 맛나게 먹을 수 있을까를
연구한다.

그래서 그런 것일까?
인간이 사는 곳이라면 그 지역의 풍토와 환경에 따라
각종 양념과 향신료가 발달했다.

소금salt과 설탕sugar으로 간을 맞추고
어울리는 소스sauce와 드레싱dressing을 준비한다.

음식 하나를 허투루 준비하지 않는다.
음식 하나를 허투루 먹지 않는다.

향신료와 조미료

음식의 맛(relish)을 돋우기 위해 사용되는 모든 조미료나 양념을 통틀어 condiment나 seasoning이라고 하는데, condiment는 라틴어 condimentumspice 향신료, seasoning 양념, sauce 소스에서 생겨났으므로 어원적으로는 condiment가 포괄적인 개념이다. 조미료의 기본 맛은 단맛, 짠맛, 신맛, 쓴맛의 4가지이며 매운맛은 기본 맛에 포함되지 않는다. 조미료로는 소금, 설탕, 식초, 간장, 된장 등이 있고 보통 설탕, 소금, 식초의 순서로 넣는다.

'향신료'를 뜻하는 spice는 라틴어 speciesspices 향신료들에서 생겨난 단어로 향을 내기 위해 사용된 말린 씨앗, 나무 껍질bark, 과일, 꽃 등의 총칭이다. 허브(herb)는 약용이나 식용으로 사용되는 풀의 잎 부분으로 그대로 사용하거나 말려서 사용한다. 허브 중에는 오레가노oregano와 바질basil, 파슬리parsley가 가장 많이 쓰이는 향신료들이다.

소스와 드레싱

소스(sauce)는 음식에 곁들여 내는 액체나 크림 타입의 끓인 음식으로 라틴어 salsussalted 소금을 친에서 생겨났다. 밀가루에 우유와 버터를 넣어 걸죽해진 베샤멜 소스béchamel sauce나 간 소고기와 각종 채소에 밀가루 버터를 넣은 볼로네이즈 소스bolognaise sauce뿐 아니라 한국의 간장soy sauce도 소스의 일종이다. 샐러드 위에 뿌려 먹는 드레싱dressings은 불에 졸여지지 않는다는 점과 샐러드에만 사용된다는 점에서 소스와 다르다.

어원 001 향신료와 조미료

044

- **relish** 맛 ← 음식이 혀에 닿았을 때 사람이 느끼는 기분
  [라] relaxare = loosen 헐겁게 하다, stretch out 쭉 뻗다
  [cf.] relish는 '즐기다'란 뜻으로도 쓰이고, '과일, 야채를 끓여 만든 렐리시 소스'의 뜻으로도 쓰인다.
- **condiment** 조미료 ← 음식의 간을 맞추는 데 쓰이는 재료
  [라] condimentum = spice 향신료, seasoning 양념, sauce 소스
  ★condimentum은 라틴어 condire(preserve 저장하다, hide 숨기다)에서 생겨남
  | **condire에서 파생한 단어**
  abscond 종적을 감추다 | recondite 심오한
- **seasoning** 양념 ← 음식에 풍성한 맛을 더하기 위해 넣는 재료
  [프] assaisoner = ripen 숙성하다, season 양념하다
- **spice** 향신료 ← 음식에 향기로운 맛을 더하는 재료
  [라] species = spices 향신료들, goods 물품
- **herb** 허브 ← 약초나 향초
  [라] herba = grass 풀
- **sauce** 소스 ← 음식에 곁들여 내는 액체나 크림 타입의 끓인 음식
  [라] salsus = salted 소금을 친

음식의 간을 맞추는 소금

소금의 기원

소금을 뜻하는 salt는 라틴어 sal에서 유래된 단어이다. 라틴어 sal은 '소금'이고 salsus는 '소금으로 절여진'이란 뜻이다. 이탈리아 소시지인 salami나 sausage 모두 여기에서 생겨난 단어이다. 그리스어 hals 또한 소금이란 뜻으로 halogen할로겐은 그리스어 hals에 '~를 발생시키다give birth to'란 뜻의 gen이 결합되어 생겨난 단어이다. 대부분의 할로겐이 광물이나 소금을 생성하기 때문에 붙여진 이름이다.

샐러리

봉급을 뜻하는 salary도 라틴어 sal소금에서 생겨난 단어이다. 로마 시대에는 병사들이 돈 대신 소금으로 급료를 받았던 데서 유래되었다. 과거 아프리카에선 소금으로 급료를 지불하고 6세기엔 금과 소금을 같은 가치로 계산하여 물물교환(barter)을 하였을 만큼 소금이 중요하게 여겨졌다.

어원 002 음식의 간을 맞추는 소금

045

- **salt** 소금 ↔ 염화나트륨이 주성분인 짠 맛의 조미료

  [형] salty (맛이) 짠

  [라] sal = salt 소금

  [cf.] the salt of the earth 세상의 소금 (아주 진실되어 신뢰할 수 있는 사람)

  | **sal에서 파생한 단어**

  salad 샐러드 | salami 살라미 (소시지) | saline 염분이 함유된

  salsa 살사소스 | salsify 서양우엉

  sauce 소스 | sausage 소시지 | silt (와인) 침니

  souse 푹 담그다

- **halogen** 할로겐 ↔ 주기율표 17족인 비금속 원소

  [그] hals = salt 소금

  | **hals에서 파생한 단어**

  halide 할로겐화물

- **salary** 봉급 ↔ 일을 하고 정기적으로 받는 일정한 보수
  ㊀ sal = salt 소금
- **barter** 물물교환(하다) ↔ 물건과 물건을 맞바꾸는 것
  ㊁ barater = barter 물물교환하다, cheat 속이다

단맛을 더하는 것들

설탕

소금만큼은 아니지만 식재료로 빠지지 않는 것이 바로 설탕, sugar이다. 고대 그리스 알렉산더 대왕의 군대가 인도에 이르러 설탕을 처음 접했을 때 '벌이 없는 꿀'이라며 경탄에 마지 않았다 한다. 서구에선 스페인인들이 16세기 초에 처음으로 사탕수수를 재배하기 시작했다.

참고로 sugar daddy는 나이가 훨씬 어린 여성에게 돈을 쓰며 교제하는 돈 많은 중년남성이며 sugar baby는 이런 남성의 돈을 받는 어린여성이다.

꿀

꿀(honey)은 그 색으로 인해 인도게르만공통조어 k(e)nekoyellow 노란색의에서 생겨나 중세 영어에서 hony로 발전하였다. 영어이름 중 Melissa멜리사, Pamela파멜라, Rosamel로사멜 같은 이름들이 이름에 honey를 포함하고 있다.

그 밖의 단맛을 더하는 것들

캐러멜(caramel)은 18세기 초 프랑스에선 '졸인 설탕'이란 뜻이었다가 오늘날의 '캐러멜'이 되었다.

한약재나 감미료로 사용하는 감초(licorice)는 단맛이 나는 그 성질 때문에 만들어진 단어이다. 우리말의 '약방의 감초'에 해당하는 표현은 have a finger in every pie안 끼는 데가 없다나 an indispensable thing반드시 필요한 것이다. 우리말에 감초란 단어가 들어간다고 해서 영어로도

licorice를 사용하진 않으니 주의하자.

당원질 혹은 동물성 전분이라 불리는 glycogen글리코겐의 glyco도 '달콤한'이란 그리스어에서 파생한 어근을 담고 있다.

046

[어원 003] 단맛을 더하는 것들

- **sugar** 설탕 ⟵ 사탕수수를 원료로 하여 만든 단맛이 나는 조미료

  [산스크리트어] sharkara = ground sugar 간 설탕 ★산스크리트어 sharkara에서 발전하여 아랍어 sukkar가 생겨났고, 고대 프랑스어에선 sucre가 됨

  | **아랍어 sukkar에서 파생한 외국어**

  (이탈리아어) zucchero 설탕 | (스페인어) azucar 설탕

  (독일어) Zucker 설탕

  | **프랑스어 sucre에서 파생한 단어**

  sucrose 자당 | saccharine 사카린

- **honey** 꿀 ⟵ 꿀벌이 꽃에서 빨아들여 벌집에 모아두는 달콤한 액체

  [인] k(e)neko = yellow 노란색의

- **caramel** 캐러멜 ⟵ 설탕이나 당류를 졸여서 만든 것

  [라] canna = cane 줄기

  [라] mel = honey 꿀

- **licorice** 감초 ⟵ 먹거나 약으로 사용하는 콩과의 여러해살이 풀

  [그] glykys = sweet 달콤한

  [그] hiza = root 뿌리

  | **glykys에서 파생한 단어**

  glycogen 글리코겐

후추

후추는 영어로 pepper라고 하며 라틴어 piper후추에서 유래된 단어이다. 마늘garlic 및 후추pepper로 양념해 약간 매콤한 맛이 나는 소시지인 pepperoni페퍼로니도 paprika파프리카와 더불어 라틴어 piper에서 유

래했다. 이탈리아어 pepe후추나 프랑스어 poivre후추도 마찬가지이다. '후추를 뿌리다'는 sprinkle pepper라 하고, pepper 자체가 '후추를 뿌리다'라는 동사로도 사용될 수 있다. 동사 dredge는 '준설하다'란 뜻 외에 설탕, 후추 등을 '뿌리다'란 뜻으로도 쓰인다.

후추의 재배와 인기

후추가 기원전 2세기 인도에서 재배되었던 증거가 발견되었다. 인도에서 이집트로 후추가 건너온 후, 고대 이집트에서는 왕이 죽으면 미라화(mummification)하는 데 말린 후추열매를 사용하였다. 예를 들어, 람세스왕을 미라화할 때 콧구멍에 말린 후추열매를 채워 넣었던 것이 발견되었다. 기원 후 이집트에 사는 그리스의 한 무역업자가 동남아의 몬순계절풍monsoon을 이용해 인도 케랄라Kerala, 과거 명칭은 Malabar로 가는 지름길을 알아내었고 그 후 로마의 알렉산드리아 항구에서 후추 교역이 성행하였다. 중세 유럽에선 후추가 유럽인들에게 없어서는 안 되는 향신료가 되었으며 가격도 치솟았다.

[어원 004] 후추

047

- **pepper** 후추 ↞ 후추나무의 열매

  [라] piper = pepper 후추

  | **piper에서 파생한 단어**

  pepperoni (소시지 종류) 페퍼로니 | paprika 파프리카

  | **piper에서 파생한 외국어**

  (이탈리아어) pepe 후추 | (프랑스어) poivre 후추

- **sprinkle** 뿌리다 ↞ 곳곳에 떨어지게 하다

  [인] P(s)preg- = jerk 홱 움직이다, scatter 흩어지다

- **dredge** (설탕, 후추 등을) 뿌리다, 준설하다 ↞ 위에서 아래로 내리다

  [스코틀랜드어] dreg-boat = boat for dredging 준설용 배

- **mummification** 미라화 ↞ 사체가 썩지 않고 원래 상태에 가까운 모습으로 남아 있게 함

  [아랍어] mumiyah = embalmed body 방부 처리를 한 시체 ★페르시아어 mumiya(asphalt 아스팔트, mum = wax 밀랍)에서 전해져 아랍어에서 mumiyah란 뜻이 된 것

고추

매운맛의 대명사인 고추는 영어로 chili pepper 또는 그냥 pepper라고도 한다. 생물학적으로는 고추 속genus Capsicum에 속한다. 일반적인 예상과는 달리, 아시아가 아니라 6천 년도 더 전에 멕시코에서 재배된 것으로 보인다.
고추의 매운맛을 잘 나타내주는 영어단어로는 pungent얼얼한, 톡 쏘는를 들 수 있겠다. pungent는 '찌르다prick'란 뜻의 라틴어 pungere에서 생겨난 단어이다.

고추의 전파

콜럼버스는 미대륙 항해 중 고추를 발견해 유럽으로 가져왔는데 후추와 마찬가지로 매운 성질을 가진 고추를 peppers라고 이름 지었다. 그것이 후에 필리핀, 인도, 중국, 일본 등지로 전해졌다가 후에 한국에도 전해졌다. 그래서 한국의 전통음식 김치kimchi에 고춧가루를 넣기 시작한 것은 18세기 중반경부터이다.

고추의 맵기

Scoville Scale

PURE CAPSAICIN / 15, 000 000
PEPPER SPRAY / 2,000 000 - 5,300 000
CAROLINA REAPER / 1,400 000 - 2,200 000
TRINIDAD SCORPION / 1,200 000 - 2,000 000
GHOST PEPPER / 855 000 - 1,041 427
CHOCOLATE HABANERO / 425 000 - 577 000
SAVINA HABANERO / 350 000 - 577 000
FATALI / 125 000 - 325 000
HABANERO / 100 000 - 350 000
SCOTCH BONNET / 100 000 - 350 000
THAI / 50 000 - 100 000
CAYENNE / 30 000 - 50 000
TABASCO / 30 000 - 50 000
SERRANO / 10 000 - 23 000
HUNGARIAN / 5 000 - 10 000
JALAPENO / 2 500 - 8 000
POBLANO / 1 000 - 1 500
ANAHEIM / 500 - 2 500
PIMIENTO / 100 - 500
BELL PEPPER / 0

고추의 맵기를 측정하는 단위는 SHU Scoville Heat Unit라고 한다. 20세기 초반의 과학자 윌버 스코빌Wilbur Scoville이 한 회사에서 고추의 얼얼한 맛pungency과 맵기heat를 측정하는 테스트를 개발했기 때문에 붙여진 이름이다. 미국 남캐롤라이나에서 재배된 캐롤라이나 리퍼 고추Carolina Reaper Pepper가 세계에서 가장 매운 고추로 선정되었는데 맵기로 유명한 멕시코의 할라페뇨jalapeño보다 200배는 맵다고 한다. 고추의 매운맛 성분은 캡사이신(capsaicin)이라고 한다.

[어원 005] 고추

048

- **chili pepper** 고추 ← 긴 원뿔 모양의 매운맛을 가진 야채

  [아즈텍어] chilli = pepper 고추 ★여기서 아즈텍어는 멕시코의 원주민어를 말함

  [라] piper = pepper 후추

- **pungent** 톡 쏘는, 얼얼한 ← 매워서 혀끝이 아린

  [라] pungere = prick 찌르다

  | **pungere에서 파생한 단어**

  poignant 신랄한, 도려내는 | puncture 구멍

  expunge 지우다

  [cf.] 인도게르만공통조어인 pung(= stick 찌르다)에서 유래한 pugnacious (싸우기 좋아하는)도 함께 알아두자. 이 단어들은 각기 말로 찌르건, 맛이 얼얼해서 위를 찌르건, '찔러서' 발생하는 행위들을 설명한 단어들이다.

- **capsaicin** 캡사이신 ← 고추의 매운 성분

  ★19세기 초반 capsicum(고추류)에서 추출했다 하여 capsicin이라고 붙여짐. 그 모양으로 인해 라틴어 capsa(box 집)에서 파생한 것으로 추정

기타 향신료

마늘

마늘은 영어로 garlic이다. 고대영어 garlec에서 생겨났는데, 이때 lec은 leac leek 부추에서 변형된 것이다. 마늘은 중앙아시아와 이란 북동부가 원산지로 알려진 파속 allium의 식물이다.

부추를 비롯한 마늘과 같은 속의 식물

오트밀 죽을 영어로 porridge라고 하며, '부추(leek)'를 뜻하는 라틴어 porrum에서 생겨났다. 고대 프랑스의 poree가 '부추 수프'였다가 1500년대 초반 영어에서 porage가 육류와 채소로 만든 수프였던 것으로 보아 처음엔 수프를 만들 때 부추를 넣은 듯하다. 부추 leek는 마늘 garlic과 같은 속의 식물로 양파 onion, 샬롯 shallot, 골파 chive 등도 이들

과 같은 속에 속한다. 참고로 영어이름 중 하나인 Leighton레이튼의 어원은 '부추 농장leek farm' 혹은 '정원'이란 뜻이다.

생강

ginger, 즉 생강은 중국 남부에서 처음 생산되다가 1세기경 인도를 통해 유럽으로 전해진 것으로 알려졌다. 원래 그 모양으로 인해 srngamhorn 뿔과 verabody 몸체가 합쳐진 산스크리트어 srngaveram에서 발전하여 라틴어 zingiberi가 되었다가 철자의 변형을 거쳐 오늘날의 ginger가 되었다.

참고로 ginger ale진저 에일은 맥주가 아니라 생강 맛을 첨가한 탄산음료이다. 영미권에서 즐겨 마시는 오래된 음료로, 토마스 캔트렐Thomas Cantrell이란 미국의 약제사(apothecary)에 의해 발명되었다.

강황과 계피

생강과 같은 과family의 식물로는 카레의 원료인 강황(turmeric)과 소두구(cardamom)가 있는데 인도와 그 주변국가들이 원산지이다. 녹나무과avocado family의 향신료로 스리랑카Sri Lanka와 그 주변국이 원산지인 계피(cinnamon)는 기원전 2천 년경에 이미 이집트에 수입되었으며 고위층간에 선물로 사용될 만큼 귀한 물건으로 여겨졌다.

어원 006 기타 향신료

049

- **garlic** **마늘** ⟵ 양념과 반찬에 널리 쓰이는 여러해살이 풀
  - ⓔ gar = spear 식물의 길고 뾰족한 줄기
  - ⓔ leac = leek 부추
- **leek** **부추** ⟵ 중국과 인도가 원산지인 백합과의 여러해살이 풀
  - ⓖ lauka- = leek 부추
  - | **lauka-에서 파생한 외국어**
  - (덴마크어) log 양파 | (스웨덴어) lok 양파
  - (네덜란드어) look 부추 | (독일어) Lauch 파속
- **ginger** **생강** ⟵ 열대 아시아가 원산지인 생강과의 여러해살이 풀
  - (산스크리트어) srngam = horn 뿔
  - (산스크리트어) vera = body 몸체
- **apothecary** **약제사** ⟵ 과거에 약사를 일컫던 용어

㉠ apotheke = barn 창고

- **turmeric** 강황 ↔ 울금이라고도 일컬어지며 카레의 주원료임

  (중세영어) turmeryte에서 생겨났을 것으로 추정

- **cardamon** 카더몬, 소두구 ↔ 인도에서 자생하는 생강과의 여러해살이 풀

  ㉠ kardamon = cress 갓류 식물 ★amomon = spice plant 향신료로 사용되는 식물

- **cinnamon** 계피 ↔ 육계나무 껍질

  ㉠ kinnamomon = cinnamon 계피

  cf. bark 껍질

그 밖의 양념과 향신료 관련 표현들

- 조미

  flavoring 조미 | savor 맛, 풍미 | flavor 맛을 내다
  add seasoning 조미료를 넣다 | serve as condiment 양념으로 내다
  preserve in salt 소금에 절이다 | caramelize 설탕에 졸이다
  minch garlic 마늘을 다지다 | grate ginger 생강을 갈다
  spice food with pepper 음식을 후추로 양념하다

- 소금과 설탕

  table salt 식탁용 소금 | common salt 일반 소금
  salinity 염도 | salt stains 염반
  salt shaker 식탁용 소금 뿌리게 | sodium chloride 염화나트륨
  refined sugar 정제설탕 | lump sugar 각설탕 | loaf sugar 막대설탕
  sugarcane 사탕수수 | granulated sugar 알갱이 형태의 백설탕
  sweetening agent 감미제 | brown sugar 흑설탕

sugar refinery 제당소 | sugar tongs 각설탕 집게

- 깨, 후추, 인공 조미료

sesame seed 깨 | black pepper 후추 | white pepper 백후추

red pepper 고추 | capsicum 고추류 식물

MSG (monosodium glutamate) 글루탐산소다 (인공 조미료 원료로 쓰이는 화학 물질)

- 향신료

allspice 올스파이스 (서인도제도산 나무열매 말린 것)

anise 아니스 (미나리과 식물을 말린 것)

coriander 고수 | cilantro 고수의 잎

cumin 쿠민 (미나리과 식물을 말린 것)

Chinese five spice 오향분 | thyme 백리향

dill 딜 | sage 세이지 | mint 민트 | saffron 사프란

chili powder 칠리 파우더 (쿠민, 마늘, 오레가노 등과 고추가루를 섞은 파우더)

curry power 커리 파우더 | vanilla extract 바닐라 추출물

- 소스

ketchup 케첩 | mayonnaise 마요네즈

mustard 겨자 | hot sauce 핫소스

sour cream 사워크림 | sriracha 스리라차 | tartar 타르타르 소스

maple syrup 메이플 시럽 | honey 꿀 | olive oil 올리브 오일

balsamic vinegar 발사믹 식초 | caramel sauce 캐러멜 소스

dijon mustard 디종 머스타드 (식초 대신 베리주스를 넣은 것)

fish sauce 피쉬소스 | oyster sauce 굴소스

guacamole 과카몰리 (아보카도를 으깬 것에 토마토 등을 섞어 만든 소스)

soybean paste 된장 | red pepper paste 고추장

peanut butter 땅콩잼 | pesto 페스토 (잣(pine nuts)과 바질을 넣은 것)

salsa 살사소스 (토마토와 양파를 넣어 만든 것)

- 드레싱

balsamic vinaigrette dressing 발사믹 식초 드레싱

Italian dressing 이탈리안 드레싱 (마늘, 오일 등을 사용한 드레싱)

ranch dressing 랜치 드레싱 (마요네즈와 버터밀크를 넣은 드레싱)

thousand island 사우전드 아일랜드 드레싱 (마요네즈와 케첩 등을 섞은 드레싱)

Caesar dressing 시저 드레싱 (마요네즈, 베이컨, 치즈를 넣은 드레싱)

French dressing 프렌치 드레싱 (오일, 식초, 소금, 향신료 등을 섞은 것)

Russian dressing 러시안 드레싱 (피망, 식초, 오일, 토마토와 칠리소스나 스테이크 소스 등을 섞은 것)

oriental dressing 오리엔탈 드레싱 (간장, 설탕, 식초, 올리브유 베이스의 드레싱)

cf. coleslaw 콜슬로 (양배추, 당근, 양파 등을 마요네즈에 버무린 것)

- 맛을 나타내는 표현들

sweet 달콤한, 달달한 | salty 짠

sour 신 | acidulous 시큼한 맛이 나는 | acetic 초의, 신맛 나는

bitter 쓴 | astringent 떫은 | mellow 그윽한 | bland 싱거운

spicy 매운 | hot 매운 | pungent 톡 쏘는 | smarting 맛이 얼얼한

crispy 바삭바삭한 | crunchy 아삭아삭한 | soggy 눅눅한

aromatic 고소한 | chewy 쫀득쫀득한

al dente 적당히 씹히는 맛이 있는

fishy 비린 | fishy-tasting 비린 맛이 나는

insipid 맛이 없는 | savory 맛 좋은 | delicious 맛있는

have a lot of flavor 풍미가 좋다, 구수하다

have a delicate flavor 구수한 맛이 나다

taste good 맛이 좋다 | smell good 냄새가 좋다

11

6대 영양소와 식중독

Basic Nutrients & Food Poisoning

어떻게 하면 맛있게 만들어 맛있게 먹을까도 중요하지만
어떻게 하면 건강하게 먹을까도 중요하다.
그래서 우리는 영양소nutrient를 따진다.

탄수화물carbohydrate, 단백질protein, 지방lipid,
비타민vitamin, 무기질mineral, 물 등의
영양소를 골고루 섭취할 수 있는 식사를 하려 한다.

다이어트 때문에 소식을 하더라도
인체에 필요한 영양소는 모두 섭취하면서
건강하게 하는 다이어트가 트랜드이다.

먹어야 살 수 있다는 말은
먹어야 활동할 수 있다는 말에 다름아니다.
활동을 하려면 필수적으로 채워야 할 영양소가 있고
부족하면 특정 병에 걸릴 수 있는 영양소도 있다.

영양과 영양소

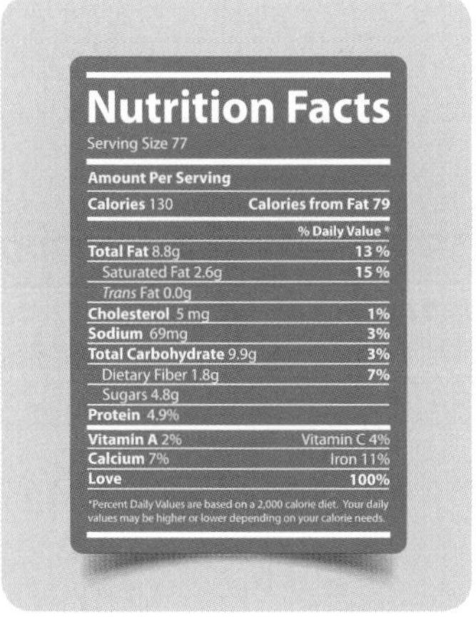

nutrition영양은 라틴어 nutrirenourish 영양분을 공급하다에서 파생한 단어이다. nutrient는 이런 영양분이 있는 물질, 즉 '영양소'를 뜻한다. 6대 영양소는 탄수화물, 단백질, 지방, 비타민, 무기질, 물을 가리킨다. 이 중 탄수화물(= 당질)carbohydrate, 단백질protein, 지방fat은 에너지를 공급하는 열량소(caloric nutrient) 역할을 한다. 나머지 세 가지 비타민vitamin, 무기질mineral, 물은 신체가 작동되거나in good order 몸의 조직을 형성하는 데 도움을 준다. 영양학자(nutritionist)는 영양학이란 학문분야를 연구하는 전문가이지만 영양사(dietician)는 병원, 학교 등 각 시설에 맞는(tailored) 식단을 짜는 등의 실무를 하는 면허를 가진registered 전문가이다.

어원 001 영양과 영양소

050

- **nutrition 영양** ↔ 생명 유지와 성장에 필요한 성분
  [라] nutrire = nourish 영양분을 공급하다
- **nutrient 영양소** ↔ 생명 유지와 성장에 필요한 영양분을 포함한 물질 (탄수화물, 지방, 단백질, 비타민, 무기질, 물 등)
  [라] nutrire = nourish 영양분을 공급하다
- **caloric 칼로리의** ↔ 열량의 단위와 관계된
  [라] calorem - = heat 열
- **nutritionist 영양학자** ↔ 영양학을 연구하는 전문가
  [라] nutrire = nourish 영양분을 공급하다
- **dietician 영양사** ↔ 영양에 입각해 식단을 짜는 등 영양에 대한 지도를 할 수 있는 면허를 가진 전문가
  [그] diaita = way of life 생활방식, regimen 식이요법
- **tailored 맞춤식의** ↔ 고객의 욕구와 필요에 맞춰진
  [라] taliare = split 나뉘다

6대 영양소❶: 탄수화물

탄수화물(carbohydrate)은 탄소carbon와 물H2O로 이루어진 물질로 당류(saccharide)라고도 불린다. saccharide의 어원은 그리스어 sákkharonsugar 당이다. 탄수화물은 1g당 4kcal의 열량을 내며 체내에서 포도당(glucose)으로 분해되어 혈액 속으로 들어가 에너지원이 된다.

포도당은 인간이 머리를 쓰고 생각을 하고 기억을 하는 데 필수적인 에너지원이다. 음식 자체에 포도당이 많이 들어 있는 것은 꿀, 말린 과일이나 건포도raisin 등이다. 포도당이 부족하거나 결핍되면 저혈당증(hypoglycemia)이 생길 수 있고, 포도당이 과다해지면 고혈당증(hyperglycemia)이 생길 수 있다. 에너지로 쓰고 남은 포도당은 글리코겐의 형태로 간에 저장되고 더 남은 포도당은 지방이 되기 때문에 비만obesity이나 당뇨병diabetes을 유발할 수 있다.

참고로 올리고당(oligosaccharide)은 그리스어 어근 olígosa few 몇몇의에서 알 수 있듯이 소수의 단당류 분자로 이루어진 다당류이다. 유당 혹은 젖당이라 알려진 lactose도 포도당과 갈락토오스, 두 단당이 결합된 형태의 이당류이다. lactose는 라틴어 lacmilk 우유에서 생겨난 단어이다. 단당류보다는 당이 많이 합쳐진 다당류가 건강에 더 이롭다. 다당류는 단당류와 달리 단맛이 없다. 전분(starch)과 동물성 다당류인 글리코겐(glycogen) 등이 있다.

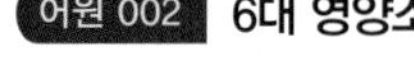

어원 002 6대 영양소❶: 탄수화물

051

- **carbohydrate** 탄수화물 ↞ 에너지원인 당류
  (19세기 초 영어) carbo = carbon 탄소
  ㉺ hydor = water 물
- **saccharide** 당류 ↞ 탄수화물의 다른 말
  ㉺ sákkharon = sugar 설탕
- **glucose** 포도당 ↞ 단맛이 나는 단당류
  ㉺ gleukos = must 포도액, sweet wine 달콤한 포도주

Ⓒ 단당류(mono-saccharides): 포도당(glucose), 과당(fructose), 갈락토오스(galactose)
이당류(disaccharides): 자당(sucrose), 젖당(lactose), 엿당(maltose)
다당류(polysaccharides): 녹말(starch), 글리코겐(glycogen), 셀룰로스(cellulose) 등

- **hypoglycemia** 저혈당증 ↔ 혈중 포도당의 양이 급격히 낮아진 상태
  ⓖ hypo- = under ~ 아래로
  ⓖ glykys = sweet 달콤한
- **hyperglycemia** 고혈당증 ↔ 혈중 포도당의 양이 급격히 많아진 상태
  ⓖ hyper- = over ~ 이상으로 ⓖ glykys = sweet 달콤한
- **oligosaccharide** 올리고당 ↔ 구조 단위가 2~10개인 다당류 혹은 소당류
  ⓖ olígos = a few 몇몇의
  ⓖ sákkharon = sugar 설탕
- **lactose** 젖당 ↔ 포유류의 젖에서 얻어지는 이당류
  ⓛ lac = milk 우유
- **starch** 녹말, 전분 ↔ 감자, 고구마 등에서 얻어지는 다당류
  ⓖ starkjan = make hard 딱딱하게 하다
- **glycogen** 글리코겐 ↔ 동물 내의 포도당 중합체인 다당류
  ⓖ glyco- = sweet 달콤한

6대 영양소❷: 단백질

탄수화물이 탄소carbon, 수소hydrogen, 산소oxygen로 구성된 반면, 단백질(protein)은 탄소, 수소, 산소, 질소nitrogen로 구성되어 있다. 단백질은 수백, 수천 개 아미노산(amino acids)의 연결체로 1g당 4kcal의 열량을 낸다. 단백질을 뜻하는 protein은 그리스어 prōteiosthe first quality 첫 번째 특질를 토대로 네덜란드의 화학자 게르하르트 요한 멀더Gerhard Johan Mulder가 만들어낸 프랑스어 protéine에서 생겨났다. 체내에서 만들어질 수 있는 아미노산은 불필수 아미노산non-essential amino acids

이라 하고, 체내에서 만들 수 없어 음식물 섭취를 통해 얻어야 하는 아미노산은 필수 아미노산essential amino acids이라고 한다. 필수 아미노산은 소고기, 우유 등 동물성 단백질원을 통해 얻을 수도 있지만 콩, 퀴노아quinoa와 같은 식물성 단백질 공급원을 통해서도 얻을 수 있다. 단백질은 형태에 따라서는 실 같은 섬유 형태의fibrous 단백질과 둥근 구 형태의globular 단백질로 구분된다. 우리가 많이 들어본 젤라틴(gelatin), 콜라겐(collagen), 엘라스틴(elastin)이 전자이며 글루테닌glutenin, 알부민albumin 등은 후자이다. 글루테닌은 밀가루에 들어 있는 글루텐 단백질을 구성하는 하나의 성분이다.
또 하나의 구 형태 단백질인 헤모글로빈(hemoglobin)은 적혈구 속의 철분을 함유한 단백질을 가리킨다. 반면에 미오글로빈(myoglobin)은 주로 근육 조직에서 발견되는 단백질로 산소를 저장하고 방출하는 역할을 한다. 둘 다 산소에 노출되면 철이 붉은색이 된다.

어원 003 6대 영양소❷: 단백질

052

- **protein** 단백질 ← 아미노산의 연결체
  [그] prōteios = the first quality 첫 번째 특질
- **amino acid** 아미노산 ← 단백질의 구성요소
  [라] sal ammoniacus = salt of amun 아몬의 소금, ammonia 암모니아 ★amino는 아미노기의 화학 복합물을 일컫기 위해 생겨난 단어. 키레나이카의 주피터 아문(Jupiter Amun: 이집트 최고신)의 신전 근처에서 ammonia(암모니아)가 발견되었는데 이를 당시 라틴어로 sal ammoniacus(salt of amun 아몬의 소금)라고 표현했으며, 이 ammonia에서 amin(아민)과 amino가 파생
  [라] acidus = sour 신
  [cf.] **필수 아미노산의 종류**
  histidine 히스티딘 | isoleucine 이소류신 | leucine 류신
  lysine 리신 | methionine 메티오닌 | phenylalanine 페닐알라닌
  threonine 트레오닌 | tryptophan 트립토판 | valine 발린
- **gelatin** 젤라틴 ← 동물 피부, 뼈 등의 콜라겐에서 나온 단백질
  [라] gelatus = jellied 젤리로 만든
- **collagen** 콜라겐 ← 피부, 뼈, 조직 등에 많이 들어 있는 단백질
  [그] kola = glue 풀

[라] gen = giving birth to ~를 낳는 것

- **elastin** 엘라스틴 ↔ 결합 조직의 세포 밖에 존재하는 탄성밴드(electric band) 역할을 하는 단백질

  [그] elastos = ductile 잡아 늘릴 수 있는, flexible 유연성 있는

- **hemoglobin** 헤모글로빈 ↔ 철을 함유한 단백질 복합물

  [그] haîma = blood 혈액

  [라] globus = sphere 구

- **myoglobin** 미오글로빈 ↔ 근육 조직 내의 적색 단백질

  [그] mys = muscle 근육, mouse 쥐 [cf.] muscle 근육 (근육이 쥐의 움직임을 닮아 붙여진 이름)

  [라] globus = sphere 구

6대 영양소❸: 지방

지방 하면 떠오르는 것이 비만obesity일 정도로 사람들은 지방에 대해 부정적 이미지를 갖고 있다. 하지만 지방은 신체 스스로 만들어낼 수 없는 필수 지방산essential fatty acids이 포함되어 있으므로 지방도 중요한 에너지원으로 분류된다. 단백질과 탄수화물이 각기 1g당 4kcal의 열량을 내는데 반해 지방은 1g당 9kcal의 열량을 낸다. 비타민은 흔히 지용성 비타민fat-soluble과 수용성 비타민water-soluble으로 분류되는데 지용성 비타민인 비타민 A, D, E는 지방의 도움을 받아야 흡수될 수 있는 비타민이다. 즉 지방은 지용성 비타민의 흡수에 중요한 역할을 한다.

지방은 지방산fatty acid과 그 복합물을 가리킨다. 흔히 말하는 실온에서 고체 형태인 포화지방은 saturated fat이라고 하는데 돼지비계를 하얗게 굳힌 라드lard나 동물수지tallow 등을 말한다. 육류에 lean이란 형용사가 붙으면 '기름기 없는 살고기의'란 뜻으로 이 부위의 고기가 다른 부위보다 포화지방이 적다.

트랜스 지방(trans fat)은 액체상태의 기름을 고체나 반고체 상태로 만드는 과정에서 생겨나는 지방이다. 도넛, 과자, 팝콘, 쇼트닝 등에

트랜스 지방이 함유되어 있다.

불포화지방은 unsaturated fat이라고 하는데 잘 굳지 않는 액체 형태의 지방이다. 식물성 오일이 대표적이며 생선에 들어 있는 오메가-3도 불포화지방이다. 중성지방neutral fat, triglyceride은 체내에서 합성되는 지방질(lipids)로 복부의 창자간막이나 허벅지 등의 근육 부위에 들어 있다. 술을 많이 마시는 사람은 중성지방 수치가 높다.

콜레스테롤

18세기 후반 경 처음으로 담석gallstone에서 발견된 콜레스테롤(cholesterol)은 동물 체내에 들어 있는 지방질의 일종이다. 동물 세포막의 30퍼센트 정도가 콜레스테롤로 구성된다. 콜레스테롤은 혈액에 녹지 않기 때문에 지단백질(lipoprotein)에 싸여 기관과 조직으로 이동한다.

지단백질은 부분은 지방질lipid이고 부분은 단백질이다. 지단백질에는 LDLlow density lipoproteins 저밀도 지단백질과 HDLhigh density lipoproteins 고밀도 지단백질이 있는데, LDL은 동맥(arteries)에 플라그(plaque)가 쌓이게 하기 때문에 몸에 해로운 나쁜 콜레스테롤로 불리며 HDL은 콜레스테롤을 몸에서 내보내기 때문에 좋은 콜레스테롤이라 불린다.

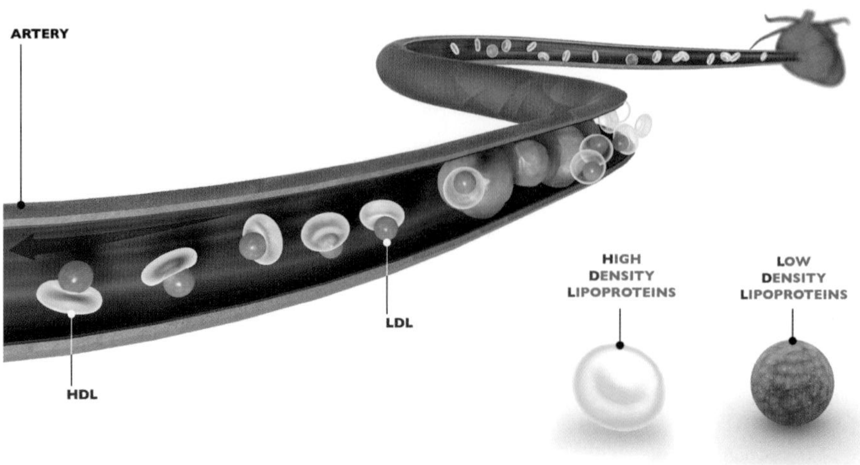

콜레스테롤과 지단백질

어원 004 **6대 영양소❸: 지방**

053

- **saturated fat 포화지방** ⟷ 실온에서 고체 형태인 지방

  [게] faitida = fatted 살찌운
- **trans fat 트랜스 지방** ⟷ 포화지방의 일종

  [라] trans = across 가로질러
- **lipid 지방질** ⟷ 지방으로 된 물질

  [그] lipos = fat 지방

  | **lipos에서 파생한 단어**

  liposuction 지방흡입술 | lipoma 지방종
- **cholesterol 콜레스테롤** ⟷ 동물 체내의 지방질

  [그] khole = bile 담즙 ★콜레스테롤이 담즙에서 처음 발견되었음

  [그] steros = solid 고체의, stiff 뻣뻣한
- **lipoprotein 지단백질** ⟷ 혈액 내에서 지방질을 운반하는 단백질

  [그] lipos = fat 지방

  [그] prōteios = the first quality 첫 번째 특질
- **artery 동맥** ⟷ 심장에서 피를 내보내는 혈관

  [그] arteria = windpipe 기관, artery 동맥
- **plaque 퇴적물, 명판, 치태** ⟷ 많이 쌓인 물질

  [프] plaque = metal plate 금속판, coin 동전 ★동맥벽의 플라그란 뜻은 19세기 후반에 생김

6대 영양소❹: 비타민

vitamin은 라틴어 vita life 생명에 amine아민: 암모니아의 수소 원자를 탄화수소기로 치환한 유기화합물을 붙인 단어이다. 생명체가 신진대사를 하기 위해 꼭 필요한 유기화합물이다. 비타민은 주로 음식물을 통해 흡수해야 한다. 비타민은 물에 녹는 수용성water-soluble 비타민(비타민 B와 C)과 지방에 잘 녹는 지용성fat-soluble 비타민(비타민 A, D, E, K)으로 나뉜다.

비타민 A는 눈 발달에 관여하여 부족하면 밤에 눈이 잘 안 보이는 야맹증(nyctalopia, night-blindness)에 걸리며, 비타민 C가 부족하

면 점막과 피부에서 피가 나는 괴혈병(scurvy, scorbutus)에 걸린다. 괴혈병은 탈진prostration과 출혈bleeding이 특징이다.
비타민 B1은 Thiamine티아민이라고도 불리는데 부족하면 말초신경장애로 마비증상이 생기는 각기병(beriberi)에 걸린다. 비타민 B2는 riboflavin리보플라빈, 비타민 B3는 niacin니아신이라고도 불린다. 엽산folic acid, 판토텐산pantothenic acid, 바이오틴biotin 모두 비타민 B 복합체이다. 비타민 D는 주로 햇빛을 통해 얻을 수 있다. 비타민 D가 부족하면 뼈의 발달에 이상이 생기는 구루병(rickets, rachitis)에 걸린다. 따라서 곱사등hunchback은 비타민 D의 결핍에 기인한다. 비타민 E는 항산화물질anti-oxidant이며, 비타민 K는 혈액응고(blood coagulation)에 관여한다. 한국에서 제약해서 알약의 명칭으로도 사용되고 있는 토코페롤tocopherol capsule은 사실 비타민 E의 두 가지 화합물인 토코페롤과 토코트라이에놀tocotrienol 중 토코페롤에서 따온 것이다.

[어원 005] 6대 영양소④: 비타민

054

- **vitamin** 비타민 ← 신진대사를 위해 필요한 유기물질
  [라] vita = life 생명
  [19세기 영어] amine = derivatives of ammonia 암모니아의 파생물
- **nyctalopia** 야맹증 ← 밤에 눈이 잘 보이지 않는 증상
  [그] night = nyx 밤
  [그] alaos= blind 눈 먼
  [그] ōps = eye 눈
- **scurvy** 괴혈병 ← 점막과 피부에서 피가 나는 증상
  [1560년대 영어] scurfy(비듬 같은)에서 변형된 단어 ★네덜란드어 scheurbuik(괴혈병)과 프랑스어 scorbut(괴혈병)에서 차용
- **beriberi** 각기병 ← 비타민 B1의 부족으로 발생하는 말초신경장애 등의 증상
  [신할라어] beri = weakness 나약함
- **rickets** 구루병 ← 비타민 D의 부족으로 발생하는 뼈의 이상
  ★어원을 알 수 없는 단어
- **coagulation** 응고 ← 액체 따위가 딱딱하게 굳음
  [라] coagulare = cause to curdle 공포로 피가 얼어붙게 하다

| 유의어

agglomeration 복합체 | condensation 응집 | congelation 응고물
curdling 우유의 응결

6대 영양소❺❻: 무기질과 물

무기질

mineral은 '채굴된 것'이란 뜻의 라틴어 minerale에서 파생한 단어로 무기질이란 뜻은 15세기에 생겨났다. 무기질은 생명 유지에 필수적인 영양소로 칼슘(calcium), 인(phosphorous), 나트륨(sodium), 마그네슘(magnesium), 칼륨(potassium), 황(sulfur), 구리(copper), 아연(zinc), 아이오딘(iodine), 셀레늄(selenium), 망간(manganese) 등이 있다. 무기질은 대부분은 음식을 통해 얻어지며 산소, 수소, 탄소는 무기질에 포함되지 않는다.

물

물은 체내의 70퍼센트를 차지하며 20퍼센트 물이 체내에서 빠져나가면 생명이 위험한 상태가 된다. 사람은 하루에 2리터 정도의 물이 필요한데 물은 체온을 조절하고 몸 속의 노폐물을 체외로 배출시키는 등의 중요한 역할을 맡고 있다.

water물은 게르만조어 watr에서 생겨난 단어로 같은 어원에서 독일어 Wasser와 네덜란드어 water가 생겨났다. 물은 H_2O로 표기되는데 두 개의 수소hydrogen와 한 개의 산소oxygen로 구성되었다는 뜻이다. 물의 특징은 colorless무색의, odorless무향의, tasteless무미의란 형용사로 표현할 수 있다.

[어원 006] **6대 영양소❺❻: 무기질과 물**

- **mineral** 무기질 ↤ 필수 영양소의 하나
  [라] minerale = something mined 채굴된 것
- **calcium** 칼슘 ↤ 뼈와 치아의 발달에 주로 관여하는 무기질

055

[라] calx = limestone 석회석

- **phosphorous** 인 ← DNA에 필수적인 무기질

  [그] phosphoros = morning star 아침 별 ★빛을 내는 인의 특성으로 인해 붙여진 이름

- **sodium** 나트륨 ← 음식에서 염화나트륨(sodium chloride)를 통해 주로 얻어지는 혈압 조절에 관여하는 무기질 ★원소기호는 Na(natrium)임

  [라] soda = a kind of saltwort 솔장다리의 일종 ★1807년에 생겨난 단어로 가성소다(caustic soda)에서 발견되어 붙여진 이름

- **magnesium** 마그네슘 ← 세포와 효소(enzymes)에 중요한 무기질

  [그] magnesia = the lodestone 자철석

- **potassium** 칼륨 ← 위장관 운동과 호르몬 분비 등의 생리(physiological) 과정에 필수적인 무기질

  [네덜란드어] potaschen = pot ashes 항아리 재 ★나무 재를 물에 적신 후 항아리에 넣어 증발시켜 potash(탄산칼륨)를 얻었던 데서 생겨난 이름

- **sulfur** 황 ← 모든 생명체에 필수적인 성분인 무기질

  [라] sulphurium = surfur 황

- **copper** 구리 ← 담즙을 통해 잉여 구리가 체내에서 배출되는 무기질

  [라] Cyprium (aes) = Cyprus (metal) 키프로스의 금속

- **zinc** 아연 ← 효소의 기능에 관여하는 무기질

  [독] zinke = pointed 뾰족한, jagged 들쭉날쭉한

- **iodine** 아이오딘 ← 갑상선(thyroid) 호르몬 합성에 필요한 무기질

  [그] ioeides = violet-colored 보랏빛의

- **selenium** 셀레늄 ← 활성산소 감소에 관여하는 무기질

  [라] selene = moon 달 ★비금속 원소 텔루르(tellurium)의 어원이 지구(earth)인 것에 빗대어 지어진 이름

- **manganese** 망간 ← 단백질과 효소에 중요 성분인 무기질

  [그] magnesia = the lodestone 자철석

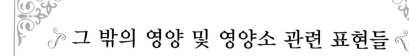

그 밖의 영양 및 영양소 관련 표현들

- 영양과 생활 관련 표현

aliment 자양물, 자양분을 주다 | sustenance 자양물

nourishment 영양분 | nutriment 자양물, 음식물

victual 음식물, 양식 | victuals 음식

provisions 식량 | esculent 식용의

comestible 식품, 먹을 수 있는

fare 식사 ('차비' 등의 '요금'으로 잘 쓰이는 단어)

dystrophy 영양실조 (malnutrition) | eutrophy 영양 양호

starvation 굶주림 | subsistence 최저생활

Engel's coefficient 엥겔지수 (생계비 중 식비의 비율)

- 물과 관련된 표현

bedraggle 흠뻑 젖게 하다 | drench 흠뻑 적시다

soak 흠뻑 적시다 | drizzle 흩뿌리다

sprinkle 흩뿌리다 | damp 축축한

impregnate 가득 스며들게 하다 | infiltrate 스며들게 하다

moisturize 촉촉하게 하다 | hydrate 수분을 공급하다

saturate 포화시키다 | deluge 폭우

flood 홍수 | inundate 범람시키다

submerge 가라앉다 | drown 익사하다

irrigate 관개하다 | dip 담그다

기생충과 식중독

음식을 섭취할 때 위생 처리를 제대로 하지 않을 경우 채소, 어패류, 육류의 기생충으로 인해 병이 감염될(be infected) 수가 있다. 예를 들어 채소를 잘 안 씻고 먹으면 회충(roundworm, ascaris)이나 십이지장충(hookworm, ancylostomiasis) 같은 기생충들이 체내에 침입할 수 있다. 또한 쥐, 파리, 바퀴벌레들로 인해 페스트, 소아마비(polio), 콜레라, 이질(dysentery) 등에 걸릴 수도 있다. 세균성 식중독 중 살모넬라 식중독은 쥐, 바퀴벌레, 파리 등이 원인을 제공하며 장염비브리오 식중독은 상한 어패류 등이 원인을 제공한다. 둘 다 세균성 식중독(food poisioning, bromatotoxism)의 예이다. 물론 외부의 요인이 아니라 복어blowfish, puffer에 들어 있는 강력한 신경독인 테트로도톡신(tetrodotoxin)이나 감자 싹의 솔라닌solanine처럼 식품이 자연독을 품고 있는 경우도 있다. 따라서 식품 처리를 할 때엔 각별한 주의와 위생적(sanitary) 처리가 가장 중요하다.

어원 007 **기생충과 식중독**

056

- **infect** 감염시키다 ← 병을 옮겨서 아프게 하다
  [라] inficere = stain 얼룩지게 하다
- **ascaris** 회충 (roundworm) ← 몸이 길고 둥근 기생충
  [그] askaris = intestinal worm 장기의 벌레
- **ancylostomiasis** 십이지장충 (hookworm) ← 구충이라 불리는 굽은 모양의 기생충
  [그] ancylos = crooked 굽은
  [그] stoma = mouth 입
  | **stoma에서 파생한 단어**
  stoma 숨구멍, 구멍 | stomatitis 구내염
  colostomy 결장조루술, 인공 항문 형성술 | ostomy 인공 항문 형성술
  tracheostomy 기관절제술
- **polio** 소아마비 (poliomyelitis) ← 급성 회백수염
  [그] polio = grey 회색의

[그] myelos = marrow 골수

[그] itis = inflammation 염증

★폴리오는 말 그대로 척수의 회백질에 염증이 생기는 병임

- **dysentery** **이질** ↢ 변에 피가 섞인 점액질이 섞여 나오는 전염병

  [그] dys = bad 나쁜

  [그] entera = intestines 내장

  ★dysenteria란 그리스어는 히포크라테스가 만들어낸 단어임

- **bromatotoxism** **식중독** (food poisoning) ↢ 음식물 속의 유독물질로 인한 소화기관병

  [그] broma = food 음식

  [그] toxikon = poison for use on arrows 화살에 사용되는 독

  [cf.] bromatography 식품론 | sitology 식품학

- **tetrodotoxin** **테트로도톡신** ↢ 복어에 들어있는 자연 독

  [그] tetra = four 4개의

  [그] odous = tooth 이빨

  ★복어목 tetraodontiformes에서 생겨난 단어임 (구어체로는 복어를 puffer fish라고 함)

- **sanitary** **위생의** ↢ 건강에 해가 없도록 하는

  [라] sanitas = health 건강

12

육류와 곡류
Meat & Grain

Bread is the staff of life.

빵은 생명의 양식이다.

탄수화물은 인간 활동의 원동력이다.
쌀rice, 보리barley, 밀wheat과 같은 곡물grain은
바로 대표적인 탄수화물 식품이다.

예부터 우리는 밥을 주식으로 했고
서양인들은 빵을 주식으로 했다.
그래서 서양인들은 Bread is the staff of life.라 하고
우리는 '밥심으로 산다'고 한다.

여기에 대표적인 단백질 식품인
소고기beef, 돼지고기pork와 같은 육류meat도
적당히 섭취해줘야 한다.
무너지지 않고 신체를 지탱하는 데 필요한 근육도 살펴야 하니까.

육류

육류를 뜻하는 meat는 인도게르만공통조어 madwet 젖은에서 전해져서 고대영어 metefood 음식란 뜻으로 발전하였다. 동물 중에서 육식만 섭취하는 동물은 carnivorous육식성의라고 표현한다. 인간은 주로 소, 돼지, 양, 닭 등을 사육해 섭취하며, 이런 목적으로 집에서 기르는 동물을 가축(livestock)이라 부른다. 그중에서도 특히 닭, 오리 등의 동물은 가금류(poultry, fowl)라 한다.

어원 001 육류

057

- **meat** 육류 ↔ 먹을 수 있는 동물의 고기
  ㉮ mete = food 음식
- **livestock** 가축 ↔ 집에서 기르는 짐승
  ㉶ libejanan = live 살다
  ㉶ stauk- = tree trunk 나무 몸통 ★중세 영어에서 가축, 주식 등의 뜻이 생겨남
  | **libejanan에서 파생한 외국어**
  (독일어) leben 살다
  | **stauk에서 파생한 외국어**
  (네덜란드어) stok 막대기, 지팡이
  (독일어) Stock 막대기, 지팡이
  (네덜란드어) stuk 조각 | (독일어) Stuck 조각
- **poultry** 가금류 ↔ 닭, 오리, 거위 등 집에서 키우는 짐승
  ㊄ poulet = young fowl 새끼 가금

육류: 소고기

솟과(bovine) 가축인 소들을 나타내는 영어단어는 cattle이다. '소떼'는 a herd of cattle이라고 한다. cattle이 중세 라틴어 capitale property 재산란 뜻에서 유래한 것으로 보아 소를 재산의 일종으로 여긴 듯하다. 소는 암소(cow), 젖소(dairy cow), 수소(ox), 황소(bull), 송아지(calf) 등으로 분류하며, 특히 고기용으로 기르는 소를 통틀어 육우beef cattle라고 한다.

소에서 얻은 고기는 소고기(beef), 송아지 고기(veal), 가공식품인 육포(beef jerky) 등이 있다. 농기계인 콤바인combine의 발명으로 농업이 발달하자 소들은 풀 대신 옥수수를 먹게 되었고 그 결과 고기를 연하게 하는 지방의 분포를 뜻하는 마블링(marbling)이 늘어났다. 풀을 뜯는 소보다는 탄수화물인 곡물을 섭취하는 소가 지방질인 마블링을 더 갖게 되는 것은 당연한 일이다. 육우용으로 키워진 소는 도축 및 도살(slaughting & butchering) 과정을 거쳐 인간에게 식품으로 돌아온다.

낙인 없는 송아지 maverick

19세기 중반 사뮤엘 매브릭Samuel A. Maverick이라는 텍사스의 목장주는 소의 엉덩이에 낙인을 찍는brand 작업을 게을리했다. 그래서 낙인이 없는 송아지를 이 목장주의 이름을 따 maverick이라고 불렀으며, 현재에는 속박을 받지 않는 개성 강한 사람을 가리키는 말이 되었다.

어원 002 **육류: 소고기**

058

- **bovine** 솟과(의) ↞ 솟과의 포유류
  [라] bos = ox 수소, cow 암소
- **cattle** 소들 ↞ 풀을 먹고 되새김질하며 발굽이 있는 동물
  [라] capitale = property 재산
- **cow** 암소 ↞ 소의 암컷
  [게] kwon = cow 암소

| kwon에서 파생한 외국어

(네덜란드어) koe 암소 | (독일어) Kuh 암소 | (덴마크어) (스웨덴어) ko 암소

- **ox 수소** ↔ 소의 수컷

[게] ukhson = ox 수소 ★ukhson은 더 거슬러 올라가면 인도게르만공통조어 uks-en-(male animal 동물의 수컷)에서 생겨났다. [cf.] 산스크리트어 uksa = ox 수소

| ukhson에서 파생한 외국어

(독일어) Ochse 황소

- **bull 황소** ↔ 큰 수소

[게] bullon- = bull 황소

| bullon에서 파생한 외국어

(네덜란드어) bul 황소 | (독일어) Bulle 황소

- **calf 송아지** ↔ 어린 소

[게] kalbam = calf 송아지

| kalbam에서 파생한 외국어

(독일어) Kalb 송아지

- **beef 소고기** ↔ 소의 고기

[라] bovem = ox 수소, cow 암소

- **veal 송아지 고기** ↔ 어린 소의 고기

[라] vitellus = a little calf 어린 송아지

- **jerky 육포 (= jerk)** ↔ 소고기를 얇게 저며 양념하여 말린 가공식품

[잉카문명의 공용어인 케추아 말] ch'arki = dried flesh 말린 살

- **marbling 마블링** ↔ 살코기 사이에 하얀색 지방이 박혀 있는 것

[라] marmoros = marble 대리석 ★라틴어 marmoros에서 파생한 marble은 16세기 후반에 동사로 '대리석의 돌결(veined)과 흐린 모양이 생기게 하다'란 뜻이 더해졌고, 18세기 후반에 이르러 동명사 marbling에 '고기에 대리석 모양의 하얀색 지방이 박혀 있는 것'이란 뜻이 더해짐

- **butcher 도살하다, 도살자** ↔ 잡아죽이다 또는 잡아죽이는 사람

[프] bochier = butcher 도살업자

육류: 돼지고기

소와 마찬가지로 돼지를 가리키는 용어도 다양하다. 일반적으로 돼지를 가리키는 pig에는 가축화한 멧돼지(swine)와 암퇘지(sow), 식용으로 거세한 숫돼지(hog), 거세 안 한 숫돼지(boar), 새끼돼지(piglet) 등이 있다.

돼지고기는 pork, 돼지고기를 이용한 식품은 소시지(sausage), 베이컨(bacon), 햄(ham) 등이 있다. 햄은 주로 돼지의 넓적다리 살을 절여서(cure) 만들지만 베이컨은 주로 돼지 뱃살이나 등살 부분 등을 소금에 절여 만든다.

힌두교에선 소고기를 먹지 않는 반면, 유대교와 이슬람교에선 돼지고기를 먹지 않는다. 이슬람 경전 코란에는 돼지swine를 먹는 것이 죄sin라고 적혀 있다. 돼지고기와 소고기는 염장salting 또는 훈제smoking해서 오랫동안 보관하고 먹을 수 있다.

어원 003 육류: 돼지고기

059

- **pig** 돼지 ↞ 멧돼짓과의 포유류

  ㊐ picg = young pig 새끼돼지

- **swine** 멧돼지 ↞ 검은색의 털이 뻣뻣한 돼지

  ㊁ su = pig 돼지

  cf. '돼지'를 집합적으로 일컬을 때도 swine을 쓴다.

- **sow** 암퇘지 ↞ 돼지의 암컷

  ㊁ su = pig 돼지

- **hog** 거세한 숫돼지 ↞ 생식 기능을 잃은 돼지의 수컷

  ㊐ hogge = swine 돼지

- **boar** 거세 안 한 숫돼지 ↞ 생식 기능을 잃지 않은 돼지의 수컷

  ㊐ bar = boar 숫돼지

- **piglet** 새끼돼지 ↞ 어린 돼지

  ㊇ ellus = very small thing 아주 작은

  | **ellus에서 파생한 단어들**

  pullet 어린 닭 | eaglet 새끼 독수리

cutlet 얇게 저민 고기 | fillet 저민 살코기

millet 기장, 수수 | tablet 명판, 정제약

gullet 식도 | goblet 유리나 금속 포도주 잔

ballet 발레 (ballo = dance 춤) | bullet 총알 | billet 장작개비

bracelet 팔찌 | eyelet 신발의 끈을 꿰는 작은 구멍 | pallete 팔레트

chaplet 화관 (chape = hat 모자) | epaulet 장교복 견장

roulette 룰렛 (rota = wheel 바퀴)

booklet 작은 책자 | leaflet 전단지

islet 작은 섬 | hamlet 작은 마을

chalet 방갈로보다 작은 오두막 (casa = house 집)

toilet 화장실 (toile = cloth 천 ★귀부인들의 화장대 위에 깐 천)

- **pork 돼지고기** ↔ 돼지의 식용 살 부위

  ㊵ porcus = pig 돼지

- **sausage 소시지** ↔ 으깨어 양념한 돼지고기, 소고기, 닭고기 등을 돼지 창자나 인공 케이싱에 넣은(stuffed) 것

  ㊵ salsicus = seasoned with salt 소금으로 양념한

- **bacon 베이컨** ↔ 돼지고기를 소금에 절여 훈연한 것

  ㉔ bakkon = back meat 등 부위 고기

- **ham 햄** ↔ 돼지고기의 가공식품

  ㊞ kone-mo- = shin bone 정강이 뼈

  cf. gammon 훈제햄

- **cure 절이다** ↔ 소금, 식초, 설탕 등에 담가 간이 베이게 하다

  ㊵ curare = take care of ~를 처리하다

육류: 양고기와 염소고기

소와 돼지도 그렇지만 양(sheep) 또한 사람의 입장에서 보면 버릴 것이 없는 고마운 동물이다. 양털(fleece)은 깎아서(shear) 실생활에 사용하고 양고기는 식품으로 사용한다. sheep은 고대 영어 scep sheep 양에서 생겨난 단어이다. 양을 가리키는 용어로는 ewe암양, ram숫양,

wether거세한 숫양, lamb새끼 양 등이 있다. 재미있는 점은 lamb은 새끼양인 동시에 '새끼양의 고기'도 되지만 sheep은 오로지 동물만 가리킨다는 것이다. 참고로 형용사 ovine은 '양의'라는 뜻이다.
sheep으로 고기를 만들면 mutton양고기이라 하며, 염소(goat)로 고기를 만들면 goat meat염소고기라 한다. 특히 다 자란 염소의 고기는 chevon, 새끼 염소고기는 cabrito라 부른다.

[어원 004] 육류: 양고기와 염소고기

060

- **sheep** 양 ← 온순하고 털이 흰 솟과 동물

  [고대영어] scep = sheep 양 ★scep은 서게르만어 skapan에서 생겨남

  | **skapan에서 파생한 외국어**

  (네덜란드어) schaap 양 | (독일어) Schaf 어미양

- **fleece** 양털, 털을 깎다 ← 곱슬한 양의 털, 또는 그 털을 깎다

  [게] flusaz = shear 털을 깎다

  | **flusaz에서 파생한 외국어**

  (네덜란드어) vlies 양털 | (독일어) Vlies 양의 모피

- **shear** 깎다 ← 털을 다듬다

  [게] skero = cut 자르다

  | **skero에서 파생한 외국어**

  (네덜란드어) scheren 털을 깎다 | (독일어) scheren 털을 깎다

- **ewe** 암양 ← 양의 암컷

  [인] owi = sheep 양

- **ram** 숫양 ← 양의 수컷

  [고대영어] ramm = male sheep 숫양

- **wether** 거세한 숫양 ← 생식 기능을 없앤 양의 수컷

  [게] wethruz = lamb 양

- **lamb** 새끼 양, 새끼 양고기 ← 어린 양 또는 그 고기

  [게] lambaz = lamb 양

  | **lambaz에서 파생한 외국어**

  (네덜란드어) lam 양 | (독일어) Lamm 양

- **ovine** 양의 ← 양과 관계된

  [라] ovis = sheep 양 ★더 거슬러 올라가면 인도게르만공통조어 owi(sheep 양)에서 파생함

- **mutton 양고기** ↔ 양의 고기

  [라] multo = male sheep 숫양
- **goat 염소** ↔ 갈색, 흰색, 검은색의 솟과 동물

  [게] gaito = goat 염소

  | **gaito에서 파생한 외국어**

  (네덜란드어) geit 염소
- **chevon 다 자란 염소의 고기** ↔ 어리지 않은 염소의 고기

  [프] chevre = goat 염소
- **cabrito 새끼 염소고기** ↔ 어린 염소의 고기 부위 ★구운 새끼 염소고기를 일컫는 스페인어

  [라] caper = goat 염소

  | **caper에서 파생한 단어**

  caprine 염소의

  Capella 카펠라 별 (Capella = little goat 작은 염소 ★제우스를 젖을 먹여 키운 염소 Amalthea를 가리킴)

  Capricorn (별자리) 염소자리

  cab 택시 (새끼염소의 달리는 모습과 연관)

육류: 닭고기

닭(chicken)은 소, 돼지, 양과는 달리 가금류의 하나이다. hen암탉은 서게르만어 hannjo female fowl 암컷 가금류에서 생겨났는데 더 거슬러 올라가면 인도게르만공통조어 kansing 노래 부르다 [cf.] chant 성가에서 발전된 단어로 동틀 때 "꼬끼오"라고 노래를 부르는 '닭'이란 뜻이다.

수탉(rooster)은 게르만조어 hro(d)-st framework of a roof 지붕의 뼈대에서 생겨난 단어로 동틀녘에 닭이 지붕가에 걸터앉아 있는 모습roost 앉다, 쉬다 때문에 생겨난 단어이다.

1년 미만의 어린 암탉은 pullet, 거세한 수탉은 capon, 병아리는 chick이라고 한다. 양, 염소와 마찬가지로 닭을 무리로 가리킬 때엔 flock떼으로 표현한다. chicken과 pullet은 또한 닭고기도 가리킨

다. 암탉은 더 이상 알을 낳지egg-laying 알 낳기 못하면 도축되어 주로 가공식품으로 팔린다.

닭 관련 표현

우리말로 '닭 대가리'란 표현은 '머리 나쁜 사람'을 가리키는데 영어도 chicken head가 '멍청한 여자'란 뜻의 속어로 사용된다.

chicken은 '겁쟁이', '겁쟁이인'이란 뜻으로도 쓰여서 be chicken out of something이라고 하면 '겁을 먹고 ~를 그만두다'란 의미이다.

[어원 005] 육류: 닭고기

061

- **chicken** 닭, 닭고기 ← 가금류인 꿩과의 새 또는 그 고기

  [영] cicen = young fowl 새끼 가금
- **hen** 암탉 ← 닭의 암컷

  [게] hannjo = female fowl 암컷 가금류 ★더 거슬러 올라가면 인도게르만 공통조어 kan(sing 노래 부르다)에서 생겨남 [cf.] chant 성가
- **rooster** 수탉 ← 닭의 수컷

  [게] hro(d)-st = framework of a roof 지붕의 뼈대
- **pullet** 어린 암탉 ← 1년 미만의 영계

  [라] pullus = young animal 새끼 동물

  | **pullus에서 파생한 외국어**

  (스페인어) pollo 닭 | (이탈리아어) pollo 가금
- **capon** 거세한 수탉 ← 식육용으로 생식 기능을 없앤 수탉

  [라] caponem = castrated cock 거세한 수탉
- **flock** 떼, 무리 ← 행동을 같이 하는 무리

  [게] flukkaz, flakka = crowd 무리, troop 무리

유제품

우유

인간은 가축을 키우기 시작한 이래로 포유동물인 소뿐 아니라 양과 염소 젖을 추출해서extract 먹어왔다. milk우유는 인도게르만공통조어 melgrub off 문질러 떼어내다에서 생겨났는데 소 젖을 짜는 손 동작을 표현한 단어이다.

자주 쓰이는 영어 관용표현 중 Don't cry over spilt milk.가 있는데, '이미 엎질러진 일이니 후회해도 늦었다.'란 뜻이다. 우리는 엎질러진 물이라고 표현하지만 영어에선 엎질러진 우유라고 한다.

또, 일상생활에서 자주 접하는 음료 중 하나인 caffe latte카페라테는 '우유를 넣은 커피'란 뜻이다. 이때 latte는 '우유milk'를 뜻하는 라틴어 lac에서 유래한 단어이다.

참고로 우유는 카세인(casein) 단백질이 80퍼센트를 차지하고 있고 유청(whey) 단백질이 20퍼센트를 차지하고 있다.

치즈

어른들은 젖당lactose을 분해하는 능력이 떨어지기 때문에 우유 대신 우유 가공품인 치즈(cheese)를 섭취한다. 치즈란 뜻의 또 다른 단어 fromage는 라틴어 formashape 모양에서 생겨난 단어로 우유를 응고시켜(coagulate) 치즈란 형태를 만드는 것에서 유래했다. 현대 프랑스어에서도 치즈란 뜻을 유지하고 있고 이탈리아어에선 formaggio로 변형되었다.

그리스 신화에선 아폴로와 키레네의 아들인 농목의 신 아리스타이오스Aristaeus가 치즈를 발견한 것으로 간주하며 현실 세계에선 기원전 8천 년경 양들을 가축으로 키우기 시작한 시기에 치즈를 만들기 시작했을 것으로 추정한다.

[어원 006] 유제품

062

- **milk** 우유 ↔ 소의 젖

  [게] meluk = milk 우유 ★meluk는 인도게르만공통조어 melg(rub off 문질러 떼어내다)에서 파생함

  | **meluk에서 파생한 외국어**

  (네덜란드어) melk 우유 | (독일어) Milch 우유

  [cf.] 라틴어 mulgere는 '젖을 짜다(milk)'란 뜻으로, emulsion(유화액, ex = out 밖으로), promulgate(널리 알리다, pro = forth 앞으로) 등의 단어가 여기서 파생했다.

- **caffe latte** 카페라테 ↔ 뜨거운 증기를 쐰 우유를 탄 커피

  [라] lac = milk 우유

  | **lac에서 파생한 단어**

  lacteal 유즙의 | lactose 젖당

- **casein** 카세인 ↔ 포유류 젖에 들어 있는 인 단백질

  [라] caseus = cheese 치즈

- **whey** 유청 ↔ 우유의 응고물인 커드가 형성된 후에 남는 노란 물

  [게] hwaja = whey 유청

- **cheese** 치즈 ↔ 우유의 카세인을 응고·발효시킨 것

  [라] caseus = cheese 치즈 ★caseus는 게르만조어 kasjus로 발전하여 여기에서 독일어 Käse(치즈)가 생겨남

  | **caseus에서 파생한 외국어**

  (이탈리아어) cacio 치즈 | (스페인어) queso 치즈

- **fromage** 치즈 ↔ 프로마쥬 치즈

  [라] forma = shape 모양

- **coagulate** 응고시키다 ↔ 뭉쳐서 굳어지게 하다

  [라] cogere = curdle 우유를 액체와 고체로 분리시키다, collect 모으다, compel 강요시키다

  | **cogere에서 파생한 단어**

  coact 협력하다 | cogent 설득시키다 | cache 은닉처

  | **유의어**

  clot 엉기게 하다 | clabber 우유가 쉬어서 굳어지다 | solidify 응고시키다 harden 딱딱하게 하다 | concentrate 농축시키다 | condense 응결시키다 congeal 응결시키다 | gelatinize 아교질이 되다 | jellify 젤리모양으로 되다

그 밖의 육류 관련 표현들

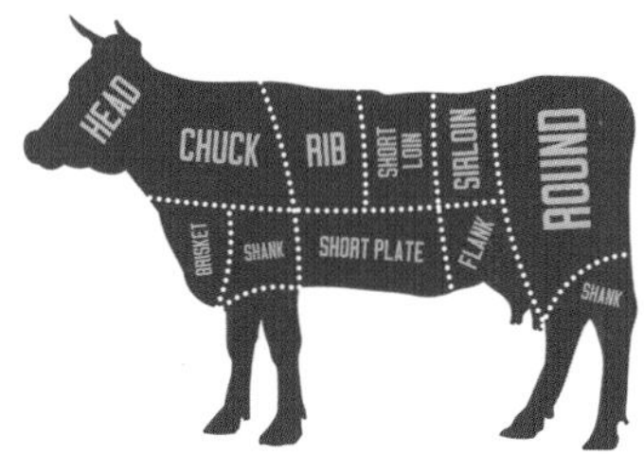

닭, 양, 돼지, 소의 고기 명칭

- 소고기

loin 허릿살, 엉덩이살 | sirloin 등심 | ribloin 등심

striploin 채끝 | loinend 채끝살 (요추 끝에서 바깥 부분)

beef brisket 차돌박이, 소의 가슴살(양지)

beef thin skirt 안창살 (갈비뼈 7~13번 안쪽에 붙은 살)

chuck flap tail 살치살 (머리 부분과 어깨 사이의 살코기)

flank 옆구리살 | thin flank 치마살

shin fore shank 사태살 (뒷사태 일부와 앞사태)

fore shank 앞사태 | hind shank 뒷사태

rib 갈비 | prime rib 최상급 갈비살 | ribeye 꽃등심

shoulder 전각 | silverside 소의 허벅지살 (topside)

knuckle round 도가니살 | rump round 보섭살

bottom round 소의 허벅다리의 바깥쪽 살

top round 우둔 | eye of round 홍두깨살

beef tripe 소곱창 | oxtail 소꼬리 | mince 다진 고기

- 돼지고기

boston butt 돼지목심 | pork neck 돼지 목살

pork belly 삼겹살 | loin 허릿살

pork neck 항정살 | skirtmeat 갈매기살 (원래는 가로막살이라 불림)

tenderloin 안심 | pork back rib 등갈비

forehock 돼지의 앞다리 위쪽의 고기 | trotter 돼지족발

intestine 내장 | chitterlings 돼지곱창 | tail 꼬리

pig skin / pork rind 껍데기살 | lard 돼지비계를 하얗게 굳힌 것

- 소시지

cervelat 훈제 소시지의 일종 | salami 살라미 소시지

chipolata (가늘고 작은) 소시지 | pepperoni 페퍼로니 소시지

chorizo 초리조 (스페인이나 라틴아메리카의 양념을 많이 한 소시지)

- 요리된 육류

rack (오븐에 구운 양이나 돼지의) 갈비구이 | sparerib 돼지갈비

T-bone 티본스테이크 (소의 허리 부분의 뼈가 붙은 T자형 스테이크)

chuck steak 암소목살 스테이크 | crown roast 크라운 로스트 (새끼 양, 송아지 따위의 갈비로 만드는 왕관형 로스트)

carbonado 가는 칼집을 내어 석쇠에 구운 고기나 생선 요리

escalope 에스칼로프 (얇게 저민 살코기에 빵가루를 발라 튀긴 요리)

colonial goose 양고기 통구이 | cold cuts 편육

stew 스튜, 뭉근히 끓인 고기

meat simmered in sauce 소스를 넣고 뭉근히 끓인 고기

- 기타

cutlet 두툼한 고기 조각 cf. fillet 생선의 뼈를 발라내고 저민 살코기

turkey 칠면조 | scragend 양/송아지의 목덜미고기 | venison 사슴고기

entrecote 앙트르코트 (갈비 사이에 있는 스테이크용 고기)

halal meat 이슬람교 교리에 따라 도축된 고기

ripening 숙성 | dry-aging 건조숙성 | rigor mortis 사후강직

곡류

농사를 지어서 수확해내는 작물, 곡물, 곡식은 일반적으로 crop이라고 한다. grain은 밀, 옥수수, 쌀 등의 곡물 낟알을 가리키는 말에서 집합적으로 '곡물, 곡식류'를 의미하는 말로 확장되어 쓰인다. 라틴어 granumkernel 작은 알갱이에서 생겨난 단어이다. granite화강암도 암석의 오돌도돌한 모양으로 인해 그 이름을 갖게 되었으며, 육류의 육즙에 밀가루 등을 넣어 만드는 그레이비 소스gravy도 같은 어원에서 생겨난 단어들이다.

cereal시리얼도 '곡물, 곡류'란 뜻인데, 주로 식사대용으로 가공한 곡류를 가리킬 때 쓴다. 로마 신화의 농업과 풍작의 여신 Ceres케레스, 그리스 신화의 Demeter(데메테르)에서 유래한 단어이다.

[어원 007] **곡류**

- **grain** 곡물 ↞ 인간이 섭취하는 쌀, 보리, 콩, 밀, 옥수수 등을 가리킴

  [라] granum = kernel 작은 알갱이

  | **granum에서 파생한 단어**

  granular 알갱이의 | granite 화강암

  granary 곡물저장고 | gravy 그레이비 소스

- **cereal** 시리얼 ↞ 곡류를 가공하여 간단한 식사대용으로 먹는 식품

  [로마 신화] Ceres 농업과 풍작의 여신

063

곡류: 밀

쌀만큼이나 중요한 곡물인 밀, wheat는 게르만조어 hwaitjazthat which is white 하얀 것에서 유래했다. 밀의 색으로 인해 생겨난 단어로 보인다. 밀의 배유(albumen) 부분을 가루로 만든 것이 flour, 즉 밀가루이다. 고대 프랑스어에선 flor가 꽃flower과 밀가루flour를 모두 나타내

었다가 오늘날 영어에선 flower와 flour로 나뉘어졌다.
참고로, 정신의학에서 흔히 거식증이라 일컫는 sitophobia의 그리스 어근 sitos는 원래 '밀wheat, ~~옥수수~~corn, 한 끼 음식meal'의 뜻이었다. 말 그대로 먹는 것을 두려워하는 병적 증상이다.

밀가루의 종류

밀가루 중 강력분hard wheat flour은 글루텐 함량이 높아서 밀가루 반죽(dough)이 탄력이 있으며 주로 빵을 만들 때 사용된다. 박력분weak wheat flour은 글루텐 함량이 적으며 케이크를 만들 때 사용된다. 참고로 박력분의 '박'은 한자로 薄(엷을 박)이어서 탄력이 적다는 것을 알 수 있다.
밀에서 기울(bran)과 배아(gemmule)를 제거한 후 만든 밀가루는 다목적 밀가루all purpose flour라 불리며 인도의 빵인 난, 피자 등 다양한 음식 재료로 사용된다.

빵

bread는 게르만어에서 유래하여 고대 영어 brēad가 되었을 것으로 추정된다. 어근에 bread를 포함하는 단어 중 companion동료이란 단어가 있는데 라틴어 com together 함께과 panisbread 빵가 합쳐진 단어이다. 함께 빵을 먹을 정도로 친한 사이여야 비로소 '동반자'가 될 수 있다고 이해하자. company일행, 회사도 같은 어원을 가진 단어인데 '회사'야말로 사람들이 같이 밥을 벌어먹는 장소 아닌가. 하지만 company와 비슷한 뜻인 comrade전우, (정치적) 동지는 cameravaulted chamber 아치형 방라는 라틴어에서 유래하였으므로 방을 같이 사용할 만큼 친근한 관계라고 이해하자. 아무튼 먹을 것을 나눠 먹는 사이는 정말 절친한 사이인 듯하다. pantry식료품 저장실도 라틴어 panis bread 빵에서 생겨난 단어이다.

햄버거

밀로 만든 빵 중 패스트푸드로 가장 인기를 끌고 있는 hamburger햄버거는 원래는 '함부르크 태생'이란 뜻이었다가 19세기 말경부터 독일 도시인 함부르크의 이름을 딴 스테이크를 가리키게 되었다고 한다.

국수류

국수류는 흔히 이스트를 넣지 않은(unleavened) 밀 반죽dough으로 만든다. 영어로는 noodle이라고 하는데, 독일어 Nudel에서 생겨난 단어이다. 하지만 음식 자체는 중국에서 유래한 것으로 추정된다. 4천년 전 중국에서 국수를 먹었다는 가장 오래된 증거가 발견된 바 있다.

파스타

그리스어 pasta barley porridge 보리죽에서 생겨난 이탈리아 면 요리 파스타(pasta)는 지금은 전 세계인이 즐겨 먹는 음식이다. 파스타의 기원에는 여러가지 설이 있는데 그중 하나가 13세기에 중국에서 이탈리아로 들여왔다는 설이다.

사람들은 파스타를 즐겨 먹으면서도 파스타 면의 종류가 300개가 넘는다는 사실을 잘 모를 수 있다. 예전에는 파스타를 무조건 스파게티라고 불렀었는데 이 spaghetti스파게티도 사실 파스타 면의 한 종류에 불과하다. 이탈리아어 spagostring 줄에서 생겨난 spaghetti는 말 그대로 얇고 길쭉한 면이다. 이외에도 이탈리아어 lingua혀에서 생겨난 linguine링귀니, 이탈리아어 fettuccia ribbon 리본에서 생겨난 fettuccine 페투치네, 면이 링귀니보다 넓음, 이탈리아어 buco hole 구멍에서 생겨난 bucatini부카티니, 파스타 중앙에 구멍이 뚫려 있음 등의 긴 파스타 종류들이 있다.

macaroni마카로니와 penne펜네는 짧고 구멍이 뚫려 있는 파스타의 종류이며 만두처럼 속을 채운 사각형의 ravioli라비올리와 넓은 면 위에 다진 고기와 야채를 넣은 소스를 발라 층층이 쌓은 lasagne라자냐도 있다.

내용물과 소스에 따라 파스타를 구별할 수도 있다. 마리나라는 토마토, 마늘, 허브, 양파, 향신료 등을 넣어 만든 소스이다. 이탈리아어 marinara는 이탈리아어 marinaro선원의 복수형으로 '선원들'이란 뜻인데 선원들이 항해 중에 즐겨 먹던 파스타 스타일이어서 그런 이름이 붙었다.

여러 종류의 해산물과 토마토가 들어 있는 소스는 페스카토레인데 이탈리아어 pescatore는 어부fisherman란 뜻이다. 잣과 바질을 갈아서 만든 페스토의 이탈리아어 pesto는 crushed으깬란 뜻인데 전통적으로 잣과 바질을 절구(mortar)에 넣고 으깨서 만든 데서 유래한 이름이다.

한국에서 널리 알려진 알리오올리오는 이탈리아어 aglio마늘와 oliool ive oil 올리브 오일를 그대로 딴 이름이다. 베이컨, 계란 노란자, 마늘, 진한 크림, 강판에 갈은(grated) 치즈 등을 넣은 까르보나라는 숯가마charcoal burner라는 뜻의 이탈리아어 carbonaro에서 생겨났는데 탄광부들이 즐기던 식사였다는 설이 있다.

파마산 치즈와 버터를 넣은 알프레도alfredo는 로마의 Alfredo alla Scrofa라는 레스토랑 이름에서 생겨났다고 전해진다. 흔히 페투치네 파스타면이랑 함께 먹어서 Fettuccine Alfredo라고 불린다.

갈은 고기와 토마토를 넣은 볼로네즈Bolognese는 이탈리아 동북부 도시인 볼로냐Bologna에서 생겨났다. 구완치알레guanciale라는 돼지고기 뽈살과 양젖치즈, 토마토 소스를 베이스로 한 아마트리치아나amatriciana는 이탈리아 중부 도시 아마트리체amatrice에서 생겨났다. 조개국물과 조개clam로 맛을 낸 봉골레는 이탈리아어 vongole조개들에서 생겨났다.

파스타 요리에서 알단테al dente는 겉은 다 익었지만 속 심지의 흰색이 흐리게 남아 있어서 적당히 씹히는 맛이 있는 상태를 가리킨다.

- conchiglie 콘킬리에 (조개껍질 모양 파스타)
- farfalle 파르팔레 (리본모양 파스타) • stelline 스텔리네 (별모양 파스타)
- penne rigate 펜네 리가테 (이랑이 있는 원통형 숏파스타)
  cf. penne lisce 펜네 리세 (겉면이 매끈한 펜네)
- fusilli 푸실리 (꽈배기 모양 숏파스타) • rotelli 로텔리 (바퀴모양 파스타)
- fettucine 페투치네 (넓적한 파스타)

피자

pizza는 이탈리아어 pizza에서 생겨났는데 원래 케이크나 파이란 뜻이었다가 현재의 피자가 되었다. 피자의 본고장home인 이탈리아에서는 피자 요리사를 전문적으로 pizzaiolo라고 부르고 피자 전문점은 pizzeria라고 부른다. 피자 반죽dough은 밀가루, 올리브 오일, 물, 소금, 이스트(yeast)가 주성분이다.

피자는 뿌리는 토핑과 치즈 종류에 따라 치즈피자Cheese Pizza, 페페로니 피자Pepperoni Pizza, 마르게리타 피자Margherita Pizza, 마르게리타 치즈 토핑, 고르곤졸라 피자Gorgonzola Pizza, 고르곤졸라 치즈 토핑, 슈프림 피자Superme Pizza 등으로 나뉜다. 슈프림 피자는 일명 콤비네이션 피자라고도 불리는데 올리브, 소고기, 피망, 양파, 버섯, 마늘, 페페로니, 초리조chorizo, 모차렐라 치즈, 파마산 치즈 등의 다양한 토핑을 얹은piled 피자이다.

피자는 또 지역에 따라서도 구분된다. 이탈리아의 대표적 피자로 나폴리 피자Neapolitan Pizza가 있는데 Naples 지역의 피자를 일컬어 Neapolitan Pizza라 한다. 이외에 시실리 피자Sicilian Pizza도 이탈리아 피자이며, 시카고 피자Chicago Pizza와 디트로이트 피자Detroit Pizza는 미국 피자이다. 우리에게 널리 알려진 시카고 피자는 가장자리 부분(crust)이 바삭바삭한(crispy) 두꺼운dip-dish 피자이다.

피자도구로는 피자커터cutter, 피자집게gripper, 피자 덜어주는 도구server, 피자 구울 때 피자를 들어올리는 삽모양 주걱peel 등이 있다.

어원 008 곡류: 밀

064

- **wheat** 밀 ← 과자나 빵 등의 원료인 볏과의 한해살이 풀
  [게] hwaitjaz = that which is white 하얀 것
- **albumen** 배유 ← 씨앗 속에 있는 조직
  [라] albumen = white of an egg 알의 흰자 부분
- **sitophobia** 거식증 ← 먹는 것을 두려워하는 병적 증상
  [그] sitos = wheat 밀, corn 옥수수, meal 한 끼 음식
- **dough** 밀반죽 ← 밀가루 반죽
  [게] daigaz = dough 반죽 ★daigaz는 인도게르만공통조어 dheigh(형성하다)에서 생겨남
  | **daigaz에서 파생한 외국어**
  (스웨덴어) deg 반죽 | (네덜란드어) deeg 반죽 | (독일어) Teig 반죽

| **dheigh에서 파생한 단어**

figure 수치, 인물, 모습 | figurine 작은 조각상

prefigure 예시하다 | transfigure 변모시키다

configure 환경을 설정하다

disfigure 흉하게 만들다 (dis = lack of ~이 부족한, not 아닌)

effigy (흉하게 만든) 모형 | fictile 가소성의, 찰흙으로 만든

fiction 소설, 허구 | fictitious 허구의 | figment 꾸며낸 것, 허구

faint 희미한, 아주 옅은 | feign 가장하다 | feint 상대방을 속이는 동작

- **bran 기울** ↔ 밀의 가루를 쳐내고 남은 속껍질 ★쌀, 보리 등의 '겨'도 bran 이라고 함

  ㊥ bren = bran 기울

- **gemmule 배아, 어린 싹** ↔ 수정란이 약간 발달한 어린 홀씨체

  ㊵ gemma = bud 봉우리 ★라틴어 gemma는 stone(돌)이란 뜻도 갖고 있음 ex. gem 보석

- **bread 빵** ↔ 밀가루를 반죽하여 만든 음식

  ★게르만어에서 유래하여 고대 영어 brēad가 되었을 것으로 추정됨

  cf. (독일어) Brot 빵 | (네덜란드어) brood

- **unleavened 반죽에 이스트를 넣지 않은** ↔ 반죽을 부풀리는 이스트 없이 반죽한

  ㊵ levare = raise 들어올리다 ★이스트는 빵을 부풀게 하는 용도임

  cf. leavened 이스트를 넣은

- **noodle 국수, 국수류** ↔ 밀가루 반죽으로 만든 면류 음식

  ㊦ Nudel = noodle 국수 ★음식 자체는 중국에서 유래한 것으로 추정됨

- **pasta 파스타** ↔ 이탈리아 면 요리

  ㉠ pasta = barley porridge 보리죽

- **marinara 마리나라, 선원(들)** ↔ 선원들이 즐겨 먹었던 토마토 파스타 소스

  ㊵ mare = sea 바다 ★mare에서 이탈리아어 marinaro(선원)가 파생함

  | **mare에서 파생한 단어**

  marinate (생선 등을) 양념장에 재워두다 | marinade 양념장

  marine 바다의 | maritime 바다에 접한 | marina 요트 정박지

  rosemary 로즈마리 (해변 근처에서 자람)

- **pescatore** 페스카토레, 어부 ↞ 해산물을 넣은 파스타 소스

  [라] pisces = fish 물고기

  | pisces에서 파생한 단어

  piscatory 어부의 | Pisces (별자리) 물고기자리
- **mortar** 절구 ↞ 음식을 빻는 도구

  [라] mortarium = bowl for mixing or pounding 섞거나 부수는 데 쓰는 그릇
- **grated** 음식이 갈려진 ↞ 으깨어 부순

  [게] krattojan = scratch 긁다
- **pizza** 피자 ↞ 밀가루 반죽에 갖가지 토핑을 얹어 구운 이탈리아 파이

  [이탈리아어] pizza 케이크, 파이
- **yeast** 이스트 ↞ 빵을 부풀리는 효모

  [게] jest = yeast 효모 ★jest는 인도게르만공통조어 yes(boil 끓이다)에서 파생함

  | jest에서 파생한 외국어

  (스웨덴어) jäst 효모 | (독일어) Gischt 물거품 | (독일어) gären 발효시키다
- **crust** 껍질 ↞ 겉을 싸고 있는 부분

  [라] crusta = rind 껍질
- **crispy** 바삭바삭한 ↞ 과자 등이 잘 구워져 보송보송한

  [라] crispus = curled 곱슬 털의

곡류: 쌀, 보리, 옥수수

쌀

쌀은 영어로 rice라고 하는데, 그리스어 oryza에서 발전한 단어이다. 더 거슬러 올라가면 산스크리트어 vrihi-s에서 발전했다.
이탈리아어의 riso도 쌀이란 뜻이다. 그래서 고기와 치즈 등을 넣은 요리를 risotto리조또라고 하게 된 것. 쌀은 원래 아시아가 주재배지였기에 말레이어 padi도 타작되지 않은 쌀이란 뜻인데 이것이 영어에서 논을 뜻하는 paddy로 쓰이게 되었다.

보리

고대 스칸디나비아어 barr보리 혹은 라틴어 far거친 곡물와 어원이 같을 것으로 여겨지는 barley보리는 고대 영어 bere barley 보리에서 생겨났다. 보리를 보관하는 창고였던 barn헛간도 어원이 같다. pasta파스타도 barley porridge보리죽를 뜻하는 그리스어 pasta에서 파생한 단어이다. 또, 커피로 유명한 인도네시아 공화국의 본 섬 Java자바도 산스크리트어 yava보리와 dvipa섬가 합쳐져 생겨난 지명이다. 곡식이 일반 단어뿐 아니라 지명에도 영향을 미쳤다는 것을 알 수 있다.

옥수수

일명 maize아라와크어족 mahiz = maize 옥수수라고도 불리는 corn옥수수은 멕시코에서 처음 재배된 것으로 추정된다. 알갱이(kernel)가 음식으로 애용되는 sweet corn도 있지만, 동물의 사료로 애용되는 field corn사료용 옥수수도 있다.
미국에서 생산되는 버번 위스키bourbon whiskey가 옥수수와 호밀(rye)로 만들어진다는 것은 널리 알려진 사실이다. 호밀은 터키에서 야생으로 자라다가 중세 이후 유럽에서 널리 재배된 작물이다. 미국 작가 제롬 데이비드 샐린저Jerome David Salinger의 ≪호밀밭의 파수꾼The Catcher in the Rye≫이란 제목으로도 유명해진 곡물이다.

어원 009 곡류: 쌀, 보리, 옥수수

065

- **rice** 쌀 ↞ 벼의 알갱이

  ㉠ oryza = rice 쌀

  cf. oryzenin 오리제닌 (쌀의 주된 단백질)

  oryza sativa 벼 (전 세계 50퍼센트의 주산물)

  | **oryza에서 파생한 외국어**

  (독일어) Reis 쌀 | (프랑스어) riz 쌀 | (폴란드어) ryż 쌀

- **paddy** 논 ↞ 벼를 심는 땅

  (말레이어) padi = rice in the straw 타작되지 않은 쌀

- **barley** 보리 ↞ 온대 지역에서 재배되는 볏과의 식물

  (고대영어) bere = barley 보리

- **barn** 헛간 ↞ 쓰지 않는 물건을 쌓아두는 광

  ㉧ bere = barley 보리

  ㉧ aern = house 집

- **corn** 옥수수 ↞ 가축 사료로도 사용하고 인간도 섭취하는 볏과의 한해살이 풀

  ㉮ kurnam = corn 옥수수 ★kurnam은 인도게르만공통조어 gre-no(grain 곡물)에서 파생함

  | **gre-no에서 파생한 단어**

  granule 작은 알갱이 | granary 곡물 저장고

  garnet 석류석 | granite 화강암 | grenade 수류탄

  grange 농장 건물이 딸린 농가 | granger 농장 관리인

  pomegranate 석류

- **kernel** 씨앗의 알맹이, 핵심 ↞ 껍질을 벗기고 남은 속 부분

  ㉮ kurnilo = grain 곡물 ★kurnilo는 인도게르만공통조어 gre-no(grain 곡물)에서 파생함

- **rye** 호밀 ↞ 가루가 식용인 볏과의 한해살이 풀

  ㉮ ruig = rye 밀

그 밖의 곡물 관련 표현들

- 빵의 종류

bap 납작하고 동그란 롤빵 | barmbrack 건포도가 든 맛이 깊은 케이크
bun 둥글고 단 작은 빵 (roll) | bagel 베이글빵 | garlic bread 마늘빵
baguette 바게트 빵 | pastry 페이스트리 | croissant 크루아상
Boston brown bread 호밀가루와 옥수수가루 등으로 만든 찐빵
crouton 크루톤 (수프나 샐러드에 넣는 바삭하게 튀긴 작은 빵 조각)
brioche 브리오슈 (달고 작은 빵) | Swill roll 잼 등을 넣고 둥글게 만 빵
whole wheat bread 통밀빵 | organic bread 유기농빵
flatbread 효모를 사용하지 않은 빵
quick bread 베이킹파우더를 넣어 즉석에서 구운 빵 (corn bread, muffin 등)
English muffin 커다랗고 두꺼운 철판에서 구운 둥근 머핀
simnel 과일 케이크 | toast 토스트 | sandwich 샌드위치
hallah 유대교에서 축일에 먹는 흰빵
matzo 유월절(Passover)에 유대인이 먹는 비스킷 같은 빵
nan 남아시아에서 먹는 납작한 빵
Anpan 일본 단팥빵 | Hallula 아유야 (칠레의 빵)
waffle 와플 | crepe 얇은 펜케이크
ciabatta 치아바타 (길쭉한 이탈리아 빵)
pitta 피타빵 (가운데 다른 재료를 넣어 먹는 빵)

- 과자 종류

cookie 쿠키 | macaron 마카롱
shortbread 비스킷 (밀가루, 설탕, 버터를 듬뿍 넣은 과자)
cracker 밀가루와 물로 만든 얇고 바삭한 구운 과자
wafer 얇고 바삭하게 구운 과자, 웨하스

- 빵 관련 표현

a loaf of bread 빵 덩어리 | a slice of bread 빵 한 조각

slice 자르다 | brittle 부서지기 쉬운

crisp 바삭바삭한 | soggy 눅눅한

sourdough 시큼한 맛이 나는 반죽 | fermentation 발효

breadstuff 빵의 원료 | starch 전분 | finely ground 곱게 간

baked 오븐에 구운 | toasted 토스트 한

break bread 함께 식사하다, 성찬식을 하다

bread and butter 버터 바른 빵 ('밥벌이'이란 의미의 이디엄으로도 쓰임)

Bread is the staff of life. 빵은 생명의 양식이다

- 곡물 관련 표현

millet 수수, 기장 | buckwheat 메밀

oat 귀리 | wile rice 야생 벼 (Indian Rice)

brown rice 현미 | unpolished rice 현미

white rice 백미 (polished rice)

husk 곡물의 겉껍질 | ear (보리 등의) 이삭

malt (보리) 맥아, 엿기름 | wheat germ (밀) 맥아

cracked wheat 빻은 밀 | bulgur 밀을 반쯤 삶아서 말렸다가 빻은 것

grist 찧은 곡식 | groats 거칠게 빻은 밀가루

hulled 껍질을 벗긴 | crushed 빻은

crush 빻다 | grind 갈다

starchy 탄수화물이 많은 | a grain of 한 알의

thresh 탈곡하다 | sheave 곡물을 다발로 묶다

winnow 키질하다 | flail 도리깨질하다

sow (씨를) 심다 | plow 밭을 갈다, 경작하다

arable 곡식을 경작하는 | harvest 수확하다 | yield 수확물

13

생선과 해산물

Fish & Seafood

인스턴트 식품과 과도한 육류 섭취, 그리고 운동 부족으로
성인병에 노출되기 쉬운 조건을 갖춘 이에게
항상 하는 말이 있다.
"생선과 채소를 많이 드세요."

생선fish과 해산물seafood에는
양질의 단백질protein과 오메가-3 같은 지방산fatty acid은 물론
몸에 좋은 비타민vitamin과 무기질mineral이 다량 함유되어 있다.

비린 맛만 잘 잡으면 맛도 육류 못지않다.
찜 쪄 먹기도 하고 구워 먹기도 하고 삶아 먹기도 하지만
회sashimi, 초밥sushi과 같이 날 것으로 먹기도 한다.

생선과 해산물은 맛도 좋고 건강에도 좋은
그야말로 우리 식생활에서 빠질 수 없는 식품이지만…
나날이 심해지는 해양오염으로 원재료 자체가 위협해지고 있다.

생선

fish생선, 물고기는 인도게르만공통조어 peisk-fish 생선, 물고기에서 생겨나 라틴어 piscis생선, 물고기와 프랑스어 poisson생선, 물고기으로 파생해 나갔다. 참고로 fish는 단복수형이 같은 명사이다.

숭어

고대 로마인들은 해산물을 육류보다 더 즐겨 먹었다. 그 결과 굴oyster과 달팽이snail 양식이 성행하였고, 사람들이 즐겨 먹던 숭어(mullet)는 고가에 거래되었다.
그들의 생선에 대한 애정은 피쉬소스의 애용에서 잘 드러난다. 참치tuna, 농어seabass, 숭어mullet, 고등어mackerel 등을 와인이나 식초 등과 혼합해 만드는 가룸garum이란 피쉬 소스가 널리 애용되었다. 그 인기를 실감하게 해주는 증거가 고등어로만 만든 피쉬소스가 향수만큼이나 비싼 가격에 거래되었다는 점이다.

고등어

현재 가장 대중적인 생선으로 자리잡은 고등어, mackerel은 고대 프랑스어 maquerel에서 유래했다. 이는 고등어 몸의 얼룩으로 인해 라틴어 macula spot 점, stain 얼룩에서 생겨났을 것으로 추정된다.

꽁치

꽁치(saury)는 한국인들이 가장 즐겨 먹는 생선 중 하나이다. 소금을 뿌려서 통째로 굽기salt-grill에 적합한 크기이지만 뼈를 바르는 것debone은 귀찮은pesky 일이다. 꽁치는 난생(oviparous)알을 어미의 몸 밖에서 부화하는 것이라서 알들이 바다의 부유물floating objects에 붙어 다니다 부화된다. saury는 Pacific saury, mackerel pike 등의 이름으로도 불린다. 의외로 꽁치를 영어로 모르는 사람들이 많다. "Saury를 몰라서 Sorry예요."라고 하면 기억이 쉬울 듯.

멸치

포르투갈어 anchova에서 파생한 anchovy멸치는 사람들이 즐겨 먹는 식재료이기도 하지만 방어, 상어 등의 물고기들도 즐겨 먹는다. 이렇게 큰 물고기들이 잡아먹는 작은 바닷물고기를 forage fish 혹은 prey fish라고 한다. 우리말로는 '사료어'이다. 말 그대로 다른 물고기의 '먹잇감'이란 뜻이다. 파스타 요리 중에 마늘, 멸치, 고추, 올리브 오일을 재료로 하는 앤초비 파스타가 인기가 있고 동양에서는 액젓fish sauce으로 멸치가 애용되고 있다.

연어

연어(salmon)는 민물freshwater에서 태어난 후 바다로 옮겨갔다가 다시 번식을 위해 강을 거슬러 올라(anadromous) 민물로 돌아온다. 북태평양의 해안 거주자들이 즐겨 먹던 생선으로 켈트 신화나 아일랜드 신화에선 지식knowledge과 지혜wisdom를 상징하였다. 노르웨이 신화를 보면 파괴의 신인 로키Loki가 장님인 호드 신을 꼬드겨 빛과 평화의 신인 발데르Baldr를 죽이게 만들었는데, 로키는 보복이 두려워 연어로 변신해 숨어 있다가 결국 천둥의 신 토르Thor에게 꼬리를 잡힌다.

salmon의 어근인 라틴어 salire는 leap높이 뛰어오르다이란 뜻을 지니고 있다. 연어가 물 위로 펄쩍 뛰어오르는 모습을 연상해보라. 참고로 영어에서 salmon의 l은 묵음이므로 [새먼]이라고 발음해야 한다는 것을 잊지 말자. 많은 사람들이 무심코 '샐몬'이라 발음하는데 그것은 사람들이 요리사(cook)를 cooker요리용 레인지라고 말하는 것만큼 빈번히 저지르는 실수이다.

광어

광어(halibut)는 15세기에 butteflatfish 넙치류 앞에 haliholy 신성한를 붙인 단어이다. 넙적한 모양이란 점과 축제일에 먹는 생선이란 점에서 이런 이름이 붙었을 것으로 추정된다.

송어

송어(trout)는 연어과salmon family의 물고기로 그리스어 troktesa kind of sea fish 바다물고기의 일종에서 생겨난 단어이다. 송어는 인간의 식량일 뿐 아니라 독수리와 같은 맹금류의 먹잇감이기도 하다. 뼈가 없는 지방질의 지느러미를 갖고 있는 것이 특징이며 산란기가 되면 연어와 마찬가지로 강을 거슬러 올라와anadromous 알을 낳는다.

슈베르트Schubert가 작곡한 유명한 가곡으로 Die ForelleThe Trout 송어가 있다. 영어로 번역된 가사 중에 In a bright stream a moody trout passed by in a haste밝은 시내에 변덕스러운 송어 한 마리가 서둘러 지나가네라는 부분이 있다. 사람들이 슈베르트의 '송어'를 '숭어'gray mullet 라고 헷갈리는 경우가 있는데 이 가사에서 알 수 있듯이 '시내'로 강을 거슬러 돌아온 것은 연어과인 송어이다.

도미

도미(sea bream)의 bream은 게르만조어 brehwanshine 빛나다에서 생겨난 단어로, 어원이 말해주듯 비늘이 크며 은빛으로 반짝거리는 특성을 갖고 있다. 눈과 멀리 떨어진 작은 입에는 어금니 같은 이빨도 있다. 동의어 porgy도미는 그리스어 phagrossea bream 도미에서 생겨난 단어이다.

민어

민어(croaker)는 고대 영어 cracianmake a sharp noise 날카로운 소리를 내다에서 생겨난 단어이다. 부레(swim bladder)의 근육이 수축 이완하면서 나는 반복적인 소리가 마치 북을 치는 듯한 데서 생겨난 이름이다. drum이라고도 부르며 전문 용어로는 sciaenid민어과로 불린다. 꼬리지느러미(caudal fin)는 둥글거나 뾰족하다.

명태

식용으로 가장 많이 이용되는 명태(pollock)는 스코틀랜드어 pod-lok에서 파생한 단어이다. 대구과cod family 생선인 명태는 뼈를 발라내고 저민 살코기인 fillet 형태로 주로 사용된다. 프랜차이즈 식당의 저렴한 샌드위치용 생선으로 가장 많이 사용되고 있다.

갈치

갈치는 hairtail 또는 cutlassfish라고 한다. 뱀장어처럼 몸이 길고elongated 은색인 갈치과Trichiuridae의 바닷물고기이다. cutlass는 단검이란 뜻으로 마치 단검이 휜 것처럼 갈치의 휘어진 모양 때문에 붙은 이름이다. 갈치는 새우, 오징어 등을 먹고 살며 빽빽하게 모여 떼를 지어 다니는 습성이 있다.

생선을 이용한 음식

미국의 대표 음식이 햄버거이듯, 영국에도 대표 음식이 있다. 튀긴 생선과 튀긴 감자 요리인 피쉬앤칩스fish & chips이다. 밀가루 옷을 입혀coated 튀긴 생선요리는 19세기 중반 런던의 한 유태인 이민자에 의해 탄생한 음식이다. 피쉬앤칩스에 주로 사용되는 생선은 대구cod와 대구보다 작은 해덕haddock이란 생선이다. 이 생선들의 질감(texture)이 제법 단단해 쉽게 조각조각 부서지지(flaky) 않기 때문이다.
이외에도 인도, 스리랑카뿐 아니라 전 세계인들이 즐겨 먹는 피쉬 커틀릿(fish cutlets)도 생선을 이용한 요리이다. 센 불에 빨리 볶아낸sautéed 야채와 저민filleted 생선, 그리고 삶은 감자를 섞어 완자fishcake를 만들어 빵가루에 묻혀 튀기는 음식이다. cutlet은 프랑스어 costerib 갈비에서 생겨난 단어로 프랑스에서 즐겨 먹던 작은 갈비 모양으로 빚은 전채요리였다. 커틀릿과 비슷하지만, 크로켓(croquette)은 공처럼 둥근 모양인데 프랑스어 croquercrush 으깨다에서 생겨난 단어이다. 크로켓에는 새우, 게 등의 해산물도 즐겨 이용된다. 크로켓의 일본어식 발음이 '고로케'이다.
생선으로 만드는 요리 중 전 세계적으로 사랑받는 요리가 스시sushi이다. 스시는 대부분의 사람들이 일본에서 생겨났다 알고 있지만 사실은 2~3세기에 동남아에서 소금에 절인 생선에 밥을 넣어 발효시켜 먹었던 것이 8세기경 중국을 거쳐 전해졌다고 추정된다. 이를 나레즈시narezushi라고 하는데, 나레즈시는 발효된 생선을 꺼내 먹을 때 밥은 털어버린다. 쌀은 생선이 상하지 않도록 하는 방부제preservative 역할을 할 뿐이다.

어원 001 생선

066

- **fish** 생선 ↞ 식용으로 잡은 물고기
  ⓘ peisk- = fish 생선
- **mullet** 숭어과의 어류 ↞ 납작한 숭엇과의 바닷물고기 종류
  cf. gray mullet 숭어

[그] myllos = marine fish 바닷물고기 ★더 거슬러 올라가면 동물 몸속의 검은 색 색소인 melanin(멜라닌)의 어근 mel(of darkish color 거무스름한 색의)과도 연관이 있어 보임

- **mackerel 고등어** ↔ 기름지고 물결 무늬가 있는 바닷물고기

[프] maquerel = mackerel 고등어

- **saury 꽁치** ↔ 한국이나 일본 근해에 분포되어 있는 바닷물고기

[그] sauros = horse mackerel 다랑어

- **oviparous 난생의** ↔ 알이 어미의 몸 밖에서 부화되는

[라] ōvum = egg 알

[라] parire = bring forth 낳다

| **parire에서 파생한 단어**

biparous 쌍둥이를 낳은 (bi = two 2)

viviparous 태생의 (vivus = alive 살아서) ★뱃속에서 어느 정도 자란 다음에 태어나는 것

parturient 만삭의, 해산의 | antepartum 분만 전의

- **anchovy 멸치** ↔ 사료어인 작은 바닷물고기

[포르투갈어] anchova = anchovy 멸치

- **salmon 연어** ↔ 가을에 강 상류로 올라가 알을 낳고 죽는 바닷물고기

[라] salire = leap 높이 뛰어오르다

| **salire에서 파생한 단어**

resilient 탄력 있는 (re(again 다시)와 결합해 튀어 올랐다 다시 튀어 오를 정도로 탄력 있는 모습)

salient 두드러진 | salacious 외설스러운 (정상적인 묘사보다 성적인 묘사가 두드러짐)

desultory 종잡을 수 없는 (down(아래로)과 결합해 종잡을 수 없이 아래로 펄쩍거리며 뛰는 모습)

insult 모욕하다 (in(upon ~를 대상으로)과 결합해 펄쩍거리며 상대를 말로 찌르는 모습)

assault 공격하다 (ad(to ~에게)와 결합하여 ~에게 펄쩍거리며 공격하는 모습)

- **anadromous 강을 거슬러 올라가는** ↔ 상류에서 하류 대신 하류에서 상류로 올라가는

[그] ana = back 뒤로 [그] dramein = run 달리다

| dramein에서 파생한 단어

dromedary 단봉 낙타 | dromos 경기장

- **halibut 광어** ↔ 넙치과의 바닷물고기

(중세영어) hali = holy 신성한

(중세영어) butte = flatfish 넙치

| hali와 butte에서 파생한 외국어

(네덜란드) heilbot 넙치의 일종

(스웨덴) helgeflundra 넙치류와 비슷한 가자미

(덴마크어) helleflynder 가자미 ★스웨덴어와 덴마크어는 게르만조어 flunthrjo(flatfish 넙치류)와 합쳐진 단어임

- **trout 송어** ↔ 짙은 푸른색(배는 은색)의 연어과 물고기

(그) trogein = gnaw 갉아먹다

- **sea bream 도미** ↔ 비늘이 크며 은빛으로 반짝거리는 해저에 사는 바닷물고기 ★도미 중에는 붉은빛을 띠는 붉돔(red snapper)도 있음

(게) saiwa = sea 바다

(게) brehwan = shine 빛나다

| saiwa에서 파생한 외국어

(스웨덴어) sjö 바다

| brehwan에서 파생한 외국어

(네덜란드어) zeebrasem 도미과의 물고기 | (이탈리아어) abramide 도미

- **croaker 민어** ↔ 등이 회청색인 바닷물고기

(고대영어) cracian = make a sharp noise 날카로운 소리를 내다

- **swim bladder 부레** ↔ 물고기의 공기주머니

(게) swimjan = swim 헤어침다 ★인도게르만공통조어 swem(be in motion 움직이다)에서 파생함

(게) blodram = something inflated 부푼 것 ★blodram은 인도게르만공통조어 bhle(blow 불다)에서 파생함

| swimjan에서 파생한 외국어

(네덜란드어) zwem'men 부유하다, 헤엄치다

(독일어) schwimmen 헤엄치다

| blodram에서 파생한 외국어

(네덜란드어) blaar 물집 | (독일어) Blatter 부스럼

- **caudal 꼬리모양의, 꼬리 쪽에 있는** ↔ 동물의 꽁무니와 비슷한 모습인

[라] cauda = tail of an animal 동물의 꼬리

- **fin 지느러미** ↞ 물고기가 헤엄치는 데 사용하는 기관

[게] finno = fin 지느러미

| **finno에서 파생한 외국어**

(네덜란드어) vin 지느러미

- **pollock 명태** ↞ 등이 엷은 회갈색인 대구과의 바닷물고기

[스코틀랜드어] podlok = pollock 대구

- **fillet 뼈를 발라내고 저민 살코기** ↞ 여러 개의 작은 조각으로 발라낸 고기

[프] fil = thread 실

| **fil에서 파생한 단어**

file 항목별로 철하다 | enfilade 종렬 배치법 | filament 전구 속 필라멘트

- **texture 질감** ↞ 재질에 따른 느낌

[라] texere = weave 짜다

- **flaky 조각조각으로 벗겨지는** ↞ 쉽게 작게 부서지는

[게] flakaz = flake 작은 조각

| **flakaz에서 파생한 외국어**

(네덜란드어) vlak 평평한 | (독일어) Flocke 식품의 플레이크, 눈송이

- **cutlet 커틀릿** ↞ 찐 감자에 납작하게 썰거나 다진 고기나 생선을 섞어 완자를 만들어 튀긴 음식

[프] coste = rib 갈비

- **croquette 크로켓** ↞ 찐 감자에 볶은 야채, 고기 혹은 해산물 등을 넣어 동그랗게 빚어 튀긴 음식

[프] croquer = crunch 으깨다

해산물

물고기, 새우, 조개, 미역 등 바다에서 나는 산물을 통틀어 해산물 seafood이라고 한다. 그중 앞서 다룬 생선을 제외한 대표적인 해산물 몇 가지를 살펴본다.

갑각류

갑각류(crustacean)는 몸이 머리, 가슴thorax, 배abdomen의 세 부분으로 이루어진 동물들로 가재, 게, 새우 등이 이에 속한다. crustacean은 껍질crust이란 뜻의 라틴어 crusta에서 생겨났으므로 갑각류를 몸 밖에 껍질이 붙어 있는 동물류라고 이해하자.

바닷가재

바닷가재를 뜻하는 lobster랍스터는 라틴어 lucusta marine shellfish 바다 갑각류가 변형된corrupted 단어이다. 랍스터는 바닷속에서 꼬리를 파닥거리며flap 돌아다니기 때문에 꼬리 살에 근육이 많다. 랍스터는 앞쪽에 2개의 집게발claw과 몸 옆쪽에 4쌍(8개)의 다리가 달려 있어서 총 10개의 다리가 있는 십족류(decapod)이다. 집게발 중 하나가 다른 하나보다 더 커서 더 단단한 것을 부술 때 사용한다.

게

crab은 고대 영어 crabba에서 생겨났는데 네덜란드어 krab이 게이고 독일어 krabbe가 게인 것으로 보아 같은 게르만어에서 파생했을 것으로 추정된다. 바닷가재와 마찬가지로 대부분의 게도 다리가 10개인 십족류이며 각 다리에는 7개의 마디가 있어서 대부분은 옆으로sideways 걷는다.

새우

또 다른 갑각류인 새우(shrimp)는 작고 굽은 등이 특징이다. shrimp는 바로 그 굽은 등 모양을 표현하기 위해 게르만조어 (s)kerbbend 모양이 굽다에서 생겨난 단어이다. 새우의 10개의 다리는 pleopods헤엄다리라고 일컬어지는데 pleopod는 그리스어 pleinswim 헤엄치다에 podfoot 발를 붙인 단어이다. shrimp보다 더 큰 새우를 흔히 prawn이라고 하며 이보다 더 큰 대하는 tiger prawn이라고도 한다.

연체동물: 조개와 홍합

조가비가 두 짝으로 이루어진 조개를 쌍각류bivalve라고 하는데 이 조개들은 연체동물(mollusk)의 하나이다. 껍질이 입을 다문 듯한 모양을 한 조개는 clam이라고 하고 넓은 부채 모양의 가리비는 scallop이라고 한다. 조개를 넣어서 만드는 서양의 인기 요리 중 하나로 clam chowder클램 차우더가 있다. chowder가 라틴어 caldariacooking pot 솥에서 파생한 걸 보면 뭉근히 오래 끓여내는 걸쭉한 수프의 특성을 강조한 단어이다.

검정색 껍질과 작은 크기 때문에 라틴어 musculuslittle mouse 작은 쥐에서 생겨난 홍합 혹은 섭조개는 mussel이라고 한다. 고대부터 식량으로 널리 이용되었던 해산물들이다.

연체동물: 굴

굴(oyster)은 선사시대부터 로마 시대에 이어 현재의 영국, 프랑스, 아일랜드 등의 유럽국가들을 포함한 전 세계 사람들이 즐겨 먹는 해산물이다. 굴은 흔히 12개월 중 영어 알파벳 r이 들어가는 달에만 먹으라고 권해지는데 여름에 적조red tides 현상이 생겨서 혹은 여름에 바닷물이 더워져서 해산물이 부패되기 쉬우므로 여름이 오기 전에 혹은 지난 다음에 먹으라는 뜻으로 이해된다.

oyster는 라틴어 ostreumoyster 굴에서 생겨난 단어로 더 거슬러 올라가면 인도게르만공통조어 ostbone 뼈에서 발전된 단어이다. 굴을 둘러싼 껍질이 단단해서 붙여진 이름이다. 참고로, 같은 어원에서 파생한 그리스어 ostrakonpotsherd 질그릇 조각에서 '배척'을 뜻하는 ostracism이란 영어단어가 나왔다. 고대 아테네에서 위험인물로 간주되어 추방해야 하는 사람의 이름을 potsherd질그릇 조각에 적어 시민들이 찬반 투표하던 방식에서 생겨난 뜻이다. 투표용지 대신 사용된 질그릇 조각이나 타일 등의 딱딱한 도기가 단어에 그대로 표현된 셈이다.

연체동물: 오징어와 문어

오징어와 문어도 고대부터 지금까지 식량으로 널리 이용되는 대표적인 두족류(cephalopod)의 연체동물이다. 그리스어 kephalēhead 머리와 podfoot 발가 합쳐진 단어이다. 말 그대로 머리에 발 혹은 촉수tentacles가 달려 있다는 뜻이다. 머리가 커서인지 가장 머리가 좋은 무척추동물이기도 하다.

오징어는 찍 하고 먹물을 내뿜는squirt out 모습으로 인해 squid란 이름을 갖게 되었다. 갑오징어는 cuttlefish라고 불린다.

문어는 여덟 개의 발을 갖고 있는 특징에서 그리스어 okto여덟와 pous발가 결합해 octopus라는 이름을 갖게 되었다. 문어의 다리가 8개인데 반해, 오징어는 8개의 발과 빨판이 달린 발보다 더 긴 2개의 촉수tentacle를 갖고 있다. 낙지는 문어과로 분류되어서 영어로는 문어와 마찬가지로 octopus라고 불린다.

김, 미역 파래

흔히 김, 미역, 파래가 다 같은 해초(algae)라고 이해하고 있지만 세분하자면 미역과 다시마는 녹갈색을 띤 갈조류brown algae이며, 김은 붉은 빛을 띤 홍조류red algae, 파래는 녹색을 띠는 녹조류green algae이다. 이런 해조류seaweed는 영어로 laver라고 불리는데 그중 김은 red laver, 파래는 green laver로 표현하면 된다. 미역은 sea mustard라고 불리는데 칼슘과 요오드가 많아 여성들이 임신 중이나 출산 후post-labor에 즐겨 먹는 음식이다.

어원 002 해산물

067

- **crustacean** 갑각류 ←← 물속에 사는 절지동물 (바닷가재 등)
  [라] crusta = crust 껍질
  | **crusta에서 파생한 단어**
  encrust 외피로 덮다 | custard 우유, 설탕, 계란, 밀가루를 섞어 구운 과자
- **lobster** 바닷가재 ←← 집게발이 두 개, 다리가 8개인 갑각류
  [라] locusta = marine shellfish 바다 갑각류
- **decapod** 십족류 ←← 다리가 열 개인 동물
  [그] dekapous = ten-footed 발이 열 개인
- **crab** 게 ←← 대부분이 옆으로 걷는 갑각류
  [고대영어] crabba에서 생겨남 ★crabba는 게르만어에서 파생한 것으로 추정
- **shrimp** 새우 ←← 딱지로 덮여 있는 절지동물
  [게] (s)kerb = bend 모양이 굽다
- **pleopod** 유영각 (헤엄다리) ←← 몸이 물에 떠가도록 헤엄치는 데 사용되는 다리
  [그] plein = swim 헤엄치다
  [그] pod = foot 발

- **mollusk 연체류** ↔ 뼈가 없고 몸이 부드러운 달팽이, 조개, 오징어 등의 동물

  ㊃ mollis = soft 부드러운

- **clam 조개** ↔ 두 개의 딱딱한 껍데기가 몸을 감싸고 있는 연체동물

  ㉦ klam = squeeze together 함께 짜다

  | **klam에서 파생한 외국어**

  (독일어) klamm 궁핍한, 뻣뻣해진

- **scallop 가리비** ↔ 두 개의 넓은 부채 모양의 껍데기가 몸을 감싸고 있는 연체동물

  ㊇ escalope = shell 껍질

- **mussel 홍합** ↔ 두 개의 검은색 딱딱한 껍데기가 몸을 감싸고 있는 연체동물

  ㊃ musculus = little mouse 작은 쥐 ★mus = mouse 쥐

  | **musculus에서 파생한 단어**

  mustelid 족제비과의 | mouse 쥐 | murine 쥐과의

  muscle 근육 (근육의 움직임을 쥐의 움직임에 빗댐)

- **oyster 굴** ↔ 굴과의 연체동물

  ㉠ ostereon = oyster 굴 ★ostereon은 인도게르만공통조어 ost(bone 뼈)에서 생겨남

  | **ost에서 파생한 단어**

  ossify 경화시키다 | osseous 뼈로 이루어진

- **cephalopod 두족류** ↔ 머리에 발이나 촉수가 달린 연체동물

  ㉠ kephalē = head 머리

  ㉠ pod = foot 발

- **squid 오징어** ↔ 머리 부분에 다섯 쌍의 다리가 있는 연체동물

  (15세기 영어) squyrten = spit 침을 뱉다

- **octopus 문어, 낙지** ↔ 여덟 개의 다리가 있는 문어과의 연체동물

  ㉠ okto = eight 여덟

  ㉠ pous = foot 발

  | **okto에서 파생한 단어**

  octagon 8각형 | octahedron 8면체

- **algae 해초** ↔ 엽록소를 포함한 바다 식물

  ㊃ alga = seaweed 해초

그 밖의 생선과 해산물 관련 표현들

- **생선요리 관련 표현**

scale a fish 생선 비늘을 벗기다 | skin a fish 생선 껍질을 벗기다
eviscerate 내장을 꺼내다 | debone a fish 생선가시를 발라내다
slice a fish thin 생선을 포 뜨다 | fine bones 잔가시들
poach 생선을 졸이다 | broil 숯불에 굽다 | saute 기름에 재빨리 볶다
braised fish 생선찜 | grilled fish 생선구이 | fish fry = fried fish 생선튀김
fish stew 생선찌개 | sliced raw fish = sashimi 생선회
fishy 비린내 나는 ('수상쩍은'이란 의미로도 쓰임) | lean 지방이 없는
shredded 잘게 조각 낸 | spiny 가시가 있는
strongly flavored 맛이 진한

- **fish 관련 관용표현**

drink like a fish 술고래이다
smell fishy 수상쩍다
fish or cut bait 태도를 분명히 하다
fish out (주머니 등에서) 찾아내다
have other fish to fry 다른 할 일들이 있다
like a fish out of water 장소에 어울리지 않는, (자리나 상황이) 어색하고 불편한
neither fish nor fowl 이것도 저것도 아닌

- **그 밖의 물고기 관련 표현**

scale 비늘 | fin 지느러미 | shark's fin 상어 지느러미
caudal fin 꼬리 지느러미 (tailfin) | fish bone 생선가시
spawn 산란하다 | catadromous 산란을 위해 강 하류로 내려가는
halieutics 낚시 이론, 고기 잡는 법
ichthyology 어류학
ichthyomancy 물고기 모양이나 행동으로 점을 치는 법
ichthyismus 물고기 중독 | ichthyophagous 물고기를 먹고 사는

ichthyosis 비늘증, 어린선 (흔히 입안에 생기는 흰 반점으로 물고기 비늘같아서 붙여진 이름임)
piscary 어업권, 어장 | piscatorial 어업의, 어부의 | pisci-culture 양어
Pisces 물고기 자리 | planktology 부유 생물학

- 그 밖의 물고기 종류

cartilaginous fish 연골 어류 | fingerling 작은 물고기
game fish 낚시감 | food fish 식용 물고기
saltwater fish 바닷물고기 | freshwater fish 민물물고기, 담수어
pan fish 튀김용 민물고기 | rough fish 잡어 | eel 장어
gray mullet 숭어 | herring 청어 | alewife 대서양 연안의 청어과 물고기
Spanish mackerel 삼치 (cero) | yellowtail 방어
rockfish 우럭 | croaker 조기 (조기를 숙성시키면 굴비(yellow corvina)가 됨)
filefish 쥐치 | catfish 메기
carp 잉어 | swordfish 황새치 | sardine 정어리
mandarin fish 쏘가리 | flying fish 날치
red horsehead 옥돔 (tilefish) | saw-edged perch 다금바리
black porgy 감성돔 | flounder 도다리
spearfish 청새치 | moray 곰치 | mudfish 미꾸라지
mudskipper 망둥어 | red snapper 적도미 | skate 홍어 (ray)
gizzard shad 전어 (hickory shad) | bass 농어 (perch)
silver pomfret / dollar fish 병어 | sole 가자미 | turbot 넙치, 가자미
puffer 복어 (blowfish) | pond smelt 빙어 | tuna 참치
whale 고래 | shark 상어
roe 어란, 곤이 | hardroe 어란, 연어알 | milt 이리, 어백 (softroe)

- 그 밖의 해산물 종류

trumpet shell 소라 고동 | sea snail 소라
sea cucumber 해삼 | sea squirt 멍게 | sea urchin 성게
abalone 전복 | whelk 골뱅이 (sea snail)
shellfish 조개류, 갑각류
hard clam 대합 | spoon worm 개불

14

과일과 채소

Fruits & Vegetables

비타민vitamin 하면 바로 떠오르는 식품이 과일이다.
변비constipation 하면 직관적으로 떠오르는 해결책이
'채소를 많이 먹어야겠다'이다.

과일fruits과 채소vegetables에는
비타민과 식이섬유dietry fiber가 풍부할 뿐 아니라
각종 항산화 성분이 들어 있어
각종 질환과 노화 방지에도 큰 도움이 된다.
칼로리는 낮은데 포만감도 금방 느낄 수 있어
다이어트에도 도움이 된다.
그래서일까?
과일과 채소를 중심으로 한
샐러드 전문점도 심심찮게 접할 수 있다.

예부터 잘 먹고 잘 싸면 건강하다 했다.
과도한 육류 중심의 식단에서
적당한 육류 혹은 생선을 곁들인 채식 중심의 식단으로
식습관을 바꿔 보는 건 어떨까?

과일

나무를 비롯한 식물에 열리는 열매, 그중에서도 사과나 배, 포도와 같이 사람이 먹을 수 있는 열매를 과일이라고 한다. 과일을 뜻하는 fruit는 라틴어 fruit즐기다, fructus즐거움에서 고대 프랑스어 fruit과일로 발전했으며 여기서 오늘날 영어 fruit로 자리잡았다.

석류

로마 신화 속 과일의 여신인 Pomona포모나와 같은 어원에서 생겨난 pome은 라틴어 pomumapple 사과에서 생겨난 단어로 사과, 배 등의 이과梨果 과일을 가리킨다. 라틴어 pomum에 grenatehaving grains 알갱이를 가진 것를 붙인 pomegranate는 씨앗이 많고 붉은 과일인 석류이다.

사과

사과는 게르만조어 ap(a)laz에서 생겨난 단어로 여기에서 영어 apple뿐만이 아니라 독일어 Apfel사과도 생겨났다. apple을 이용한 유명한 표현으로 Adam's apple이 있다. 성인 남성은 앞목 중간쯤에 울대뼈가 볼록하게 튀어나와 있는데 바로 그 부분을 가리키는 명칭이다. 아담이 에덴동산에서 선악과 나무의 열매를 먹다가 목에 걸린 것이 Adam's apple이라는 설이 있다. 또, 히브리어에서 사과가 혹bump이란 단어와 비슷하여 tappuah haadam남성의 혹이 잘못 번역되어 apple로 바뀌었다는 설도 있다. 그리스어는 melon도 사과apple란 뜻이다.

귤

감귤(citrus fruit)을 뜻하는 tangerine은 모로코의 항구인 Tangier란 지명(toponym)에서 생겼다. 이 지역에서 생산되는 오렌지를 말하던 것이 일반화된 경우이다. orange오렌지는 산스크리트어 naranga-s orange tree 오렌지 나무에서 생겨난 단어이다.

과일 혹은 채소의 껍질은 peel 혹은 rind라고 하고 '껍질을 벗기다'는 peel off라고 한다. 껍질을 벗기고 난 다음 귤이나 오렌지 알맹이 겉에 붙어 있는 하얀 부분은 pith라고 한다. 참고로 사과나 배의 씨앗을 포함하고 있는 딱딱한 부분을 core과심라고 한다.

배

라틴어 pirapears 배들에서 파생한 pear배는 수분이 많아 갈증을 달래기(quench)에 좋다. 배의 과육fruit pulp 속에 있는 작고 딱딱한 부분을 돌세포stone cells라고 한다. 배는 껍질peel에 더 많은 영양분을 담고harbor 있으므로 껍질도 먹는 것이 좋다.

감

북미원주민 알곤퀸족어 pasimeneuhe dries fruit에서 생겨난 단어 persimmon감은 열과 혈압을 내리는 데 좋을 뿐 아니라 혈전blood clot을 방지하는 데도 좋아 한약재로도 자주 사용되어 왔다. 또한 감을 말린 곶감dried persimmon의 형태로도 즐겨 먹는 과일이다. 덜 익은 감은 탄닌이 많아 떫은astringent 맛이 나며 지나치게 익은 감은 달긴 하지만 곤죽이 된다(mushy).

포도

grape포도는 포도를 따는 데 사용된 갈고리를 가리키는 게르만조어 krapponhook 갈고리에서 파생했다. 산딸기류 열매berry에 속하는 포도는 전 세계 생산량의 2/3가 와인생산에 이용되며 나머지는 과일로 먹거나 건포도raisn나 케이크에 넣은 건포도currant의 형태 등으로 애용된다.

딸기

strawberry딸기의 straw는 게르만조어 strawthat which is scattered 흩어진 것에서 생겨난 단어이다. 딸기의 줄기가 땅 위로 뻗어 나가면서 딸기가 땅바닥에 흩뿌려지게strewn 된 데서 생겨난 단어로 추정된다. berry는 게르만조어 basjomberry 베리류에서 생겨난 단어로 독일어 Beere딸기, 포도 등의 장과도 같은 어원에서 생겨났다. 또한, raspberry산딸기의 rasp는 16세기 중반 영어 raspis berry= raspberry에서 파생한 것으로 여겨진다. 딸기와 산딸기와는 달리, 블루베리, 허클베리, 크랜베리 등은 북미가 원산지인데 huckleberry월귤나무는 마크트웨인의 소설 ≪허클베리핀의 모험Adventure of Huckleberry Fin≫의 huckleberry로 잘 알려졌다.

수박과 멜론

melon멜론은 그리스어 mēlopeponapple-shaped melon 사과 모양 멜론에서 파생된 단어이다. mēlon은 사과를, pepon은 박gourd이나 멜론을 가리킨다. 멜론 중 muskmelon머스크멜론의 musk는 산스크리트어 muska-sscrotum 음낭에서 파생했다. 사향노루의 배에 있는 낭의 모양이 음낭과 비슷해서 생긴 이름이라고 한다. 사향의 특이한 냄새처럼 머스크멜론의 냄새가 특이하여 붙여진 이름이다. 머스크멜론은 참외oriental melon, 수박watermelon 등과 더불어 박과(cucurbitaceae)의 과일들이다.

올리브

그리스어 elaiaolive tree 올리브 나무에서 파생한 olive올리브는 소아시아(현재 터키 대부분)가 원산지로 재배된 나무들 중 역사가 가장 깊다. 흔히 올리브를 채소로 알지만 올리브는 단단한 씨가 있는 석과(drupe, stone fruit)이다. 석과에 해당되는 과일로는 복숭아, 체리, 망고 등이 있다.

올리브에서 짜낸 오일 중 extra-virgin oil엑스트라 버진 오일의 extra-virgin은 최고품질의 올리브에서 첫 번째로 짜내어 최대 1퍼센트의 올레산oleic acid을 포함한 올리브 오일을 가리킨다. 일반 올리브 오일은 혼합 오일이다.

호두, 잣, 밤, 땅콩

호두 walnut, 잣 pine nut, 밤 chestnut은 나무의 열매이지만 땅콩 peanut은 콩과의 식물이다. 호두와 잣은 껍질이 아몬드almond나 피칸pecan과 마찬가지로 딱딱한 석과drupe의 하나인데 익으면서 딱딱한 겉껍질husk에 쌓여 있던 쭈글쭈글한 껍질shell이 모습을 드러낸다. 호두의 속 혹은 알갱이를 kernel 또는 meat이라고 한다.

참고로 밤chestnut은 너도밤나무beech과의 낙엽수deciduous tree인 밤나무의 열매이다. 도토리와 마찬가지로 식물학상 진짜 견과true nut로 분류된다. 가시가 많은spiny 깍정이cupule에 싸여 있는데 이런 밤송이를 bur(r)라고 한다. 이 씨앗 속에는 여러 개의 견과가 들어 있는데 이 견과들 밖을 에워싼 얇은 막(pellicle) 겉을 또 한 겹의 껍질husk이 에워싸고 있다.

068

[어원 001] 과일

- **fruit** **과일, 열매** ← 식물에 열리는 사람이 먹을 수 있는 열매

  [고대프랑스어] fruit = fruit 과일 ★고대프랑스어 fruit는 라틴어 fruit(즐기다)와 fructus(즐거움)에서 파생

  [cf.] fruitlet 작은 과실

- **pomegranate** **석류** ← 분홍빛 씨가 들어 있는 과일

  [라] pome = apple 사과 [라] grenate = having grains 알갱이를 가진

- **apple** **사과** ← 사과나무의 열매

  [게] ap(a)laz = apple 사과

  | **ap(a)laz에서 파생한 외국어**

  (네덜란드어) appel 사과 | (독일어) Apfel 사과

- **citrus** **감귤류 과일** ← 귤, 레몬, 유자, 탱자(hardy orange) 등의 과일

  [라] citrus = citron tree 유자나무

- **tangerine** **귤** ← 귤나무의 주황빛 열매

  ★모로코의 항구인 Tangier에서 생산된 오렌지를 말하던 것이 일반화됨

- **toponym** **지명** ← 지역의 명칭

  [그] topos = place 장소 [그] onym = name 이름

  | **topos에서 파생한 단어**

  isotope 동위원소 (iso = equal)

  utopia 유토피아 (ou = not 아닌 + topos = place 장소 ★이상향은 현실 세계의 장소가 아님)

  topography 지형학 (graphein = write 쓰다)

- **orange** **오렌지** ← 감귤류(citrus fruit)의 하나

  [산스크리트어] naranga-s = orange tree 오렌지 나무

- **pear** **배** ← 배나무의 열매

  [라] pira = pears 배들

- **quench** **갈증을 풀다** ← 목을 축이다

  [게] kwenkjanan = quench 갈증을 풀다

- **persimmon** **감** ← 감나무의 열매

  [북미 원주민 알곤킨족어] pasimeneu = he dries fruit 그는 과일을 말린다

- **mushy** **곤죽같은, 지나치게 감상적인** ← mush(곡물)의 형용사형

  [cf.] mash 삶은 곡물 사료의 변형어

  [게] maiskaz/maiskō = mixture 혼합물, mash 삶은 곡물 사료

| maiskaz/maiskō에서 파생한 외국어

(스웨덴어) mäsk 엿기름 물 | (독일어) Maisch 맥아즙, 양조용 혼합물

- **grape** 포도 ↔ 포도나무의 열매

[게] krappon = hook 갈고리

- **strawberry** 딸기 ↔ 딸기나무의 열매

[게] straw = that which is scattered 흩어진 것

[게] basjom = berry 베리류

| basjom에서 파생한 외국어

(독일어) Beere 딸기, 포도 따위의 장과(漿果: 과육과 액즙이 많은 과일)

- **muskmelon** 머스크멜론 ↔ 박과의 식물인 멜론의 일종

[산스크리트어] muska-s = scrotum 음낭 ★사향노루의 낭이 음낭을 닮아서 붙여진 이름임)

[그] mēlopepon = apple-shaped melon 사과 모양 멜론

- **cucurbitaceae** 박과, 참외과 ↔ 멜론, 수박, 참외, 오이, 호박 등을 포함한 식물의 한 과

[라] cucurbita = gourd 박

- **olive** 올리브 ↔ 물푸레나무과의 관목

[라] elaia = olive tree 올리브 나무, olive 올리브

| elaia에서 파생한 단어

Olivia 올리비아 (여성이름) | Oliver 올리버 (남성이름) | oil 기름

- **drupe** 석과 ↔ 단단한 씨앗이 들어 있는 과일 종류

[그] drys = tree 나무 [그] pepon = ripe 익은

- **chestnut** 밤 ↔ 밤나무의 열매

[라] kastaneia = nut from Castanea 캐스타니아의 견과

- **bur(r)** 밤송이 ↔ 가시가 돋은 껍질을 가진 밤의 씨앗

[인] bhars = bristle 짧고 딱딱한 털, point 뾰족한 끝

| bhars에서 파생한 단어

burr 껍질이 까끌까끌한 씨앗 | brad 가는 못

- **pellicle** 얇은 막 ↔ 겉을 덮고 있는 얇은 물질

[라] pellis = skin 껍질

| pellis에서 파생한 단어

pell 양피지 두루마리 | pellagra 펠라그라 (니코틴산 부족으로 인한 피부염)

surplice 성직자가 입는 무릎까지 내려오는 옷 (중백의)

pall 관 덮는 천 | plaid 격자무늬 천 | pelt 짐승의 생가죽

채소

게르만어에서 파생한 고대 영어 cropphead of a sprout 싹의 머리 부분에서 생겨난 단어 crop농작물은 논밭에 심어 먹는 채소, 곡물 등을 가리킨다. 그 중 채소는 곡류를 제외한 밭에서 나는 작물 중 하나이다. 채소를 뜻하는 단어 vegetable은 라틴어 vegetusvigorous 활기찬에서 생겨난 단어인데 greens푸른 채소라고도 표현한다. 같은 어근에서 파생한 vegetarian은 채식주의자, vegetation은 초목을 가리킨다.

참고로 육류 대신 채소를 섭취하여 생명을 영위하는 동물을 초식동물(herbivore)이라 하며 동물이 먹이를 찾아다니는 행위를 forage먹이를 찾아다니다라 한다. '죽은 고기를 먹다'는 뜻의 scavenge는 채소나 과일을 언급할 때엔 쓰지 않으니 주의하기 바란다.

토마토

tomato토마토는 아즈텍족의 단어 tomanaswell 부풀다에서 파생한 tomatltomato 토마토에서 생겨났다. 토마토 같은 채소는 데쳐서(blanch) 먹으면 영양분 흡수가 증대한다고 한다. 참고로 blanch는 '얼굴이 창백해지다' 혹은 '데치다'란 의미의 단어로, '흰색의'를 뜻하는 고대 프랑스어 blanc에서 유래하였다. 얼굴이 창백해지든 데치든 모두 색이 옅어지는 현상과 관련이 있다. blank빈도 같은 어원에서 생겨났는데, 빈다는 것은 하얀 백지 상태가 되는 것이라는 점에서 생각하면 이해하기 쉬울 터.

끝으로, 토마토가 쓰인 칵테일 이름을 하나 살펴보자. 영국 여왕 Mary Tudor의 이름을 딴 Bloody Mary블러디 메리라는 칵테일은 보드카와 토마토 주스를 섞어 만든다. 토마토 주스를 넣어 색이 빨간 상태를 Bloody피투성이의라고 붙인 것이다.

당근

carrot당근은 인도게르만공통조어 kerhorn 뿔, head 머리의 뜻에서 시작되었는데 그 뿔 같은 긴 모양 때문에 생긴 단어이다.

참고로, 영어 표현 중 carrot and stick당근과 채찍이라는 표현이 있는데,

달리지 않으려는 당나귀 앞에 당근을 매달아 놓고 뒤에서는 채찍으로 후려갈기는 상벌의 조화를 가리키는 말이다. 우리말의 '어르고 뺨치다lure someone and slap him in the face'와 비슷한 뉘앙스이다.

양배추

cabbage양배추는 그 모양 때문에 머리head를 뜻하는 라틴어 caputhead 머리에서 생겨났다. 참고로 중세 프랑스어에서는 caboche가 '머리'를 뜻했다. 양배추는 생으로 샐러드로도 애용되지만 서양요리 중 속에 고기, 야채를 채운stuffed 양배추말이 찜(cabbage roll casserole)과 같은 요리로도 이용된다. 찜 혹은 찜용 냄비를 뜻하는 casserole은 프랑스어 cassepan 냄비에서 생겨난 단어로 더 거슬러 올라가면 그리스어 kyathoscup for the winebowl 와인용 컵에서 파생했다.

시금치

고대 페르시아에서 가장 먼저 발견된 spinach시금치는 《뽀빠이》란 만화에서 시금치를 먹으면 힘이 엄청 세진다고 묘사된 바 있다. 이는 한 과학자가 시금치의 철분량을 측정할 때 소수점을 잘못 찍는 바람에 생긴 해프닝이다. 현대에도 시금치는 동양뿐 아니라 서양에서도 즐겨 먹는 채소이다. 그리스에서는 페타치즈에 시금치를 섞어 만든 스파노키파Spanakopita란 파이가, 이탈리아에서는 시금치와 리코타 치즈 등을 섞어서 동양의 만두와 비슷한 모양으로 만들어 먹는 라자냐lasagna가 인기를 끌고 있다.

버섯

균류fungus에 해당하는 버섯, 특히 식용버섯을 mushroom이라 부른다. 그 기원이 정확하지는 않지만 프랑스어 moussemoss 이끼에서 파생했을 것으로 추측된다. 반면 먹을 수 없는 독버섯은 toadstool이라 한다. 두꺼비toad가 독버섯 위에 앉아 있는 모습이 민담folklore에서 묘사되곤 하여 독버섯을 영어로 toadstool이라 부르게 되었다고 전해진다.

버섯 중 truffle송로버섯은 라틴어 tuberhump 혹에서 14세기 프랑스어 trufle로 파생했다가 오늘날의 프랑스어 truffe와 영어 truffle로 발전했다. 송로버섯은 음식의 풍미savory를 증진시켜 주는 진미delicacy로 고대 그리스, 로마 시대부터 그 진가를 인정받았다.

고대 이집트에서는 버섯의 진가를 인정하여 왕인 파라오만이 즐겨 먹었으며, 동양에서는 일찍이 암이나 심장질환 등의 예방 및 치료제로도 각광받아왔다.

감자와 고구마

potato감자는 서인도제도 아이티어 batata고구마에서 파생해 16세기 중반 스페인어 patatasweet potato 고구마, 그리고 영어의 potato로 발전하였다. 고구마는 이미 기원전부터 중앙 아메리카와 남 아메리카에서 재배되다가 콜럼버스 탐험대에 의해 15세기 말에 유럽에 전해졌다. 감자는 남미 안데스 산맥 페루에서 기원전 8천년경부터 재배되었는데 16세기에서야 유럽에 전해졌다고 한다. 원래는 potato가 고구마를 일컫다가 16세기 말에 감자white potato도 일컫는 명칭이 되었다.

역사적으로 대기근(Great Famine) 혹은 아일랜드 감자기근Irish Potato Famine이라고 알려진 사건이 있다. 1845년부터 1852년까지 아일랜드에서 감자 잎마름병(potato blight)으로 인해 식량부족이 야기되고 이로 인해 1백만 명 이상이 죽게 된 사건이다. 한국인들도 감자를 즐겨 먹는데 그중 감자탕의 '감자'는 지금 여기서 이야기하는 채소 감자를 가리키는 것이 아니라 돼지 등뼈hog backbone의 명칭이다.

감자는 산성(acidic) 식품으로 오해하기 쉽지만 대표적인 알칼리성(alkaline) 식품이다.

콩과

밭 작물인 bean콩은 꼬투리(pod) 속에 콩이 들어 있는 콩과(legume family) 식물로 콩bean, 완두콩(pea), 렌즈콩lentil, 강낭콩kidney bean, pinto bean, 메주 콩soya bean, 팥adzuki bean, red bean 모두를 아우르는 단어이다. bean은 게르만조어 bauno에서 파생한 단어로 같은 어원에서 독일어 Bohne콩과 식물도 파생하였다. 콩의 품종variety 중 하나인 pea는 라틴어 pisumpea 완두콩에서 생겨난 단어이다.

콩류 중에서 가장 작은 것은 녹두mung bean이다. 녹두로 만든 음식 중에 청포묵mung bean jelly이 있는데 녹두를 갈아 가라앉은 앙금을 이용해 만든 묵이다. 숙주는mung bean sprout는 녹두에 싹을 낸 나물이다. 꽃을 피우는 식물에서 얻어지는 콩은 풀에서 얻어지는 밀, 보리, 쌀 같은 곡식grain이 아니라 채소로 분류된다.

[어원 002] **채소**

069

- **vegetable 채소** ← 곡류를 제외한 밭에서 나는 작물

  [라] vegetus = vigorous 활기찬
- **herbivore 초식동물** ← 식물 위주로 먹는 동물

  [cf.] carnivore 육식동물

  [라] rabere = be mad 미치다

  | **rabere에서 파생한 단어**

  rage 격분 | rabies 광견병
- **forage 먹이를 찾아다니다** ← 식량을 구하기 위해 여기저기 다녀보다

  [프] forrage = looting 약탈
- **scavenge 죽은 고기를 먹다** ← 동물의 사체를 먹다

  [프] escauwage = inspection 검사
- **tomato 토마토** ← 가짓과 풀의 열매로 남아메리카가 원산지

  [아즈텍족] tomana = swell 부풀다

  | **tomana에서 파생한 외국어**

  (프랑스어) tomate 토마토 | (독일어) Tomate 토마토

  (스페인어) tomatera 토마토
- **blanch 데치다** ← 물에서 살짝 익히다

  [고대프랑스어] blanc = white 흰
- **carrot 당근** ← 미나리과의 뿌리채소

  [인] ker = horn 뿔, head 머리
- **cabbage 양배추** ← 잎들이 서로 겹쳐져 있는 공 모양의 채소

  [라] caput = head 머리 ★중세 프랑스어에서 caboche가 '머리'를 뜻했음

  | **caput에서 파생한 단어**

  corporal 상병 (군대조직의 상급자)

  capitation 인두세 (사람 머리당 붙여진 세금)

  decapitate 머리를 자르다

  capital 수도 (국가의 머리에 해당하는 지역)

  capitulum 버섯류의 삿갓 (버섯의 머리)
- **casserole 찜, 찜용 냄비** ← 국물이 적어질 때까지 식재료를 삶음, 또는 그럴 때 쓰는 냄비

㊄ casse = pan 냄비 ★더 거슬러 올라가면 그리스어 kyathos(= cup for the winebowl 와인용 컵)에서 파생

- **spinach 시금치** ↞ 짙은 녹색의 채소

  (고대페르시아어) aspanakh = spinach 시금치

- **mushroom 버섯** ↞ 고등균류

  ㊄ mousse = moss 이끼

- **truffle 송로버섯** ↞ 땅밑에서 자라는 검은 감자 모양의 고가로 팔리는 버섯

  ㊅ tuber = hump 혹, edible root 식용뿌리

  | **tuber에서 파생한 단어**

  tuber 덩이뿌리, 덩이불기

  tubercle 결절 (콩만한 비정상 조직) | tuberculosis 결핵

  protuberant 불룩하게 도드라진

- **potato 감자** ↞ 안데스 산맥이 원산지인 근채류

  (서인도제도 아이티어) batata = sweet potato 고구마

- **famine 기아** ↞ 굶어 죽음

  ㊅ fames = hunger 배고픔

- **blight 잎마름병, 병충해** ↞ 작물의 잎에 얼룩이 생기며 마르는 병

  (노르웨이어) blikna = become pale 창백해지다

- **acidic 산성의** ↞ 체내의 산성도를 높이는

  ㊅ acidus = sour 신

- **alkaline 알칼리성의** ↞ 체내의 염기성(산성을 중화시키는) 높이는

  (아랍어) al-qaliy = the ashes 재 ★al-qaliy는 해안의 알칼리성 토양에서 자라는 퉁퉁마디(saltwort)의 재를 가리킴

- **bean 콩, 콩과 식물** ↞ 꼬투리 속에 콩이 들어 있는 콩과 식물 또는 콩

  ㊇ bauno = bean 콩

  | **bauno에서 파생한 외국어**

  (독일어) Bohne 콩과 식물

- **pod 꼬투리** ↞ 씨앗의 껍질 부분

  ★17세기 말에 생겨난 단어임

- **legume 콩과 식물의 총칭** ↞ 곡식으로 재배되는 콩과 식물

  ㊅ legere = pick 따다 cf. leguminous 콩과의

- **pea 완두콩** ↞ 완두라는 두해살이 콩과 열매

  ㊅ pisum = pea 완두콩

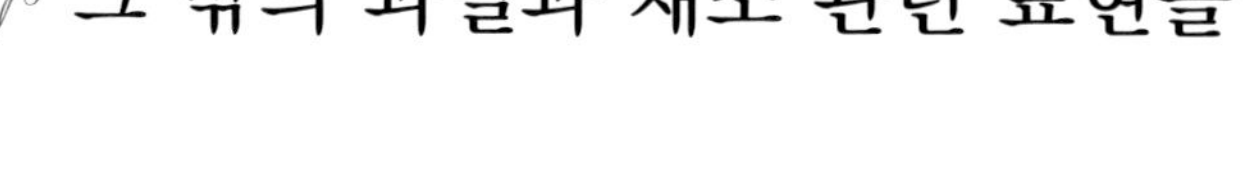

그 밖의 과일과 채소 관련 표현들

- 과일/채소 관련 동사

sow 씨를 뿌리다 | plant 심다 | grow greens 채소를 재배하다

yield 열매 맺다 | pluck 열매를 따다 | ripen 익다, 익히다

harvest 수확하다 | reap 수확하다

shake off 흔들어 떨어뜨리다 | dig out (땅속에서) 캐내다

cut something into halves ~를 반으로 자르다

peel 껍질을 까다 (cf. hull beans 콩을 까다)

- 과일/채소 관련 형용사/부사(구)

at maturity 다 익었을 때 | mellow 무르익은

ripen 익은 | unripe 익지 않은

fleshy 살집이 있는, 다육질의 | succulent 즙이 많은 (juicy)

decayed 썩은 | moldy 곰팡이가 핀

- 견과류 관련 표현

edible 먹을 수 있는 | enclosed 싸여진

kernel 알맹이 | meat 알맹이 | hard shell 단단한 껍질

crack a nut 견과를 깨다 | nut cracker 호두까기

sunflower seed 해바라기 씨

mast 떡갈나무 너도밤나무 등의 열매 (돼지사료)

nutlet 작은 견과 | cashewnut 캐슈넛 | ginkgo nut 은행

pistachio 피스타치오 | hazelnut 헤이즐넛

- 여러 가지 과일

cherry 체리 | plum 자두 | peach 복숭아

coconut 코코넛 | apricot 살구

blackberry 블랙베리 | cranberry 크랜베리

citron 유자 | lemon 레몬 | lime 라임

grapefruit 자몽 | tangelo 탄젤로 (귤과 자몽을 교배한 과일)

papaya 파파야 | kiwifruit 키위 | pineapple 파인애플

quince 마르멜로 (모과 비슷한 열매) | loquat 비파

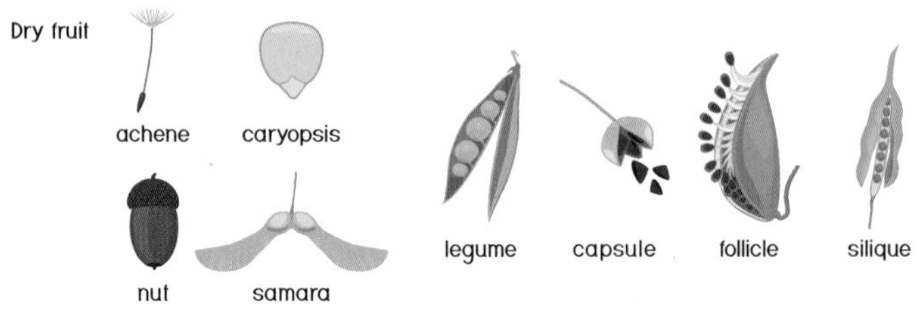

dry fruit 건과

- achene 수과 (瘦果: 민들레, 해바라기, 퀴노아 등의 열매)
- caryopsis 곡과 (이삭열매: 벼, 보리, 밀)
- nut 견과
- samara 익과 (바람이 불면 멀리 흩어지는 단풍나무 등의 열매)
- legume 콩과
- capsule 포자낭 (익으면 벌어지는(dehiscent) 난초 등의 열매)
- follicle 골돌과 (심피 하나에서 과일이 생기는 작약나무 등의 열매)
- silique 장각과 (십자화과에 딸린 무, 배추 등의 열매)

fleshy fruit 육과

- drupe 석과 • berry 베리류 • hesperidium 귤, 유자 등의 액과
- pepo 오이, 호박 등의 박과 식물의 열매 • pome 사과, 배 등의 이과

• 채소 종류

flower vegetable 꽃채소

cauliflower 콜리플라워 | broccoli 브로콜리

artichoke 아티초크 | caper 케이퍼

leafy vegetable 잎채소

cabbage 배추 | lettuce 양상추 | watercress 미나리

bok choy 청경채 | kale 케일 | chard 근대 | crown daisy 쑥갓

coriander 고수 (cilantro) | mallow 아욱 | chicory 치커리

endive 꽃상추 | spinach 시금치

tuber & root vegetable 덩이뿌리와 뿌리채소

potato 감자 | sweet potato 고구마 | yam 얌 | taro 토란

carrot 당근 | radish 무 | turnip 순무 | parsnips 파스닙

beet 비트 | horseradish 서양고추냉이 | lotus 연근 | deodeok 더덕

burdock 우엉 | balloon flower 도라지 | ginseng 인삼

bulb vegetable 구근채소

garlic 양파 | shallot 샬롯 | fennel 회향 | onion 양파 | leek 부추

spring onion 파 (green onion, scallion) | chive 쪽파

stem vegetable 경채류

asparagus 아스파라거스 | celery 셀러리 | bamboo shoot 죽순

water dropwort 미나리 | bracken 고사리

fruit vegetable 과채류

tomato 토마토 | cucumber 오이 | eggplant 가지 | squash 호박

bell pepper 피망 | red pepper 고추

podded vegetable 꼬투리채소

peas 완두콩 | beans 콩 | lentil 렌즈콩 | peanut 땅콩

soybean 메주콩 | licorice 감초

- 식용(edible) 버섯의 종류

oyster mushroom 느타리버섯 | enoki mushroom 팽이버섯

button mushroom 양송이버섯 (= champignon)

pine mushroom 송이버섯

black mushroom 목이버섯 (tree ear = Auricularia polytricha)

hericium erinaceum 노루궁댕이 버섯

porcini 야생식용버섯 | chanterelle 살구버섯 | morel 곰보버섯

shiltake 표고버섯 | champignon 샴피뇽 (유럽의 송이과 버섯)

slippery jack 그물버섯 속의 버섯 | agaric 주름버섯

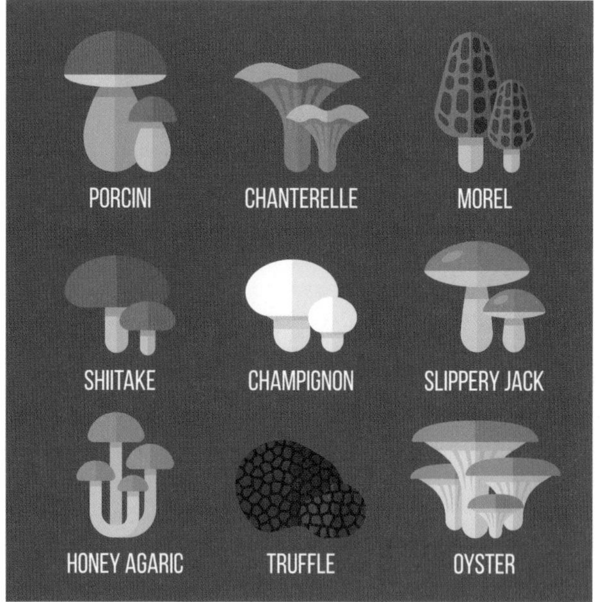

음료와 디저트

Beverage & Dessert

식사 자리는 비단 생존을 위한 수단만은 아니다.
우리는 식사 자리를 통해
서로의 생각과 생활을 나누며
휴식을 취하기도, 교제를 하기도 한다.

식사가 끝나면 상을 물리고
차tea와 간단한 다과refreshment를 가지는 문화는
세계 어디를 가도 있다.

친밀하거나 호감이 있는 사람과 식사를 하면
딱 식사만 하고 헤어지기 아쉽다.
그럴 때 우리는 2차로 커피숍 또는 술집으로 향한다.
서로에 대해 좀 더 알기 위해.
좀 더 같이 있기 위해.

하지만 티타임teatime도 안팎으로 여유가 있어야 가능하다.
아무리 바쁘게 각박하게 돌아가는 하루여도
일주일에 한 번 정도는 혼자라도 티타임을 가져보면 어떨까?
차를 한잔하며 잠시 한숨을 돌리는 시간을 가져보면 어떨까?
어느 누구도 아닌 바로 나 자신을 위해.
어차피 내가 없으면 세상도 없는 거다.

술

술의 신이 있을 정도로 술은 인간사에 없어서는 안 되는 중요한 일부분이 되어왔다. 때로는 흥을 돋우고 때로는 시름을 덜어주며 지나치게 마시면 심신의 건강에 해악을 끼치기도 하는 음료이다.
술을 뜻하는 용어는 많은데, 일상생활에서는 주로 wine와인, 포도주, beer맥주, whiskey위스키처럼 구체적인 술 종류를 언급하든가, "술 한잔 하러 가자."와 같이 뭉뚱그려 말할 때는 보통 drink를 써서 Let's go for a drink. 또는 Let's go for drinks. 등과 같이 말한다.
또, 알코올 성분이 들어 있다 하여 술을 alcohol알코올이라 부르기도 하며 알코올성 음료라 하여 alcoholic beverage라고도 한다. alcohol은 중세 라틴어 alcoholpowered ore of antimony 합금을 만드는 데 쓰이는 안티몬의 가루 형태 광석에서 생겨난 단어이다. 더 거슬러 올라가면 눈꺼풀에 바르는 미세한 금속가루인 kohl에 정관사 althe을 붙여 만든 단어이다. alcohol이 '술'이란 뜻으로 쓰인 것은 1700년대 중반에 처음으로 기록되었다.

발효주와 증류주

술의 종류는 크게 발효주(fermented beverage)와 증류주(distilled beverage)가 있다. 발효주는 말 그대로 곡물이나 과일 등을 발효시켜서 만든 술이다. 발효fermentation란 미생물효모, 곰팡이, 세균의 작용으로 유기물이 분해되어 다른 물질을 만들어내는 과정이다. 특히 발효주는 효모균(yeast)을 사용해 당이 에탄올로 바뀌는 화학 변화를 통해 만들어지는 술이다. 맥주와 와인, 우리나라의 막걸리, 청주, 과일주 등이

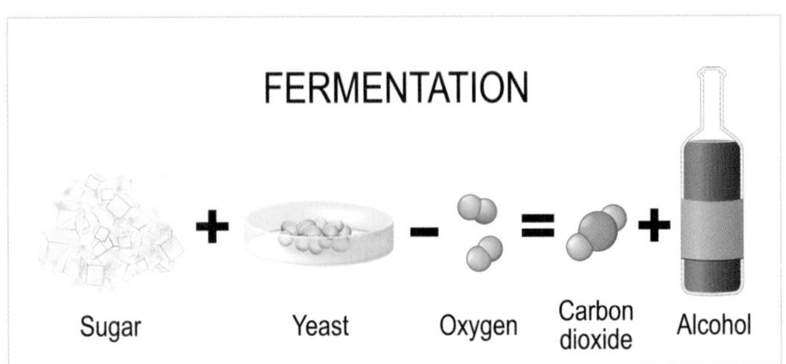

발효 설탕 + 효모 − 산소 = 이산화탄소 + 알코올

대표적인 발효주이다. 영어권의 cider사이다 역시 원래는 사과즙, 배, 복숭아 등의 과일로 만든 발효주로, 우리가 흔히 알고 있는 제품명 '사이다'와는 전혀 다르다.

한편, 증발과 압축에 의해 액체 혼합물을 알코올과 분류하는 과정이 증류distillation이다. 이런 증류의 과정을 통해 만든 술이 바로 증류주이다. 증류는 발효가 일어난 다음에 할 수 있다. 에탄올의 끓는 점이 물보다 낮아서 물보다 먼저 증발하여 압축된다. 증류주를 다른 말로 hard liquor라고도 하는데, 발효주보다 부피당 알코올 함유량이 더 많다는 뜻이다. 소주soju, 보드카, 진, 데킬라, 위스키, 브랜디 등이 사람들이 흔히 마시는 대표적인 증류주이다.

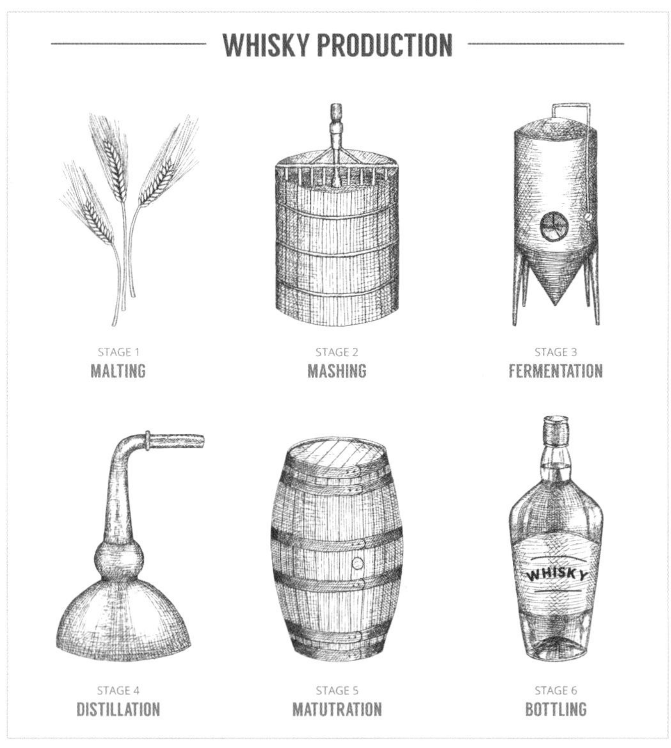

위스키 만드는 과정 1. 맥아 제조 2. 으깸 3. 발효 4. 증류 5. 숙성 6. 병입

어원 001 술

- **alcohol 알코올** ← 알코올 성분이 들어 있어 마시면 취하는 술
  ㉢ alcoholic 알코올의 ('알코올 중독자'라는 뜻으로도 쓰임)

070

[라] alcohol = powered ore of antimony 합금을 만드는 데 쓰이는 안티몬의 가루 형태 광석

- **beverage** **음료(수)** ↔ 사람이 목을 축이기 위해 마시는 액체 (마실 거리)

[라] bibere = imbibe 마시다 [라] -aticum = belonging to ~에 속하는

| **bibere에서 파생한 단어**

bibulous 술고래인 | imbibe 마시다 | beer 맥주

[cf.] **-age가 붙은 명사들**

appendage 부속물 (pendere = hang 매달다)

drainage 배수 (dreug = dry 마른)

pilferage 좀도둑질 (pelfre = booty 전리품)

tillage 경작 (tilojan = cultivate 경작하다)

shortage 부족 ((s)ker- = cut 자르다)

percentage 백분율 (per centum = by the hundred 백 단위로)

dosage 복용량 (dosis = a portion prescribed 처방된 양)

voltage 전압 (이탈리아 물리학자 Alessandro Volta)

sewage 하수, 오물 (ex = out 밖으로 + aquarius = pertaining to water 물에 관한)

miscarriage (임신) 유산 (carrum = two-wheeled Celtic war chariot 두 바퀴 달린 켈트족의 전차)

mileage 주행거리 (mille = a thousand 1천)

storage 보관 (instaurare = restore 복구시키다)

package 소포 (pack = bundle 묶음)

linage 행수, 일직선 (linea = linen thread 린넨 실)

footage 장면, 영상 (fōts = foot 발)

luggage 수하물 (lugge = pull by the hair 머리카락으로 끌어당기다)

postage 우편요금 (ponere = put 두다)

anchorage 닻을 내림 (ankyra = anchor 닻)

leverage 지렛대의 힘, 영향력 (levare = raise 올리다)

cleavage 유방 사이 오목한 부분 (kleuban = split 나누다)

- **fermented** **발효된** ↔ 미생물의 작용으로 유기물이 분해되어 다른 물질을 만들어낸

[명] fermentation 발효

[라] fermentare = ferment 발효하다 ★fermentare는 인도게르만공통조

어 bhreu(boil 끓이다, burn 태우다)에서 파생함

| **bhreu에서 파생한 단어들**

braise 푹 삶다 | braze 납땜하다 | brew 양조하다

brawn 체력, 머리고기 | broth 죽, 수프 | broil 말다툼하다 | brood 곱씹다

effervesce 부글부글 거품이 일다 | embroil 휘말리게 만들다

fervent 열렬한 | fervid 열렬한 | fervor 열정

- **distilled 증류된** ↔ 증발과 압축 과정을 통해 물과 알코올이 분해된

[명] distillation 증류

[라] stilla = drop 물방울

| **stilla에서 파생한 단어**

instill 서서히 주입시키다, 한 방울씩 떨어뜨리다

- **yeast 이스트, 효모(균)** (leavening) ↔ 알코올 발효를 일으키는 효모균

[인] yes = boil 끓이다

대표적인 발효주, 와인

대표적인 발효주 중의 하나인 wine와인! wine은 라틴어*vinumwine 와인에서 생겨난 단어로 프랑스에서는 와인을 vin이라 한다. 여기에서 vine포도나무, vinous포도주의, vineyard포도원 같은 단어들이 생겨났다. 가톨릭교에서 미사 때 사용하는 와인은 altar wine미사주 혹은 sacramental wine성찬식 포도주이라고 한다.

프랑스 포도주가 하도 유명해서 포도주의 창시자를 프랑스인으로 잘못 생각하는 경우가 많은데, 사실 포도주의 창시자는 그리스인들이다. 당시 그리스인들이 즐겨 먹던 와인은 지금의 와인과는 달랐는데, 와인 원액에 물을 섞어 먹었으며 오래 저장하기 위해 소금이나 민트, 계피 등의 향신료를 넣기도 하였다. 와인 보관용으로 지금과 같은 와인통이 개발되기 전엔 동물의 가죽을 통barrel으로 사용하였다.

참고로, 보석 중 자수정은 영어로 amethyst라고 하는데, anot 않는와 methyswine 와인가 합쳐진 단어이다. 즉 '와인이 들어 있지 않은', 혹은 '술 취하지 않는'이란 뜻으로 자수정이 술 취하지 않게 해준다는

설 때문에 생겨난 이름이며 그 실제 색도 적포도주 색을 띠고 있다.

와인과 술의 신 디오니소스

그리스 신화의 와인과 술의 신인 디오니소스Dionysos, 로마 신화의 Bacchus는 올림푸스Olympus의 12신들 중 유일하게 인간을 어머니로 둔 신이자, 제우스가 인간인 세멜레Semele와 바람을 피워 낳은 아이이기도 하다. 디오니소스의 어머니인 세멜레는 아이를 낳기 전 헤라의 계략에 의해 제우스의 번개lightning를 맞고 죽는다. 하지만 제우스는 뱃속의 아이를 자신의 허벅지thigh에 넣고 꿰매어 달 수를 채우고 세상에 태어나게 했다. 그래서인지 디오니소스란 이름은 '제우스의of Zeus'란 뜻의 그리스어 dios에서 생겨났다. 헤라가 그에게 광기를 불어넣어 디오니소스는 자라면서 각지를 떠돌아다녔고 그 과정에서 와인을 보급하게 되었다고 한다.

레드 와인과 화이트 와인

레드 와인red wine은 포도껍질의 안토시안(anthocyan) 성분으로 인해 붉은색을 띤 적포도 와인이다. 그래서 우리말로는 적포도주라고도 한다.

우리말로는 백포도주라고도 하는 화이트 와인white wine은 청포도로 빚은 와인이다. 샤르도네Chardonnay, 쇼비뇽Sauvignon, 리슬링Riesling, 이 세 가지가 가장 일반적인 화이트 와인이다.

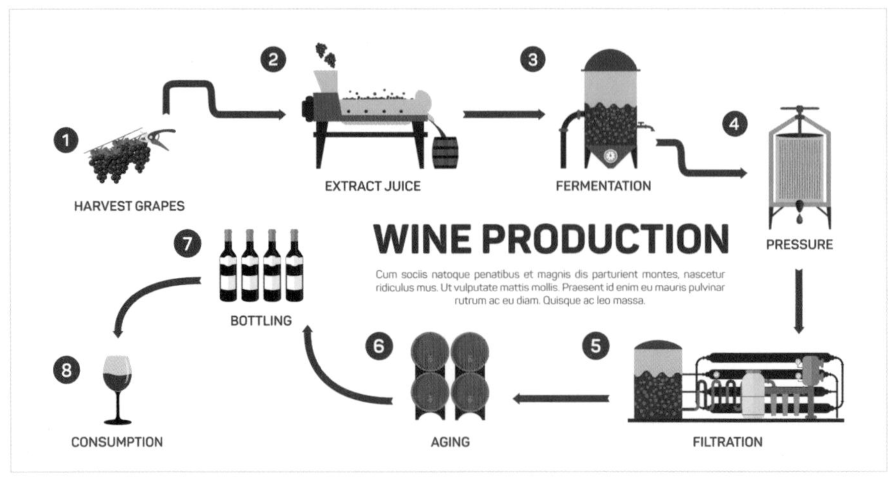

와인 생산 과정 1. 포도 수확 2. 착즙 3. 발효 4. 압착 5. 여과 6. 숙성 7. 병입 8. 소비

로제 와인

로제 와인rosé wine은 그 분홍빛으로 인해 많은 사람들이 레드 와인과 화이트 와인을 특정 비율로 섞는다고 생각하는데 반드시 그런 것은 아니다. 많은 로제 와인들이 포도를 가볍게 으깨서(mash) 붉은색 껍질과 함께 불리다가(macerate) 발효시키던 포도즙(must)에서 색이 우러나오면 껍질을 걷어내고 남은 과즙을 발효시키는 방식으로 만들어진다. 이런 방식을 프랑스어로 saignée세녜, 영어로 bleeding사혈법이라고 한다. 이때 동사 bleed는 '우려내다'란 뜻이다.

스파클링 와인

발효 과정 중에 생기는 이산화탄소가 빠져나가지 않게 가둬서 자연적으로 스파클링이 생기는 것이 스파클링 와인sparkling wine이다. 샴페인은 북부 프랑스 샹페뉴Champagne 지방에서 나오는 스파클링 와인의 이름이고 Cava카바는 스페인산 스파클링 와인이다.

드라이 와인과 스위트 와인

드라이 와인dry wine은 포도가 완전히 발효된 상태의 와인으로 단맛이 없다(dry). 스위트 와인sweet wine은 당이 알코올로 완전히 변화되기 전 잔당이 있는 상태로 발효가 중단된 와인이다. 스위트 와인은 당도를 높이기 위해 2차 발효 전에 설탕을 첨가하기도 한다.

포도 품종과 생산 지역

전 세계 최대 와인 생산국은 프랑스와 이탈리아이다. 와인은 포도의 품종에 따라 피노 누와Pinot noir, 샤도네Chardonnay, 꺄바레 쇼비뇽Cabernet Sauvignon, 가메Gamay, 멜롯Merlot과 같은 품종들이 있다. 또, 생산 지역에 따라 프랑스의 보르도Bordeaux, 이탈리아의 끼안띠Chianti 등으로 분류되며, 미국의 나파 밸리Napa Valley는 비유럽권 와인 생산지 중 가장 유명하다.

와인 감별사와 소믈리에

레스토랑에서 고객에게 음식에 어울리는 와인을 골라주거나 가격대와 취향에 맞는 와인을 골라주는 일 등 외에 다방면의 전문적 와인 업무에 종사하는 사람을 sommelier소믈리에라고 한다. 이보다 더 전문적으로, 소믈리에 자격증을 갖췄을 뿐 아니라 와인 제조, 역사, 생산지, 생산연도, 숙성 과정aging process 등에 대한 박식한 지식을 갖춘 사람을 와인 감별사(wine connoisseur)라고 한다.
와인을 디캔터라 불리는 다른 용기에 옮겨 담아 얼마 동안 공기에 접촉하게 놔두는 것을 디캔팅(decanting)이라 하는데 라틴어 deaway 떨어져와 canthusa lip of a jug 병 주둥이가 합쳐진 단어이다. 디캔팅은 특정 와인의 맛과 향을 증진시키는 역할을 한다.

어원 002 대표적인 발효주, 와인

071

- **wine** 와인 ← 포도즙을 발효시킨 술
  [라] vinum = wine 와인
  | **vinum에서 파생한 단어**
  vine 포도나무 | vinous 포도주의 | vineyard 포도원
  vinyl 비닐, 레코드판 (에틸 알코올이 와인을 함유했다는 특징 때문에 붙여진 이름)
  vintage 빈티지 (특정한 연도 · 지역에서 생산된 포도주), 유서 깊은
  vinegar 식초
- **sacramental** 성찬식의 ← 세례같은 기독교 의식의
  [라] sacrare = consecrate 신성하게 하다
- **anthocyan** 안토시안 ← 빨강, 파랑, 자주 등의 식물에 들어 있는 색소
  [그] anthos = flower 꽃
  [그] kyaneos/kyanous = dark blue 짙은 청색
- **mash** 음식을 부드럽게 으깨다 ← 눌러 뭉개다
  [게] maisk = crushed wort 으깬 맥아즙
  | **maisk에서 파생한 외국어**
  (스웨덴어) mäsk 엿기름 물 | (독일어) Maisch 아직 탁한 맥아즙
- **macerate** 물에 불리다 ← 부피를 크게 하려고 물에 적시다
  [라] macerare = make soft 부드럽게 하다
- **must** 발효 전의 포도주 ← 껍질, 씨앗 등을 포함한 막 으깬 과일즙
  [라] vinum mustum = young wine 갓 만든 와인
- **dry** 달지 않은 ← 단맛이 없는
  [게] draugiz = without moisture 수분이 없는
  | **draugiz에서 파생한 외국어**

(네덜란드어) droog 달지 않은, 마른 | (독일어) trocken 마른, 건조한

- **sommelier** 소믈리에 ↔ 레스토랑에서 요리와 어울리는 와인을 손님에게 추천하고 서비스하는 일이 업인 사람

  ㊢ sommelier = butler 식량을 담당하는 집사 ★더 거슬러 올라가면 라틴 통속어 sagma(pack saddle 짐을 싣는 안장)에서 생겨남

- **connoisseur** 와인 감별사 ↔ 와인을 식별, 관리하고 평가하는 사람

  ㊣ cognoscere = get to know 알게 되다 (com = with 함께 + gnoscere = recognize 알다)

  | gnoscere에서 파생한 단어

  noble 고귀한 | acquaint 익히다 | cognizance 인지

- **decanting** 디캔팅 ↔ 와인병을 따고 와인을 마시기 전 와인의 맛과 향을 증진시키기 위해 디캔터에 옮겨 담아 얼마 동안 공기에 접촉하게 놔두는 것

  ㊣ de = away 떨어져

  ㊣ canthus = a lip of a jug 병 주둥이

대표적인 발효주, 맥주

맥주(beer)는 보리 홉hop을 주원료로 한 양조주다른 말로 발효주이다. 곡물을 주원료로 하기 때문에 곡물 경작을 시작했던 오래 전부터 맥주가 있었다. 미생물을 이용해서 식품을 발효시키는 양조brewing 기법을 사용하는데, 이때 '양조하다'는 뜻으로 brew를 쓴다. brew가 커피나 차에 사용되면 뜨거운 물을 부어 우려낸다는 뜻이 된다. 맥주의 양조도 분쇄한 맥아(crushed malt)에 더운 물을 부은 후 여과해내는 과정이므로 '더운 물을 부어 우려낸다'는 점에서 같은 과정인 셈이다. 맥주 제조의 마지막 과정에 효모균인 yeast를 첨가해야 술의 발효 과정이 완료된다.

맥주의 종류

발효 방법에 따라 발효 과정에서 윗면에 떠오른 효모를 사용하는 맥주를 에일 맥주(ale beer)라고 하는데, 그중 IPA는 Indian Pale

Ale의 약자로 페일 에일에 홉을 다량으로 넣어 만든 hoppy 맥주이다. 페일 에일 맥주는 처음에는 홉을 적게 넣었었는데 영국인들이 19세기 말경 자신들이 마실 맥주를 영국에서 인도로 가져갈 때 홉 양을 늘려야 변질을 막을 수 있다는 것을 알고 기존 맥주보다 홉 양을 늘린 것이 현재의 IPA 맥주가 되었다.

반면, 발효 과정에서 아랫면에 가라앉은 효모를 사용하는 맥주를 라거 맥주(lager beer)라고 한다. lager는 맥주를 지하 저장고(cellar)에 저장한다는 특성으로 인해 독일어 lagernstore 저장하다에서 생겨난 단어이다. 필스너Pilsner는 1842년 체코의 필젠Pilsen에서 처음 생산된 라거 맥주이다. 흔히 라거보다 에일 맥주가 색이 더 진하고 도수가 높으며, 라거는 목 넘김이 더 부드럽다.

그밖에 생맥주는 draft/draught beer라 하고, 맥주 보리를 까맣게 그을린 흑맥주는 dark beer라 한다.

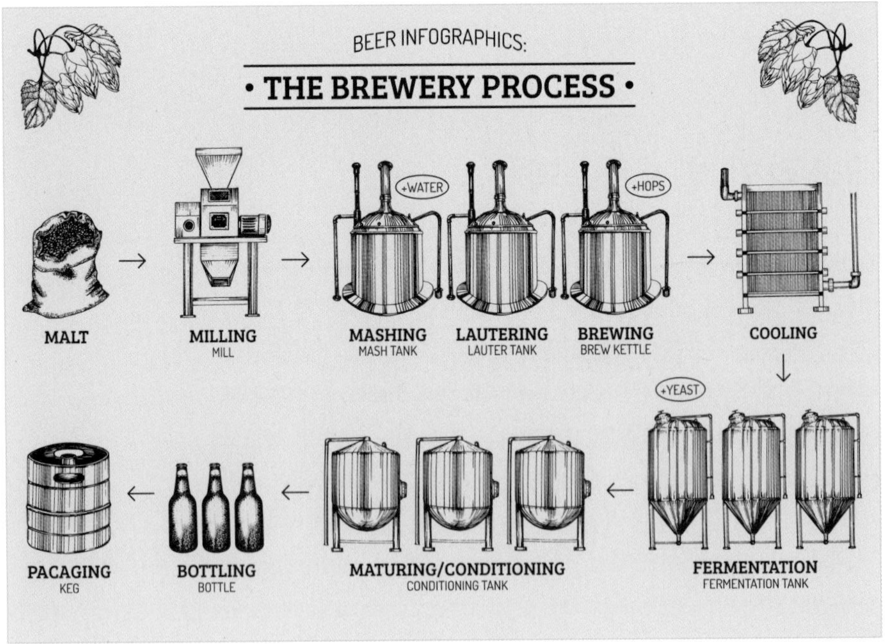

맥주 양조과정 맥아 → 빻기 → 더운 물과 맥아 혼합 → 맥아즙과 곡물 분류 – 양조 → 냉각 → 발효 → 숙성 → 병입 → 포장

어원 003 **대표적인 발효주, 맥주**

072

- **beer** **맥주** ← 맥아를 여과하고 홉을 첨가한 후 발효시킨 술

  [라] bibere = drink 마시다

  | **bibere에서 파생한 단어**

  beverage 음료 | imbibe 마시다

- **brew** **양조하다** ← 미생물의 발효에 의하여 술이나 식품을 만들다

  [인] bhreu = boil 끓이다

- **malt** **맥아, 엿기름** ← 싹이 튼 보리를 말린 것

  [게] maltam = malt 맥아

  | **maltam에서 파생한 외국어**

  (네덜란드어) mout 맥아 | (독일어) Malz 맥아

- **ale** **에일 맥주** ← 발포 시 떠오르는 표면의 효모를 이용한 씁쓸한 맥주

  [게] aluth = ale 에일

- **hoppy** **홉 맛이 진한** ← 맥주 특유의 향과 쓴 맛을 주는 홉을 많이 넣은

  [게] hupnan = hop 홉

  | **hupnan에서 파생한 외국어**

  (독일어) Hopfen 홉

- **lager** **라거 맥주** ← 저온에서 일정 기간 숙성, 발효시킨 맥주

  [독] lagern = store 저장하다

- **cellar** **지하 저장고** ← 포도주 등의 술 저장고

  [라] cellarium = pantry 식료품 저장실

- **draught** **(병이 아니라) 통에서 따라 파는** ← 살균하지 않은 맥주로 통에서 직접 따라 마시는

  [영] dragan = draw 끌다

  ★'생맥주'를 가리킬 때는 draft와 draught를 같은 뜻으로 사용함

대표적인 증류주

위스키

위스키(whiskey)는 맥아를 증류하여 만든 술을 가리킨다. 스코틀랜

드 지방에서 생산된 스카치 위스키는 100% 맥아만을 증류하여 한 곳의 증류소에서만 생산된 일명 '싱글몰트single malt 위스키'이다. 싱글몰트는 한 증류소distillery에서 생산되었지만 여러 가지 나무통casks에 담겨 있을 수는 있다. 중요한 것은 증류소가 한 곳이라는 점이다. 더블몰트double malt 위스키는 두 곳의 증류소에서 생산되고 맥아 외에 다른 곡물도 섞는다. 그래서 싱글몰트가 깔끔한 맛이라면 더블몰트는 여러 맛이 동시에 느껴지면서 입안에 오래 여운이 남는다linger.

브랜디

브랜디(brandy)는 포도주를 증류한 술을 가리킨다. 코냑Cognac은 프랑스 꼬냑 지방의 와인으로 만든 브랜디이다.

데킬라

데킬라(tequila)는 멕시코 증류주의 일종으로 멕시코의 지역명을 딴 명칭이다. 마가리타Margarita는 데킬라로 만든 칵테일이다.

보드카

러시아의 대표적인 증류주인 보드카(vodka)는 러시아어 voda물에서 파생했다. 도스토옙스키의 《죄와 벌》이란 작품을 보면 러시아인들의 보드카에 대한 탐닉을 엿볼 수 있다. 현재는 러시아인들뿐 아니라 전 세계인들이 애음하는 술이다.

진

처음에 약용 증류주로 사용되다가 대중적 사랑을 받아온 진(gin)은 주니퍼베리juniper berry를 넣은 증류주이다. gin은 네덜란드어 genever juniper 주니퍼에서 파생해 영국에서 geneva로 불리다가 줄여서 gen이 되었다. 가장 대표적인 진의 종류가 네덜란드 진과 런던 진이다. 네덜란드 진은 네덜란드, 벨기에, 독일 등에서 인기가 있는데 런던 진보다 도수가 낮아서 주로 스트레이트로 많이 마신다. 런던 진은 영국, 미국 등지에서 인기가 있는데 봄베이 사파이어Bombay Sapphire, 탄카레이Tanqueray 등의 브랜드가 있다. 진에 베르무트vermouth 술을 타고 올리브 열매를 위에 올린 것이 마티니martini 칵테일이고, 진에 토닉워터를 타고 레몬을 올린 것이 진토닉gin and tonic이다.

[어원 004] 대표적인 증류주

073

- **whisky** 위스키 ↞ 맥아를 당화 · 발효시킨 후 증류한 술
  [게일어] uisge beatha = water of life 생명수 ★중세 라틴어 aqua vitae(water of life 생명수)에서 차용된 단어일 것으로 추정됨
- **brandy** 브랜디 ↞ 발효시킨 포도주를 증류한 술
  [네덜란드어] bernen = burn or distil 태우다, 증류하다
  [네덜란드어] wijn = wine 와인
- **tequila** 데킬라 ↞ 멕시코 다육식물인 용설란(agave)의 수액을 증류한 술
  [멕시코어] Tequila 멕시코 중부의 지역명
- **vodka** 보드카 ↞ 밀, 보리, 호밀을 주원료로 한 러시아 연방의 증류주
  [러시아어] voda = water 물
- **gin** 진 ↞ 주니퍼 향이 들어 있는 증류주
  [네덜란드어] genever = juniper 주니퍼

폭탄주

두 가지 이상의 술을 섞어 만든 폭탄주를 bomb shot이라고 하는데 흔히 맥주 잔에 위스키 잔을 넣어 섞어 마시는 것이다. 다른 이름으로는 boilermaker 혹은 depth charge라 부른다. 나도 모르게 분위기에 취해 폭탄주를 계속 들이키고 싶은 순간 그렇게 많이 마시면 독이 되는 술의 위험성을 생각하며 intoxicate술 취하게 하다라는 단어를 떠올려보자. intoxicate의 -toxicate는 '독으로 죽이다poison'라는 뜻의 라틴어 toxicare에서 유래했다.

[어원 005] 폭탄주

074

- **bomb shot** 폭탄주 ↞ 여러 종류의 술을 함께 섞은 술
  [그] bombos = deep and hollow sound 깊고 허허로운 소리
- **intoxicate** 술 취하게 하다 ↞ 술을 많이 마셔 정신이 혼미해지고 몸을 가눌 수 없게 되다
  [라] toxicare = poison 독으로 죽이다
  | **toxicare에서 파생한 단어**
  toxic 유독성의 | toxin 독소

그 밖의 술 관련 표현들

- **술집과 안주 관련 표현**

pub 선술집 (레스토랑처럼 음식도 잘 갖춰진 술집)

pub crawl 술집 순례 (여러 술집을 차례차례 다니며 술을 마시기)

bar 바 (긴 스탠드 앞에 의자를 놓고 앉아 마시는 술 위주의 술집)

go barhopping 여러 술집을 다니며 마시다, 2·3차를 가다

munchies 간단한 안주들

- **음주와 금주 관련 표현**

tipple 술, 술을 마시다 | tope 술을 습관적으로 마시다

bib 술을 잘 마시다 | hold one's liquor 술을 마셔도 취하지 않다

fuddle 술 취하게 하다, 만취

be drunk 취하다 | be loaded (속어) 만취하다 (= be dead drunk)

get tipsy 얼큰하게 취하다 | black out 필름이 끊기다

have a hangover 숙취가 있다 | relieve a hangover 해장하다

go dry 금주하다 | be on the wagon 술을 끊다 | heavy drinker 술고래

- **음주운전 관련 표현**

DUI (Driving Under the Influence of Alcohol) 음주운전

DWI (Driving While Intoxicated) 음주운전

drunk driving 음주운전

- **그 밖의 술의 종류**

hard liquor 증류주, 위스키 | spirits 증류주, 독주

aqua vitae 강한 증류주나 브랜디 | firewater 화주

akvavit 아크바비트 (회향류(caraway)의 씨로 맛을 들인 중성 알코올에서 증류된 진과 비슷한 쌉쌀한 스칸디나비아 술)

ouzo 우조 (아니스 열매(aniseed)로 담은 그리스 술)

rum 럼주 (당밀이나 사탕수수를 발효 후 증류한 술)

mescal 메스칼주(酒) (멕시코의 화주)

lacing 커피 등에 넣은 소량의 술

port 포트와인 한잔 ('항구'로 자주 쓰이는 단어)

vin chaud 뱅쇼 (따뜻한 와인 음료) | Kaoliang Liquor 고량주

커피

전 세계인의 생활속에 깊숙이 자리 잡은 음료인 커피(coffee)! 커피는 15세기 중반 아라비아 남부 공화국 예멘Yemen에서 마시기 시작했을 것으로 추정된다. 아랍어 qalwahcoffee 커피에서 이탈리아어 caffe로 발전하여 오늘날의 coffee란 단어가 생겨났다. 커피열매berries를 따서 말린 후 볶고 갈아서 마지막 단계에 커피를 우러나게 하는 것을 brew라고 한다.

커피의 종류

에스프레소(espresso)는 고온의 물을 압력이 높은 상태에서 커피가루에 부어 짧은 시간에 뽑아내는 진한 커피를 가리킨다. 카푸치노(cappuccino)는 뜨거운 김이 나는 우유 거품을 섞어 만드는 커피이다. 카푸친Capuchin 교회 수사가 입는 옷의 갈색 후드를 닮았다고 하여 생긴 이름이다. 또, 아일랜드 최남단에 위치한 리머릭Limerick이란 주의 주방장이 커피에 위스키를 섞어서 발명한 것이 아이리쉬 커피Irish coffee이다. 우유를 약간 넣은 에스프레소 커피를 마끼아또(macchiato)

라고 하는데 macchiato는 이탈리아어로 stained얼룩진란 뜻으로 커피에 우유를 살짝 떨어뜨린 모습을 비유한 단어이다.

바리스타

바리스타(barista)는 커피의 종류와 품질, 커피콩을 가는 법grinding, 로스팅roasting 등 커피 관련 지식을 섭렵한 커피 전문가로 커피숍에서 커피를 내려주는 일을 한다. barista는 bartender 혹은 barist를 뜻하는 이탈리아어 barista에서 생겨났다.

어원 006 커피

075

- **coffee 커피** ← 볶은 커피나무 열매에서 우려낸 음료

  [아랍어] qalwah = coffee 커피
- **brew 우려내다** ← 액체에 담가 맛이 배어들게 하다

  [게] breuwan = brew 우려내다

  | **brewan에서 파생한 외국어**

  (독일어) brauen 양조하다
- **espresso 에스프레소** ← 고압에서 커피에 뜨거운 물을 부어 만든 진한 맛의 커피

  [라] exprimere = press out 눌러서 짜내다

  | **exprimere에서 파생한 단어**

  express 표현하다
- **cappuccino 카푸치노** ← 거품을 낸 뜨거운 우유를 섞어 마시는 커피

  [이탈리아어] capuccio = hood 후드 ★라틴어 cappa(hooded cloak 후드가 달린 망토)에서 파생함
- **macchiato 마끼아또** ← 에스프레소에 우유를 약간 넣은 커피

  [이탈리아어] macchiato = stained 얼룩진
- **barista 바리스타** ← 커피숍에서 커피를 내려주는 커피 전문가

  [이탈리아어] barista = bartender 바텐더

차, 주스, 우유

차 tea의 기원

차를 나타내는 영어단어에는 tea와 cha가 있다. 전자는 중국의 t'e를 해상을 통해 수입한 네덜란드에서 thee라고 사용된 것이 프랑스어 the, 스페인어 te, 영어 tea로 변형된 것이다. 반면, 후자는 포르투갈 상인이 마카오를 통해 차를 수입하면서 중국어인 ch'a를 그대로 받아들여 포르투갈어 chaa로 변형되었다가 영어에서 chaa/cha라고 쓰이게 되었다.

녹차와 홍차

햇볕에서 시들게 하는 쇄청작업(sun-withering, sun-drying)을 거쳐 부분 산화시킨 것이 우롱차oolong tea이며 그런 과정을 거치지 않은 것이 녹차green tea이다. 찻잎 자체의 효소로 산화되어(oxidized) 붉은 빛을 띠는 것이 홍차black tea로 햇볕에 말리는 대신 바람을 쐬어 말린다air-drying. 우리말로는 홍차지만 영어로는 black tea라고 한다는 점에 주의하자.

주스

juice주스는 라틴어 iusbroth 수프에서 생겨난 단어로 과일이나 야채를 짜낸press 음료를 가리킨다. 과즙에 우유나 요구르트를 섞어 걸쭉하게 만든 것은 스무디smoothie라고 한다. 고대 여러 나라에서 과일을 으깨 섞어서 먹는 전통이 있었지만 스무디란 용어가 본격적으로 사용된 것은 19세기 중반부터이다.

우유

milk우유는 소의 젖을 짜는milking 모양을 빗대어 인도게르만공통조어 melgrub off 문질러 떼어내다에서 생겨난 단어이다. melg에서 파생해 게르만조어 meluk이 되었고 여기에서 네덜란드어 melk우유, 독일어 Milch우유도 생겨났다. 우유는 포유동물의 젖인데 특히 출산 후의 우유 분비를 lactation이라고 한다. 19세기 중반 프랑스의 화학자인 파스퇴

르Louis Pasteur가 와인이 시어지는 것을 방지하는 법을 고심하다가 와인을 50~60도로 잠시 가열하니 미생물이 죽는다는 것을 알게 된 후 우유의 저온살균법이 생겨났으며 그의 이름을 따서 pasteurization이라고 하게 되었다.

어원 007 차, 주스, 우유

076

- **tea** 차 ⟵ 차나무의 어린잎을 우린 것
  [중국] t'e 차
- **wither** 시들게 하다 ⟵ 식물이 마르게 하다
  [영] wydderen = dry up 말리다, shrivel 줄어들게 하다
- **oxidize** 산화시키다 ⟵ 산소와 결합하거나 수소를 잃게 하다
  [그] oxys = sharp 날카로운, acid 신
- **juice** 주스 ⟵ 과일이나 야채를 짜낸 것
  [라] ius = broth 걸죽한 수프 ★ius는 인도게르만공통조어 yeue(mix food 음식을 섞다)에서 파생했으며 산스크리트어 yus(수프)와 동족어임
- **milk** 우유 ⟵ 포유동물의 젖
  [게] meluk = milk 우유 ★meluk는 인도게르만공통조어 melg(rub off 문질러 떼어내다)에서 파생함
  | **melg에서 파생한 단어**
  milch 가축 등이 젖이 나는 | emulsion 유제, 유화액
- **pasteurization** 저온살균 ⟵ 음료를 60~80도에서 30분간 가열하여 살균하는 것
  [프] 프랑스 화학자인 Louis Pasteur의 이름을 딴 것

물

음료의 가장 기본은 물, water이다. water는 인도게르만공통조어 wedwater 물, wet 젖은에서 생겨난 단어로, wed는 vodka와 whiskey의 어근이기도 하다. winter겨울도 wed에서 파생한 단어이다.

광천수

영문을 그대로 우리말로 표기해 미네랄 워터(mineral water)라고도 하는 광천수는 말 그대로 칼슘, 마그네슘, 칼륨 등의 광물질mineral을 많이 함유하고 있는 물이다. mineral광물질은 채굴로 얻어진 물질로 라틴어 mineramine 광산에서 생겨난 단어이다. 광천수는 거품이 이는(effervescent) 특징이 있다.

천연 탄산수

탄산수(carbonated water, sparkling water)는 탄소carbondioxide를 융화시킨 물로 이 탄화 과정으로 인해 물에 거품이 일게 된다. 알코올 성분이 없는 청량음료에는 바로 이 탄산수와 감미료sweetener가 첨가되어 있다. 참고로, 청량음료를 영어로는 soft drink라고 하는데, 이에 비교해 알코올 성분이 들어 있는 음료는 hard drink라고 한다.

어원 008 **물**

077

- **water** 물 ← 자연계에 분포해 있는 액체

  [인] wed = water 물, wet 젖은

  | **wed에서 파생한 단어**

  vodka 보드카 | whiskey 위스키

  winter 겨울 | wash 씻다

  abound 풍부하다 | nundate 범람시키다

  undulant 물결치는 | redundant 불필요한
- **mineral water** 광천수 ← 다량의 광물질을 함유한 물

  [라] minera = mine 광산
- **effervescent** 거품이 이는, 기운이 넘치는 ← 거품이 위로 부푸는

  [라] ex = out 밖으로

  [라] fervere = boil 끓다
- **carbonated** 탄산이 들어 있는 ← 이산화탄소가 물에 녹아서 생기는 약한 산이 있는

  [라] carbo = carbon 탄소
- **sparkling** 거품이 이는, 탄산이 있는 ← 이산화탄소가 용해, 이온화되어 물에 들어 있는

  [영] 중세영어에서 생겨난 단어

간식과 후식

간식은 끼니 사이에 가볍게 주전부리할 수 있는 음식을 말하며 영어로는 snack간식 또는 refreshment다과라고 한다. 아이스크림, 땅콩, 치즈, 베이글(bagel) 등 다양한 간식거리가 있다. 그중 대표적인 간식거리인 pretzel프레첼은 라틴어 bracellae little arms 작은 팔가 독일어 bretzel8자 모양의 작은 빵로 발전하였고 영어에선 pretzel이 되었다.

후식, 다른 말로 디저트(dessert)는 주요리를 다 먹은 후 입가심savory으로 가볍게 먹는 음식이다. 보통 비스킷(biscuit), 쿠키(cookie), 밀가루에 설탕을 넣어 만든 커스터드 과자(custard), 파이(pie), 케이크(cake) 등 간식거리로도 애용되는 음식들이 디저트로도 애용된다. 초콜릿이나 쿠키처럼 달콤한 디저트는 sweets디저트용 단 음식라고 불리기도 한다. 중국 요리를 먹은 후에 디저트로 제공되는 fortune cookie포춘쿠키는 중국 이민자가 개발한 것이다. 물론 이 같은 간식과 후식에는 커피나 차, 우유와 같은 음료도 빠지지 않는다.

[어원 009] 간식과 후식

078

- **snack** 간식 ↔ 간단한 요깃거리나 간식거리
  [중세네덜란드어] snacken = snatch 왈칵 잡아채다
- **refreshment** 다과 ↔ 차와 과자
  [고대프랑스어] refreschier = refresh 신선하게 하다
- **bagel** 베이글 ↔ 고리 모양의 딱딱한 롤빵
  [게] boug = ring 고리
- **pretzel** 프레첼 ↔ 팔짱을 낀 모양의 구운 과자
  [라] brachitella = little arms 작은 팔 ★brachitella는 그리스어 brakhion(an arm 팔)에서 파생함
- **dessert** 디저트, 후식 ↔ 주 식사 후에 나오는 과일이나 과자
  [프] desservir = clear the table 상을 치우다 ([라] des = remove 제거하다 + [고대프랑스어] server = to serve 음식을 내놓다)
- **biscuit** 비스킷 ↔ 달콤한 과자의 일종
  [라] bis coctus = twice-baked 두 번 구운

- **cookie** **쿠키** ⟻ 밀가루가 주재료인 과자

  [중세네덜란드어] koke = cake 케이크 ★cake란 단어도 여기에서 생겨남

- **custard** **커스터드 과자** ⟻ 말랑말랑한 과자

  [라] crusta = crust 껍데기

- **pie** **파이** ⟻ 과일, 고기 등을 넣어 구운 과자

  [라] pie = meat or fish enclosed in pastry 페이스트리 반죽 안에 고기 나 생선이 들어 있는 것

4

건강

Health

한 번쯤 물어도 좋을 질문 4

당신은 지금 어디가 아픈가?

What's the matter with you?

병원에 가면 어디가 어떻게 아픈지 묻는다.
What's the matter with you?라고.
심신이 불편해 보이는 친구에게도
무슨 문제가 있냐며 이렇게 묻는다.
이제 스스로에게 물어보자.
What's the matter with you?라고.
어디 아픈 데가 없는지
나 자신의 심신을 살피고 들여다보자.

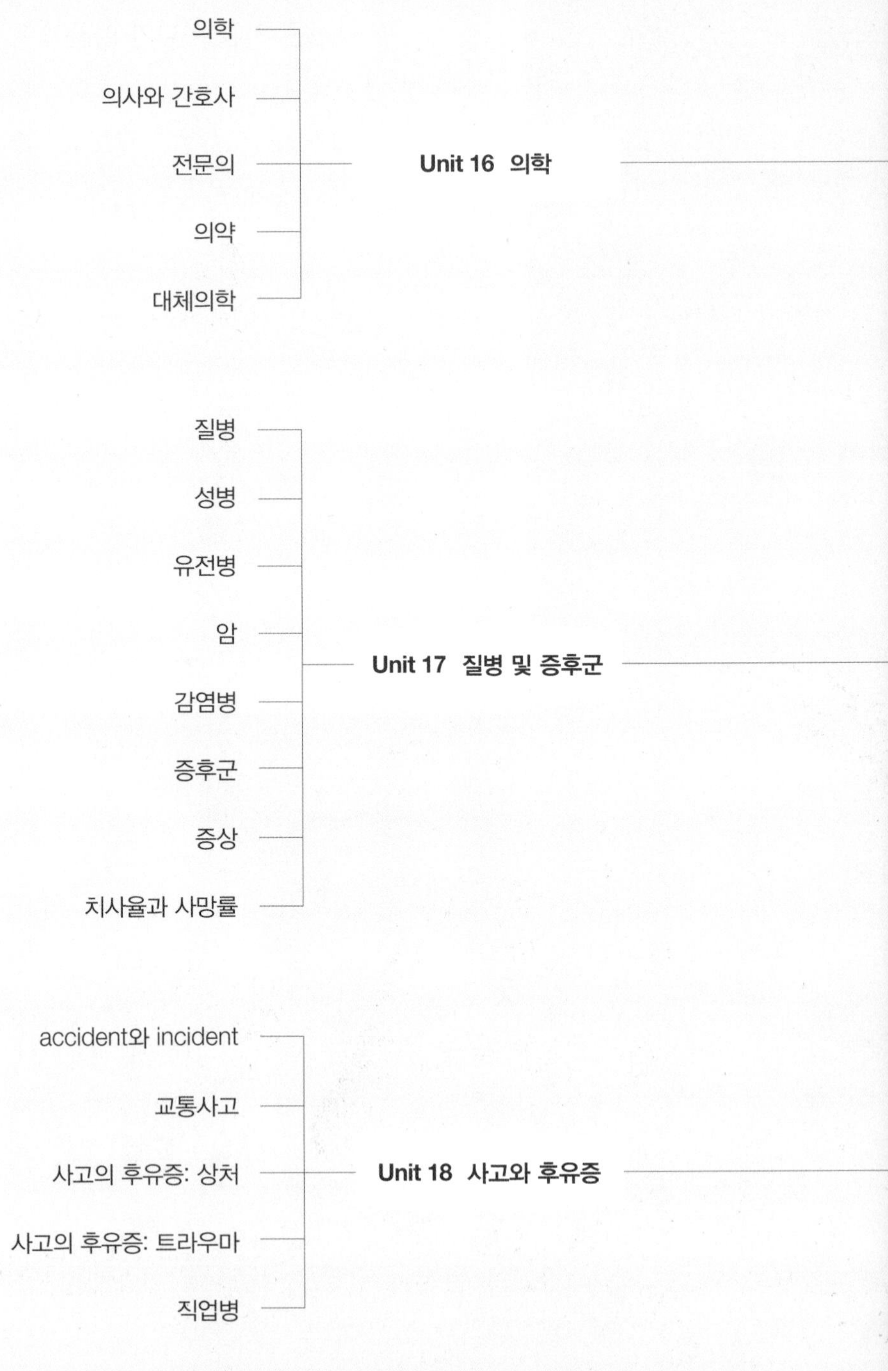

의학
의사와 간호사
전문의
의약
대체의학
Unit 16 의학
질병
성병
유전병
암
감염병
증후군
증상
치사율과 사망률
Unit 17 질병 및 증후군
accident와 incident
교통사고
사고의 후유증: 상처
사고의 후유증: 트라우마
직업병
Unit 18 사고와 후유증

Chapter 4
건강

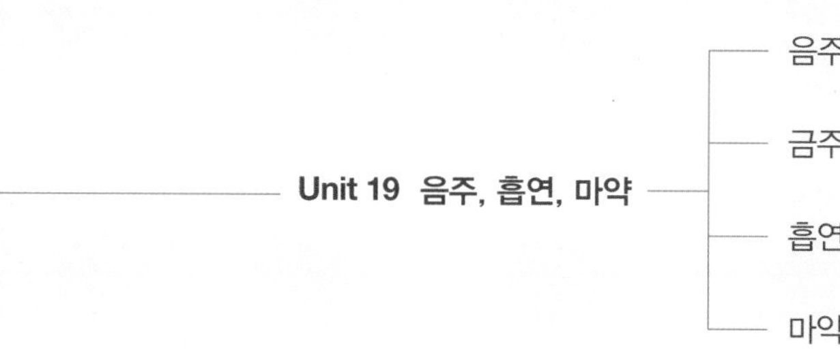

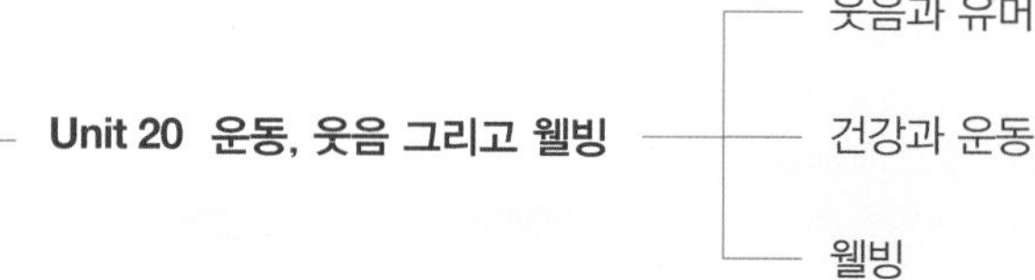

어원표시 (라) 라틴어 (그) 그리스어 (히) 히브리어 (게) 게르만조어 (인) 인도게르만공통조어
(힌) 힌두어 (프) 프랑스어 (영) 영어 (스) 스페인어 (독) 독일어

품사표시 (명) 명사 (동) 동사 (형) 형용사 (부) 부사

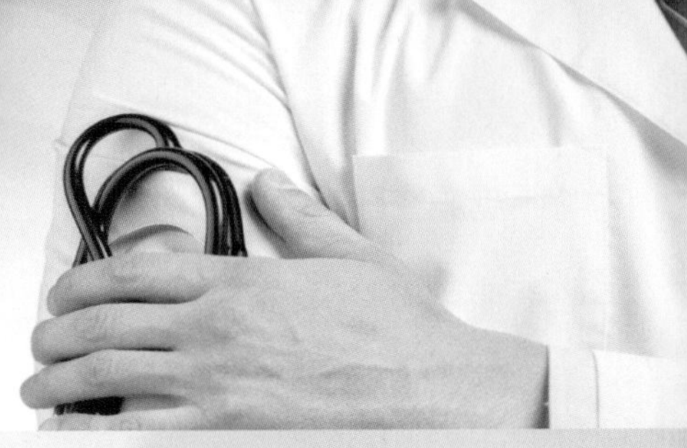

의학
Medicine

생명life은 고귀하다.
그 고귀한 생명을 다루는 일도 고귀하다.
그래서 의사doctor나 간호사nurse의 일도 고귀하다.

아픈 사람을 치료하고cure
죽어가는 사람을 살리는 그 행위 자체가
고맙기 그지없다.

평생 살면서 한 번도 안 아플 수가 없기에
우리는 의학medicine의 도움을 받아
건강을 지키고
건강을 회복해가며
삶을 영위한다.

어차피 때가 되면 죽음에 이르더라도
살아 있는 동안은 통증pain 없는 양질의 삶을 추구한다.

의학

과학의 발달과 함께 의학도 엄청나게 발달하면서 해부학, 병리학, 생리학, 세포학 등으로 세분화되었다. 먼저, 의학을 총칭하는 표현은 medicine이다. 그래서 의과대학은 이 표현의 형용사인 medical을 써서 medical college라고 한다. 또 의사들이 개업을 하면 practice medicine이라고 표현하는데, 이때 practice는 의사나 변호사 등을 '개업하다'란 뜻이다.

해부학을 뜻하는 anatomy는 그리스어 temnein cut 자르다에서 파생한 단어이다. Gray's Anatomy는 영국의 해부학자anatomist인 헨리 그레이Henry Gray가 1858년에 쓴 해부학 참고서이다.

그리스어 kytos hollow 속이 빈에서 파생한 단어가 cytology, 세포학인데 세포학은 질병을 진단하고 연구하는 병리학, 즉 pathology의 하위 분야이다. pathology는 그리스어 pathos suffering 고통에서 파생한 단어로 말 그대로 질병에 걸린 상태를 연구하는 학문이다.

생리학을 뜻하는 physiology는 그리스어 physios nature 자연에서 파생한 단어로 유기체, 즉 동물이나 사람의 체내 생화학적 시스템과 정상적 신체 기능을 연구하는 분야이다.

그리스어 histo tissue 조직에서 파생한 histology는 말 그대로 유기체의 조직을 연구하는 '조직학'으로, microanatomy조직학, 조직해부학라고도 불린다. 암 조직을 떼내 현미경으로 조직의 변화를 연구하는 학문은 histopathology조직병리학이다.

이 밖에도 여러 분야가 있는데, 다음 페이지의 어원정리에서 해당 명칭을 확인할 수 있다.

히포크라테스

의학에 대해 이야기하면 사람들은 언제나 히포크라테스 선서를 언급한다. 기원전 5세기에 그리스에서 의사들에 의해 쓰여진 히포크라테스 선서Hippocratic Oath는 '의학의 아버지'라 불리는 고대 그리스의 저명한 의사인 Hippocrates히포크라테스의 정신을 기리는 선서이다.

히포크라테스는 질병이 신이 내린 벌이라는 종교적 차원의 해석을

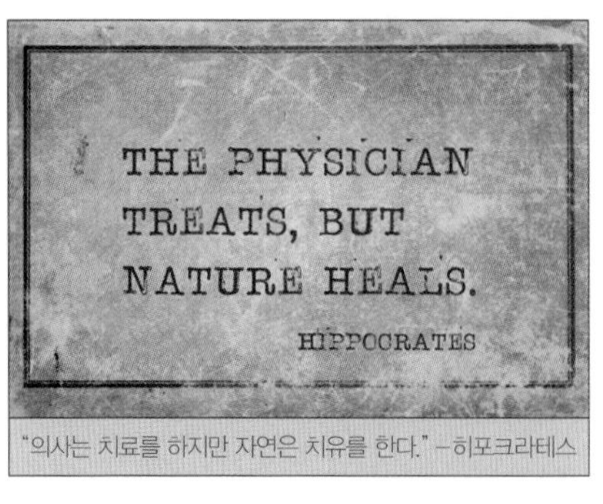

"의사는 치료를 하지만 자연은 치유를 한다." –히포크라테스

거부하고 병이 자연 발생한다고 주장한 최초의 인물이기도 하다. Hippocratic Oath히포크라테스 선서 외에도 그의 이름을 딴 명칭들이 다양한데, 그중 Hippocratic face히포크라테스 안모는 죽음에 가까워진 사람들이 공통적으로 보이는 얼굴의 특징을 가리키고, Hippocratic fingers히포크라테스 손가락는 손가락과 손톱의 기형deformity을 가리킨다.

079

어원 001 **의학**

- **medicine** **의학, 의술** ↔ 질병이나 부상의 치료법을 연구하는 학문 또는 그 치료법

  ㊣ medicina = remedy 치료책

- **anatomy** **해부학** ↔ 생명체의 구조를 연구하는 학문

  ㉠ an = up 위로

  ㉠ temnein = cut 자르다

  | **temnein에서 파생한 단어**

  atom 원자 | epitome 전형, 축도 | entomology 곤충학

  dichotomy 양분, 이분 | phlebotomy 정맥절개술 (phleps = vein 정맥)

- **cytology** **세포학** ↔ 질병 진단을 위해 세포를 연구하는 학문

  ㉠ kytos = hollow 속이 빈

- **pathology** **병리학** ↔ 신체를 연구하여 질병을 진단하는 학문

  ㉠ pathos = suffering 고통

  | **pathos에서 파생한 단어**

  pathos 연민을 자아내는 힘 | pathogenic 발병시키는

- **physiology** **생리학** ↔ 동물 혹은 인간의 신체 기능을 연구하는 학문

  ㉠ physios = nature 자연

- **histology** **조직학** ↔ 신체를 구성하고 있는 조직을 연구하는 학문

  ㉠ histo = tissue 조직

  cf. histopathology 조직병리학

  | **histo에서 파생한 단어**

  histone 히스톤 (단순단백질의 하나)

  histidine 히스티딘 (염기성 α–아미노산 중 하나)

[cf.] 기타 의학분야

embryology 배아학 (bryein = to swell 부풀다)

endocrinology 내분비학 (krinein = separate 구별하다)

epidemiology 전염병학 (demos = people 사람들)

genetics 유전학 (genea = race 인종)

hematology 혈액학 (haima = blood 피)

immunology 면역학 (immunis = untaxed 세금이 붙지 않은)

microbiology 미생물학 (mikros = small 작은)

oncology 종양학 (onco = tumor 종양)

radiobiology 방사선생물학 (radium = beam 광선)

- **Hippocrates** 히포크라테스 ↔ 의학의 아버지

[라] hippos = horse 말 ★hippos는 인도게르만공통조어 ekwo(horse 말)에서 파생한 어근인데 이 어근에서 equine(말의)이라는 단어가 생겨남

[라] kratia = rule 통치

| **hippos에서 파생한 단어**

hippopotamus 하마 (potamos = river 강)

의사와 간호사

doctor의사는 라틴어 doctorteacher 교사에서 파생한 단어로 여기에서 현재의 '박사'란 뜻이 생겨났고 '의사'란 뜻은 15세기가 지나면서 덧붙여졌다.

내과의사와 외과의사

내과의사 physician과 물리학자 physicist는 모두 자연과학natural science이란 뜻의 라틴어 physica에서 생겨났다. 그리스어 kheirougosworking done by hand 손으로 하는 일에서 생겨난 외과의사 surgeon은 손을 이용하여 수술하는 의사를 뜻한다.

최초의 의사는 기원전 27세기, 이집트의 Hesy-Ra라는 내과의사였다고 전해진다. 이집트는 의술이 발달되고 세분화되어 있어서 이런

의술 덕택에 이집트인들은 가장 건강한 민족 중 하나였다.
그리스 신화에서 신들을 치료하는 의사의 이름은 Paean파이안으로 후에 아폴로Apollo의 별칭이 되었다. 또한 음악, 시, 그리고 의학의 신인 아폴로에게 바치는 찬가와 연관되어 '찬가'란 뜻을 갖고 있다.

간호사

nurse간호사는 라틴어 nutriresuckle 젖을 먹이다에서 생겨난 단어로 처음에는 유모wet nurse를 가리키다가 16세기 말에 '간호사'를 뜻하게 되었다. 밤에 전등을 들고 부상당한 환자들을 살폈다는 이유로 일명 Lady with the Lamp램프를 든 여자로 불린 나이팅게일Nightingale, Florence은 19세기 영국의 간호사이자 사회개혁자였다.

어원 002 의사와 간호사

080

- **physician** 내과의사 ← 내장기관의 병을 약으로 치료하는 의사
  [라] physica = natural science 자연과학
  | **physica에서 파생한 단어**
  physicist 물리학자
- **surgeon** 외과의사 ← 병이나 상처를 수술로 치료하는 의사
  [그] kheirougos = working done by hand 손으로 하는 일 (kheir = hand 손 + ergon = work 작업)
  | **ergon에서 파생한 단어**
  ergonomics 인체공학 | metallurgy 금속공학, 야금학
  georgic 농사의, 농업의
  dramaturgy 극작 | thaumaturge 마법사
  allergy 알레르기 | synergy 시너지 | energy 에너지
- **nurse** 간호사 ← 의사의 진료를 돕고 환자를 보살피는 일을 하는 전문 의료인
  [라] nutrire = suckle 젖을 먹이다

전문의

산부인과

의학 관련 영어는 특히 그리스어와 라틴어에서 파생한 단어들이 많다. 라틴어 obstetrixmidwife 산파에서 파생한 단어 obstetrician은 여성의 임신과 출산 분야의 일에 종사하는 산과의사이다. 또, 여성 생식 기관의 질병을 치료하는 의사는 gynecologist부인과의사라고 한다. obstetrics산과와 gynecology부인과는 흔히 하나의 전문 분야로 묶여 산부인과라고 불리며, 산부인과 의사는 ob-gyns라고 불린다.

안과

안과의사는 ophthalmologist로 그리스어 opthalmoseye 눈에서 파생했는데, 이 opthalmos는 또한 그리스어 ōpseye 눈에서 파생한 단어이다. 검안의를 뜻하는 optometrist는 그리스어 optosseen 보이는에서 파생했다.

이비인후과

그리스어 otoear 귀, larynxthroat 목구멍가 합쳐져 파생한 otolaryngologist는 말 그대로 이비인후과의사이다. 여기에 그리스어 rhino nose 코를 첨가하여 otorhinolaryngologist라고도 부른다. 참고로, '코뿔소'를 뜻하는 rhinoceros도 그리스어 rhino에서 파생한 단어이다.

소아과와 정형외과

그리스어 paischild 어린이에서 파생한 pediatrician은 소아과의사이다. 정형외과의사는 orthopedist라고 하는데, 이 단어도 pais란 어근이 orthostraight 바른와 합쳐져 원래는 아동의 기형을 치료하는 분야를 나타냈다. podiatrist는 그리스어 pousfoot 발에서 파생한 단어로 발전문의를 가리킨다. pediatrician소아과의사과 헷갈리지 말자.

심장전문의와 정신과의사

심장을 전문으로 치료하는 심장전문의는 cardiologist라고 한다.

cardiologist의 cardio는 심장heart을 뜻하는 그리스어 kardia에서 파생했다.
heart는 가슴 속에 있는 신체 기관이자 감정, 정서적인 측면에서 '마음, 가슴'이란 의미로도 쓰인다. 반면 머리/두뇌로 사고하고 판단하고 느끼는 '마음, 정신'은 mind라고 하는데, 이 mind에 문제가 생겨 전문적으로 치료하는 의사는 정신과의사, 즉 psychiatrist이다. 그 의미에서도 뚜렷이 드러나는 바와 같이 psychiatrist는 mind를 뜻하는 그리스어 psykhē에서 파생했다.
참고로, 정신과의사를 구어체에서 shrink라고 하는데 아마존의 한 부족이 적의 머리가죽을 벗겨 머리를 수축된shrunken 상태로 보관했던 관습에 빗대어 정신과의사를 headshrinker라고 부른 데서 생겨난 단어이다.

항문과와 비뇨기과

항문 진료를 전문으로 하는 의사는 proctologist항문과의사라고 한다. proctologist 역시 그리스어에서 파생한 단어이다. 항문anus을 뜻하는 그리스어 proktos에서 파생했다.
생식기관 진료를 전문으로 하는 의사는 urologist비뇨기과의사라고 한다. urologist는 소변urine을 뜻하는 그리스어 ouron에서 파생했다.

피부과와 치과

현대인들이 애용하는 피부과! 피부과의사는 dermatologist라고 한다. 피부skin를 뜻하는 그리스어 derma에서 파생한 단어이다.
살면서 몇 번은 꼭 마주해야만 하는 치과의사는 dentist로, 일상생활에서 자주 접할 수 있는 친숙한 단어이다. '치아'를 뜻하는 라틴어 dent에서 파생했다.

돌팔이 의사

돌팔이 의사를 quack이라고 하는데, 네덜란드 고어 quacksalver hawker of salve 연고 팔러 다니는 사람에서 생겨난 단어이다. 원래는 민간요법으로 치료를 하는 사람을 가리키다 돌팔이 의사란 뜻이 되었다.

어원 003 전문의

081

- **obstetrician** **산과의사** ⇠ 임신과 출산 분야에 종사하는 의사
  [라] obstetrix = midwife 산파
  [cf.] obstetrics 산과
- **gynecologist** **부인과의사** ⇠ 여성 생식기관 질병을 치료하는 의사
  [그] gyne = female 여성
  [그] logos = science 과학
  [cf.] gynecology 부인과 의학
  | gyne에서 파생한 단어
  misogyny 여성혐오증 (miso = hatred 증오)
  polygyny 일부다처 (poly = many 많음)
  androgynous 양성 특징을 가진 (andro = male 남성)
- **ophthalmologist** **안과의사** ⇠ 눈의 치료를 전문으로 하는 의사
  [그] opthalmos = eye 눈 ★opthalmos는 ōps(eye 눈)에서 파생
  [cf.] ophthalmology 안과
  | ōps에서 파생한 단어
  presbyopia 노안 (presbys = old man 노인)
  amblyopia 약시 (amblys = blunt 무딘)
  hyperopia 원시 | myopia 근시
- **optometrist** **검안의** ⇠ 눈 검사를 전문으로 하는 의사
  [그] optos = seen 보이는
  [그] metria = a measuring of ~의 측정
  [cf.] optometry 검안
  | optos에서 파생한 단어
  optic 눈의 | panoptic 모든 것이 한 눈에 보이는 | catoptric 거울의, 반사의
- **otolaryngologist** **이비인후과의사** ⇠ 귀, 코, 목구멍 등을 치료하는 의사 ★일명 ENT(ear, nose, throat)
  [그] oto = ear 귀
  [그] larynx = throat 목구멍
  [cf.] otolaryngology/otorhinolaryngology 이비인후과
  | oto에서 파생한 단어
  otalgia 이통 (algos = pain 통증) | microtia 소이증

| rhino에서 파생한 단어

rhinoceros 코뿔소 (keras = horn 뿔)

rhinology 비과학 | rhinitis 비염 (itis = inflammation 염증)

| larynx에서 파생한 단어

laryngitis 후두염

- **pediatrician** 소아과의사 ⟷ 아이들을 치료하는 의사

  ㉠ pais = child 어린이

  cf. pediatrics 소아과

- **orthopedist** 정형외과의사 ⟷ 근육이나 뼈의 이상을 치료하는 의사

  ㉠ ortho = straight 똑바른

  ㉠ pais = child 아이

  cf. orthopedics 정형외과

  | pais에서 파생한 단어

  hypnopedia 수면학습법 (hypno = sleep 수면)

  pedophilia 소아성애 (philia = loving 사랑)

  encyclopedia 백과사전 (enkyklios = general 일반적인)

- **podiatrist** 발전문의 ⟷ 발을 전문적으로 치료하는 의사

  ㉠ pous = foot 발

  cf. podiatry 족병학

- **cardiologist** 심장전문의 ⟷ 심장의 질병을 치료하는 의사

  ㉠ kardia = heart 심장

  cf. cardiology 심장학

- **psychiatrist** 정신과의사 ⟷ 정신질환 환자를 치료하는 의사

  ㉠ psykhē = mind 마음

  cf. psychiatry 정신의학

- **proctologist** 항문과 의사 ⟷ 항문을 치료하는 의사

  ㉠ proktos = anus 항문

  cf. proctology 항문과

  | proktos에서 파생한 단어

  proctalgia 직장통증

- **urologist** 비뇨기과의사 ⟷ 남녀생식기관을 치료하는 의사

  ㉠ ouron = urine 소변

  cf. urology 비뇨기과

- **dermatologist** **피부과의사** ↔ 피부관련 질병을 치료하는 의사

 ㉠ derma = skin 피부

 cf. dermatology 피부병학

 | **derma에서 파생한 단어**

 dermatitis 피부염

 epidermis 표피

 hypodermic 피하의 (hypo = under 아래에)

- **dentist** **치과의사** ↔ 치아를 전문적으로 치료하는 의사

 ㉣ dent = tooth 치아

 cf. dentistry 치과학

 | **dent에서 파생한 단어**

 denture 의치 | dentifrice 세치제, 치약 (fricare = rub 문지르다)

 dentition 치아의 상태 | al dente 적당히 씹히는 맛이 있는

의약

약

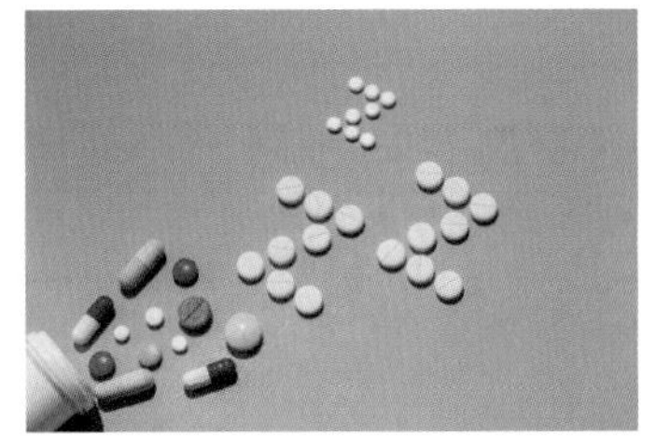

pills

앞서 medicine은 '의학'을 총칭하는 표현이라고 했는데, 질병이나 다친 곳을 치료하는 데 쓰는 '약'을 총칭하는 표현으로도 쓰인다. medication은 '약물치료'를 가리키며 be on medication이라고 하면 '약물치료 중이다'라는 뜻이다.

고대 프랑스어 droge supply 공급에서 파생한 drug는 원래는 약 medicine의 성분으로 사용되는 물질을 가리키다가 오늘날엔 의약품으로 이용되는 약을 가리키기도 하고 마약 등의 불법적 '약물'을 가리키기도 한다. 맥락에 따라 구별해서 사용하자.

pill 알약은 가루약을 압축한 정제(tablet), 가루약을 껍질 속에 넣은 캡슐(capsule), 타원형 모양의 당의정(caplet)과 같은 고체 형태의 약들을 모두 아우르는 단어이다.

복용량

약의 1회 복용량은 dose이며 환자가 복용해야 하는 약의 복용량 전체는 dosage이다. 선사시대에 이미 약초나 식물, 광물들을 섞어서 약으로 사용하였고 프랑스의 한 동굴벽화를 통해 선사시대 사람들이 의학용으로 식물을 사용했다는 것이 증명되기도 하였다.

약사

약사(pharmacist)의 역할은 의사가 처방(prescription)한 약을 환자에게 제공하는 것이다. 예전에는 약사의 역할을 약제상(apothecary)이 하였다.

약사가 약을 파는 약국은 pharmacy 또는 drug store라 하고, 애초에 약을 만들어서 판매하는 제약회사는 pharmaceuticals라고 한다. 참고로, 약이 생명체에 미치는 작용을 연구하는 학문은 pharmacology약리학이다.

위약 효과

약을 실제로 복용하지 않았는데 복용하였다고 믿는 심리효과로 인해 환자(patient)의 병세가 차도를 보이는 것을 위약효과, 즉 placebo effect라고 한다. placebo위약, 가짜 약는 I shall please.난 기쁘게 할 것이다란 뜻의 라틴어 placebo에서 온 말이다. 실제로도 라틴어 뜻 그대로 비활성의(inert) 약을 먹었거나 수술을 받았다는 가짜 정보를 제공하여 환자의 마음을 기쁘게 만드는 것이 placebo effect이다.

어원 004 **의약**

082

- **medicine** 약 ← 질병이나 다친 곳을 치료하는 데 쓰는 물질
  ㊄ medicina = remedy 치료책
- **drug** 약물 ← 의약품이나 불법적 약물
  (고대프랑스어) droge = supply 공급(품)
- **pill** 알약 ← 정제, 캡슐 등 고체 형태의 약
  ㊄ pilula = little ball 작은 공, 환
  | **pilula에서 파생한 단어**
  pile 더미 | pillet 작은 알약

- **tablet** 정제 ↔ 가루를 뭉쳐 둥글게 만든 약

[라] tabula = board 판자

| **tabula에서 파생한 단어**

tabula rasa 정해진 의견이 없는 상태 (radere = erase 지우다)

tabulate 표로 만들다

- **capsule** 캡슐 ↔ 가루 약을 캡슐에 넣은 형태

[라] capsa = box 상자

- **caplet** 당의정 ↔ 표면에 당분을 입힌 정제

[영] capsule과 tablet이 합쳐진 단어

- **dose** 1회 복용량 ↔ 1회에 먹는 양

[그] dosis = a portion prescribed 처방된 양

[cf.] dosage 전체 복용량

[ex.] a high dosage/dose 많은 복용량

a low dosage/dose 적은 복용량

- **pharmacist** 약사 ↔ 약을 보관, 조제, 판매하는 사람

[라] pharmakeia = use of drugs 약의 이용

| **pharmakeia에서 파생한 단어**

pharmacy 약국 (= drug store)

- **prescription** 처방전 ↔ 의사가 병에 따른 치료약을 적어 환자에게 약국에서 약을 구입할 수 있도록 해주는 서류

[라] pre = before 미리

[라] scribere = write 쓰다

[ex.] fill a prescription 처방하다 | on prescription 처방에 따라

- **apothecary** 약제상 ↔ 약들을 보관해 두었다가 파는 약장수

[그] apotheke = barn 창고 (apo = away 따로 + tithenai = place 두다)

| **tithenai에서 파생한 단어**

thesis 논문 | thesaurus 유의어 사전

synthesis 통합, 합성 (syn = together 함께)

antithesis 대조 (anti = against 대하여)

parenthesis 괄호 (para = beside 옆에 + en = in 안에)

prosthesis (의족 같은) 인공 삽입물 (pros = to ~에 덧붙여)

epithet 별명 (epi = in addition 추가로)

- **pharmaceuticals 제약회사** ↔ 약을 제조, 판매하는 회사
  ㉣ pharmakeus = preparer of drugs 약의 준비자
- **pharmacology 약리학** ↔ 약이 생명에 미치는 작용을 연구하는 학문
  ㉣ pharmakeus = preparer of drugs 약의 준비자
- **patient 환자** ↔ 아파서 치료받아야 하는 사람
  ㉣ pati = endure 견디다
- **placebo 위약** ↔ 환자에게 심리적으로 병이 낫는 거 같은 기분을 느끼게 해주는 가짜 약
  ㉣ placebo = I shall please 기쁘게 할 것이다
- **inert 비활성의** ↔ 다른 화합물과 작용하지 않는
  ㉣ in = without ~없는
  ㉣ ars = skill 기술
  | **ars에서 파생한 단어**
  artifact 가공품 (factum = thing made 만들어진 것)
  artisan 기능보유자

대체의학

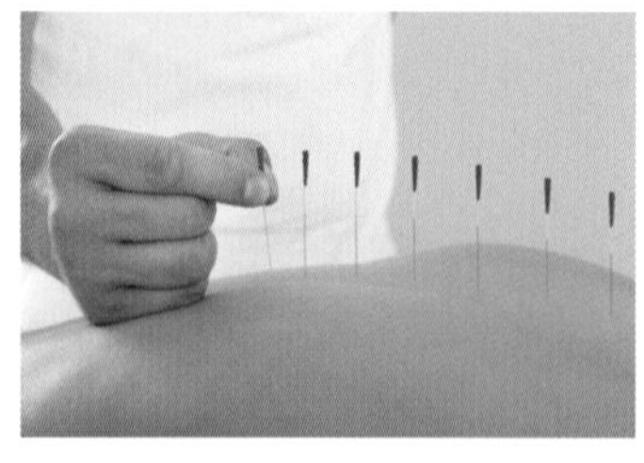
alternative therapy 대체치료법

근대의학을 대체, 보완하는 약초나 침술요법(acupuncture) 등을 사용하는 대체의학(alternative medicine)이 인기를 끌고 있다. 뜸moxibustion, 부황cupping과 같은 한의학의 치료법들도 대체의학의 일종이다. 최근에는 대체의학과는 별개로 개인의 심리적, 사회적, 육체적 상태를 고려하는 전체 건강(holistic health)이란 개념이 의학계에서 많은 지지를 받고 있다.

참고로, 검증되지는 않았지만 예로부터 전해지는 치료법은 민간요법home remedies이라고 한다.

어원 005 대체의학

083

- **acupuncture** 침술요법 ← 침을 이용한 치료

  [라] acus = needle 바늘

  [라] punct = pricked 찔린

- **alternative** 대체의 ← 다른 것으로 대신하는

  [라] alter = the other 둘 중 다른 하나

  | **alter에서 파생한 단어**

  alter 변경하다 | alter ego 제 2의 자아

  altercation 언쟁 | alternate 번갈아 나오는

  adulteration 섞음질 | altruisim 이타주의

- **holistic** 전체의 ← 생명 현상의 전체가 부분의 존재에 선행하는

  [그] holos = whole 온전한, 전체의 ★holos는 인도게르만공통조어 sol(전체의)에서 생겨남

  [cf.] holism 전체론 (기관 전체가 부분들의 작용을 결정한다는 주의)

  | **holos에서 파생한 단어**

  hologram 홀로그램 (입체 사진술에 의한 입체 화상, gramma = picture 사진)

  holograph 자필문 (graphos = written 쓰여진)

  holocaust 큰 참화 (kaiein = burn 태우다)

  | **sol에서 파생한 단어**

  solid 단단한

질병 및 증후군

Disease & Syndrome

에디오피아 속담에 '병을 숨기는 자에게는 약이 없다'라 했다.
우리도 '병은 소문내야 한다'는 말을 종종 한다.
아프지 않으면 좋겠지만
살면서 크고 작은 질병disease을 한 번도 앓지 않을 수는 없다.

몸이든 마음이든 아픔은 숨기는 것이 아니다.
티를 내고 적극적으로 치료해야 한다.
치료의 과정에는 의사의 도움을 받을 수도
친구나 가족의 도움을 받을 수도 있다.

우리는 온갖 질병에 걸릴 수 있는 환경에 노출되어 있다.
그렇다고 우리 몸이 호락호락하지는 않다.
균형 있는 생활, 건강한 생활을 통해
면역성immunity을 키우면
웬만한 질병 따위 사전에 예방할 수 있다.

질병

인류 역사가 시작된 이래로 인간은 끊임없이 질병과 싸워왔다. 영어로 질병을 disease라고 하는데 고대 프랑스어 desaisediscomfort 불편함, disease 질병에서 파생했다. disease는 발생 원인에 따라 특정 증상을 동반하는 질병으로, 영양소의 결핍으로 인한 질병(deficiency disease), 세균, 바이러스, 곰팡이 등이 생명체에 옮아서 야기되는 감염성 질병(infectious disease), 자손이 물려받는 질병인 유전병(hereditary disease) 등이 있다. disease가 치료를 요하는 병이라면 illness는 맥락에 따라 개인이 느끼는 통증이나 피곤 등을 가리킬 수 있다.

질병이 걸리는 속도에 따라서는 급성 질병(acute disease)과 만성질병(chronic disease)으로 나뉠 수 있다. 질병이 나타나는 부위에 따라 무좀(athlete's foot)처럼 신체의 특정 부위에만 나타나는 localized국부성의 질병과 뇌전이암(metastatic brain tumor)처럼 신체 여러 군데로 퍼지는 multiple다발성의 질병으로도 분류된다.

라틴어 disnot 아닌와 ordinareregulate 통제하다가 합쳐진 disorder신체기능장애는 disease와 같이 쓰이기도 하지만 질병으로 진단하기에는 아직 의학적 증거가 뒷받침되지 않는 신체의 비정상적 기능 상태를 가리킨다. 환자의 병적 상태는 흔히 morbidity병적 상태로 표현하며 한 지역의 일정 기간 동안의 질병 발생률은 morbidity rate라고 한다.

모든 생명체는 태생적으로 질병과 함께 존재해왔지만 인간은 새로운 질병이 출현할 때마다 치료법을 찾아내 질병을 이겨내고 건강한 삶을 추구해왔다. 그리스 신화 속 치료의 여신이나 건강의 여신이 이를 방증하는 셈이다. 그리스 신화의 Panacea파나케이아는 치료의 여신으로 이 단어에서 만병통치약, 즉 panacea[pænəsíːə]란 단어가 생겨났다. 또한 그 자매인 건강의 여신이자 청결과 위생의 여신인 Hygeia히게이아에서 hygiene[háidʒiːn]위생이란 단어가 생겨났다.

합병증

하나의 질병이 때론 다른 질병으로 확산되기도 하는데 이것을 합병증(complication)이라고 부른다. 질병은 발달 과정이나 치료 과정에서 다른 합병증이 생기기도 한다. 합병증은 말 그대로 치료가 더 복잡해지는complicated 셈이다. 일례로 약물 복용의 부작용으로 조울증(manic-depression)이 걸리면 조울증이 합병증인 셈이다.

불치병

불치병이란 말 그대로 고칠 수 없는 병을 말한다. 시한부 판정을 받은 불치병 환자, 즉 말기 환자는 영어로 terminal patient라 하는데, 이때 terminal은 병이 '말기의, 죽음에 이르는'이란 의미이다. 말기 환자를 위한 특수병원을 hospice호스피스라고 한다. hospice의 라틴어 어원 hospitum이 환대hospitable reception란 뜻이므로 말기 환자가 편히 쉴 수 있도록 반갑게 맞아주는 병원이라고 이해하자.

어원 001 질병

084

- **disease** 질병 ← 신체가 정상적 기능을 하지 못하고 아픈 상태
  [프] desaise = discomfort 불편함, disease 질병
- **deficiency** 결핍 ← 채워지지 않고 모자람
  [라] deficere = desert 저버리다, 없어지다
  | **유의어**
  dearth 기근, 부족 | defect 결함, 부족 | insufficiency 불충분
  lack 결핍 | scarcity 부족, 결핍, 희소성 | want 원하는 것, 결핍
  shortage 부족 | shortcoming 결점, 결핍
- **infectious** 감염의 ← 감염원이 생명체의 몸에 들어가 증식하는
  [라] inficere = spoil 망치다, stain 얼룩지게 하다
- **hereditary** 유전의 ← 어버이의 형질을 자손이 물려받는
  [라] hereditas = heirship 상속권
- **acute** 급성의, 극심한 ← 급작스럽게 발병해서 빠르게 진행되는
  [라] acutus = sharp 날카로운
- **chronic** 만성의 ← 증상이 빨리 낫지 않고 지속되는
  [그] khronos = time 시간

| khronos에서 파생한 단어

anachronism 시대착오적인 생각 (ana = against ~에 반대하여)

synchronous 동시에 발생하는 (syn = together 함께)

isochronal 등시성의 (iso = equal 똑같은)

chronology 연대기

- **athlete's foot** 무좀 ↔ 발이나 발가락에 많이 생기는 전염성 피부병

[그] athlos = contest 시합

- **localized** 국한성의 ↔ 병이 몸의 한 부분에 집중적으로 생기는

[라] locus = place 장소

| locus에서 파생한 단어

location 위치, 장소 | lieu ~을 경유하여 | locomotion 운동능력

- **metastatic** 전이의 ↔ 옮겨지는 성질인

[라] meta = change 변화

[라] histanai = place 두다

- **multiple** 다발성의, 많은 ↔ 병이 몸의 여러 군데 생기는

[라] multi = many 많은

[라] plus = fold 겹

[cf.] 그리스어 polys도 many(많은)의 뜻이며 여기에서 polygraph(거짓말 탐지기, 복사기)란 단어가 생겨남

- **disorder** 신체기능장애 ↔ 생활기능에 장애를 초래하는 병

[라] dis = not ~이 아닌

[라] ordinare = order 명령하다, regulate 통제하다

- **morbidity** 병적 상태 (= pathosis) ↔ 아파서 이상증세를 보이는 상태

[라] morbidus = sick 아픈

- **panacea** 만병통치약 ↔ 모든 병을 치료하는 데 쓰이는 약

[그] pan = all 모두

[그] akos = cure 치료

- **hygiene** 위생 ↔ 건강한 환경을 조성하는 것

[그] Hygeia = goddess of sanitation 위생의 여신 ★여기에서 그리스어 hygies(healthy 건강한)가 생겨남

- **complication** 합병증, 복잡함 ↔ 어떤 질병에 곁들여 생기는 다른 질병들

[라] com = together 함께

[라] plicare = fold 접다

| **plicare에서 파생한 단어**

apply 적용하다 (ad = to ~에게로) | employ 고용하다 (em = in 안에)

explicit 명백한 (ex = out 밖으로) | implication 함축 (im = into 안으로)

triplicate 세 배로 하다 (tri = three 셋)

display 전시하다 (dis = apart 따로)

deploy 배치하다 (dis = not 아닌) | reply 응답하다 (re = again 다시)

plait 땋다, 나타내다 | plight 곤경

- **manic 조증의, 미친 듯한** ↔ 병적으로 기분이 좋은

  [그] mania = madness 미침

- **depression 우울증** ↔ 기분이 가라앉고 허무함을 느끼는 증세

  [라] deprimere = press down 누르다

- **terminal (병이) 말기의** ↔ 고칠 수 없어 죽음에 이르게 된

  [라] terminus = end 끝

  | **유의어**

  incurable 치료할 수 없는 | irremediable 치료할 수 없는

  fatal 죽음을 초래하는 | deadly 생명을 앗아가는

  serious 위중한 | hopeless 가망 없는 | out of time 늦은

- **hospice 호스피스** ↔ 말기 환자가 편히 여생을 보낼 수 있도록 마련된 특수 병원

  [라] hospitum = hospitable reception 환대, lodging 임시숙소

성병

성병은 영어로 venereal disease라고 하는데, 이때 venereal성병의이란 단어는 육체적 사랑이란 뜻의 라틴어 venus에서 비롯된 말이다. Venus비너스는 로마 신화의 미와 사랑의 여신인데 영어에선 성병이란 질병과 연관이 있다니 비너스 입장에서 보면 좀 억울할 것 같다. 참고로, 비너스는 그리스 신화에선 아프로디테Aphrodite인데 그 아들인 사랑의 신 에로스Eros도 관능적 사랑을 가리킨다.

성병 중 하나로 알려진 syphilis매독는 1530년에 출간된 한 책에서 성병에 걸린 최초의 인물로 양치기 Syphilus를 언급하면서 생겨난 단어이다. 또 다른 성병 gonorrhea임질는 요도가 몹시 가렵고 고름(pus)이 심하게 나며 요도염(urethritis)을 일으키기도 한다. 도덕적 부패로 멸망했다고 하는 성경 속 도시 고모라Gomorrah와도 어감이 비슷하다.

어원 002 성병

085

- **venereal** 성병의 ↞ 불결한 성행위로 인해 걸리는 병의
  [라] venus = sexual love 육체적 사랑
- **syphilis** 매독 ↞ 나선균에 의해 감염되는 성병
  [1530년] Syphilis 성병에 걸린 최초의 인물로 언급된 양치기의 이름
- **gonorrhea** 임질 ↞ 요도의 점막이 감염되어 고름이 나오는 성병
  [그] gonos = seed 씨앗
  [그] rhoe = flow 흐름
  | gonos에서 파생한 단어
  gonad 생식선
- **pus** 고름 ↞ 피부나 조직이 썩어 생긴 액체
  [라] pus = matter from a sore 헐어서 생긴 물질
- **urethritis** 요도염 ↞ 감염으로 요도에 생기는 염증
  [그] ourethra = the passage for urine 소변의 통로

유전병

유전병(genetic disorder)은 게놈(genome)의 이상으로 초래되는 선천적(congenital) 질병이다. 유전병에는 염색체 이상으로 얼굴이 편평하고 납작해 보이며 거의 지적 장애를 동반한 다운증후군, 빛깔을 구분하지 못하는 색맹(color blindness, daltonism), 피가 잘 멎지 않는 혈우병(hemophilia) 등이 있다.

086

어원 003 **유전병**

- **genetic** 유전적인 ↔ 어버이의 형질이 자손에게 전해지는

  ⓖ genea = race 인종
- **genome** 게놈 ↔ 한 생물이 지닌 유전 정보

  ⓡ gen = gene 유전자

  ⓡ (chromos)om = chromosome 염색체

  ★독일의 식물학자 한스 빙클러(Hans Winkler)가 1920년에 만들어낸 독일어 genom을 따서 만든 단어
- **congenital** 선천적인 ↔ 타고나는

  ⓡ com = together 함께 ⓡ gignere = beget 자식을 보다

  | **gignere에서 파생한 단어**

  genuine 진짜의 | genital 생식기의 | genus 생물분류의 속

  indigenous 토착의 | ingenious 독창적인

  progeny 자손 (pro = forth 앞으로)
- **color blindness** 색맹 ↔ 색채를 구별하지 못하는 상태 ★1794년 색맹에 대해 설명한 내용을 출간한 영국 화학자 존 달톤(John Dalton)의 이름을 따서 daltonism이라고도 불림

  ⓡ color = color of the skin 피부색, hue 색

  ⓡ blindaz = blind 눈이 먼

  cf. color weakness / color amblyopia 색약
- **hemophilia** 혈우병 ↔ 조금만 상처가 나도 피가 나고 잘 멎지 않는 병

  ⓖ haima = blood 피

암

현대인이 가장 많이 걸리는 질병 중 하나가 암(cancer)인데 최초의 암은 고대 이집트 미라 화석에서 골육종osteosarcoma의 흔적이 발견된 것이다.

암을 뜻하는 영어단어 cancer는 인도게르만공통조어 qarq hard딱딱한에서 생겨난 단어로 qarq의 다른 뜻이 게crab인 것으로 보아 게의 등이 딱딱한 것과 암의 특성을 견준 듯하다. 대장염colitis이 대장암colon cancer에 걸릴 확률을 높이듯이 특정 부위의 염증inflammation은 암의 도화선 역할을 한다.
암 세포는 몸 안에서 무한정 세포분열을 하는 성질을 갖고 있다. 반면 그리스어 neosnew 새로운와 plasmaformation 형성가 합쳐져 파생한 단어 neoplasm종양이라고도 불리는 tumor종양는 특히 뼈, 장기, 근육에서 세포가 증식하여 혹이 되는 것이다. 신체 다른 부위로 전이되지 않는 종양을 양성종양(benign tumor)이라고 하며 주변 조직에 전이되는 암을 악성종양(malignant tumor)이라고 한다. 모든 종양이 암이 되는 것이 아니듯, 모든 암이 종양의 증식으로 생겨나는 것도 아니다. 혈액 암의 일종인 백혈병(leukemia)은 골수 내에 비정상적 백혈구가 증식하여 초래되는 병으로 종양이 형성되지는 않는다.

자연살상 세포

암세포나 바이러스 감염세포를 찾아내어 파괴하는 세포(cell)를 자연살상세포, 영어로 Natural Killer cell이라고 하는데 흔히 NK세포라고 부른다. 면역세포가 바이러스에 감염된 자신의 세포를 파괴하는 것을 세포독성(cytotoxic)이라 하는데 NK세포는 이런 세포독성 림프구(lymphocyte)의 일종이다. 암 치료에 사용되는 NK세포 면역치료immunotherapy는 NK세포를 체외 배양하여 세포 수를 늘려 암과 싸우게 만드는 치료법이다.

어원 004 암

087

- **cancer** 암 ← 비정상적 세포의 무한 증식으로 생기는 질병
  [인] qarq hard 딱딱한 ★qarq에는 '게(crab)'란 뜻도 있음
- **tumor** 종양 ← 비정상적 세포가 증식하여 형성된 혹(lump)
  [라] tumere = swell 부풀다
  [cf.] neoplasm 종양 (plasma = formation 형성)
  | **tumere에서 파생한 단어**
  tumid 부어오른 | tumescent 부풀어오른
  tumulus 고대 왕들의 봉분 ★tumulus는 고분이 위로 볼록 부풀어 올라 있는 모습 때문에 생겨난 단어
- **benign** 양성의 ← 병이 완치될 수 있는 성질인

[라] bene = well 잘

- **malignant** **악성의** ↞ 병이 생명에 위협을 줄 정도의 성질인

  [라] male = badly 심하게

- **lukemia** **백혈병** ↞ 백혈구에 발생한 암

  [라] eukos = white 하얀

  [라] haima = blood 혈액

  | **haima에서 파생한 단어**

  hypoglycemia 저혈당증 | toxemia 독혈증

  uremia 요독증 (ouron = urine 소변)

  anaemia 빈혈 (an = without 없는) | ischemia 국소빈혈

  septicemia 패혈증 (sepein = make rotten 썩게 하다)

  hemorrhage 출혈 | hemophilia 혈우병 (philia = love 사랑하다)

  hemorrhoids 치질 (rhoos = flowing 흐름)

- **cell** **세포** ↞ 생명체의 기본 단위

  [라] cella = a small room 작은 방

- **cytotoxic** **세포독성의** ↞ 면역세포가 감염된 자기 세포를 파괴하는 현상의

  [그] kytos = container 용기, 그릇 ★19세기 중반에 '세포'라는 뜻으로 사용되기 시작함

  [그] toxikon = poison for use on arrows 화살에 사용되는 독 (toxon = bow 활)

- **lymphocyte** **림프구** ↞ 골수와 림프에서 만드는 백혈구

  [라] lympha = water 물

  [그] kytos = container 용기, 그릇

감염병

감염원이 생명체에 옮아서 야기되는 병을 감염병(infectious disease)이라고 한다. 그중에도 특히 사람 간의 접촉을 통해서 전염되는 질병은 전염병(contagious disease)이라고 불린다. 모든 전염병은 감염

병이지만 모든 감염병이 전염병인 것은 아니다. 전염병이 특정 사회나 지역에 유행한다면 epidemic유행성 전염병이며, 그 전염병이 여러 나라로 확산되면 pandemic전 세계 유행병이라고 한다. pandemic은 그리스어 panall 모든과 demospeople 사람들가 합쳐진 단어이니 그 뜻을 이해하기 쉬울 것이다. 14세기에 흑사병으로 엄청나게 많은 유럽인들이 죽은 것처럼 펜데믹을 차단하지 못하면 한 개인을 넘어 인류 생존 자체에 위협이 된다. 그래서 심각한 감염병은 세계보건기구WHO와 손을 맞잡고 대처하고 관리해 나가는 것이다.

감염병의 감염원은 세균bacteria, 바이러스virus, 곰팡이fungus 등이 있는데 바이러스는 세균이나 곰팡이보다 훨씬 미세하여 세포 속까지도 침투할 수 있다. 콜레라(Cholera), 결핵(tuberculosis), 문둥병(leprosy) 등은 세균 감염병, 일반 감기는 바이러스 감염병, 무좀athlete's foot은 곰팡이 감염병의 예이다. 감염병의 대립 개념인 비감염성 질병non-infectious disease은 유전, 영양 결핍 등의 이유로 야기되는 질병이다.

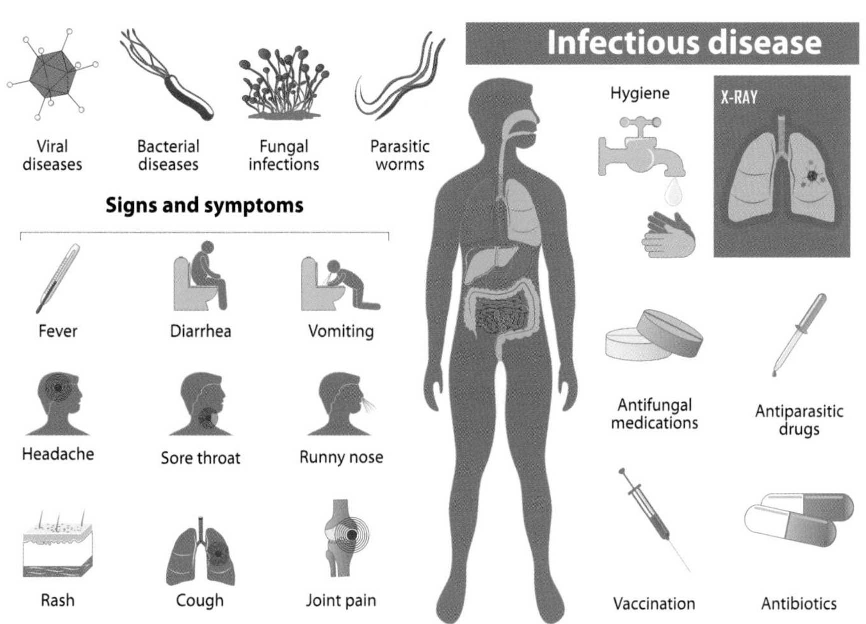

감염병의 증상과 치료

운반 매체와 감염

질병이 반드시 직접 접촉에 의해서만 감염되는 것은 아니며 운반되는 매체에 따라 airborne공기로 운반되는, foodborne음식으로 운반되는, waterborne물에 의해 퍼지는으로 구별될 수도 있다. 공기로 운반되는 병원체는 종종 염증을 동반하는데 그중 폐결핵tuberculosis은 폐lungs나 신체 다른 부분이 결핵균에 감염되는 질병이다. tuberculosis는 히포크라테스 시대에는 phthisis폐결핵라고 불렸으며 폐렴(pneumonia)과는 구별된다. 폐렴은 호흡기(respiratory) 바이러스나 박테리아 등의 미생물로 인해 폐에 염증이 생기는 질병이다.

바이러스성 감염병, 코로나

코로나바이러스감염증COVID-19은 SARS-CoV-2 바이러스에 의해 야기되는 호흡기 감염병이다.

코로나는 바이러스를 포함한 비말(droplets) 등에 오염된 공기를 호흡할 때 감염된다. 코로나 바이러스는 코로나 환자와 가까이(in close proximity) 접촉하였을 때, 환기(ventilation)가 잘 안 되는 장소에 있을 때 감염되기 더 쉽다. 코로나 감염 방지를 위해 백신을 맞는 것 외에도 마스크를 착용하고, 서로 거리를 유지하고, 손을 자주 씻는 등의 일상적 대처가 중요하다.

어원 005 감염병

088

- **infectious** 감염되는 (= communicable) ↢ 감염원인 미생물이 신체 내에 침입하는
  [라] inficere = spoil 망치다, stain 얼룩지게 하다 (in = in 안에 + facere = do 하다)
- **contagious** 전염성의 ↢ 병이 다른 사람에게 옮겨지는 성질의
  [라] com = together 함께 [라] tangere = touch 만지다
- **epidemic** 유행성 전염병 ↢ 특정 사회나 지역에 유행하는 전염병
  [그] epi = among ~ 중에 [그] dēmos = people 사람들
- **pandemic** 펜데믹 ↢ 전 세계 대유행병
  [그] pan = all 모든 [그] demos = people 사람들
- **Cholera** 콜레라 ↢ 소화 계통의 전염병
  [그] kholera = a type of disease characterized by diarrhea.

supposedly caused by bile 담즙에 의해 야기된다고 여겨졌던 설사가 동반되는 질병 ★khlōros(pale green 연녹색)에서 khole(gall 담즙, bile 담즙)이란 단어가 생겼는데 담즙의 색으로 인해 생겨난 이름임

- **tuberculosis** **폐결핵** (= phthisis) ↔ 폐에 결핵균이 들어가는 전염병

[라] tuber = lump 덩어리

[cf.] scrofula 연주창 (폐결핵을 초래하는 바이러스가 림프선에 들어가 일으키는 질병)

| **tuber에서 파생한 단어**

tubercle 작은 혹

- **leprosy** **문둥병** ↔ 나병을 낮춰서 표현한 말 ★일명 Hansen's Disease라고도 하는데, Hansen은 나병을 초래하는 간균(bacillus)을 발견한 의사 이름임

[라] lepra = leprosy 문둥병

- **pneumonia** **폐렴** ↔ 폐에 생긴 염증

[그] pneumon = lung 폐

- **respiratory** **호흡기의** ↔ 숨쉬는 것과 관련된 기관의

[명] respiration 호흡

[라] spirare = breathe 호흡하다

| **spirare에서 파생한 단어**

spiracle 숨구멍 | spirometer 폐활량계

spirant 마찰음 | spirit 정신 | perspiration 땀

suspire 한숨짓다 | transpire 알고 보니 ~이다 | expire 만료되다

aspire 염원하다 | conspire 공모하다 | inspire 영감을 주다

- **droplet** **비말** ↔ 기침 등을 할 때 입에서 나와 흩어지는 작은 물방울

[게] drupon = dropping 떨어짐

| **drupon에서 파생한 외국어**

(독일어) Tropfen 방울 | (독일어) tropfen 뚝뚝 떨어지다

(네덜란드어) drop 물방울

- **proximity** **인접** ↔ 옆에 가까이 있음

[라] proximus = nearest 가장 가까운, adjoining 인접한

- **ventilation** **환기** ↔ 탁한 공기를 내보내고 맑은 공기를 들여옴

[라] ventilare = toss in the air 공중에 던지다, fan 부채질하다

★ventilare는 ventus(wind 바람)에서 파생함 ([ex.] vent 통풍구)

증후군

피터팬 신드롬(Peter Pan Syndrome)이라는 말 많이 들어봤을 것이다. 신체적으로는 어른이 되었지만 심리적으로나 사회적으로 어른이 되지 않은(혹은 어른이 되고 싶지 않은) 미성숙한(immature) 어른을 정의할 때 쓰곤 하는 말이다. 사회적인 현상을 가리키기도 하는 이 syndrome신드롬이란 용어는 우리말로는 '증후군'이라고도 하는데, 원래는 공통성이 있는 일련의 증후병이나 상처 때문에 나타나는 상태나 현상가 있는 병적 증세를 의미한다.

일반적으로 잘 알려진 증후군에는 아스퍼거 증후군, 다운 증후군, 스톡홀름 증후군, 투렛 증후군 등이 있다. 이외에도 새 집으로 이사 갔을 때 건물 속 화학물질 등으로 인해 호흡곤란이나 두통 등을 호소하는 새 집 증후군sick building syndrome도 있다.

아스퍼거 증후군

아스퍼거 증후군(Asperger's Syndrome)은 언어나 인지 발달은 정상이나 사회적 상호 교류나 관심 영역이 국한된 증상이다. 아스퍼거 증후군 환자는 자폐성 장애autistic psychopathy처럼 보이기도 한다. 병적인 자기 몰두(self-absorption)와 언어 및 행동 발달장애가 특징이며, 자폐증autism은 언어와 인지 능력이 정상인 아스퍼거 증후군과 차이가 있다.

다운 증후군

다운 증후군(Down's Syndrome)은 염색체의 선천성 이상으로 정신지체나 편평한flattened 얼굴과 짧은 목과 팔다리, 작은 귀, 작은 손발 같은 기형(deformity)이 나타나는 증후군이다. 다운 증후군에 걸린 사람들은 모두 이런 특징들을 공유하며 병의 완치는 불가능하다.

스톡홀름 증후군

스톡홀름 증후군(Stockholm Syndrome)은 1973년 스톡홀름에서 발생한 은행 무장 강도armed robbery 사건에서 5일 이상 인질(hostage)로 잡힌 은행직원 4명이 범인에게 정신적으로 동화되어 애정(attachment)을 갖게 된 사건을 계기로 명명된 증후군이다. 폭력적인 부모에게 학대abuse 당하면서도 그 부모의 감정에 편입되어 오히려 부모를 가엾어 하는 감정 또한 스톡홀름 증후군에 해당한다.

투렛 증후군

투렛 증후군(Tourette Syndrome)은 신경 장애로 인해 특정 말을 되풀이하거나 킁킁거리거나 얼굴을 찌푸리는 등의 얼굴 부위에 경련(tic)을 보이는 유전적 장애이다.

리플리 증후군

미국 소설가 Patricia Highsmith패트리샤 하이스미스의 소설 The Talented Mr. Ripley의 주인공 이름을 본 딴 리플리 증후군(Ripley Syndrome)은 자신의 현실을 부정하며 자신이 한 거짓말들을 사실이라고 믿고, 자아도취narcissism에 빠져 있는 등의 특징을 가진 반사회적 인격장애이다. 참고로 의학에서 pseudologia fantastica공상 허언증라 불리는 정신병도 원하는 것을 얻기 위해 과장을 하고 거짓말을 하는 병적 허언증pathological lying을 가리킨다. 리플리 증후군의 증상 중 하나가 빈번한 거짓말이다.

에크봄 증후군

에크봄 증후군(Ekbom Syndrome)은 눈에 보이지 않는 벌레가 자신의 몸에 들끓고 있어서(infest) 자신을 물고 쏜다고 느끼는 망상적 기생충증(delusory parasitosis)이다. 이에 관한 논문을 쓴 스웨덴 신경학자 Karl-Axel Ekbom칼악셀 에크봄의 이름을 딴 증후군이다. 초현실주의 화가인 살바도르 달리도 에크봄 증후군과 유사한 경험을 하였다는 것이 잘 알려져 있다. 주의할 것은 흔히 다리가 가만히 있으면 불안함을 느껴 계속 움직이는 하지 불안 증후군Restless Legs Syndromes을 윌리스-에크봄 질병Wills-Ekbom Disease이라고 부르는데 이때 윌리스와 에크봄은 하지 불안 증후군의 발견에 기여한 토마스 윌리스Thomas

Willis와 칼악셀 에크봄Karl-Axel Ekbom의 이름을 합친 것으로 둘 다 동일인인 에크봄의 이름을 따긴 했지만 에크봄 증후군과 하지 불안 증후군은 전혀 다른 증상과 질병이다.

어원 006 증후군

089

- **syndrome** 증후군 ↔ 공통성이 있는 일련의 증후가 있는 병적 증세
  ⓖ syn = with 함께
  ⓖ dromos = running 달리기 ★사람이 타고 다닐 수 있도록 사육된 dromedary(단봉 낙타)도 그리스어 dromas kamelos(달리는 낙타)였던 것이 변화한 단어
- **immature** 미성숙한 ↔ 생각이나 태도가 어른스럽지 못한
  ⓡ in = not 아닌
  ⓡ maturus = ripe 익은
- **Asperger's Syndrome** 아스퍼거 증후군 ↔ 사회 관계 형성이 어려운 신경발달계 장애
  (오스트리아) 오스트리아 소아과의사 Hans Asperger(1906~1980)의 이름을 딴 명칭
- **absorption** 흡수, 몰두 ↔ 정신을 다 기울여 열중함
  ⓡ ab = away from ~에서 떨어져
  ⓡ sorbere = suck in 빨아들이다
- **Down's Syndrome** 다운 증후군 ↔ 머리가 작고 얼굴이 평평한 등의 신체기형 및 정신지체 등을 동반하는 유전 질환
  ⓔ 영국 내과의사 J.L.H. Down(1828~1896)의 이름을 따서 붙인 명칭
- **deformity** 기형 ↔ 정상을 벗어난 형태
  ⓡ de= off 벗어나서
  ⓡ formare = shape 모양을 형성하다
- **Stockholm Syndrome** 스톡홀름 증후군 ↔ 인질이 인질범에게 동조되는 증세
  (스웨덴) 1973년 스톡홀름의 은행무장강도 사건에서 인질이 인질범에게 동조하게 된 것에서 생겨난 단어
- **hostage** 인질 ↔ 볼모로 억류되어 있는 사람
  ⓡ obsidanus = condition of being held as security 담보로 잡혀 있는 상태

- **attachment** 애착 ↔ 몹시 사랑하여 마음이 끌림
  [고대프랑스어] atachier = fasten 매다, fix 고정시키다
- **Tourette Syndrome** 투렛 증후군 ↔ 틱 장애
  [프] 투렛 증후군 환자들을 연구한 프랑스 의사 Georges Albert Edouard Brutus Gilles de la Tourette(1859~1904)의 이름을 딴 명칭
- **tic** 얼굴의 경련 ↔ 근육이 갑자기 떨리는 현상
  [프] tic = a twitching disease of horses 말들이 경련을 일으키는 병
- **Ripley Syndrome** 리플리 증후군 ↔ 자신의 현실을 부정하고 자신의 거짓말을 믿는 인격 장애
  ★미국소설 The Talented Mr. Ripley의 주인공 이름을 딴 증후군
- **pseudologia fantastica** 공상 허언증 ↔ 습관적으로 거짓말을 하는 병적 허언증
  [그] pseudos = falsehood 거짓
  [그] phantastikos = able to imagine 상상할 수 있는
- **Ekbom Syndrome** 에크봄 증후군 ↔ 몸 속에 벌레가 우글거린다고 느끼는 증후군
  [스웨덴] 스웨덴의 신경학자 Karl-Axel Ekbom(칼악셀 에크봄)의 이름을 딴 명칭
- **infest** 벌레 등이 들끓다 ↔ 벌레가 우글우글 거리며 움직이다
  [라] infestus = unsafe 불안전한, dangerous 위험한
- **parasitosis** 기생충증 ↔ 기생충이 몸 속에 들어와 생기는 병
  [그] parasitos = one who lives at another's expense 다른 사람의 비용으로 사는 사람 (para = beside 옆에 + sitos = grain 곡물, food 음식)
  ★기생충이란 뜻은 17세기 중반에 생겨남
  | **sitos에서 파생한 단어**
  sitophobia 거식증

증상

질병을 앓고 있는 환자에게 나타나는 여러 가지 증세를 symptom 증상이라고 한다. 당뇨병 증상을 예로 들어보자. 인간의 주요 에너지 원인 당분이자 탄수화물의 한 성분이 포도당(glucose)이다. 혈액내의 포도당의 양을 통제하는 췌장에서 생성되는 호르몬인 인슐린이 부족하면 당뇨병(diabetes)에 걸린다. 포도당의 양이 통제되지 않아 고혈당 상태가 된다. 체중 감량weight loss, 피로(fatigue), 손발 저림tingling 등이 당뇨병의 증상이다. 겨울에 많이 걸리는 감기cold나 독감flu의 증상으론 기침cough, 콧물runny nose, 열fever, 인후염sore throat, 오한cold 등이 있다.

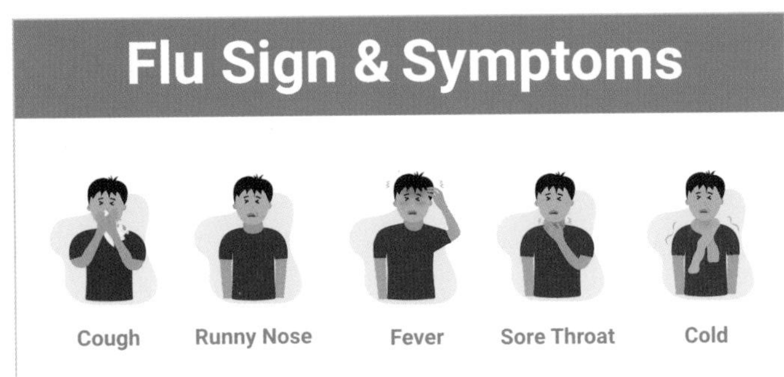

독감 증상

자각증상이란

자각증상detectable symptom이란 특정 병에 걸렸을 때 그 병에 걸렸다는 것을 알 수 있게 해주는 환자 스스로 느끼는 증상들을 가리킨다. 예를 들어 소장과 대장 사이에 위치한 맹장(appendix)이 석화된calcified 돌로 막히거나 감염으로 염증(inflammation)이 생기는 충수염appendicitis 혹은 맹장염의 자각증상은 복부의 통증, 구역질, 구토 등이 있다.

어원 007 증상

090

- **symptom** **증상** ↢ 병을 앓을 때 나타나는 신체적 정신적 이상 상태

  [그] syn = together 함께

  [그] piptein = fall 떨어지다

  | **piptein에서 파생한 단어**

  ptosis 윗눈썹이 쳐지는 안검하수

- **glucose** **포도당** ↢ 단당류 중 하나

  [그] gleukos = sweet wine 단 와인 ★gleukos는 그리스어 glykys(sweet 단)와 연관됨

  | **glykys에서 파생한 단어**

  hypoglycemia 저혈당증

- **diabetes** **당뇨병** ↢ 인슐린 부족으로 소변에 당분이 많아지는 병

  [그] dia = through 통하여

  [그] bainein = go 가다

- **fatigue** **피로** ↢ 몸이나 마음이 지침

  [라] fatigare = tire 지치게 하다

- **appendix** **맹장** ↢ 작은 창자와 큰 창자 사이에 주머니처럼 매달려 있는 창자

  [라] ad = to~에게

  [라] pendere = hang 매달다, pay 지불하다, weigh 무게를 달다

  | **pendere에서 파생한 단어**

  penchant 애호 | pendant 펜던트 | pendulum 추

  pendular 추에 관한 | pendulous 축 늘어져 대롱거리는

  ponderous 대단히 무거운 | pend 매달리다

  impend 임박하다 | expend 돈, 에너지, 시간 등을 쏟다

  appendix 부록 | compendium 개요서

  counterpoise 평형추 | dispensary 조제실

  propensity 성향 | stipend 봉급 (stips = alms 구호품)

- **inflammation** **염증** ↢ 발열과 통증을 동반한 생체적 반응

  [라] in = in 안에

  [라] flammare = flame 활활 타오르다

치사율과 사망률

치사율

치사율(fatality rate 혹은 lethality rate)이란 특정 질병에 걸려 죽을 확률을 말한다. 해당 질병에 걸린 환자 중에서 그 병으로 죽은 환자의 비율rate, ratio을 조사해서 나온 수치이다. 예를 들어, 예방 접종을 하지 않은 사람이 공수병 바이러스(rabies virus)에 감염되면 치사율이 거의 100퍼센트에 달한다.

사망률

사망률(mortality rate 혹은 death rate)은 일반적으로 1년 동안 1천 명 중 사망자 수로 계산한다. 일정 기간 특정 질병에 걸리는 질병 발생률morbidity rate과는 다른 의미이므로 주의해서 사용하기 바란다. 사망률이 가장 높은 질병 중 하나가 허혈성 심장질환(ischaemic heart disease)이다. 이외에도 뇌졸중(stroke), 만성 폐쇄성 폐질환(chronic obstructive pulmonary disease), 기도암(trachea cancer), 기관지암(bronchus cancer), 폐암(lung cancer) 등도 사망률이 높다.

어원 008 치사율과 사망률

091

- **fatality** 사망자, 치사율 ↔ 어떤 질병에 걸린 환자가 죽는 비율
  ⓗ fatal 치명적인
  ⓡ fatum = causing death 죽음을 초래하는
- **lethality** 치사율 ↔ 죽음에 이르는 비율
  ⓡ lethum/letum = death 죽음
  cf. 라틴어 lethes hydor(water of oblivion 망각의 물)는 그리스 신화 속 죽음의 세계 하데스에 있는 레테의 강을 가리킨다. 따라서 그리스어 lethe는 망각(forgetfulness, oblivion)을 뜻한다.
- **rabies** 광견병, 공수병 ↔ 미친 개가 걸리는 바이러스 질환으로 사람도 미친 개에 물리면 감염됨 ★개에게 물려 사람이 감염되면 물을 마시거나 보기만 하여도 공포를 느낀다 하여 공수병이라고 하는 것
  ⓡ rabere = be mad 미치다

| rabere에서 파생한 단어

rage 격분 | rabid 광적인

- **mortality** 사망, 언젠가는 죽어야 하는 운명 ↔ 목숨을 잃는 것

  [라] mortalis = subject to death 죽는

- **ischaemic** 허혈의 ↔ 혈관이 막히거나 좁아져 혈액 공급에 문제가 생긴

  [명] ischaemia 국소빈혈

  [인] segh = hold 잡고 있다

  [인] haima = blood 혈액

  | segh에서 파생한 단어

  asthenia 무기력

  cachexia 악액질 (kakos = bad 나쁜 + exis = habit or state 습관이나 상태)

  cathexis 카텍시스 (심적 에너지가 어떤 대상에 몰두함)

  myasthenia 근무력증 (myo = muscle 근육)

  schema 계획의 개요

- **stroke** 뇌졸중 ↔ 뇌에 혈액 공급이 제대로 되지 않아 생기는 마비 등의 증상

  [게] straik = stroke 타격

  | straik에서 파생한 외국어

  (독일어) Streich 타격

- **pulmonary** 폐의 ↔ 가슴 양쪽에 있는 허파의

  [그] pleumon = lung 폐 ★pleumon은 인도게르만공통조어 pleu(flow 흐르다)에서 생겨났는데, 죽은 동물의 허파를 물에 담그면 물에 뜨는 특성 때문에 생긴 단어로 추정됨

- **trachea** 기도 ↔ 호흡할 때 공기가 지나가는 길

  [라] trakheia arteria = windpipe 기관

- **bronchus** 기관지 ↔ 각 허파에 이르는 기도의 한 부분

  [그] bronkhos = windpipe 기관, throat 목구멍

- **lung** 폐 ↔ 가슴 양쪽의 허파 둘

  [인] legwh = not heavy 무겁지 않은

  | legwh에서 파생한 외국어

  (러시아어) lëgkij 가벼운 | (러시아어) lëgkoje 폐 | (폴란드어) lekki 가벼운

그 밖의 질병 및 증후군 관련 표현들

- 병의 여러 증상

jaundice 황달 | pyrexia 발열

convulsion 경기 | hypothermia 저체온증

paralysis 마비 | vertigo 현기증 | somnolence 졸림

vomiting 구토 | nausea 메스꺼움

palpitation 가슴의 두근거림

- 감염병

cold 감기 | influenza 인플루엔자

cholera 콜레라 | typhoid fever 장티푸스

hepatitis 간염 (hepar = liver 간) | malaria 말라리아

meningitis 뇌막염 (meninx = membrane 막) | pneumonia 폐렴

tuberculosis 폐결핵 | sepsis 폐혈증 (sēpein = rot 썩다)

measles 홍역 | mumps 볼거리 | smallpox 천연두

rabies 광견병 | yellow fever 황열병

- 암

colon cancer 대장암

thyroid cancer 갑상선암 | breast cancer 유방암

uterine cancer 자궁암 (uterus = womb 자궁)

cervical cancer 자궁경부암 (cervis = neck 목, 자궁)

- 기타 질병

cardiac arrest 심장마비

cardiac infarction 심근경색 (kardia = heart 심장)

angina 협심증 (angere = throttle 목을 조르다)

hyperlipidemia 고지혈증 (lipos = fat 지방)

arteriosclerosis 동맥경화증 (arteria = artery 동맥 + sclirosis = hardening 딱딱해짐)

osteoporosis 골다공증 (osteon = bone 뼈 + poros = passage 통로)

arthritis 관절염 (arthron = joint 관절)

anemia 빈혈 (an = without 없는 + eima = dress 드레스)

apoplexy 졸중풍 (plessein = hit 치다)

enteritis 대장염 (enteron = intestine 내장)

conjunctivitis 결막염

xerophthalmia = dry eye syndrome 안구건조증 (xeros = dry 건조한)

myoma 근종 (근육조직에 발생하는 종양, mys = muscle 근육)

- 발병 및 회복 관련 표현

sickly 자주 아픈 | infirm/invalid 병약한 (만성의)

suffer from ~ 병을 겪다 | be striken with ~ 병에 걸리다

sore on one's tongue 혓바늘이 돋은

develop a bedsore 욕창이 생기다 (develop 병이 생기다)

be susceptible to disease 질병에 걸리기 쉽다

be prone to catching cold 감기에 잘 걸리다

fall into a critical condition 중태에 빠지다

get well = recover from disease = recuperate 회복하다

pull through 심한 병을 앓은 후 회복하다

convalesce 회복 중이다, 차도를 보이다

remission 병의 차도 | in remission 차도가 있는

hopeless case 회복할 가망이 없는 환자

malinger 꾀병을 부리다 (= swing it)

사고와 후유증

Accident & Trauma

질병뿐 아니라 예기치 않게 생긴 사고accident나
누군가의 악의적인 의도로 발생한 사건incident으로 인해
우리는 다치고 상처를 입기도 한다.

몸에 상처injury를 입기도 하고
거기에 더해 정신적으로 깊이 상처를 입어
트라우마trauma가 생기기도 한다.

나는 상처를 입는 존재일 뿐 아니라
상처를 주는 존재가 될 수도 있다.

피해자는 잘못이 없다.
상처입은 이들이여,
부디 상처를 잘 치료해 건강과 행복을 회복하기를…

사고를 내거나 사건을 일으키는 이가
건강하고 행복한 생활을 영위할 수는 없다.
그러므로 그대들이여,
순간의 부주의나 유혹, 탐욕에 이끌려
상처를 주는 이가 되지 않기를…

accident와 incident

우리는 살아가면서 직간접적으로 여러 가지 사건 사고를 접하게 된다. 예기치 않게 벌어지는 '사고'는 영어로 보통 accident라고 한다. accident와 같은 어원의 incident는 보통 의도를 갖고 벌인 '사건'에 쓰인다. 그래서 예기치 않게 벌어지는 교통사고는 traffic accident라 하고, 총기난사shooting spree나 살인murder 등의 흉악범죄와 같이 의도된(intended) 사건은 incident라고 한다. 한편, 의도하지는 않았지만 사고가 날 걸 알면서도 어떤 행동을 저질러 결국 사고가 나고 말았다면 willful negligence, 즉 '미필적 고의'에 해당된다.

어원 001 accident와 incident

092

- **accident** 사고 ↢ 예기치 않게 상처를 입거나 피해가 발생되는 상황
  [라] ad = to ~에게
  [라] cadere = fall 떨어지다
- **incident** 사건 ↢ 의도에 의해 발생하는 흉악한 일
  [cf.] incidence 발생율 | high incident 높은 발생율
  [라] in = on ~ 위에
  [라] cadere = fall 떨어지다
  | **cadere에서 파생한 단어**
  cadaver 시체 | decadence 타락, 퇴폐 | decay 썩다
  deciduous 낙엽성의 (de = down 아래로)
  cascade 폭포 | case 경우 | chance 기회
  occasion 경우, 특별한 날 (ob = away 떨어져)
  recidivist 상습범 (re = back 다시)
  escheat 토지 몰수, 복귀재산 (상속이 없는 재산이 국왕에게 감) (ex = out 밖으로)
  coincide 동시에 발생하다 (com = together 함께 + in = upon ~에다가)
- **intended** 의도된 ↢ 의지를 갖고 꾀해진
  [라] intendere = turn one's attention 관심을 돌리다
  [cf.] premeditated 사전에 계획된

• **negligence** 태만, 과실 ←← 부주의로 잘못을 저지름

㉣ neglegere = neglect 소홀히 하다

교통사고

동로마 비잔틴 시대의 테오도시우스Theodosius 2세는 40대 초반에 낙마사고로 죽고 만다. 전혀 동떨어진 시대이긴 하지만 20세기 말경에 영국 황태자비였던 다이애나Diana는 파리의 도로 터널에서 자동차 충돌로 죽게 된다. 이렇듯 우리 주변에서 날마다 목격하게 되는 사고accident는 주로 탈것(vehicle)과 관련이 있다. 그중에서도 육상교통에서 발생하는 교통사고를 traffic accident라 하고, 항공사고를 aviation accident라 한다.

crash와 collision

crash충돌, 추락는 영어권 뉴스에서 자주 접할 수 있는 단어이다. 자동차나 열차의 '충돌' 사고나 비행기의 '추락' 사고(ex 911 plane crash 911 비행기충돌사고) 등에 쓰인다. 14세기 후반에 생긴 단어라고. 참고로, clash는 물리적 충돌이나 언쟁을 가리키므로 차이를 알고 사용하자.

collision은 '충돌'을 뜻하는 포괄적인 단어이다. 교통사고는 충돌 상태에 따라 head-on collision정면충돌, rear-end collision추돌, side collision측면충돌 등으로 표현할 수 있다. 차량전복은 rollover, 뺑소니사고는 hit-and-run으로 표현한다.

자동차든 열차든 배든 비행기든 사고로 완전히 부숴진 상태를 나타낼 때는 wreck이라는 표현을 쓴다.

교통사고의 대표적인 원인

교통사고는 과속speeding, 음주운전DUI, DWI, 피로(fatigue), 주의 산만(distraction) 등

과 같은 운전자 과실에서 비롯되는 경우가 많다. 음주운전을 뜻하는 일반 생활용어는 drunk driving인데, 범죄용어로 말할 때는 DUI 또는 DWI라고 한다. DUI는 Driving Under the Influence of Alcohol알코올의 영향 하에 한 운전행위의 약자이고, DWI는 Driving While Intoxicated취한 상태에서 한 운전행위의 약자이다.

어원 002 교통사고

093

- **vehicle** 탈 것 ↞ 교통수단
  ㊁ vehere = carry 운반하다
- **aviation** 항공 ↞ 항공기 등을 이용한 비행 및 항공산업에 관련된 활동
  ㊁ avis = bird 새
  | avis에서 파생한 단어
  aviator 비행사
  avian 조류의 | aviary 새장
  aviculture 조류 사육 | avicide 살유충제
  osprey 물수리 (avis prede = bird of prey 맹금)
  ostrich 타조 (avis struthio = ostrich 타조)
- **crash** 충돌, 추락 ↞ 서로 맞부딪힘
  (14세기 영어) crasschen = break in pieces 산산조각나다
- **collision** 충돌 ↞ 맞부딪힘
  ㊁ collidere = strike together 함께 치다
- **wreck** 파손, 파괴 ↞ 차, 열차, 배, 비행기 등이 사고로 완전히 부서진 상태
  ㊈ wrekanan = drive 몰다
  cf. shipwreck 난파
- **fatigue** 피로 ↞ 몸과 마음이 지친 상태
  ㊁ fatigare = wear out 지치게 하다
- **distraction** 주의 산만 ↞ 마음이 어수선하여 집중할 수 없는 상태
  ㊁ dis = away 멀리
  ㊁ trahere = draw 당기다
  | trahere에서 파생한 단어
  trait 특성 | trace 흔적
  train 기차 | trail 땅에 대고 뒤로 끌다
  attract 매료시키다 (ad = to ~에게로)

extract 추출하다 (ex = out 밖으로)

abstract 추상적인 (ab = away 멀리)

contract 계약 (com = together 함께)

retreat 후퇴하다 | retraction 철회 (re = back 뒤로)

subtraction 공제 (sub = from under 아래에서)

protraction 돌출부, 연장 (pro = forward 앞으로)

detraction 비난, 감손 (de = down 아래로)

- **intoxicated** **술에 취한** ↔ 술을 마시고 정신이 혼미해진

  ㊁ toxicare = poison 독으로 죽이다

사고의 후유증: 상처

사고에는 언제나 후유증이 동반되기 마련이다. 사고 피해자가 겪는 신체적 또는 정신적 후유증을 우리는 상처 또는 트라우마라고 말한다.

부상과 상처

사고로 인해 신체에 손상을 입는 부상을 영어로는 injury라고 한다. **injury**는 정도에 따라 **minor**경미한, **severe**심각한, **fatal**치명적인 등의 형용사와 함께 쓸 수 있다. 부상 중에서도 피부의 표피(dermis)가 찢어지거나 손상되어 생기는 자국, 즉 상처를 wound라고 한다. 상처는 보통 피부 속이 밖으로 드러나는 형태인데, 타박상(contusion)과 같이 피부 속이 드러나지 않고 멍bruise만 드는 상처도 있다.

병변(lesion)이 아니라 부상injury을 입은 후 남게 되는 흉터는 scar라고 한다. **scar**는 부상 후에 피부 대신 남게 되는 섬유조직으로 탄력(elasticity)이 없으며 상처가 치유되고 난 후 남은 자국이다. 여드름(acne) 흉터엔 박피 레이저(ablative **laser**)를, 화상 흉터엔 비박피 레이저(**nonablative laser**)를 사용해 흉터를 제거할 수 있다. 참고로, **scar**나 **wound**는 마음의 상처를 묘사할 때도 쓴다.

어원 003 사고의 후유증: 상처

094

- **injury** 부상 ↔ 신체에 손상을 입은 것
  ㊣ iniuria = unlawful violence 부당한 폭력
- **dermis** 피부 ↔ 척추동물의 몸 중 바깥부분
  ㉧ derma = skin 피부
- **wound** 상처 ↔ 몸을 다쳐 찢어지거나 손상되어 생기는 자국
  ㊍ wuntho = wound 상처
  | **wuntho에서 파생한 외국어**
  (독일어) Wunde 상처
  cf. bruise 멍 | cut 베인 상처 | laceration 열상 (찢어진 상처)
  abrasion 찰과상 | scratch 할퀸 자국
  sore 빨갛게 된 상처 (형용사로 염증이 있거나 피부가 헐어서 '아픈'이란 의미로도 쓰임)
  gash 깊은 상처, 큰 상처
  scab 상처의 딱지 | pus 고름
- **contusion** 타박상 ↔ 맞거나 부딪혀 생긴 상처
  ㊣ tundere = beat 두들겨 패다
- **lesion** 병변 ↔ 병으로 인한 조직의 손상이나 변화
  ㊣ laesio = injury 부상
- **scar** 흉터 ↔ 상처가 아문 후의 자국
  ㉧ eskhara = scab formed after a burn 화상 후 형성된 딱지
- **elasticity** 탄력 ↔ 물체가 변형 후 원래 상태로 돌아가는 복원력
  ㉧ elastos = ductile 잡아 늘일 수 있는
- **acne** 여드름 ↔ 얼굴의 피지샘 등이 막혀 생기는 종기
  ㉧ akme = point 점
  cf. boil 종기 | lump 혹 | freckle 주근깨
- **ablative** 제거의 ↔ 없애 버리는
  ㊣ auferre = remove 없애다
  cf. ablatio 박리, 절제 | ablation 삭마 (削磨: 풍화 · 침식에 의해 얼음 · 눈 · 암석이 깎이는 현상)

사고의 후유증: 트라우마

trauma트라우마는 뇌의 부상brain trauma처럼 신체적 부상을 가리키기도 하지만 요즘은 주로 충격적 사건을 경험한 후의 심리적 외상을 가리킨다. 참고로, traumatology는 '외상학'이란 학문으로 신체적 부상을 연구하는 학문이다. 남을 의도적으로 불쾌하게(offensive) 괴롭히는 것(harassment)이나 강간(rape)과 같은 성적 학대(sexual abuse) 등이 정신적 외상의 이유가 될 수 있다.

외상 후 스트레스 장애

외상 후 스트레스 장애를 PTSD라고 한다. Post-traumatic Stress Disorder의 약자이다. 정신적 외상을 입게 되면 PTSD를 겪거나 약물남용substance abuse을 하게 될 가능성이 더 높아진다.

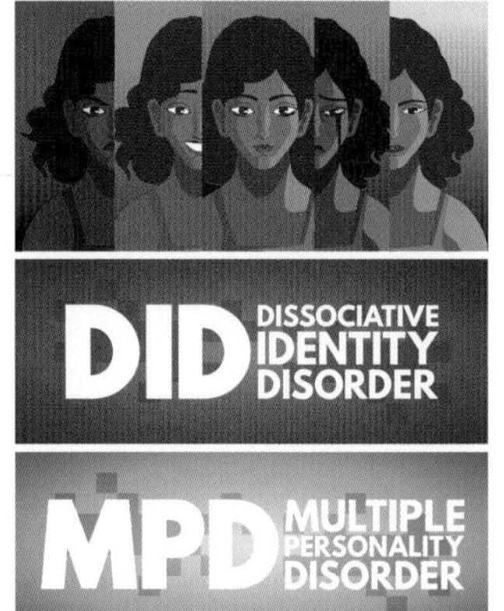

해리성 장애

해리성 장애 dissociative identity disorderDID는 영화의 소재로도 자주 등장한다. 한 사람 안에 여러 인격체가 나타나는 정신질환으로, 다중인격장애 multiple personality disorderMPD라고도 한다. 해리성 장애의 원인에 대해서는 의견이 분분하지만 정신적 외상으로 인해 초래되었다고 보는 이들이 많다. 육체적인 부상은 물리치료physical therapy 등의 치료를 받고, 심리적 상처는 심리치료psycho therapy를 받으면 된다. 어떤 경우라도 방치는 더 안 좋은 결과를 초래한다는 것을 잊지 말자.

어원 004 사고의 후유증: 트라우마

095

- **trauma** 정신적 외상 ↔ 정신적 충격으로 인해 생긴 마음의 상처로 나타나는 심리적 반응 및 신체 증상

  ⓘ tere = rub 문지르다, turn 방향을 바꾸다

  | **tere에서 파생한 단어**

  lithotripsy 쇄석술 | attrition 소모

- **offensive** 불쾌한, 모욕적인 ↩ 못마땅하여 기분이 좋지 않은

[라] offendere = offend 기분을 상하게 하다

| 유의어

insulting 모욕적인 | abusive 욕하는, 모욕적인

opprobrious 모욕적인, 야비한

offending 감정을 해치는 | revolting 참으로 불쾌한

discourteous 예의 없는 | insolent 버릇없는

uncivil 정중하지 못한 | unmannerly 예의 없는

- **harassment** 괴롭힘 ↩ 의도적으로 못살게 굴고 불편하게 하거나 피해를 줌

[고대프랑스어] harer = set a dog on 개를 부추기다

- **rape** 강간 ↩ 폭력 등의 부당한 방법으로 성관계를 맺음

[라] rapere = carry off by force 강제로 노략하다

[cf.] sexual molestation 성추행 | impudicity 음탕, 추행

- **abuse** 학대, 남용 ↩ 약자를 가혹하게 대하는 행위

[라] ab = wrongly 잘못

[라] uti = use 사용하다

| uti에서 파생한 단어

utility 공익사업 | utilize 활용하다 | utilitarian 실용적

utensil 가정에서 사용하는 기구 | usury 고리대금업

[cf.] abuse의 종류

domestic violence 가정폭력 | bullying 왕따

verbal abuse 언어폭력

- **dissociative** 분리적인, 분열성의 ↩ 따로 나뉘는

[라] dis = apart 따로

[라] sociare = join 합치다

| sociare에서 파생한 단어

associate 결부시키다 (ad = to ~에게)

직업병

사고로 인한 부상 외에도 한 직업에 오래 종사하여 위험요소(risk factors)에 장기간 노출(exposure)이 되며 생기는 직업병(occupational disease)이 있다. 업무 중에 당하는 사고는 산재occupational accident라고 불리는데 산재는 예기치 않게 발생한다는 점에서 직업병과는 다르다.

어원 005 **직업병**

096

- **risk** **위험** ← 해로운 일이 생길 수 있는 가능성
  [라] in = not 아닌
  [라] ius = right 옳은
- **factor** **요소** ← 어떤 일이 발생하는 데 필요한 성분
  [라] factor = doer 하는 사람
- **exposure** **노출** ← 겉으로 드러남
  [라] exponere = reveal 드러나다
- **occupational** **직업과 관련된** ← 생계를 위해 하는 일과 관련된
  [라] occupare = take possession of ~을 손에 넣다
  | **occupare에서 파생한 단어**
  occupy 차지하다 | preoccupation 몰두 (pre = before 미리)
  occupant 입주자

19

음주, 흡연, 마약
Drinking, Smoking & Drugs

적당한 음주drinking는 생활의 활력소가 되지만
지나친 음주는 건강을 해친다.
술을 좋아해서 혹은 괴로운 현실의 도피용으로
알코올 의존증alcoholism에 빠지면
정상적인 생활이 힘들어진다.

흡연smoking은 인체에 해롭다.
담배cigartette에는 독성물질인 니코틴nicotine이 들어 있어
폐암을 비롯한 여러 질병의 원인이 된다 한다.

마약durgs에 빠지면
한마디로 인생 끝장이다.
더 말해 무엇하랴.

지나친 음주, 흡연, 마약의 이 3종 세트는
그것을 즐기는 사람뿐 아니라
주변인들의 건강한 생활에도 해를 끼친다.

현실 도피와 순간의 쾌락을 위해
부디 죽음으로 가는 지름길을 선택하지는 않기를…

음주

와인의 신 디오니소스

그리스 신화 속 와인의 신인 디오니소스Dionysus는 청년기에 와인 재배법을 배웠고 헤라에게 쫓겨나 여행하던 중 아시아에 와인 재배법을 가르쳤다. 또한 그의 스승 실레노스Silenus가 술 취해 길을 잃고 헤매다 미다스Midas 왕의 보살핌을 받았기에 디오니소스는 이에 대한 보답으로 미다스가 만지는 모든 것을 금으로 바뀌게 해달라는 소원을 들어주었다. 그래서 Midas Touch마이다스의 손란 표현이 생겨났다. 하는 일마다 성공하는 사람을 가리킨다. 디오니소스는 또한 다산의 신이자 극장의 신이기도 하다. 참고로 Sidam/Sadim Touch는 하는 일마다 망치는 손, 즉 저주받은 손을 의미한다. Midas 철자를 거꾸로 해서 만든 말이다.

술꾼

술은 인간 삶의 윤활유(lubricant)이다. 술을 많이 혹은 즐겨 마시는 사람을 우리는 술꾼이라고 하며 술꾼 중에서도 한 번 마실 때 물 마시듯 술을 아주 많이 마시는 사람을 우리는 또한 술고래라고 한다. 술꾼 혹은 술고래를 가리키는 영어로는 tippler, boozer, 혹은 souse 등의 단어가 있다. 구어체에선 보통 habitual drunkard나 heavy drinker와 같은 쉬운 표현을 사용한다.

술 마시고 필름이 끊기는 것을 black out 혹은 pass out이라고 한다. 술 마시고 광란의 파티를 한 다음날 필름이 끊겨 실수했을까 봐 불안해하는 증상은 파티후증후군Post Party Depression이라고 한다.

알코올 중독

유감스럽게도 술은 인간 삶의 윤활유lubricant이기도 하지만 극단으로 치우쳐 알코올 의존증alcoholism에 빠지면 술에 의존하여 정상적인 생활을 할 수 없게 된다. 알코올 중독자는 alcoholic 혹은 dipsomaniac이라고 한다.

알코올 중독자들의 술을 끊기 위한 모임을 Alcoholics Anonymous단주회라고 하는데 알코올 중독자들이 익명으로 정기적으로 모여 자신의 경험을 이야기하거나 서로를 격려해주며 알코올 중독을 극복하게 도와주는 모임이다.

어원 001 음주

097

- **lubricant** 윤활유 ↔ 사람들의 관계를 원만하게 해주는 도구
  ㊣ lubricus = slippery 미끄러운
- **tippler** 술고래, 대주가 ↔ 술을 매우 많이 마시는 사람
  (노르웨이 방언) tipla = drink slowly 천천히 술을 마시다
- **boozer** 술꾼 ↔ 술을 좋아하여 많이 마시는 사람
  cf. boozer는 '선술집'(영국영어 pub)이란 의미로도 쓰인다.
  (중세네덜란드어) busen = drink heavily 진탕 마시다
- **souse** (구어체) 술주정뱅이 ↔ 술을 마시면 정신없이 주절거리거나 행동하는 사람
  (고대프랑스어) sous = preserved in salt and vinegar 소금과 식초에 절여진
- **alcoholic** 알코올 중독자 ↔ 술을 장기간 계속 마셔 끊을 수 없는 사람
  cf. alcoholic은 형용사로 '알코올 중독의'라는 의미로도 쓰인다.
  ㊣ alcohol = powdered ore of antimony 금속 안티몬의 가루 형태의 광석 ★더 거슬러 올라가면 아랍어 kuhul = the fine metallic powder used to darken the eyelids(눈꺼풀 화장에 사용하는 고운 금속 가루)에서 유래됨
- **dipsomaniac** 알코올 중독자 ↔ 술을 장기간 계속 마셔 끊을 수 없는 사람
  ㉠ dipsa = thirst 갈증
- **anonymous** 익명의 ↔ 이름을 숨긴
  ㉠ an =without ~없이
  ㉠ oyoma = name 이름 ★onoma의 방언

금주

give up drinking은 '술을 끊다'란 표현이다. 관용표현으로 on the (water) wagon술을 끊은 상태인, 금주 중인도 있다. 원래 술을 끊겠다고 한 사람이 술을 마시느니 물 차에 올라가 물을 마시겠다고 한 데서 술을 끊다란 표현이 되었다. 주로 be동사나 go동사와 함께 쓴다. 반대로 off the wagon끊고 있던 술에 다시 손을 대는은 술을 끊겠다고 물 차에 올라탔는데 떨어지고 만 것이므로 술을 다시 마시기 시작하다란 표현이다. 주로 fall동사와 함께 쓴다.
술을 끊은 후 생기는 금단현상은 alcohol withdrawal이라고 한다.

금주법

미국에서는 1920년에서 1933년 사이에 술의 제조와 판매를 금지하는 금주법(the Prohibition Law)이 실행되었다. 미국이 제 1차 세계대전에 참여하여 곡물을 아끼기 위한 의도에서 임시 금주법이 시행되었다가 1919년 헌법 18조가 통과되며 본격적으로 금주법이 시행되었던 것이다. 금주법이 시행되면서 주류밀매bootlegging와 주류밀매점speakeasies이 판을 쳤고 이와 연관된 범죄 행위들이 급증하였다. 이런 범죄의 대명사로 일컬어지는 사람이 바로 갱 두목인 알 카포네Al Capone이다. 허버트 후버Herbert Hoover 대통령은 금주법을 강력히 지지하였지만 프랭클린 루즈벨트 대통령Franklin D Roosevelt은 금주법을 폐지(repeal)시켰다. 루즈벨트 대통령은 올리브를 절인 주스를 진과 베르무트에 첨가하고 올리브를 올린 더티 마티니dirty martini의 애호가였다고 한다.

어원 002 **금주**

098

- **drink** 마시다 ← 물이나 음료를 목으로 넘기다
  ㉮ drenkanan = drink 마시다
  | **drenkanan에서 파생한 외국어**
  (네덜란드어) drinken 음료를 마시다 | (독일어) trinken 마시다

- **wagon** **마차** ↔ 말이 끄는 수레

  ⓘ wegh = go 가다, move 이동하다, transport in a vehicle 탈 것으로 운송하다

  | **wegh에서 파생한 단어**

  always 항상 | away 떨어져

  convey 전달하다, 실어나르다 | convex 볼록한

  convection 대류 | convoy 호송대

  deviate 벗어나다 | devious 기만적인

  obviate 제거하다 | obvious 명백한

  envoy 사절, 특사 | evection 출차 | earwig 집게벌레

  impervious 통과하지 않는, ~에 영향받지 않는

  inveigh 통렬히 비난하다 | invective 욕설 | invoice 송장

  Norway 노르웨이 (nordr = north 북쪽)

  pervious 투과시키는 | previous 이전의

  thalweg (지리) 골짜기선 | trivia 하찮은 것들 | trivial 하찮은

  vector 벡터 (크기와 방향으로 정해지는 양) | vex 성가시게 굴다

  vehement 격렬한 | vehemence 격렬함 | vehicle 탈 것

  via ~를 경유하여 | viaduct 구름다리

  vogue 유행 | voyage 여행

  wacke 현무토 | wag 개가 꼬리를 흔들다 | waggish 익살스러운

  wave 물결 | way 길 | wee 크기가 아주 작은

  weigh 무게가 ~이다 | wiggle 씰룩거리며 움직이다

- **Prohibition** **금주법** ↔ 술을 만들거나 사고파는 일을 금하는 법률

  cf. prohibition이 일반 단어로 쓰일 때는 '금지'라는 의미이다.

  ⓡ pro = away, forth ~에서 멀리

  ⓡ habere = hold 억제하다

- **repeal** **폐지** ↔ 법규 등을 없앰

  ⓡ re = back 다시

  ⓡ apeler = call 부르다

흡연

smoke는 인도게르만공통조어 smeugsmoke 연기를 내뿜다에서 생겨난 단어로 '담배를 피우다'란 뜻은 17세기 초에 처음으로 기록되었다. smoking흡연과 quit smoking담배를 끊다의 형태로 많이 쓰인다.
골초를 가리키는 표현에는 heavy smoker와 chain smoker가 있다. heavy smoker는 글자 그대로 '담배를 많이 피우는 사람' 그래서 담배를 즐겨 피우는 '애연가'나 줄담배를 피우는 '골초'를 가리키는 표현이다. chain smoker는 '줄 담배를 피우는 사람', 그래서 '골초'를 의미한다. 담배꽁초는 cigarette butt 혹은 cigarette stub이라고 하며 담배에 불을 붙이면 서서히 타들어가는 상태를 smoulder서서히 타다라고 한다. 흡연자가 주위에 있으면 간접흡연(second-hand smoking)만으로도 심장병 등의 질병에 걸릴 확률이 높아진다. 흡연smoking을 통해 담배를 흡입하면(inhale) 폐를 통해 혈액으로 흡수되어 폐암lung cancer 및 호흡기 질병 등 건강상 위험을 초래할 수 있다.

tobacco와 cigarette

'담배' 하면 떠오르는 단어가 tobacco와 cigarette이다. tobacco는 담배의 원료인 말린 담뱃잎을 가리킨다. cigarette는 cigar여송연: 담뱃잎을 통째로 말아 만든 담배에 지소사크기가 작음을 나타내는 것를 붙여 cigarette가 된 것이다. 즉 cigar보다 작게 만든 얇은 종이로 말아 놓은 담배로, 우리가 보통 말하는 바로 그 담배이다. 전자담배는 e-cigarette라고 한다.
담배는 이미 9세기경에 중미와 멕시코에서 종교적 의식ritual의 일환으로 피우기 시작했던 것으로 보인다.

니코틴

담뱃잎에는 식물의 대사물질로 독성이 강한 알칼로이드alkaloid의 일종인 니코틴(nicotine)이 함유되어 있다. 니코틴은 담뱃잎을 얻는 식물의 식물명인 근대 라틴어 Nicotiana에서 생겨난 단어로, 이는 16세기 중반 담배 씨앗과 잎을 포르투칼에서 프랑스로 보낸 프랑스 대사 Jean Nicot Nicolas의 줄임말의 이름을 딴 것이다.

어원 003 **흡연**

099

- **smoke** **담배를 피우다** ↢ 담배에 불을 붙여 깊이 빨았다가 연기를 내뿜다
  (인) smeug = smoke 연기를 내뿜다
- **stub** **꽁초, 토막** ↢ 피우고 남은 담배 도막
  (라) (s)teu- = push 밀다, knock 치다
- **smoulder** **불꽃 없이 서서히 타다** ↢ 모닥불이나 담배가 불꽃 없이 천천히 오래 타들어가다
  (플라밍어) smoel = hot 뜨거운
- **second-hand** **간접의** ↢ 매개체를 통한
  (라) secundus = following 다음의
- **inhale** **들이마시다** ↢ 몸 속으로 빨아들이다
  (라) halare = breathe 호흡하다
- **tobacco** **말린 담뱃잎** ↢ 가짓과에 속한 한해살이풀의 잎
  (스) tobacco = a roll of tobacco leaves 담뱃잎뭉치
- **cigarette** **담배** ↢ 담배의 잎을 말려서 가공하여 피우는 물건
  (스) 스페인어 cigarro가 프랑스어 cigare(cigar 여송연)로 발전
- **nicotine** **니코틴** ↢ 담뱃잎에 들어 있는 유기물
  (라) Nicotiana = the formal botanical name for the tobacco plant 담배 식물의 학명

마약

drug는 고대 프랑스어 droge supply 공급품에서 생겨난 단어이다. 병을 치료하는 데 쓰이는 의약품 pharmaceutical drug을 가리키기도 하고, 향정신성 약물(psychoactive drug), 한마디로 마약을 가리키기도 한다. 따라서 drug가 어떤 의미로 쓰였는지 맥락을 통해 파악하는 것이 중요하다.

참고로, 의약품 중 가장 잘 알려진 아스피린(aspirin)은 버드나무 willow 껍질 속에 함유된 살리신 salicin을 주원료로 하는 약품으로 접두어 a acetyl 아세틸와 아세틸 살리신산이 추출되는 spiraea meadow-sweet 조팝나무가 합쳐져 파생한 단어이다.

불안, 우울, 그리고 약물

불안은 흔히 anxiety라고 한다. 마음이 편하지 않은 불안한 상태를 이겨내기 위해 복용하는 약이 항불안제(anxiolytic)이다. 심한 공포나 호흡 곤란 등의 증상을 수반하는 공황장애panic disorder, panic attack를 극복하기 위해서도 항불안제를 복용한다.

'우울증depression'은 '불안'과는 또 다른 하나의 별개의 질병으로 피로fatigue, 식욕부진 등의 증상을 동반한다. 이때는 항우울제(antidepressant)를 복용한다. 대마초(cannabis)는 항우울제로도 쓰이지만 각성제(stimulant), 환각제(hallucinogen) 등으로도 쓰인다. cannabis는 그리스어 kannabishemp 대마에서 생겨난 단어로 일명 marijuana라고도 한다. 합성 진통 마취제opioid도 우울증 치료제로 사용된다.

흥분과 환각

중추 신경을 자극하여 황홀감을 느끼게 만드는 약물은 각성제stimulant라고 한다. 각성제는 일명 upper라고도 불리며 전문용어로 psycho-analeptic정신흥분제이라고 한다. 우리가 매일 마시는 커피에 들어 있는 카페인caffeine뿐 아니라 담배의 니코틴nicotine도 각성제에 해당한다.

각성제가 '흥분excitement'에 초점을 맞춘 약물이라면 환각제는 환시visual hallucination나 환청auditory hallucination처럼 '환각hallucination'에 초점을 맞춘 약물이다. 환각제 중 자연 발생하는 환각제는 entheogen깊은 영적 경험을 하게 하는 물질이라고 일컬어지기도 한다.

할미꽃, 버섯, 코카 잎

식물 중 할미꽃pasqueflower은 오래 전부터 항불안제로 사용되어 왔고 버섯 중 magic mushroom마법의 버섯은 환각제로 사용되어왔다. 코카의 잎에 들어 있는 코카인(cocaine)이 각성제로 사용되어 왔듯이 말이다.

참고로, 사람들이 즐겨 마시는 Coca Cola코카콜라의 Coca도 코카 잎coca leaf을 가리킨다. 코카콜라를 발명할 당시엔 코카인이 불법이 아니어서 소량 첨가했다고 한다.

Narcotic

narcotic은 황홀경(euphoria)뿐 아니라 착란도 초래하는 강력한 마약을 일컫는다. 그리스어 narkenumbness 마비에서 생긴 단어인데, 그 어근이 말해주듯 마비를 일으킬 정도로 강력한 마약이다. narke는 narcissus 수선화와 관련이 있는데 수선화에 함유된 사람을 진정시키는 성분으로 인해 narcotic이란 단어가 생겼을 것으로 추정된다. 그래서인지 narcotic에는 진정제(sedative, transquilizer, downer)란 뜻도 있다.

narcotic은 구체적으로 양귀비 식물poppy plant에서 추출한 아편제opiate나 합성 진통 마취제인 오피오이드opioid 등을 가리킨다. 아편은 양귀비의 즙액을 가공한 것인데 19세기 중반만 해도 아편(opium)은 기호식품처럼 받아들여졌으나 그 부작용이 널리 알려지면서 전 세계에서 아편 금지령을 내렸다. 하지만 이 일이 빌미가 되어 중국 청나라와 영국이 1차 아편전쟁1839~1842을, 영국, 프랑스가 2차 아편전쟁1856~1860을 치러야 했다.

opium

합성 진통 마취제 오피오이드 중 모르핀(morphine)은 아편의 주요 알칼로이드 성분으로 독일 약제사 제르튀르너Friedrich Serturner가 1816년에 붙인 이름이다. 더 거슬러 올라가면 그리스 신화의 꿈의 신 Morpheus에서 생겨난 단어로 약이 수면을 유도하기 때문에 붙여졌다. 오피오이드인 헤로인(heroine)은 모르핀으로 만든 흰색 가루 마약이다. 1898년 독일의 프레드리히 바이엘 사Friedrich Bayer & Co가 상표 등록하여 생긴 단어로, 그리스어 heroshero 영웅에 접미사 -ine가 붙은 단어이다. 아마도 약이 주는 황홀감euphoria으로 인해 마치 '영웅'이 된 듯한 기분이 든다는 뜻인 듯하다.

MDMA (Ecstasy) $C_{11}H_{15}NO_2$

Nicotine $C_{10}H_{14}N_2$

Caffeine $C_8H_{10}N_4O_2$

Heroin $C_{21}H_{23}NO_5$

Cannabidiol $C_{21}H_{30}O_2$

Ethyl Alcohol C_2H_5OH

Methamphetamine $C_{10}H_{15}N$

Cocaine $C_{17}H_{21}NO_4$

Morphine $C_{17}H_{19}NO_3$

참고로 넷플릭스 드라마 〈나르코스Narcos〉는 콜롬비아의 코카인 마약 범죄조직drug cartel을 다룬 드라마이다. narco는 마약 밀매자drug smuggler 혹은 마약 거래자를 가리킨다.

마약 중독 및 약물 남용

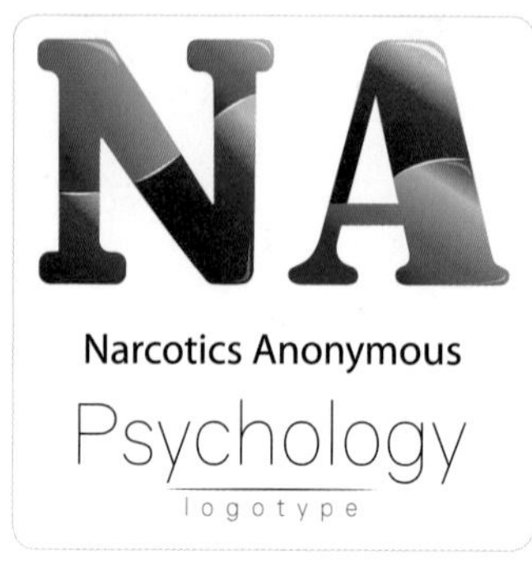

마약 중독자 모임

앞에서 언급한 약물들뿐 아니라 술이나 다른 건강에 해로운 약물들을 지나치게 많이 복용하여 해를 끼치는 것을 약물 남용(substance abuse, drug abuse)이라고 한다. 그중 마약 중독은 narcodics addiction이라고 하며 마약 중독자는 drug addict, drug abuser, dope head, junkie 등으로 표현한다.

마약 중독자 모임은 Narcotics Anonymous라고 하는데, 마약 중독자들이 마약을 끊고 치료받아 새 삶을 살기 위한 익명의 모임이다.

어원 004 **마약**

100

- **drug** 약, 마약 ↞ 의약품이나 마약
  (고대프랑스어) droge = supply 공급품
- **psychoactive** 향정신성의 ↞ 중독성이 있어 정신 기능에 영향을 미치는 성질을 지닌
  ⓖ psykhē = the soul 영혼, mind 마음
  ⓖ actus = doing 행위
- **aspirin** 아스피린 ↞ 해열제 중 하나
  ⓛ a = acetyl 아세틸
  ⓛ spiraea = meadow-sweet 조팝나무
- **anxiolytic** 불안완화제, 항불안제 ↞ 불안을 덜어주는 약물
  ⓛ anxietatem = anxiety 걱정
  ⓛ lyein = untie 풀다
- **antidepressant** 항우울제 ↞ 우울증 치료제
  ⓛ anti = against ~에 맞서
  ⓛ deprimere = press down 누르다
- **cannabis** 대마초 ↞ 환각제 등으로 쓰는 대마의 이삭이나 잎
  ⓖ kannabis = hemp 대마

- **stimulant** 각성제, 흥분제 ↔ 중추 신경을 흥분시키는 약물

[그] stimulare = prick 찌르다

- **hallucinogen** 환각제 ↔ 환각 작용을 일으키는 약물

[라] alucinari = wander in the mind 정신이 오락가락함

[cf.] hallucination 환각

- **marijuana** 마리화나 ↔ 대마의 꽃이나 잎을 말려서 가루로 만든 마약

★멕시코에서 사용되는 스페인어에서 비롯됨

- **psychoanaleptic** 정신흥분제 ↔ 중추 신경을 흥분시키는 약물

[그] psykhe = mind 정신

[그] analeptikos = restorative 원기를 회복시키는

- **entheogen** (신조어) 엔테오겐 ↔ 깊은 영적 경험을 가능하게 하는 마약

[그] en = in ~안에

[그] theo = god 신

[그] gen = create 만들다

- **cocaine** 코카인 ↔ 코카의 잎에 들어 있는 무색의 고체인 알칼로이드

★1856년 독일 괴팅겐 대학의 Albert Niemann이 코카나무의 coca에 화학성분을 나타내는 접미사 ine를 붙여 만들어낸 단어

- **narcotic** 마약, 진정제 ↔ 강력한 마약

[그] narke = numbness 마비

| narke에서 파생한 단어

narcolepsy 기면증 (lepsis = seizure 발작) ★그리스어 hypnos(sleep 잠) 에서 생겨난 hypnolepsy(기면증)도 같은 뜻이다.

- **euphoria** 황홀감 ↔ 사물에 매혹되어 들뜬 상태

[라] eu = well 잘

[라] pherein = carry 운반하다

| 유의어

ecstasy 황홀감 | trance 무아지경 | rapture 황홀감

enchantment 황홀함 | thrill 스릴, 전율

high 도취감 | high spirits 명랑, 쾌활

elation 희열 | exhilaration 들뜸, 흥분

frenzy 광분 | glee 신이 남 | bliss 더 없는 행복

- **sedative** 진정제 ↔ 신경의 흥분 상태를 진정시키는 약

[라] sedere = sit 앉다

- **tranquilizer** 진정제 ↢ 신경의 흥분 상태를 진정시키는 약
  [라] tranquillus = quiet 조용한
- **downer** 진정제 ↢ 신경의 흥분 상태를 진정시키는 약
  [고대영어] dune = from the hill 언덕에서
- **opium** 아편 ↢ 양귀비의 진을 말려서 굳힌 고무 모양의 갈색 물질
  [그] opion = poppy juice 양귀비즙
- **morphine** 모르핀 ↢ 아편의 주성분인 알칼로이드
  [그] Morpheus = the god of dreams 꿈의 신 모르피우스
- **heroine** 헤로인 ↢ 중독성이 강한 흰색 가루 마약
  [그] heros = hero 영웅
- **substance** 약물, 물질 ↢ 약의 재료가 되는 물질
  [라] sub = under 아래에 [라] stare = stand 서 있다
- **abuse** 남용 ↢ 한도를 초과하여 지나치게 사용함
  [라] ab = away 벗어나 [라] uti = use 사용하다

  | uti에서 파생한 단어

  utile 유용한, 쓸모 있는 | utilize 활용하다

  utility 공익사업, 유용성 | utensil 가정에서 사용하는 기구 (특히 주방용품)

  usury 고리대금업 | utilitarianism 공리주의

그 밖의 음주, 흡연, 마약 관련 표현들

- 음주 관련 표현들

  flush in the face 얼굴의 홍조 | staggering 비틀비틀 걸음

  vomit 토하다 | hangover 숙취

  abstain from drinking 술을 삼가다

  cut down on drinking 술을 줄이다

  abstinence 금주 | abstinence symptom 금단현상

• 흡연 관련 표현들

a pack of cigarette 담배 한 갑

a carton[packet] of cigarette 담배 한 보루

cigarette stub[butt, end] 담배꽁초 | tar 담배의 독특한 맛을 내는 성분

rolling paper 담배를 마는 종이 | tipping paper 끝부분을 싸는 종이

ash tray 재떨이 | lighter 라이터, 라이터로 담배를 붙이다

ignite 불을 붙이다 | stub out cigarette 담배를 비벼 끄다

bum a cigarette 담배를 빌리다 | grub a cigarette 담배를 빌리다

renounce smoking 금연하다 | cut off smoking 담배를 끊다

• 마약 관련 표현들

drug dealer 마약상 | mule 마약운반책 (원래는 '노새'를 뜻하는 단어)

shooting gallery 마약주사 맞는 곳 | trip 환각체험

hit 마약 1회분 | overdose 과다복용 | bust 단속

joint 마약을 함유한 담배 | hookah 물담뱃대

blocked[juiced, junked] up (속어) 마약에 취한

be high on dope 마약에 쩔어 있다

clean 약을 끊은 | go cold turkey 마약을 갑자기 끊다

cold turkey 갑작스러운 약물 중단에 의한 신체적 불쾌감

rehabilitate 갱생치료를 하다

• 중독 관련 표현들

addictive 중독성의 | addiction 중독

be addicted to ~에 중독되다

운동, 웃음 그리고 웰빙

Workout, Laughter & Wellbeing

히포크라테스가 말했다.

Without exercise, a good diet alone is not sufficient and eventually medical treatment will be needed.

운동을 하지 않으면 좋은 식습관만으로는 부족하다.
그러면 결국 의료적 치료가 필요하게 될 것이다.

잘 먹는 것만으론 건강을 지킬 수 없다는 이야기이다.
그만큼 운동이 중요하다는 말이다.
'우유를 마시는 사람보다 우유를 배달하는 사람이 더 건강하다'는 말도 있듯.

영국의 시인 바이런경은 말했다.

Always laugh when you can. It is cheap medicine.

할 수 있다면 언제나 웃어라. 웃음은 돈 안 드는 보약이다.

어떤 나라에는 '좋은 웃음과 깊은 잠은 최고의 치료법이다'라는 말도 있고,
'하루에 세 번 미소 짓는 자에겐 약이 필요 없다'는 말도 있다.
웃음이 건강한 생활에 얼마나 중요한지를 보여주는 이야기들이다.

잘 먹고 잘 자고 잘 싸고
적당히 운동하고
마음껏 웃는 하루!
이것이 바로 웰빙이 아니고 무엇이겠는가!

웃음과 유머

"Always laugh when you can. It is cheap medicine."

할 수 있다면 언제나 웃어라. 웃음은 돈 안 드는 보약이다. – Lord Byron

웃음

영국의 시인 바이런경Lord Byron은 Always laugh when you can. It is cheap medicine.이라고 하였다. 그만큼 웃음(laughter)이 인간의 건강한 삶에 필요하다는 뜻이다. laughter가 유쾌하거나jocund 재미있는 이야기를 들었을 때 터져 나오는 종류의 웃음이라면, smile미소은 행복이나 반가움 등을 표현하기 위해 입가가 저절로 올라가게 되는 종류의 소리 없는 웃음이다. 그래서 예기치 못하게 '웃음이 터져 나온다'는 말을 burst out laughing이라고 한다. smile처럼 소리는 없지만 더 활짝 웃는 모습은 grin활짝 웃음, 방긋 웃음이란 단어를 사용하고, 능글맞은 조롱조의 웃음은 smirk히죽히죽 웃음라고 표현한다. chuckle낄낄/키득키득거리는 웃음은 소리를 죽여 낄낄대거나 키득거리며 웃는 것을 가리킨다.

유머와 코미디

웃음을 유발하는 촉매제 중 하나가 humor유머이다. 라틴어 umor는 체액body fluid이란 뜻으로 고대 생리학에선 혈액blood, 가래phlegm, 담즙(choler), 흑담즙black bile, 이 네 가지 체액의 균형이 신체와 정신의 상태를 결정한다고 생각하였다. 그래서 humor에는 '농담'이란 뜻도 있지만 이런 체액의 균형이 맞을 때 생기는 '기분'이란 뜻도 있다. comedy코미디는 이러한 유머, 해학, 풍자(satire), 재치wit가 담겨 있는 웃음을 전해주는 쇼이다.

코미디뿐 아니라 익살극(farce)이나 웃기는 만화(cartoon) 등에도 유머가 담겨 있어 잠시 삶의 시름을 잊게 해준다. cartoon은 손으로 그린 정적 이미지still image나 때론 짧고 재미있는 애니메이션animation을 가리키는 반면 animation은 프레임 단위의 정적 이미지를 연속적으로 움직여 마치 살아있는 것처럼 만들어내는 것이다.

예술가 아이콘

- 복화술사
- 마술사
- 코미디언
- 무언극
- 인형을 조정하는 사람
- 구어
- 특별한 기술
- 서커스단원
- 길거리 마술사
- 곡예사

스탠드업 코미디

관객들을 상대로 독백(monologue)을 하며 웃음을 끌어내는 코미디 공연이 스탠드업 코미디stand-up comedy이다. 현재 미국에서 가장 잘 알려진 스탠드업 코미디언은 제프 던햄Jeff Dunham으로 그는 또한 인형극 인형puppets으로 공연을 하는 복화술사(ventriloquist)이기도 하다.

슬랩스틱 코미디

slapstick슬랩스틱은 원래 두 개의 나무 판자들로 이루어진 막대기 같은 물건인데 그것으로 사람을 치면 소리는 크지만 충격은 별로 없다. 이런 성질에 빗대어 배우들이 야단스러운 몸 장난을 하며 서로 부딪히지만 다치지는 않는 과장된 익살극을 가리키는 용어가 되었다. 슬랩스틱 코미디의 대표주자는 찰리 채플린이다.

시트콤

sitcom시트콤은 situation comedy시츄에이션 코미디의 약자로 무대와 등장인물character이 같지만 매 방송episode마다 스토리가 달라지는 코미디 드라마의 한 장르이다. 최초의 텔레비전 시트콤은 15세기 중반 영국의 *Pinwright's Progress*이다. 미국에선 1950년대에 시작되어 거의 20년을 이어간 *I Love Lucy*가 텔레비전 시트콤의 대표작이다.

어원 001 웃음과 유머

101

- **laughter** **웃음** ↔ 웃는 행동이나 웃을 때 나는 소리

  ⓢ laugh 웃다

  ⓖ hlahtraz = laughter 웃음

  | **hlahtraz에서 파생한 외국어**

  (덴마크어) latter 웃음 | (독일어) Gelächter 연속적인 큰 웃음

- **smile** **미소, 미소 짓다** ↔ 기쁘거나 흐뭇해서 소리 없이 입가가 올라가다, 또는 그 모습

  ⓘ smei = laugh 웃다, smile 미소 짓다

- **grin** **활짝 웃음, 활짝 웃다** ↔ 입가가 활짝 벌어지는 미소, 또는 그렇게 웃다

  ⓔ grennian = show the teeth 이를 보이다 ★게르만어 grennen(snarl 이를 드러내고 으르렁거리다)와 연관이 있음

  | **grennen에서 파생한 외국어**

  (네덜란드어) grienen 어린이가 입을 삐쭉거리며 울다

  (독일어) greinen 냉소하다

- **smirk** **히죽히죽 웃음, 히죽히죽 웃다** ↔ 만족스러운 듯 슬쩍 자꾸 웃음, 또는 그렇게 웃다

  ⓔ smearcian = smile 웃다 ★smile과 같은 인도게르만공통조어에서 유래되었을 것으로 추정됨

- **chuckle** **낄낄거리며 웃음, 낄낄거리며 웃다** ↔ 입속으로 낄낄대거나 키득키득거리며 자꾸 웃음, 또는 그렇게 웃다

  ⓔ chukken = make a clucking noise 혀를 쯧쯧 차는 소리를 내다

- **humor** **유머** ↔ 웃음을 자아내는 말이나 행동

  ⓛ umor = body fluid 체액

- **choler** **담즙, 성마름** ↔ 간에서 만들어져 쓸개에 저장되었다가 샘창자로 보내지는 액체 ★고대 사람들이 검은 담즙이 과잉이면 우울하고 노란 담즙이

과잉이면 성마르다고 여긴 데서 비롯됨

㊣ cholera = bile 담즙

| **cholera에서 파생한 단어**

Cholera 콜레라 (콜레라균에 의하여 일어나는 소화계통의 전염병으로 담즙을 통해 대변으로 균을 배설함)

- **comedy 코미디** ↔ 웃음을 주조로 사회 문제를 지적하는 희극

  ㉠ komoidia = comedy 코미디

- **satire 풍자** ↔ 사회나 인간의 모순이나 단점을 유머를 통해 비판하는 것

  ㊣ satira = satire 풍자, poetic medley 여러가지 시들

- **farce 익살극** ↔ 종교극 중간에 막간의 희극을 삽입해 넣던 것에서 생겨난 것

  ㊣ farcire = cram 밀어 넣다

  | **farcire에서 파생한 단어**

  infarction 경색

- **cartoon 만화** ↔ 이야기를 그림과 말풍선에 넣은 대사로 나타낸 것

  ㊣ carta = paper 종이 ★carta는 이탈리아어 cartone에서 strong, heavy paper(질기고 무거운 종이)란 뜻으로 쓰였고 오늘날의 '만화'라는 뜻은 19세기 중반에 생겨남

  | **carta에서 파생한 단어**

  carton 곽 | cartridge 탄약통

  cartel 기업연합 | cartography 지도 제작법

  charter 헌장

- **animation 애니메이션** ↔ 만화를 이용하여 살아 움직이듯 촬영한 것

  ㊣ animare = give breath to ~에 생동감을 불어넣다

- **monologue 독백** ↔ 배우가 혼자 말하며 연기하는 것

  ㉠ monos = alone 혼자서

  ㉠ logos = speech 말

- **ventriloquist 복화술사** ↔ 입을 움직이지 않고 말을 하는 기술을 업으로 삼는 사람

  ㊣ venter = belly 배

  ㊣ loqui = speak 말하다

  | **venter에서 파생한 단어**

  ventricle 심장의 심실 | ventral 배쪽의

건강과 운동

"Without exercise, a good diet alone is not sufficient and eventually medical treatment will be needed."

운동을 하지 않으면 좋은 식습관만으로는 부족하다. 그러면 결국 의료적 치료가 필요하게 될 것이다. – Hippocrates

의학의 아버지인 히포크라테스Hippocrates는 Without exercise, a good diet alone is not sufficient and eventually medical treatment will be needed.라고 운동의 중요성에 대해 말한 바 있다. 웃음과 유머가 건강에 좋은 만큼 건강에 이로운 또 한 가지가 바로 운동이다. 운동은 몸의 유연성(flexibility)을 증대시키고 면역력을 키워줄 뿐 아니라, 비만(obesity) 시 체중 감량(weight loss)에 도움을 준다. 인도게르만공통조어 kailouninjured 다치지 않은 whole 온전한에서 파생한 health건강는 병이 들지 않은 정신적, 육체적, 사회적 안녕wellbeing을 뜻하고, fitness는 일, 일상생활, 운동 등을 효율적으로 해내기 위한 신체적 건강, 즉 체력이나 몸이 보기 좋게 탄탄한 상태를 가리킨다. 따라서 신체적으론 탄탄하지만fit, 건강하지healthy 않을 수 있고 아주 건강한 상태지만 신체적으로 탄탄하지 않을 수도 있다.

exercise와 work out

exercise운동는 포괄적 개념의 운동으로, 걷기walking, 윗몸 일으키기sit-ups, 스포츠sports 모두 exercise의 일종이다. 하지만 workout은 주로 헬스클럽gym에 가서 하는 1회session의 운동을 가리킨다. 참고로 '운동하다'는 work out, exercise, take exercise, '준비운동 하다'는 warm up이라고 한다. practice는 '연습하다'이므로 헷갈리지 말자.

유산소 운동과 무산소 운동

몸 안에 산소량을 늘려 심폐 기능을 강화해주는 달리기, 수영, 하이킹 등의 운동을 유산소 운동이라 한다. 영어로 aerobic인데 그리스어 aero는 air공기에서 파생한 단어이다. 유산소 운동은 지방과 포도당을 태우는데 산소를 사용한다. 반면 팔 굽혀 펴기push up, 윗몸 일으키기, 근력운동weight training처럼 근육을 강화해주는 운동은 무산소 운동이다. 영어로는 aerobic 앞에 anwithout ~ 없이을 붙여 anaerobic이라고 한다. 무산소 운동은 산소를 연료로 사용하지 않는 강력하고 짧은 운동을 가리킨다.

유연성 운동이자 유산소 운동인 요가(yoga)는 인도에서 시작되어 요가 권위자(guru)들에 의해 세계로 전파되었다. yoga는 원래 '최고 존재와의 합일'을 뜻하다가 운동인 '요가'가 뜻에 포함되었다.

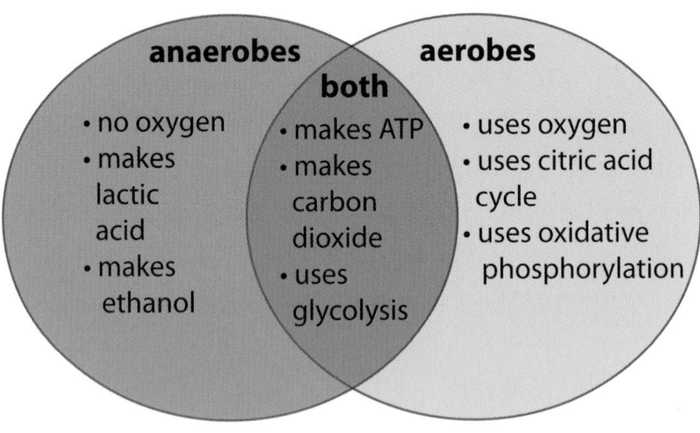

유산소 운동과 무산소 운동의 차이

근육질

운동을 해서 근육이 많이 생긴 상태를 muscular근육질의라고 하는데 muscle근육은 라틴어 musculus little mouse 작은 쥐에서 생긴 단어로 근육의 움직임을 작은 쥐의 움직임에 빗대어 표현한 단어이다. 같은 뜻으로 sinewy근육질의란 단어가 있다.

흔히들 근육이 지방보다 무게가 더 나갈 것이라 생각하지만 근육과 지방은 무게는 같지만 밀도density가 다를 뿐이다. 지방 덩어리가 더 크고 비대해 보이고 근육이 더 단단하고 작아 보인다.

스포츠 역학

운동 등 신체 활동을 통해 건강한 생활을 할 수 있도록 가르치는 체육을 영어로는 physical education, 줄여서 PE라고 한다. 이 중에서도 kinesiology신체운동학, 스포츠 역학는 스포츠와 운동 등을 할 때의 인간 신체 동작을 과학적으로 연구하는 체육학의 분야이다.

[어원 002] 건강과 운동

102

- **exercise** 운동 ← 건강을 위해 몸을 단련함

  [라] exercere = keep busy 계속 바쁘다, train 훈련하다
- **flexibility** 유연성 ← 탄력이 있으면서 부드러운 성질

  [라] flexibilis = pliant 나긋나긋한
- **obesity** 비만 ← 지나치게 살이 찌고 체지방이 과도하게 쌓인 상태

  [라] ob = over 지나치게

  [라] edere = eat 먹다

  | **edere에서 파생한 단어**

  edacious 대식의

  edible 먹을 수 있는, 식용의, 식품

  comestible 먹을 수 있는, 음식 (com = thoroughly 완전히)
- **weight** 무게, 체중 ← 무거운 정도

  [인도게르만공통조어] wegh- = move 움직이다
- **fitness** 신체적 탄탄함 ← 체력이나 몸매가 보기 좋게 탄탄하고 잘 빠진 상태

  ★중세영어에서 생겨난 단어임

  | **유의어**

  health 건강 | strength 힘, 건강

  vigor 원기 | vitality 활기 | energy 정력, 활기

  robustness 튼튼함 | shape 상태, 체형 (in good shape 상태가 좋은)
- **aerobic** 유산소 운동 ← 지방과 포도당을 태우기 위해 산소를 사용하는 운동

  [그] aer = air 공기

  [그] bios = life 생명

| aer에서 파생한 단어

aerodynamic 공기 역학의

aeronautics 항공술의 (nautikos = of ships 배의)

aerobatic 곡예비행의 (bainein = go 가다)

- **anaerobic 무산소 운동** ↔ 산소를 연료로 사용하지 않는 짧고 강력한 운동

ⓖ an = withtout 없이

ⓖ aer = air 공기

ⓖ bios = life 생명

- **yoga 요가** ↔ 고대 인도에서부터 전해지는 심신 단련법

(산스크리트어) yogas = union 결합

- **guru 권위자** ↔ 어느 분야의 경지에 오른 사람

(산스크리트어) gurus = teacher 교사

cf. sage 현자

- **muscular 근육질의** ↔ 불필요한 살과 지방이 없고 단단한 근육을 가진

ⓛ musculus = little mouse 작은 쥐

| 유의어

athletic 몸이 탄탄한 | brawny 건장한, 우람한

burly 건장한 | robust 튼튼한

sinewy 근육이 잘 발달된 | sturdy 튼튼한

muscled 근육이 있는 | veiny 힘줄이 많이 돋은

well-built 체격이 좋은

- **sinewy 근육이 잘 발달된** ↔ 불필요한 지방이나 살이 없이 몸이 단단한

ⓖ sinwō = tendon 힘줄, 건

| sinwō에서 파생한 외국어

(독일어) Sehne 건, 현 | (네덜란드어) zenuw 신경, 중요한 중추

- **kinesiology 스포츠 역학** ↔ 신체 운동을 역학적으로 연구하는 것

ⓖ kinesis = movement 움직임

| kinesis에서 파생한 단어

kinesics 동작학

psychokinesis 염력행위 (정신을 집중하여 물건을 움직이는 행위)

웰빙

"One cannot think well, love well, sleep well, if one has not dined well."

잘 먹지 못하면 생각도 잘 할 수 없고, 사랑도 잘 할 수 없으며, 잠도 잘 잘 수 없다.

– Virginia Woolf

행복한 삶

'안녕, 복지후생'이란 뜻을 가진 welfare는 wellbeing행복과 동의어로 '만족스럽고 행복한 삶의 상태'을 가리킨다. wellbeing을 실현하기 위해서는 의식주 및 고용 등과 같이 기본적인 생활 조건living condition이 갖춰져야 한다. 영국의 소설가 버니지아 울프Virginia Woolf는 One cannot think well, love well, sleep well, if one has not dined well.이라고 말한 바 있다. 우리가 먹는 것은 우리의 신체적 건강뿐 아니라 웰빙에도 영향을 미친다는 뜻이다. 이렇듯 웰빙과 음식이 상호 연관되었음이 인식되면서부터 패스트푸드에 대한 반동으로 지역적 특성에 맞는 전통적 음식을 다양하게 개발하자는 슬로우푸드slow food 운동이 일어났다. 슬로우푸드 운동도 말하자면 일종의 웰빙을 위한 노력이다.

웰빙을 추구하는 사람들에게 비만obesity은 주적이지만 날씬한 외모에 집착한 나머지 너무 안 먹어서 영양실조(malnutrition)에 걸리는 사람들도 더러 있다. 영양실조란 충분한 칼로리(calorie)를 섭취하지 못해 영양 결핍인 상태가 되는 것이다. 영양실조에 걸리면 웰빙과는 거리가 먼 병약한 상태(infirmity)가 되고 만다. 운동을 통해 보기 좋게 마른 상태가 되는 것은 좋은 일인데 이런 '날씬한, 호리호리한' 모습은 slender, slim, svelte 등의 단어로 표현한다. 그러나 skinny깡마른나 emaciated말라서 뼈만 앙상한와 같은 단어로 표현되는 몸매라면 병약한 상태일 수 있다.

워라밸 work and life balance

웰빙을 추구하는 사람들은 적절한 운동, 건강한 식이, 그리고 취미활동 등을 통한 삶의 밸런스를 추구한다. 흔히 워라밸work and life balance

이라고 불리는 '일과 삶의 균형'이 현대인들이 웰빙을 위해 가장 중요시 하는 삶의 방식이다. 양질의 삶을 영위하기 위해 자신이 하는 일과 일 외의 시간을 균형감 있게 사용하는 것이다. 서양에선 직장에서 칼퇴leaving on time를 하는 것이 당연한 일이지만 문화적으로 다른 국가들에선 칼퇴를 할 수 없는 회사 분위기 때문에 할 수 없이 초과근무를 하는 경우들이 있다. 이는 워라밸을 추구하는 개인들에게 분명한 위해 요소이다.

어원 003 웰빙

103

- **welfare** 안녕, 복지 ↢ 아무 탈 없이 편안함

  [고대영어] wel = very much 매우 많이, indeed 실로

  [고대영어] faran = get along 잘 지내다

  [cf.] warfare 전투

- **malnutrition** 영양실조 ↢ 영양 부족으로 신체 이상이 초래된 상태

  [라] mal = bad 나쁜

  [라] nutrire = nourish 영양을 공급하다

  | **nutrire에서 파생한 단어**

  nutrient 영양분 | nurse 간호원 | nursery 유치원의

- **calorie** 칼로리 ↢ 열량의 기본 단위

  [라] calor = heat 열

- **infirmity** 병약, 허약 ↤ 기운이 없고 몸이 쇠약함

  [라] infirmus = weak 허약한, frail 약한 (in = not 아닌 + firmus = strong 강한)

  | infirmus에서 파생한 단어

  infirmary 병원, 양호실

- **slender** 날씬한 ↤ 보기 좋게 말라서 몸이 매끈하고 길어 보이는

  [고대프랑스어] esclendre = thin 얇은

- **slim** 호리호리한 ↤ 몸이 가늘고 날씬한 상태인

  [게] slembaz = oblique 비스듬한, crooked 구부러진

  | slembaz에서 파생한 외국어

  (독일어) schlimm 나쁜, 심한, 곤란한

- **svelte** (여성이) 날씬한 ↤ 군살이 없고 맵시가 있는

  [라] ex- = out 밖으로

  [라] vellere = pluck 털을 뽑다, stretch 길게 뻗다

  | vellere에서 파생한 단어

  vulture 독수리 | convulsion 경련 | revulsion 혐오감

- **skinny** 깡마른 ↤ 살이 없이 뼈만 앙상할 정도로 마른

  [인] sken= cut off 잘라내다

- **emaciated** 쇠약한 ↤ 너무 말라서 아파 보일 정도인

  [라] ex= out 밖으로

  [라] macer = thin 얇은

  | macer에서 파생한 단어

  meager 빈약한

그 밖의 웃음 및 건강 관련 표현들

• 웃음

snicker 키득거리다 | titter 킥킥거리다

snort 콧방귀를 끼다 | hoot 폭소를 터뜨리다

sniff 비웃다 | pooh-pooh (속어) 콧방귀 끼다

be shrieking with laughter 폭소를 터뜨리다

be howled with laughter 폭소를 터뜨리다

laugh away 웃어넘기다

a sheepish smile 멋쩍은 미소

• 건강한 상태를 나타내는 표현

in good health 건강한 (healthy)

keep one's tail up 건강하다

give someone a clean bill of health 건강하다고 보증하다, 건강증명서를 받다 | clean bill of health 건강증명서

get buff 근육질의 몸이 되다 | be brawny 건장하다

be all thick 몸이 굵직굵직하다 (be burly) | bulk up 몸집을 키우다

beefy thighs 우람한 허벅지

• 병약한 상태를 나타내는 표현

weak 약한 | feeble 기력이 없는

weak by nature 날 때부터 허약한

sick 아픈 | sickly 병약한, 자주 아픈

ill 아픈 | be taken ill 병들다

lie sick in bed 병들어 몸져눕다

bedridden 몸져누운, (노령으로) 누워만 있는

groan with[in] pain 아파서 끙끙 앓다

in poor health 건강이 안 좋은

be in delicate health 허약 체질이다

use a bedpan 환자용 변기를 사용하다

- 뚱뚱하거나 건장한 상태를 나타내는 표현

plump 토실토실한 | chubby 통통한 | stout 튼튼한, 통통한

corpulent (격식) 뚱뚱한 | podgy 약간 살찐 | beefy 근육질의, 우람한

bulky 덩치 큰 | burly 남자 몸이 건장한

husky 건장한 ('쉰 목소리의'라는 의미로도 쓰임)

- 마른 상태를 나타내는 표현

scrawny 거죽만 남은 | skeletal 삐쩍 마른 | lean 야윈

be skin and bones 뼈와 가죽만 남다.

be reduced to a mere skeleton 뼈만 앙상하다.

be worn to a shadow 그림자처럼 수척해지다

be a mere bag of bones 뼈만 앙상하다

- 근육 관련 질병

sarcopenia (노화로 인한) 근육감소증

myasthenia 근무력증

cardiomyopathy 심근증

polymyalgia 다발근육통증

bigorexia = muscle dysmorphia 근육추형 (근육질 몸매에 병적으로 집착하며 자신의 근육에 만족 못하는 상태로, 이로 인해 운동을 지나치게 많이 하는 경향을 보임)

5

정보통신과 교통수단

Info-Communications
& Transportation

한 번쯤 물어도 좋을 질문 5

편리가 당신을 자유롭게 하는가?

Does CONVENIENCE make you FREE?

정보도 오락도 손쉽게 누릴 수 있는 세상이다.
직접 만나지 않고도 소통하고 교류할 수 있는 세상이다.
어디든 자유롭게 이동할 수 있는 세상이다.
편리함이 천지에 깔렸다.
산수처럼 계산한다면
편리한 만큼 자유롭고 행복할 거 같은데…
현실은 진정 그럴까?

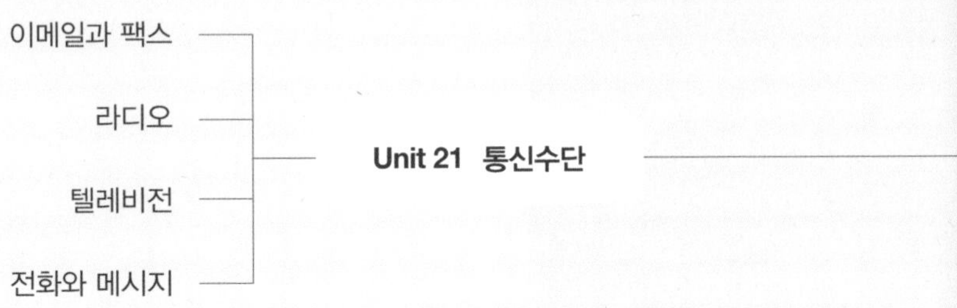

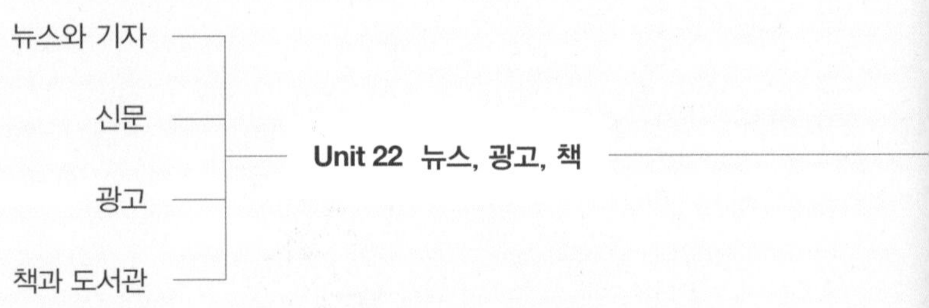

이메일과 팩스

라디오

텔레비전

전화와 메시지

Unit 21 통신수단

뉴스와 기자

신문

광고

책과 도서관

Unit 22 뉴스, 광고, 책

어원표시 [라] 라틴어 [그] 그리스어 [히] 히브리어 [게] 게르만조어 [인] 인도게르만공통조어
[힌] 힌두어 [프] 프랑스어 [영] 영어 [스] 스페인어 [독] 독일어

품사표시 [명] 명사 [동] 동사 [형] 형용사 [부] 부사

Chapter 5
정보통신과 교통수단

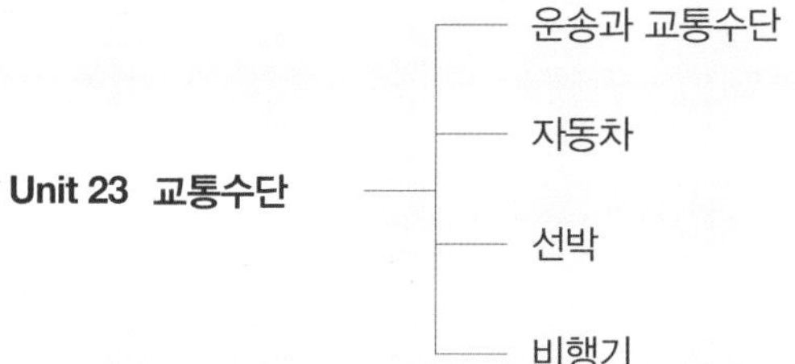

통신 수단

Communica-
tions

라디오와 텔레비전을 통해 우리는 오락거리entertainment도 즐기지만
세상의 각종 정보information를 보고 듣는다.
또, 전화를 통해 공적 사적으로 교류해야 할 이들과
직접 만나지 않고도 바로바로 의사소통communication을 할 수 있다.

그사이 컴퓨터 기술computer technology과
정보통신기술은 더욱 고도로 발달했고
인터넷the Internet이 일상화되었다.

처음엔 컴퓨터 안에 갇혀 있던 인터넷이
어느새 휴대폰 안으로 들어왔다.
집에 갇혀 있던 라디오와 텔레비전, 전화가 모두
휴대폰 안으로 들어왔고
우리가 가는 어디든 함께할 수 있게 되었다.

우편으로by mail 편지를 주고받던 시절을 지나
이제 웬만한 내용은 인터넷 이메일로by email 주고받는 시절이 되었으며
인터넷과 휴대폰으로 오락을 즐기고 업무 처리까지 가능한
그야말로 스마트한 세상이 되었다.

이메일과 팩스

인터넷과 이메일

Internet인터넷은 1970년대 초반에 생겨난 신조어로 interbetween 사이에와 network네트워크를 합친 단어이다. 인터넷은 컴퓨터들을 상호 연결하여 하나의 통신망을 구축한 것으로 영문 표기할 때 정관사 the를 붙이고 첫 글자를 대문자로 써서 the Internet처럼 쓰는 것이 보통이다. the Internet 앞에는 통신수단을 나타내는 전치사 on을 붙여 on the Internet인터넷 상에서과 같이 자주 쓴다. 반면 intranet인트라넷은 intrawithin ~내에를 붙여 특정 지역 내에 구축된 통신망 혹은 사내 전산망을 가리킨다. Internet protocol address, 일명 IP addressIP 주소는 통신망에 연결된 개개의 컴퓨터에 부여된 식별번호이다. protocol은 '의전'이란 뜻으로 널리 쓰이나 여기서는 '통신규약'이란 뜻이다. URL은 universal resource locator의 줄임말로 인터넷 상의 홈페이지나 사이트의 위치 혹은 주소를 붙여 나타낸 것이다. e-mail이메일, 이메일을 보내다은 electronic mail전자우편의 줄임말이며 첨부파일은 attached file이라고 한다.

팩스

팩스는 팩시밀리(facsimile)의 줄임말로 글자와 이미지를 전기신호를 이용해 전송하는 장치이다. 팩스는 라디오나 텔레비전의 네트워크를 이용해 전송된다. facsimile는 팩스란 뜻 외에 복제copy란 뜻도 있다. 프린터가 팩스기 역할을 할 수 있게 팩스 모뎀이 달려 있고 스캔도 할 수 있는 프린터, 즉 복합기는 영어로 all-in-one printer라고 한다.

어원 001 이메일과 팩스

- **protocol 통신규약** ← 컴퓨터와 컴퓨터 간 데이터의 원활한 송수신을 위한 규약

  cf. protocol에는 '의전'이란 뜻도 있다.

  ㉠ prōtos = first 처음의

  ㉠ kolla = glue 풀

104

| kolla에서 파생한 단어

collagen 콜라겐 | colloid 콜로이드, 교질

collage 콜라주 (색종이 조각 등을 붙여 만든 그림)

- **attached** 첨부된 ↔ 문서가 덧붙여진

[고대프랑스어] atachier = fasten 매다 ★atachier는 인도게르만공통조어 steg(pole 기둥, stick 막대기)에서 파생함

| steg에서 파생한 단어

stake 말뚝, 화형대 | detach 떼어내다 (des = apart 떨어져)

- **facsimile** 팩스 ↔ 화상이나 인쇄물을 전기신호로 바꿔 전송하는 장치

[라] facere = make 만들다 [라] similis = like ~같은

| similis에서 파생한 단어

similar 유사한 | semblance 외관 | simulation 모의실험

assimilate 동화시키다 (ad = to ~에게)

verisimilitude 신빙성 (verus = true 진짜인)

라디오

radio라디오는 광선이란 뜻의 라틴어 radius에서 유래한 단어이다. 전자파(electromagnetic wave)를 이용해 소리나 신호를 전송transmission하는 기술로 송신기(transmitter)와 수신기(receiver)가 필요하다. 즉 송신기를 가진 방송국에서 전파를 이용해 수신기를 가진 청취자에게 다양한 음성 정보와 프로그램을 송출하는 것이다. 에디슨을 비롯한 많은 과학자들이 라디오 전자파에 대해 연구했지만 19세기 말이 되어서야 상업화되었고 다목적으로 이용되기 시작했다고. 참고로 Radar레이더는 Radio Detection and Ranging의 약자로 말 그대로 전파radio waves를 이용해 물체의 거리, 위치, 방향 등을 탐지하는 장치이다.

라디오 방송국

라디오 방송국은 radio station이며, TV 방송국은 TV station이라

한다. station은 주로 특정 목적을 위해 붙박이처럼 정해져 있는 활동 기지를 가리키는 표현으로, train station기차역, naval station해군기지, gas station주유소과 같은 표현에 사용된다.

FM과 AM

라디오의 FM은 Frequency Modulation주파수 변조의 약자로 주파수 변조에 따라 캐리어변조될 신호의 주파수가 그에 맞게 높아졌다 낮아졌다 한다. FM은 높은 주파수대를 사용해야 하며 잡음interference이 적어 고음질 방송이 가능하다. 참고로 우리말의 "사람이 FM이야."라는 말은 play by the book정석대로 하다, FM대로 하다이란 표현을 사용하면 된다.

AM은 Amplitude Modulation진폭 변조의 약자로 음성 변조에 따라 캐리어 진폭이 커졌다 작아졌다 한다. AM은 잡음이 많고 낮은 주파수를 사용한다.

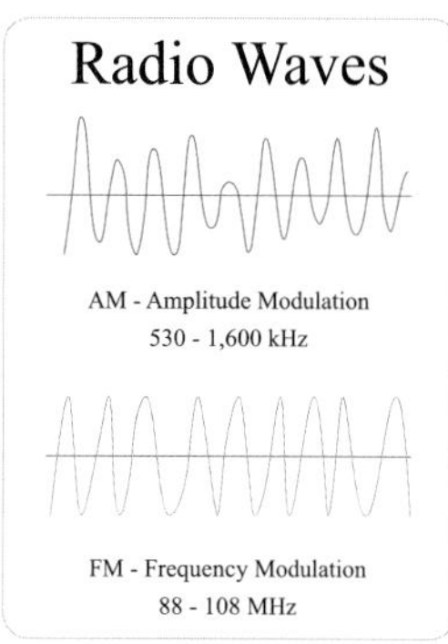

FM/AM

KHz와 MHz

Hertz헤르츠는 1초 동안의 진동횟수를 나타내는 주파수 단위이다. Kilohertz줄여서 KHz는 1초에 1천 번의 신호를 보내고, Megahertz줄여서 MHz는 1초에 1백만 번의 신호를 보낸다는 뜻이다.

FM의 주파수는 88 MHz에서 107.9 MHz로서 MHz 단위를 쓴다. 반면 AM의 주파수는 KHz로 표시하며 지역방송에선 1600 KHz 이하이다(cf. 대륙간 1600-1700 KHz 이하). AM은 낮은 주파수로 FM보다 멀리 퍼져 나간다. 이것이 AM이 FM보다 가청 지역이 넓은 이유이다.

어원 002 라디오

105

- **radio** 라디오 ↔ 방송국에서 내보낸 전파를 음성으로 전환하는 장치
  - ㉣ radius = beam 광선
  - | radius에서 파생한 단어
  - radioactivity 방사선
- **wave** 파동, 파장 ↔ 공간의 한 점에 생긴 물리적인 상태 변화가 둘레에 퍼져나감
  - ㉠ wab = wave 흔들리다
- **transmitter** 송신기 ↔ 신호를 고주파의 전류로 바꾸어 내보내는 장치

[라] trans = across 거쳐서 [라] mittere = send 보내다

| **mittere에서 파생한 단어**

mission 파견, 임무

- **receiver 수신기** ↔ 외부로부터 신호를 받아 필요한 정보를 가져오는 장치

[라] re = back 다시 [라] capere = take 갖다, seize 잡다

[cf.] recipient 수령인

| **capere에서 파생한 단어**

captor 포획자 | captive 포로 | capable 능력 있는 | capacious 널찍한

capacity 수용력 | inception 시작 | intercept 가로채다

accept 받아들이다 | except ~를 제외하고 (ex = out 밖으로)

anticipate 예상하다 (ante = before 미리) | participate 참여하다

conceive 고안하다 | deceive 속이다

perceive 인지하다 | occupy 차지하다, 점령하다

disciple 제자 (dis = apart 떨어져서 ★제자는 스승에게서 언젠가 떨어져 나갈 사람)

- **detection 탐지** ↔ 찾아서 알아내는 것

[라] de = un 아닌 [라] tegere = cover 덮다

| **tegere에서 파생한 단어**

protect 보호하다 (pro = forth 멀리) | tegument 외피

- **frequency 주파수** ↔ 전파가 1초에 진동하는 횟수

[라] frequentem = numerous 무수한

- **modulation 변조** ↔ 크기, 주파수 등을 변형함

[라] modulus = small measure 작은 방책

- **amplitude 진폭** ↔ 주기적으로 진동하는 파의 진동폭

[라] amplus = large 큰

- **kilohertz 킬로헤르츠** ↔ 주파수 단위 중 하나

[그] khilioi = one thousand 1천

| **khilioi에서 파생한 단어**

kilogram 1천 그램 | kilometer 1천 미터

- **megahertz 메가헤르츠** ↔ 주파수 단위 중 하나

[그] megas = great 엄청난, 큰.

| **megas에서 파생한 단어**

megalithic 거석의 (lithos = stone 돌)

★과학분야에선 megas = one million(1백만)을 나타낸다. ex. megawatt 100만 와트 | megavolt 100만 볼트

텔레비전

television줄여서 TV은 방송국에서 전파를 통해 송출되는 음성과 영상을 볼 수 있게 해주는 장치이다. 1937년 영국이 최초로 흑백black and white 텔레비전 방송을 시작한 이래 많은 변화가 있었다. 흑백 TV는 컬러 TV로 발전하였고, 아날로그(analogue) 신호를 이용하던 아날로그 TV가 디지털(digital) TV로 발전하였다. 아날로그 TV는 음성과 영상이 연속적으로 전달되기 때문에 전파방해 혹은 혼선(interference)이 많이 발생하지만, 특정 값이 미리 정해진 디지털 TV는 음성과 화질이 고르다. 요즘엔 과거에 전기로 정보를 전송하던 동축케이블(coaxial cable)도선을 구리로 감싼 케이블보다 전기신호를 빛 신호로 전환하는 광케이블(fiber optic cable)을 사용하여 텔레비전 프로그램들을 송출하고 있다. 광케이블은 동축케이블보다 같은 시간에 더 많은 정보를 보낼 수 있다. 케이블 중 광케이블의 대역폭(bandwidth)이 가장 높다.

해상도와 화질

디지털 TV는 디지털 방송을 수신할 수 있는 TV 수상기로, HD(High Definition) TV고선명 TV와 SD(Standard Definition) TV표준화질 TV로 나뉜다. 디지털 이미지를 구성하는 최소 단위를 pixel픽셀이라고 하는데 이 픽셀의 크기가 작을수록 고해상도(high resolution)라고 말한다. resolution은 화면상의 이미지 정밀도, 즉 픽셀의 수를 측정하는 단위인 셈이다. HD TV는 기존의 SD TV보다 픽셀 수도 더 많고 당연히 화면당 픽셀 크기도 작아서 화면이 더 선명하게 보인다. 참고로 고선명도 TV의 해상도는 가로 1920 세로 1080의 픽셀, 즉 총 2,073,600의 픽셀로 구성된다.

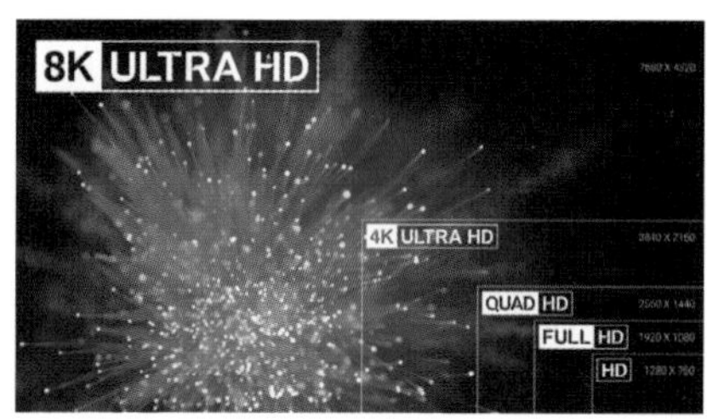

Full HD (고선명) 텔레비전의 해상도

106

어원 003 텔레비전

- **television** 텔레비전 ↤ 움직이는 상을 전파에 실어 수신장치로 보내는 전기통신의 방식

  [그] tele = far off 멀리서 [라] videre = see 보다

  | **videre에서 파생한 단어**

  visage 얼굴 | envisage 상상하다

- **analogue** 아날로그 ↤ 시간에 따라 연속적으로 변하는 물리량

  [라] ana = up to ~까지 [라] logos = ratio 비율

- **digital** 디지털 ↤ 물질의 특성을 0과 1의 조합으로 바꾸는 것

  [라] digitus = finger or toe 손가락 혹은 발가락 ★손가락으로 셀 수 있을 정도의 유한성을 강조한 것이 digital임

  | **digitus에서 파생한 단어**

  digitate 손가락이 있는, 손가락 모양의

  digit 숫자, 손가락 (10 미만의 숫자는 손가락으로 세었기 때문에)

  prestidigitator 요술쟁이 (presto = quick 빠른)

- **interference** 전파방해, 혼선, 간섭 ↤ 전파가 뒤엉켜 통신이 방해를 받음

  [라] inter = between 사이에 [라] ferire = strike 치다

- **coaxial** 동축케이블의 ↤ 전기 도선을 구리가 감싸고 있는 케이블의

  [라] com = with 함께

  [라] axis = axle 차축, pivot 중심점

- **fiber optic** 광섬유의 ↤ 전기신호를 빛으로 바꿔주는 가는 유리 섬유의

  [라] fibra = fiber 섬유, filament 가는 실 같은 것

  [그] optikos = of sight 시각의

- **bandwidth** 대역폭 ↤ 케이블이 단위시간 당 전송할 수 있는 최대 정보량

  [인] bhendh- = bind 묶다

  [인] wi = apart 떨어져

  ★band는 원래 '띠, 줄무늬'란 뜻이었다가 '주파수'란 뜻은 20세기 초에 생겨남

- **definition** 선명도 ↤ 화면의 뚜렷한 정도

  [cf.] definition은 어떤 개념의 '정의'를 뜻하는 표현으로 자주 쓰인다.

  [라] de = completely 완전히 [라] finire = limit 제한하다

  | **finere에서 파생한 단어**

  finite 제한된 | finish 마치다

- **pixel** 픽셀 ↔ 화면의 최소 단위

  [라] pingere = make pictures 영상을 만들다
- **resolution** 해상도, 화질 ↔ 이미지의 픽셀 수

  [라] re = 강조 접두사 [라] solvere = loosen 느슨하게 하다, relax 진정하다

  | solvere에서 파생한 단어

  solvent 용매 | solute 용질 | soluble 녹는, 해결가능한

  solve 해결하다 | dissolve 녹이다, 용해하다 | resolve 해결하다, 결심하다

  absolute 절대적인 | absolution 면죄선언, 용서

전화와 메시지

1876년 알렉산더 그래함 벨Alexander Graham Bell이 발명한 전화기(telephone)는 음성을 전기신호로 바꾸어 장거리 전송하는 통신telecommunication 장비로, 송신기transmitter와 수신기receiver로 구성된다. 참고로 receiver는 '수신기'를 말하고, recipient는 '수신자'를 말한다. 헷갈리지 않도록 하자.

휴대전화와 스마트폰

그래함 벨로부터 시작됐던 유선전화의 시대는 저물고 바야흐로 무선전화, 즉 휴대전화의 시대이다. 휴대전화는 영어로 mobile phone 또는 cellular phone이라고 한다. cellular는 라틴어 cellasmall room 작은 방에서 생겨난 단어로 같은 어근에서 cellar지하 저장고란 단어도 생겨났다. 도시를 벌집으로 가정하고 여러 개의 작은 cell칸로 나누어 각자의 cell을 중심으로 하는 휴대용 무선전화 시스템을 cellular phone이라고 한다. cellular base station휴대전화 기지국은 그 안테나를 통해 휴대전화와 유선 간의 통신을 가능하게 해주고 휴대전화가 이동을 해도 전화가 끊기지 않게 해준다.

웹 서핑surfing 및 음악 감상, 사진 및 동영상 촬영 등의 기능을 추가한 고성능 휴대전화는 스마트폰smartphone이라 일컫는다.

요즘은 아침부터 밤까지 휴대폰을 손에서 놓지 못하는 사람들이 많

다. 심지어 휴대폰을 두 대second phone까지 갖추고 있는 사람도 많다. 그래서 '휴대폰 중독'을 일컫는 nomophobia노모포비아라는 신조어가 생겼을coined 정도이다. No Mobile phone Phobia의 줄임말이다.

음성메시지와 문자메시지

과거에 집집마다 유선전화를 쓰던 시대에는 자동응답기answering machine라는 게 있어서 부재 중에 음성메시지를 받을 수 있었다. 때로는 집에 있어도 전화를 가려 받기 위해screen one's calls 자동응답기를 이용하기도 했다. 요즘도 휴대폰에 음성메시지voice call 기능이 있긴 하지만 그보다는 주로 문자메시지(text messaging, texting)를 통해 연락을 주고받는다. 문자메시지는 문자를 주고받는 것 외에 이모니콘이라 불리는 기호(ideogram)나 비디오 등도 주고받을 수 있다.

SNS

SNS는 social networking service소셜 네트워킹 서비스의 약자이다. 공통의 관심을 가진 사람들이 사회적 관계social relationship를 형성할 수 있게 해주는 온라인 상의 서비스이다. SNS 초창기의 Cyworld부터 MySpace, LinkedIn, 그리고 현재 가장 많은 인기를 얻고 있는 Facebook 모두 SNS의 일종이다. 페이스북은 2004년에 하버드생들이(현재의 페이스북 최고경영자 마크 주커버그Mark Zuckerberg와 더불어) 하버드생들을 대상으로 설립한 소셜 네트워킹 서비스로 현재에는 전 세계적으로 사랑받고 있다. 세계적으로 가장 많은 사랑을 받는 SNS는 YouTube유튜브인데 tube는 television의 구어체 표현이다. YouTube엔 '당신만의 비디오를 만들어 비디오 공유 사이트인 유튜브에 전송해라upload'란 메시지가 담겨 있다. YouTube는 '유튜브에 비디오를 전송하다'란 동사로도 사용된다.

우리는 SNS란 표현을 일상적으로 쓰지만 영어에서는 social media라고 하거나 Facebook, Instagram, YouTube와 같이 아예 구체적인 SNS명으로 표현을 한다는 것도 알아두자.

동기화

휴대전화 상의 데이터를 메모리에서 다른 장치로 또는 그 반대로 전송하는 것을 '동기화하다(synchronize)' 혹은 줄여서 sync라고 한다. 휴대전화를 컴퓨터와 동기화하면 자동으로 쌍방의 특정 정보가 실시간으로 반영된다.

synchronizing 동기화

107

어원 004 전화와 메시지

- **telephone 전화기** ↢ 말소리를 전파나 전류로 바꾸어 멀리서 대화가 가능하게 해주는 장치
  [그] tele = far 멀리
  [그] phone = voice 목소리
- **cellular 무선전화의** ↢ 전선 없이 전파를 사용한 전화기의
  [cf.] cellular는 cell(세포)의 형용사형으로 '세포의'라는 의미로도 쓰인다.
  [라] cella = small room 작은 방
- **text 문자, 문자를 보내다** ↢ 언어를 기호 체계에 의해 적은 것, 또는 그렇게 적다
  [라] textus = thing woven 짜여진 것
- **ideogram 기호** ↢ 어떤 뜻을 나타내는 문지나 부호
  [그] idea = form 형태, mode 방식
  [그] gramma = that which is drawn 그려진 것

  | **idea에서 파생한 단어**

  idea 발상 | ideal 이상적인

  ideologue 이론적 지도자 | ideation 관념작용
- **synchronize 동기화하다** ↢ 서로 다른 시스템이 동일한 주기를 갖게 하다
  [그] syn = together 함께
  [그] khronos = time 시간

  | **khronos에서 파생한 단어**

  anachronism 시대착오, 시대착오적인 사람

  parachronism 연월일을 실제보다 뒤로 매김

  chronicle 연대기 | diachronic 통시적인

  crony 많은 시간을 함께 한 친구 (부정적)

그 밖의 통신수단 관련 표현들

- **팩스 및 이메일 관련 용어**

  incoming fax 받는 팩스 | outgoing fax 보내는 팩스
  dedicated fax line 팩스 전용선 | virtual email fax 가상 이메일 팩스
  route 전송하다, 전송 | via ~를 경유하여, 통하여 | photocopy 복사하다
  attach a digital signature 전자 서명을 첨부하다
  download 내려받다 | upload (자료 등을) 올리다

- **라디오 관련 용어**

  radio wave 전파 | alternating current 교류
  electric current 전류 | by radio 라디오로
  stay tuned 주파수를 고정하다 | osciliating 진동의

- **텔레비전 관련 용어**

  streaming media 스트리밍 미디어 (공급자가 전달하는 것과 동시에 사용자가 수신하여 볼 수 있는 멀티미디어의 전달 방식)
  IPTV (Internet Protocol Television) 인터넷 망을 통한 양방향 텔레비전 서비스
  Web TV 웹 텔레비전 (TV 화면으로 인터넷에 접속할 수 있는 텔레비전)

- **전화기 관련 용어**

  handset 송수화기 | interfere 방해하다
  long distance call 장거리 전화
  roaming 서비스권 전환
  SIM card 휴대전화 속의 개인 정보 카드 (subscriber identification module card)
  distinguishing feature 독특한 기능
  keep in touch with ~와 연락을 취하다
  have access to ~을 이용하다, ~에 접속하다

뉴스, 광고, 책

News, Advertisements & Books

뉴스news와 기사article는
우리 주변과 세계에서 매일같이 벌어지는 사건사고,
그 속에 담겨 있는 진실을 전달해준다.

기업은 매일같이 신제품을 세상에 내놓으며
다양한 방법의 마케팅marketing과 광고advertising를 통해
제품을 홍보promotion한다.

인터넷의 발달과 함께
SNSsocial media 세상이 되면서
이러한 정보들이 홍수를 이룬다.
이익과 구미에 따라
정보를 과장하고 왜곡하는 사례 또한 넘쳐난다.

무분별한 정보의 홍수 속에서
때로는 한 발 물러서 책속으로 여행을 떠나는 여유를
가져보는 건 어떨까?
빠르게 바뀌고 빠르게 판단하는 세상에서
조금은 느리게, 조금은 차분하게
한 권의 책과 함께 사색의 시간을 가져보는 건 어떨까?

뉴스와 기자

뉴스

라틴어 nova new things 새로운 것에서 파생한 단어 news 뉴스는 처음에는 '소식'이란 뜻으로 사용되다가 20세기 초반에 '텔레비전이나 라디오의 뉴스 프로그램'이란 뜻이 더해졌다. 이런 뉴스는 신문, 텔레비전, 인터넷과 같은 대중매체 media들을 통해 대중에게 전달되는데 신문은 인쇄매체 press media, 텔레비전은 방송매체 broadcast media에 속한다.

기자

기사나 영상 등의 형태를 빌어 대중에게 뉴스를 전달하는 일에 종사하는 사람을 포괄적으로 저널리스트(journalist)라고 한다. journalist는 명사 journal 신문, 잡지에 직업을 나타내는 접미사 -ist를 붙인 것이다. journal은 라틴어 diurnalis daily 매일마다에서 파생해 고대 프랑스어 jornel a day's work 하루의 일, a day's travel 하루의 여행이 되었다가 영어에서 일기, 잡지, 학술지 등의 뜻을 갖게 되었다. 기자들은 취재를 할 때 때로 정보원(informant)을 이용하여 정보를 얻어내기도 한다.

기자의 종류

기자의 종류 중 현장을 탐방 취재(coverage)해 뉴스를 전달하는 취재진은 리포터(reporter)라고 한다. 기자들 중 리포터 역할도 하는 사람은 있지만 모든 리포터들이 다 기자는 아니다. anchor 앵커 또한 기자의 하위 부류로 텔레비전이나 라디오 방송국 세트 진행석에 앉아서 뉴스를 읽고 진행하는 사람이다. 그 외에 정기 기고가는 columnist, 편집자는 editor, 사설 담당기자는 editorial writer라고 한다. 취재나 보도를 위해 외국에 보내진 특파원은 correspondent라고 한다.

기사 관련 표현

신문이나 잡지 등에서 기사 위에 제목으로 기사의 골자 gist를 설명하는 제목을 헤드라인(headline)이라고 한다. 헤드라인 중 가장 중요한 헤드라인들을 top headlines라고 한다. 이것은 뉴스를 신속히 전달하려는 목적의 breaking news속보와 전혀 다르다.
신문사에 원고를 써서 보내는 것, 즉 기고하는 것을 contribute기고하다라고 한다. 한 편의 기사는 article이라고 하며 기사 중 특집기사feature article는 한 가지 사건이나 인물의 미담 등을 통해 흥미 위주로 다루는 기사를 가리킨다. 이외에 텔레비전과 라디오 뉴스 중 단신 뉴스는 bulletin, 특종 기사는 scoop라고 한다

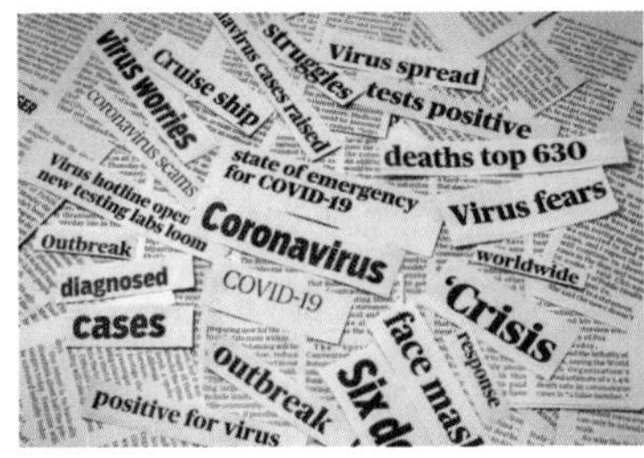

헤드라인

속보

어원 001 **뉴스와 기자**

108

- **news** **뉴스** ↔ 새로운 소식을 전해주는 방송 프로그램
  [라] nova = news 뉴스, new things 새로운 것 (1923년에 텔레비전과 라디오에서 전하는 뉴스란 뜻이 생겨남)
  | **nova에서 파생한 단어**
  nova 신성
  supernova 초신성 보사노바 (브라질 춤의 한 가지, 또는 그 춤곡)
- **journalist** **저널리스트** ↔ 신문, 방송, 잡지 등의 매체에 종사하는 언론인
  [라] diurnalis = daily 매일의, diurnal 주행성의
  [cf.] 신문의 원시적 형태인 로마 시대의 〈Acta Diurna〉의 Diurna도 daily를 뜻한다.
- **informant** **정보원** ↔ 정보제공자
  [라] in = into 안으로
  [라] formare = form 형성하다
- **coverage** **취재** ↔ 기사를 작성하기 위해 조사하는 것
  [라] com 강조 접두사
  [라] operire = close 닫다, cover 덮다

- **reporter 리포터** ↞ 현장탐방기자

  [라] re = back 다시

  [라] portare = carry 운반하다

  | **portare에서 파생한 단어**

  comport 처신하다 | export 수출하다 | import 수입하다

  purport 주장하다, 전반적인 뜻 | support 지원하다, 지지하다

  transport 운송하다 | porter 짐꾼, 환자 이송 담당자

  portage 육로수송 | deportation 국외추방, 이송

  portable 휴대가 쉬운 | important 중요한

- **anchor 앵커** ↞ 뉴스진행자 (anchor = anchor man, anchor woman) ★anchor는 원래 '닻, 닻을 내리다'란 뜻임

  [그] ankyra = anchor 닻 ★텔레비전 뉴스진행자(host)의 뜻은 20세기 중반에 생김

- **columnist 정기 기고가** ↞ 신문, 잡지 따위의 특정 칼럼에 원고를 정기적으로 보내는 사람

  [라] columna = pillar 기둥 ★신문기사나 기고는 기둥처럼 세로로 배치됨

- **editor 편집자** ↞ 편집업무를 관할하는 사람

  [라] edere = produce 생산하다

  [cf.] chief editor 편집장 (= editor-in-chief)

  | **edere에서 파생한 단어**

  edit/editing 편집 | edition (잡지의) 호

- **correspondent 특파원** ↞ 취재를 위해 외국에 파견된 기자

  [라] correspondere = correspond 응답하다

- **headline 헤드라인** ↞ 주요 기사에 다는 제목

  [게] haubid = head 머리

  | **haubid에서 파생한 외국어**

  (네덜란드어) hoofd 머리 | (독일어) Haupt 머리, 목

- **contribute 기고하다** ↞ 신문, 잡지 등에 싣기 위해 원고를 작성하여 보내다

  [라] com = together 함께

  [라] tribuere = allot 할당하다

- **article 한 편의 기사** ↞ 신문, 잡지에 실린 어떤 사실을 알리는 글

  [라] articulus = part 부분

- **bulletin** 단신뉴스, 공고 ↔ 짤막하게 전하는 뉴스

  [라] bulla = round object 둥근 물체

  | **bulla에서 파생한 단어**

  bull (로마 교황의) 교서

- **scoop** 특종기사 ↔ 한 기자나 신문사가 단독으로 알아낸 중요한 기사

  [인] (s)kep = cut 자르다

  ★원래 '한 숟가락'이란 뜻이었다가 특종기사란 뜻은 19세기 후반에 생겨남

신문

기사를 전달하는 전형적인 매체에는 TV 및 라디오, 그리고 신문이 있는데 요즘엔 SNS의 발달로 대안언론 또한 활성화되어 있다. 그래서 온라인 매체와 SNS를 동시에 운영하는 신문사나 방송사들이 늘어나고 있고, 신문을 아예 인쇄된 형태hard copy로 찍어내지 않고 온라인으로만 기사를 전달하는 인터넷 신문들도 많은 게 요즘의 현실이다. 인터넷 신문의 최대 강점은 속보breaking news를 신속하게 독자들에게 전달할 수 있다는 것이다.

황색 저널리즘과 가짜 뉴스

일반 저널리즘과 구별하여 세간의 충격적(lurid), 선정적(sensationalized) 소문을 과장하여 쓰는 신문이나 잡지의 논조를 황색 저널리즘yellow journalism이라고 한다. 황색 저널리즘은 19세기 말 뉴욕 월드지New York World의 코믹만화 Hogan's Alley의 주인공인 일명 노란 옷을 입은 아이라 불리는 미키 듀건Mickey Dugan의 이름을 딴 것이라는 설이 있다. 조세프 퓰리처Joseph Pulitzer의 뉴욕월드 신문과 경쟁하기 위해 윌리암 랜돌프 허스트William Randolph Heast의 뉴욕 저널New York Journal 신문은 노란 옷을 입은 아이를 그린 만화가 리차드 아웃컬트Richard Outcault를 뺏아갔다. 19세기 후반 이 두 신문사의 이러한 치열한 싸움 중에서 옐로우 저널리즘이란 용어가 생겨난 것.

가짜 뉴스fake news는 신문, 방송 등에서 특정 집단이 이득을 취하기 위해 마치 사실인 듯 유포하는 거짓misleading 뉴스를 가리킨다. 자극적인 제목으로 인터넷 유저들이 클릭하게 만들지만 실제로는 황당하거나 조잡한 쓰레기 기사거리를 나타내는 clickbait란 신조어도 있다.

타블로이드 신문

연예인 생활 같은 흥미 위주의 기사나 선정적 기사를 주로 다루는 대중신문을 타블로이드 신문(tabloid journalism)이라고 한다. tabloid는 라틴어 tabulaboard 판자에 지소사작은 개념을 나타내기 위한 접사를 붙인 tabulata에서 생겨난 단어이다. 그 어원에 걸맞게 타블로이드는 원래 보통 크기 신문broadsheet의 절반 크기인 작은 종이에 인쇄된 신문을 가리켰다. 하지만 현실적으로 타블로이드 신문은 신문 크기도 있고 신문 절반 크기도 있다. 타블로이드 신문도 현재의 추세에 맞춰 종이 형태에서 온라인 플랫폼으로 옮겨가고 있다. 타블로이드 신문에서 자신들의 우호 세력들에게 약점이 되는 기사를 독점적으로exclusively 사들인 후 보도하지 않고 묻어버리는bury 방식으로 은밀하게(surreptitiously) 그들을 보호해주는 행위를 catch and kill이라고 한다.

통신사

신문사에선 신문사 소속 기자들이 직접 기고하는 글 외에 통신사들news agencies에게 유료로 정보를 공급받는다. 미국의 AP, 영국의 Reuters, 프랑스의 AFP가 세계 3대 통신사라고 일컬어진다. AP는 Associated Press연합통신의 약자로 미국 뉴욕 신문사들이 연합하여 1879년에 설립한 통신사이다. Reuters로이터는 1851년 Baron Paul Julius Reuters가 런던에 설립한 통신사이다. AFP는 Agence France-Presse의 약자로 1944년 파리에 설립된 프랑스 통신사이다. 여기에 미국의 UPIUnited Press International를 포함시켜 세계 4대 통신사라고 일컫는다. 이들 통신사들이 전 세계 신문에 실리는 해외 뉴스의 대부분을 제공하고 있다.

구독

신문사를 운영하기 위해서는 수익을 창출해야 하는데 그 방법이 주로 독자의 구독(subscription)과 기업들의 광고를 통해서이다. subscription은 라틴어 subscribere sign one's name 서명하다에서 유래했다.

부고와 구인 광고

신문에는 사람의 죽음을 알리는 부고(obituary)도 실린다. 또, 구인/구직, 임대/매매 등을 항목별로 분류해놓은 항목별 광고란도 있는데, 영어로는 classified ad라 한다. 이때 ad는 advertisement의 약자이다.

어원 002 신문

109

- **lurid** 충격적인 ↔ 어떤 사건이 강한 심리적 영향을 주는
  ㊣ luridus = pale yellow 옅은 노랑
- **sensationalized** 선정적으로 다루어진 ↔ 성적 흥분이나 충격을 유발하게 다루어진
  ㊣ sensus = feeling 감각
- **tabloid** 타블로이드 신문 ↔ 흥미 위주의 기사를 실은 신문
  ㊣ tabula = board 판자
  ㊣ oid ~와 같은
  ★처음에는 '작은 알약'을 가리켰다가 이후 1900년대 초반 짧고 간단하며 작은 글자 크기의 신문 기사를 가리키게 되었다. 그래서 타블로이드판(tabloid size)은 신문 크기의 절반 크기를 뜻한다.
- **surreptitiously** 은밀하게 ↔ 남들이 모르게 슬쩍
  ㊣ sub = from under 아래에서, secretly 몰래
  ㊣ rapere = snatch 낚아채다, abduct 유괴하다

| rapere에서 파생한 단어

rapacious 탐욕스러운 | rape 강간하다

raven 약탈하다, 노략질하다 | ravish 능욕하다, 강간하다

rapid 빠른 | rapt 넋이 빠진 | rapture 황홀감

usurp (왕좌나 권위를) 찬탈하다 (usus = use 사용 + rapere = seize 움켜잡다)

- **press 신문, 언론** ↔ 기자들을 집단으로 가리킴 (the와 함께 사용)

  [라] pressare = press 신문, 언론 ★기자단이란 뜻은 1921년에 생겨남

- **subscription 구독** ↔ 책이나 신문, 잡지 따위를 정기적으로 받아보겠다고 신청하는 것

  [라] sub = underneath 아래에

  [라] scribere = write 쓰다

  ★독자가 구독 계약서 아래에 서명을 해야만 비로소 구독이 이루어진다는 뜻임

- **obituary 부고** ↔ 죽음을 알림

  [라] ob = toward ~를 향하여 [라] ire = go 가다

  | ire에서 파생한 단어

  itinerary 여행일정 | errant 정도를 벗어난

  ambient 주위의 (ambi = around 주변에)

  initial 처음의 (in = into 안으로)

  transient 일시적인 (trans = across 가로질러)

  adit 입구 (ad = to ~로) | exit 출구 (ex = out 밖으로)

  coitus (의학용어) 성교 (com = together 함께)

  circuit 회로 (circum = round 둘레에)

  perish 소멸하다 (per = completely 완전히)

  [cf.] 독일의 고등학교 졸업시험인 Abitur(아비투어)도 라틴어 ire 앞에 ab (away 멀리)를 붙인 단어로 졸업시험은 학생들을 '떠나보내는 시험'이다.

- **classified 항목별의** ↔ 주제별로 분류된

  [라] classis = division 분류, army 군대 ★classis는 원래는 고대 로마의 왕이 과세의 목적으로 로마인들을 분류해놓은 여섯 계층 중 하나를 가리킴

  | classis에서 파생한 단어

  classic 일류의, 최고 수준의 (여섯 계층 중 최고계층을 가리켰음)

  declasse 몰락한 | class 학급, 수업, 계층

광고

상업광고

기업에서 제품을 소비자들에게 알리기 위해 하는 대표적인 수단이 광고 및 광고활동이며, 광고를 뜻하는 표현에는 advertisement와 advertising이 있다. advertising은 '광고'란 분야를 가리키며 advertisement는 '한 편의 광고'를 가리킨다. 따라서 advertising은 관사를 붙이지 않고 advertisement는 an을 붙일 수 있다. 신문의 광고지면은 advertising space, 텔레비전의 광고 공간은 advertising spot이라고 부른다. 반면 TV나 라디오 프로그램 사이에 끼워 넣는 상업광고는 commercial이라는 별도의 용어를 쓴다. 유튜브YouTube와 같은 온라인 기업들도 동영상 중간에 commercial를 끼워 넣는다. 최초의 텔레비전 광고는 미국 뉴욕에서 1941년에 이루어진 블로바Bulova란 회사의 시계 광고였다. 아시아 최초의 텔레비전 광고도 일본 도쿄의 세이코Seiko라는 기업의 시계 광고였다.

과대 광고와 허위 광고

사실을 지나지게 과장(hyperbole)해서 내보내는 광고를 puffery과대 광고라고 한다. 아예 사실과 다른 정보를 제공하는 것은 deceptive advertisement, 즉 허위 광고라 한다. deceptive는 '남을 속이는, 허위의, 기만하는'이란 의미이다.

프로모션

기업에서는 제품 브랜드나 기업을 홍보하는 수단으로 판촉물을 이용하기도 한다. 영어로 판촉은 promotion이며, 판촉물은 promotional product라고 한다. 백화점이나 홈쇼핑에서 하는 메이크업 시연이나 식품 관련 요리 시연은 demo데모라고 하는데 이것은 demonstration시연의 약자이다.

여러 가지 마케팅

guerrilla marketing게릴라 마케팅은 마치 게릴라 전술처럼 고객이 많은 장소에 갑자기 나타나 제품을 선전하는 방식을 가리키는 신조어이다. 게릴라 전술의 특징이 매복했다가 습격하다(ambush)인 것을 상기해보자.

viral marketing바이럴 마케팅은 마치 바이러스가 퍼지듯(viral은 '바이러스의성의') 입소문이나 인터넷 등을 통해 자연스럽게 확산되게 만드는 마케팅 전략이다.

buzz marketing버즈 마케팅은 대회contest를 개최하거나 증정품giveaways을 주는 방식으로 상품을 홍보하거나 SNS상에서 팔로워가 많은 인플루언서influencer를 통해 상품에 대한 입소문을 내는 방식의 바이럴 마케팅 전략이다. buzz는 벌이 윙윙거리듯이 관심을 불러일으켜 사회적 파급 효과를 불러온다는 뜻이다.

noise marketing노이즈 마케팅은 상품을 의도적으로 구설수에 오르게 하여 소비자에게 상품을 각인시키는 마케팅 방식을 가리키는 한국식 표현이다. 원래 마케팅에서 noise노이즈는 잡다한 판촉용품이나 홍보 이메일을 지나치게 많이 보낸다는 뜻이다.

게릴라 마케팅

바이럴 마케팅

버즈 마케팅

어원 003 **광고**

110

- **advertising** **광고(활동), 광고업** ↞ 소비자의 관심을 끌기 위해 상품에 대해 알리는 행위
  ㉣ ad = toward ~를 향하여
  ㉣ vertere = turn 돌리다
  cf. advertisement 광고 (advertising이 광고활동에 초점을 둔 표현이라면, advertisement는 광고물에 초점을 둔 표현)
- **commercial** **(텔레비전 및 라디오의) 상업광고** ↞ 상품이나 서비스에 대한 정보를 텔레비전 및 라디오를 통해 소비자에게 알리는 것
  ㉣ com = together 함께

[라] merx = merchandise 상품

[cf.] commerce(상업)에 접미사 al을 붙여 만들어진 단어로 이런 매체 광고들이 '유료'라는 점을 강조하여 만들어진 단어이다.

- **hyperbole** 과장 ↔ 어떤 것을 실제보다 부풀려 묘사하는 것

[라] hyper = beyond 지나치게

[라] bole = throwing 던지기 ★bole는 인도게르만공통조어 gwele(throw 던지다, reach 도달하다)에서 발전함

| **gwele에서 파생한 단어**

anabolic 동화작용의 | arbalest (중세기의) 석궁

ball 공, 무도회 | ballad 발라드 | ballet 발레

ballista 노포(弩砲) (돌을 발사하는 옛 무기)

ballistic 탄도학의 | devil 악마

diabolical 사악한 | discobolus 원반투수 | emblem 상징

catabolism 이화작용 | embolism 색전증 | metabolism 신진대사

palaver 쓸데없는 | parable 우화

parabola 포물선 | hyperbola 쌍곡선

parley 교섭, 협상하다 | parliament 의회

parlor 응접실 | parol 진술, 말 | parole 가석방 | problem 문제

quell 진압하다 | quail 겁을 먹다

- **puffery** 과대 광고 ↔ 상품에 대해 실제보다 과장하여 광고하는 것

[고대영어] pyffan = blow with the mouth 입으로 불다

| **pyffan에서 파생한 단어**

puff 많은 양의 김을 내뿜다

- **deceptive** 허위의, 기만하는 ↔ 진실이 아닌 정보를 진실인 것처럼 꾸며서 알리는

[라] decipere = cheap 속이다

| **유의어**

unveracious 허위의 | deceitful 기만적인

disingenuous 솔직하지 못한, 표리가 있는

sneaky 엉큼한 | tricky 영리하지만 사기꾼같은 면이 있는

underhanded 부정직한 | unreliable 신뢰할 수 없는

deceiving 속이는 | deluding 속이는 | delusive 기만적인

fishy 수상한 | insidious 속이 컴컴한

scheming 책략을 꾸미는 | spurious 겉으로만 그런 척하는, 가짜의

treacherous 기만적인 | two-faced 표리부동한

- **promotion 판촉** ↞ 판매가 늘도록 유도하는 것

[라] pro = forward 앞으로

[라] movere = move 이동하다

- **demonstration 시연** ↞ 제품의 성능을 보여주기 위한 시범

[라] de = entirely 완전히

[라] monstrare = show 보여주다

- **guerrilla marketing 게릴라 마케팅** ↞ 게릴라 전술처럼 사람들이 많이 모인 곳에 갑자기 나타나 상품을 판촉하는 형태의 마케팅

[스] guerra = war 전쟁

[라] mercatus = trading 교역

★그 효과의 파격성이 단어에 내포되어 있음

| **mercatus에서 파생한 외국어**

(이탈리아어) mercato 시장 | (스페인어) mercado 시장

(네덜란드어) markt 시장, 매매 | (독일어) Markt 시장

- **ambush 매복하였다가 습격하다** ↞ 몰래 숨어 있다가 나타나 공격하다

[프] en = in 안에

[프] busch = wood 숲

| **유의어**

entrap 덫으로 옭아매다 | ensnare 계략에 빠뜨리다

pounce on ~에 덮치다 | swoop 위에서 덮치다

- **viral marketing 바이럴 마케팅** ↞ 소비자의 입소문으로 자연스럽게 퍼져 홍보가 되게 하는 마케팅

[라] virus = poison 독

- **buzz marketing 버즈 마케팅** ↞ 행사나 증정품 등을 통해 소비자의 긍정적 평가를 유도하는 마케팅

[영] buzz 15세기 후반 벌이나 다른 곤충들이 윙윙거리는 소리를 나타내다가 17세기 초반에 수군거림이라는 뜻이 추가됨

책과 도서관

책

범위를 한정할 수 없는 세상의 온갖 정보를 담고 있는 것이 책, book이다. book은 게르만조어 bokizbeech 너도밤나무에서 생겨난 단어. 고대 북유럽 문자인 룬 문자rune가 너도밤나무에 새겨졌다는 이유로 생겨난 단어다. 고대 영어로 와서는 boc으로 바뀌었다가 오늘날의 book으로 발전하였다. 책더미는 stack이라고 하고, 이런 책더미를 진열해놓은 서가나 서고는 stacks라 한다. 따라서 도서관의 서고 관리부는 stacks maintenance라고 한다.

참고로, 10세기에 페르시아의 고관인 압둘 카셈 이스마엘Abdul Kassem Ismael은 여행을 할 때 수 백 마리의 낙타에 10만 권이 넘는 책을 싣고 다닐 정도로 독서광(bibliophile)이었다고 전해진다.

파피루스와 종이

기원전 2600년경 수메르에 이미 도서관이 생겼는데 그 당시엔 종이에 쓰여진 글 대신 점토판에 쓰여진 상형문자(cuneiform)가 보관된 장소였다. 후에 동물의 가죽을 종이로 사용한 양피지(parchment)나 수초인 파피루스로 만든 파피루스지(papyrus)를 두루마리(scroll)로 만 것이 책을 대신하였다. 기원전 2세기 중국에서 처음 펄프를 종이paper로 사용했다. paper는 라틴어 papyrus에서 생겨난 단어이다. 틀에 종이와 밀가루 물이나 전분 물을 으깨듯 섞어 붙였다가 마른 후에 떼어내는 혼응지를 papier-mache라고 하는데 이는 고대 프랑스어 papierpaper 종이와 machemashed 으깨진가 합쳐진 단어이다.

도서관과 사서

도서관은 library이고, 도서관에 근무하는 사서는 librarian이다. 라틴어 liber는 책book을 뜻한다. 참고로, 사서와 구별되는 archivist는 기록보관 담당자이다.

현대의 도서관에는 일반 책뿐 아니라 정기간행물(periodical), 신문newspaper, 오디오북audiobook 등 다양한 형태의 자료들이 보관되어 있다. 최초의 국립도서관national library은 영국에 설립되었다.

도서 대출 및 반납

도서관에서의 책 '대출'은 loan, '반납'은 return이라고 한다. check out은 '대출하다'란 뜻의 동사구이다. 책의 대출과 반납을 담당하는 대출창구는 circulation desk라고 하는데 책의 대출과 반납을 도맡아 책이 '순환'되는 것을 책임지는 부서이다.
참고로, 도서관 이용자들뿐 아니라 특정 장소를 자주 이용하는 사람을 patron단골, 고객이라고 일컫는다. 즉 식당이건 영화건 특정 장소를 애용하는 사람을 가리킨다.

색인카드

도서관에서 자신의 주제에 맞는 책을 찾을 때엔 문헌정보bibliographic information가 기록된 도서목록(library catalog)을 찾아본다. 도서목록 중 각각의 카드색인목록은 card catalog라고 하는데 현재엔 이용자 단말기 online public access catalog(OPAC)가 그 역할을 대체하고 있다.
참고로 정보를 주제별 항목별로 분류하여 색인을 만드는 것을 영어로 index색인을 만들다, 색인라고 한다. index는 원래 라틴어 indexanything which points out 가리키는 것란 뜻으로 그 안에 집게손가락forefinger이란 뜻도 담겨 있다. 뭔가를 가리킬 때 주로 집게손가락을 사용하기 때문이다. 여기에서 뭔가를 찾기 쉽게 또는 뭔가를 이해하기 쉽게 가리키는 지표나 지수, 색인을 만드는 것 혹은 색인 자체를 index라고 하게 되었다. 도서관의 카드색인목록 외에도 책의 중요한 단어나 항목을 찾아볼 수 있도록 책 뒤에 붙어 있는 색인back-of-the-book index도 있다.

카드목록

어원 004 책과 도서관

111

- **book** 책 ← 어떤 주제에 대한 글 또는 그림을 여러 페이지로 엮어서 만든 것
  ㉮ bokiz = beech 너도밤나무
  | **bokiz에서 파생한 외국어**
  (독일어) Buch 책 | (독일어) Buche 너도밤나무

- **stacks** 서고, 서가 ⟷ 책을 보관하는 방 또는 선반

[고대노르웨이어] stakkr 건초더미

| stakkr에서 파생한 외국어

(덴마크어) stak 더미 | (스웨덴어) stack 더미

- **bibliophile** 독서 애호가 ⟷ 책 읽는 것을 즐기는 사람

[그] phile = lover 사랑하는 사람

- **cuneiform** 상형문자 ⟷ 사물의 모양을 본뜬 그림문자에서 생겨난 단어 문자

[라] cuneus = wedge 쐐기

★독일 의사 엥겔베르트 캄퍼(Engelbert Kampfer, 1681~1716)가 고대 중동의 쐐기 모양의 도구로 새긴 글을 보고 사용한 단어

- **parchment** 양피지 ⟷ 양의 생가죽을 가공 처리하여 글 쓰는 데 사용하는 재료

[그] pergamenon = of Pergamon 베르가모의 ★양피지가 사용된 Mysia(미시아, 고대 소아시아 북서부 지방)의 한 도시인 Pergamum(페르가몬)에서 생겨난 단어로 추정됨

- **papyrus** 파피루스 ⟷ 이집트에서 파피루스 줄기의 섬유로 만든 종이

[그] papyros = any plant of the paper plant genus 파피루스 식물속의 식물

| papyros에서 파생한 단어

paper 종이

- **scroll** 두루마리 ⟷ 가로로 길게 이어 돌돌 둥글게 만 종이

[게] skrauth = scrap 조각

- **librarian** 사서 ⟷ 도서관 이용자들이 서적을 이용하도록 도움을 주는 전문 직업

[라] liber = book 책

- **archivist** 기록보관 담당자 ⟷ 보존 기록에 대한 관리를 하는 사람

[라] ta arkheia = public records 공공기록물 (arkhe = government 정부), archive 문서 기록서

- **periodical** 정기간행물 ⟷ 정기적으로 발행하는 출판물

[그] periodos = cycle 주기 ★periodos는 peri(around 둘레에)와 hodos(traveling 여행, way 길)가 합쳐진 단어임

| hodos에서 파생한 단어

odometer 주행기록계 | electrode 전극

synod 종교회의 | episode 사건, 1회 방송분

method 방법 | exodus 대탈출 ★Exodus(출애굽기)는 이스라엘 사람들이 모세의 인도 아래 이집트를 탈출하여 시나이산으로 가는 과정을 기록한 성경임

- **circulation desk** **대출대** ↔ 도서관에서 책을 대출하고 반납하는 곳

  ㊔ circulus = small ring 작은 원

- **patron** **단골, 고객** ↔ 특정 비즈니스 장소를 늘 애용하는 사람

  cf. patron은 '후원자'라는 의미로도 자주 쓰인다.

  ㊔ patronus = advocate 옹호자 ★pater = father 아버지

  | patronus에서 파생한 단어

  patronage 후원, 애용 | patronize 후원하다, 애용하다

  patroness 여성후원자

- **catalog** **목록** ↔ 책 제목을 분류하여 정리한 것

  ㉠ katalegein = pick out 고르다

- **index** **색인을 만들다, 색인** ↔ 책 속의 중요한 항목을 찾아보기 쉽게 모아 배열하거나 그렇게 한 것

  ㊔ index = anything which points out 가리키는 것

  cf. index finger 검지

교통수단

Vehicles

세상에 자동차car라는 것이 처음 나오고
130여년이 지났다.
세상에 하늘을 나는 교통수단, 즉 비행기라는 것이 처음 나오고
120여년이 지났다.

개인의 시간으로 보면 아주 긴 시간이지만
인류 역사의 시간으로 보면 짧은 시간이다.
그 짧은 시간에
세상은 엄청나게 변했다.

자동차는 성능도 디자인도 더욱 다양해졌고
비행기나 배를 타고 지구 반대편을 쉽게 오가는 시대가 되었다.
버스, 지하철, 택시 등의 대중교통public transportation도 발달하여
국내 어디든 손쉽게 오갈 수 있는 시대이다.

탈 것vehicle이 넘쳐나는 시대이다.
편리함convenience이 넘쳐나는 시대이다.
이동의 자유freedom를 만끽하는 시대이다.

하지만 진정한 자유가 편리함에 정비례할까?
이동의 자유를 누리는 만큼이나
우리는 진정 자유로운가?

운송과 교통수단

운송과 기반시설

말과 같은 동물들을 집에서 키우는 것을 domesticate라고 하는데 집에서 키운 가축을 교통수단으로 이용하던 시절에는 말이 탈 것(vehicle)의 역할을 하였고 사람이 운전수의 역할을 한 셈이다. 하지만 현대적 의미의 운송은 항로airways, 철로railways, 수로waterways와 같은 기반시설(infrastructure)이 필요하다. 기반시설이란 기초가 되는 시설을 가리킨다. 자동차가 다니는 도로road나 고속버스 터미널(express bus terminal)도 일종의 운송을 위한 기반시설이다. 이미 초기 문명시절에 포장도로(paved road)가 생겼는데 사람들이 운송 기반시설의 확충을 중요시 여겼기 때문이다. 도로나 터미널 외에 일반 자동차의 연료 보급소인 주유소gas station나 배에 연료를 공급하는 연료 저장소(fuel depot) 모두 수송에 필요한 기반시설이다.

교통수단

운송 수단 중 자동차automobile, 기차train, 비행기airplane, 자전거bicycle, 배boat를 포함한 모든 교통수단을 일컬어 **vehicle**탈 것이라고 한다. 교통수단은 또한 craft기술란 단어와 조합하여 **aircraft**항공기, **watercraft**선박, 보트, **spacecraft**우주선, 우주 항공기처럼 표현할 수 있고 원래 '그릇, 용기'를 뜻하는 vessel이 '선박'의 뜻으로 쓰이기도 한다.

운전사와 승객

비행기, 배, 자동차 등은 이를 조종하는 사람, 즉 operator가 있고, 조종석 외의 탑승 공간에 타는 사람들, 즉 passenger승객가 있다.

operator는 컴퓨터 기사computer operator처럼 '기계의 작동자'란 포괄적 뜻을 담고 있다. 특히 자동차를 조종하는 사람, 즉 운전사는 driver라고 하고, 개인 자가용을 모는 기사는 chauffeur라고 한다. **chauffeur**는 고대 프랑스어 **chaufer**heat 가열하다에서 파생한 단어로 현대 프랑스어 **chauffeur**는 '운전사'란 뜻 외에 어원에 영향을 받아 '증기 기관차에 불을 떼거나 조정하는 사람'이란 뜻이 남아 있다. 최초의 자동차가 증기 기관차여서 '운전사'란 뜻으로 발전했다. 비행기를 조종하는 사람은 pilot조종사, 선장captain의 명령에 따라 배를 조종하는 사람은 helmsman조타수이다. 참고로 비행기의 기장도 captain이라고 하고, 배의 선장도 captain이라고 부른다.

어원 001 운송과 교통수단

112

- **domesticate** **동물을 사육하다** ↞ 동물을 집에서 먹여 기르다
  ㊄ domesticus = belonging to the household 가정의
- **vehicle** **탈 것, 차량** ↞ 모든 차들
  ㊄ vehere = carry 운반하다
  | **vehere에서 파생한 단어**
  vehement 맹렬한 | vex 성가시게 굴다
  velocity 속도 | vector 벡터 (크기와 방향으로 정해지는 양)
  convex 볼록한 | inveigh 통렬히 비난하다
  convection 대류 | evection 출차 (태양 인력에 의한 달 운행의 주기적 차이)
- **infrastructure** **기반시설** ↞ 기초가 되는 시설 혹은 구조물
  ㊄ infra = below 아래에
  ㊄ struere = pile 쌓다
  | **infra에서 파생한 단어**
  construct 짓다 | constructive 건설적인 | destruct 파괴하다
  destructible 파괴될 수 있는 | instruct 지시하다, 가르치다
  obstruct 방해하다 | industry 산업 | instrument 기구, 수단
  construe ~를 이해하다, 해설하다
- **express bus terminal** **고속버스 터미널** ↞ 고속버스가 출발 및 도착하는 역
  ㊄ expressus = clearly presented 분명히 제시된
  ㊄ omnibus = for all 모두를 위한
  ㊄ terminus = end 끝
- **paved road** **포장된 도로** ↞ 차가 다니기에 좋도록 시멘트나 아스팔트 등으로 덮은 단단한 도로
  ㊄ pavire = beat 두드리다, ram 들이받다
  ㊞ reidh = ride 타다

| reidh에서 파생한 단어

ride 타다

- **fuel depot** 연료 저장소 ↔ 연료를 보관해두는 곳

  [라] deponere 특정 장소에 두다

  [cf.] depot(대형창고, 정류소)는 미국의 home depot(홈디포)라는 대형마트 이름으로도 쓰인다.

- **craft** 항공기, 우주선, 배 ↔ 하늘이나 바다의 탈 것들

  [게] krab-/kraf- = skill 기술

  | krab-/kraf-에서 파생한 외국어

  (독일어) Kraft 힘, 기술

- **vessel** 선박 ↔ 배, 특히 대형 배를 칭하는 표현

  [라] vascellum = urn 항아리, ship 배

- **operator** 조종사 ↔ 비행기나 선박, 자동차 등을 조종하는 사람

  [라] operari = work 일하다

- **passenger** 승객 ↔ 탈 것을 이용하는 손님

  [라] passare = walk 걷다, pass 지나다

  | passare에서 파생한 단어

  passe 유행이 지난 | pass 지나가다

- **driver** 운전사 ↔ 차를 모는 사람

  [게] dreibanan = drive 운전하다

  [cf.] conductor 기차의 차장, 지휘자

- **chauffeur** 자가용 기사 ↔ 재력 있는 개인의 자동차를 대신 몰아주는 사람

  [프] chaufer = heat 가열하다

  | chaufer에서 파생한 단어

  chafe 애태우다, 피부가 까지게 하다

- **helmsman** 조타수 ↔ 배의 키를 조종하는 사람

  [게] helmaz = handle 손잡이

  | helmaz에서 파생한 외국어

  (독일어) Helm 손잡이

자동차

흔히 자동차의 기원을 언급할 때 미국의 Henry Ford헨리 포드를 떠올리는데 그는 20세기 초에 자동차의 대량 생산을 발전시킨 장본인일 뿐 그 이전에 이미 증기 자동차와 디젤 엔진 자동차가 개발되었다. 자동차(car)는 요즘에는 automobile로 표현한다.

연료에 따른 차의 종류

자동차 연료 중 가솔린(gasoline, gas, petrol)은 전 세계적으로 가장 많이 사용되는 자동차 연료이다. 자동차뿐 아니라 오토바이, 배 등의 연료fuel로도 사용된다. gasoline줄여서 gas은 석유petroleum의 휘발성분의 액체라 petrol이라고도 불린다.

디젤(diesel) 연료는 디젤기관에 사용하는 가솔린보다 휘발성이 낮은 경유diesel나 중유heavy oil 연료를 가리킨다. 디젤엔진은 디젤엔진을 발명한 독일의 Rudolf Diesel루돌프 디젤의 이름을 딴 것이다. 디젤엔진은 가솔린보다 연료비가 더 적게 들어 트럭이나 버스 등에 사용한다.

바이오 디젤bio-diesel은 식물성 기름이나 동물성 지방으로 만든 바이오 연료이다.

그 외에 축전지의 힘으로 작동되는 전기차electroic motor vehicle, 휘발유와 전기 겸용의 하이브리드(hybrid) 자동차, 수소를 연료로 사용하는 수소 자동차hydrogen-powered car 등이 대체엔진 자동차로 개발되고 있다. hybrid는 라틴어 ibrida에서 파생하였는데 집에서 키우는 암퇘지sow와 야생 수퇘지boar의 자식, 즉 잡종mongrel을 뜻하였다.

연비

자동차가 주행거리 당 소비하는 휘발유의 양을 연비(gas mileage, fuel efficiency)라고 한다. 차량의 연료 소비 정도는 MPGMiles Per Gallon라 하고 전기차의 연료 소비 정도는 MPGe라고 한다.

113

어원 002 자동차

- **car** 차 ⟵ 바퀴로 땅 위를 달리는 자동차
  [라] carrus = two-wheeled vehicle 두 바퀴 달린 차
  | carrus에서 파생한 단어
  cargo 화물 | carriage 객차
  carousel 수하물 컨베이어 벨트 | career 직업, 경력
  caricature 캐리커처 | cark 괴롭히다, 걱정시키다
  charge 요금을 청구하다 | discharge 떠나도록 허락하다, 해방하다
- **automobile** 자동차 ⟵ 원동기 힘으로 스스로 움직이는 차
  [라] autos = self 직접
  [라] mobilis = movable 움직이는
  [cf.] automotive company 자동차 회사 (automotive 자동차의)
  autonomous vehicle 자율 자동차 (autonomous 자율적인)
- **gasoline** 휘발유, 가솔린 ⟵ 석유의 휘발 성분을 이루는 무색의 액체
  [라] oleum = oil 기름
  [라] -ine 화학물질을 나타내는 접미사
- **petrol** 휘발유, 가솔린 ⟵ 석유의 휘발 성분을 이루는 무색의 액체
  [라] petra = rock 암석
  [라] oleum = oil 기름
- **diesel** 디젤 ⟵ 경유(diesel)나 중유(heavy oil)를 연료로 사용하는 '디젤 기관'
  [독] 디젤 엔진을 발명한 독일의 기계공학자 Rudolf Diesel의 이름을 땀
- **hybrid** 하이브리드 ⟵ 전기와 휘발유 등을 번갈아 사용할 수 있는 자동차
  [라] ibrida = mongrel 잡종
- **mileage** 단위 연료 당 주행거리, 주행마일수 ⟵ 자동차가 이동한 거리에 얼마의 연료를 소비했는지를 나타내는 연료 소비율
  [라] milia = thousands 수천

선박

도로를 기반으로 하는 자동차가 있다면 물 위에는 배, 물 아래에는 잠수함(submarine)이 있다. ship은 보통 boat보다 큰 배를 말하고, 나루와 나루를 연결하는 페리선은 크기에 관계없이 ferryboat, 유람선은 cruiser, 여객선은 liner, 바람으로 추진되는 소형 범선은 yacht라고 한다.

선체

배의 몸체, 즉 선체는 영어로 hull이라 한다. hull에는 (콩)깍지란 뜻도 있다. 게르만조어 hulucover 덮다에서 생겨난 단어로 콩을 싸고 있는 껍질이나 배의 용골이나 모양이 비슷하다고 여긴 데서 생겨났다. 배의 앞쪽 끝부분인 이물은 bow, 용골은 keel, 키는 rudder, 조타실은 steering house이다.

노와 돛

배에는 기계장치 없이 노(oar)를 저어(row) 움직이는 배rowing boat, 돛단배sailboat, 프로펠러propeller로 움직이는 배가 있다. propeller는 라틴어 proforward 앞으로와 pelleredrive 몰다가 합쳐진 단어로 프로펠러는 배가 물 위에 떠 있는float 상태가 아니라, 말 그대로 엔진의 회전력을 이용해 배가 앞으로 나아가게propel 하는 장치이다.

노 젓는 배

돛단배

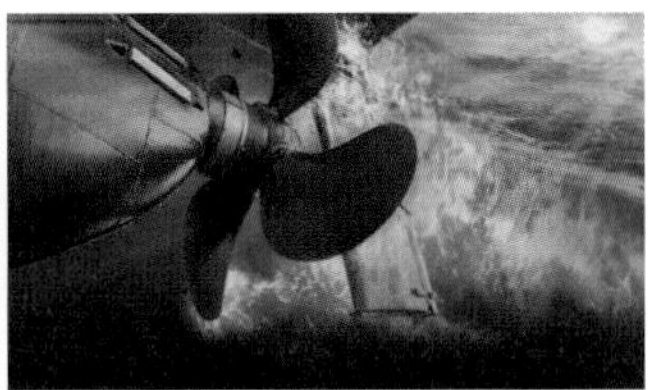
프로펠러로 움직이는 배

선박 평형수

화물선cargoship 같은 큰 배들은 배의 균형을 유지하기 위해 선박 평형수(ballast water)가 필요하다. 이때 ballast는 배의 무게를 잡기 위해 선박 바닥에 두는 무거운 짐이나 물을 가리킨다.

사람이나 짐을 더 실을 목적으로 선박 평형수를 적게 실으면 그 결과 배가 뒤집히게(capsize) 된다.

114

[어원 003] 선박

- **submarine** 잠수함 ↔ 물속을 다니면서 전투를 수행하는 전투 함정
  [라] sub = under 아래
  [라] mare = sea 해양
  | **mare에서 파생한 단어**
  marina 요트의 정박지 | mariner 선원 | maritime 해양의
  marinade 양념장 | marinate 양념장에 절여두다
  rosemary 로즈마리 (ros = dew 이슬)
- **ship** 배 ↔ 사람이나 짐 따위를 싣고 물 위를 다니는 교통수단
  [게] skipa = ship 배
  | **skipa에서 파생한 외국어**
  (덴마크어) skib 배 | (스웨덴어) skepp 배
  (네덜란드어) schip 배 | (독일어) Schiff 배
- **ferryboat** 페리 ↔ 여객을 태우거나 자동차를 실어 나르는 배
  [게] farjan = ferry 보트로 나르다
  [게] bait = boat 배
  | **farjan에서 파생한 외국어**
  (네덜란드어) boot 배 | (독일어) Boot 배
- **cruiser** 유람선 ↔ 관광하는 승객을 태우고 다니는 배
  [라] crux = cross 가로지르다
  | **crux에서 파생한 단어**
  cruciferous 십자가를 진 | cruciform 십자가형으로 된
  crucify 십자가에 매달아 죽이다 | cruciate 십자형의
  crusade (옳다고 믿는 것을 이루기 위한 장기적이고 단호한) 운동, (C-) 십자군 전쟁

excruciate 몹시 괴롭히다 | crucial 결정적인, 중요한

- **liner** 여객선 (= passenger boat) ↔ 관광하는 승객을 태우고 다니는 배

  ㊌ linea = string 줄 ★liner는 항로를 따라 '줄지어' 늘어선 배들의 모습에 착안하여 붙여진 이름

- **yacht** 요트 ↔ 항해, 경주 등에 이용되는 속도가 빠른 작은 배

  ㊞ yek- = hunt 사냥하다

- **hull** 선체 ↔ 배의 몸체

  ㊈ hulu- = cover 덮다

  | **hulu-에서 파생한 외국어**

  (독일어) Hulle, Hulse 겉껍질 | (네덜란드어) huls 껍질, 통

- **bow** 이물 ↔ 배의 앞 부분 cf. stern 선미

  고대노르웨이어 bogr = bow 배의 이물 ★오늘날의 bow(활)가 된 단어는 게르만조어 bugon(bow활)에서 파생함

- **keel** 선박의 용골 ↔ 선박 바닥의 중앙을 받치는 길고 큰 재목

  고대노르웨이어 kjǫlr =keel 용골

- **rudder** 배의 키, 방향타 ↔ 배의 방향을 조종하는 장치

  ㊈ rothru- = paddle 노

  | **rothru-에서 파생한 외국어**

  (네덜란드어) roer 노 | (독일어) Ruder 노

- **oar** 노 ↔ 물살을 헤쳐 나가는 데 쓰이는 배에 딸린 도구

  ㊈ airo = oar 노

  ★노를 뒤로 저어 배가 앞으로 가는 원리는 뉴튼의 작용/반작용의 법칙, 혹은 제3법칙(Newton's Third Law)에 따른 것임

  cf. paddle 카누의 짧고 넓적한 노

- **row** 노를 젓다 ↔ 물을 헤쳐 배를 나아가게 하는 기구로 나아가다

  ㊈ ro- = row 노젓다

  cf. 동음이의어인 row(일렬)는 게르만조어 rai(h)waz(row 줄)에서 생겨난 단어이다.

  | **ro에서 파생한 외국어**

  (네덜란드어) roeien 노로 배를 젓다

- **ballast water 선박 평형수** ↞ 배의 균형을 유지하기 위해 배의 내부에 실어두는 바닷물

  (중세영어) bar = naked 벗은

  (중세영어) last = burden 짐

  ㉿ watr- = water 물

  | **watr-에서 파생한 외국어**

  (네덜란드어) water 물 | (독일어) Wasser 물
- **capsize 전복시키다** ↞ 뒤집혀 엎어지게 하다

  (스페인어) capuzar = sink by the head 뱃머리가 가라앉다

비행기

연(kite), 열기구(hot-air balloon)에서부터 20세기 초반 라이트 형제가 발명한 비행기airplane에 이르기까지 바람의 힘을 빌어 하늘을 나는 모든 것들을 aircraft라 부른다. 항공기로 하늘을 날아다니는 것, 즉 비행은 aviation이라고 한다.

헬리콥터

'나선형의(spiral)'란 뜻의 그리스어 helix란 어근에서 생겨난 단어 helicopter헬리콥터는 날개가 회전하는 모양으로 인해 그런 이름을 갖게 되었다. 구어체로는 chopper 혹은 whirlybird라고도 한다.

조종실

비행기의 조종사pilot가 앉아 있는 비행기의 부분을 조종실(cockpit)이라고 한다. '수탉들이 싸우는 구덩이'란 뜻으로, 작은 보트의 갑판 뒤쪽 개방된 공간을 가리키다가 후에 비행기의 조종실을 가리키게 되었다. 조종석의 계기판은 dashboard라고 하는데, 조종사는 이 dashboard를 조작하여 고도(altitude) 등을 조종한다.

참고로, 비행기의 동체(fuselage)가 뒤쪽으로 갈수록 날씬해지는 모양새는 tapered폭이 점점 가늘어지는나 streamlined유선형인라고 표현할 수 있다.

드론

요즘엔 군사용으로뿐 아니라 취미용, 방송용 등으로 드론(drone)이 이용되고 있다. 드론은 지상에서 조종장치로 원격 조종되는 무인unmanned 항공기이다. drone은 고대 영어 dran, drænmale honeybee 수컷 꿀벌에서 생겨난 단어이다. 꿀은 만들지 않고 윙윙 시끄러운 소리만 내는 수컷벌에 비교하여 '낮게 웅웅거리는 소리'를 가리키다가 '무인 항공기'의 뜻이 추가된 경우이다.

항공교통 관제탑과 활주로

비행기의 안전한 운행과 이착륙takeoff/landing을 책임지는 항공교통 관제탑은 air traffic control tower라고 한다. 비행기들은 활주로(runway)를 통해 이착륙을 하는데 비행기가 활주로에 이착륙할 땐 가시성(visibility)이 매우 중요하다.

승객의 승강이나, 화물의 적재, 비행기의 급유는 에이프런(apron)에서 한다. 비행기가 에이프런에서 활주로로 들어가기 위해선 부착 유도로(exit taxiway)를 이용한다. apron은 '앞치마'란 뜻으로 주로 사용되지만 극장의 막 앞으로 튀어나와 있는 무대apron stage를 가리키기도 한다. 여기에서 비행기가 짐을 싣는 구역인 에이프런이란 단어가 생겨났을 것으로 추정된다.

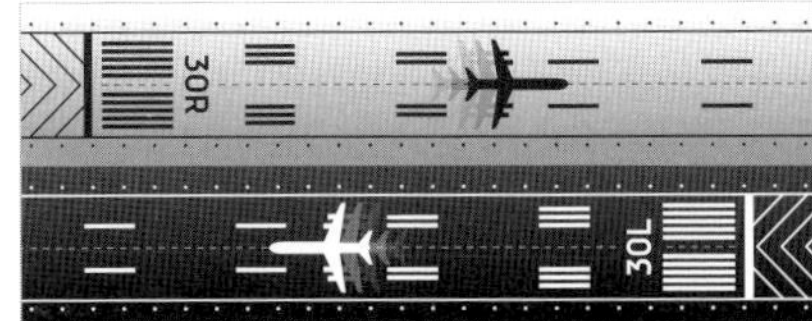

활주로

유도로

에이프런

어원 004 **비행기**

115

- **kite** 연 ↔ 종이에 댓가지를 붙여 실을 매달고 공중에 높이 띄워 날리는 놀이기구
  (고대영어) cyta = European bird of prey 유럽의 맹금 ★17세기 중반에 새처럼 공중을 맴도는(hovering) 모습을 본 따 '연'이란 뜻을 갖게 됨

- **hot-air balloon** **열기구** ↔ 기구 안의 공기를 가열하여 하늘에 뜨게 되는 기구

  [그] aēr = mist 엷은 안개, clouds 구름

  [이] palla = ball 공

  [cf.] ballot(기밀투표)도 palla에 지소사를 붙인 pallotte에서 생겨났다. 기밀투표 시 작은 공으로 찬반을 표시한 것에 기인했다.

- **aviation** **비행** ↔ 공중을 날아다니는 것

  [라] avis = bird 새

  | **avis에서 파생한 단어**

  aviary 새의 | aviform 새 모양의

  aviary 새장 | aviculture 조류사육

  aviator 비행사

  osprey 물수리 (avis prede = bird of prey 맹금)

- **spiral** **나선형의** ↔ 공책의 용수철처럼 빙빙 돌아간 모양의

  [라] spira = coil 고리

- **helicopter** **헬리콥터** ↔ 위쪽에 달린 회전 날개를 돌려서 나는 항공기

  [그] helix = spiral 나선형의

  [그] pteron = wing 날개

- **cockpit** **조종실** ↔ 항공기를 조종하는 칸

  [고대프랑스어] coc = male bird 수새

  [게] putt- = pool 웅덩이, puddle 물웅덩이

  | **putt-에서 파생한 외국어**

  (네덜란드어) put 우물, 구덩이 | (독일어) Pfütze 더러운 물이 괸 웅덩이

- **dashboard** **계기판** ↔ 기계 장치들의 작동 상태를 보여주는 판

  ★19세기 중반에 말굽 때문에 마차에 진흙이 튀는 것을 방지하기 위한 가림판이란 뜻이었다가 20세기 초에 '계기판'이란 뜻이 됨

- **altitude** **고도** ↔ 평균 해수면을 0으로 하여 측정한 물체의 높이

  [라] altus = high 높은 ★라틴어 altus는 인도게르만공통조어 al(grow 자라다)에서 파생함

  | **altus/al에서 파생한 단어**

  abolish 폐지하다 (ab = off 제거하여)

  adolescent 청소년

  adult 성인 | alderman 시의회 의원

aliment 자양물, 영양물 | alimony 이혼수당, 영양분

alma mater 모교 | alt 중고음의

altimeter 고도계 | alto 알토

alumnus 남자졸업생 | coalesce 통합하다

elder 나이가 더 많은 | eldest 나이가 가장 많은

enhance 향상시키다 | exalt 고양시키다

haughty 거만한 | old 늙은

proletarian 노동자 계급의

proliferatio 급증, 확산 | prolific 다작하는, 다산하는

- **fuselage** **비행기 동체** ↔ 비행기의 중심 부분

[라] fusus = spindle 기계의 축

- **tapered** **폭이 점점 가늘어지는** ↔ 너비가 점점 얇아지는

[고대영어] tapur, taper = candle 초, lamp-wick 램프 심지

- **drone** **드론** ↔ 원격 조종되는 무인 비행물체

[게] dran/dræn = male honeybee 수벌

| **dran-에서 파생한 외국어**

(독일어) Drohne 수벌, 무인 정찰기

- **runway** **활주로** ↔ 비행기가 이착륙하는 곳

[영] rinnan = run 달리다

[게] wega- = course of travel 여정, way 길

- **visibility** **가시성** ↔ 눈에 보이는 정도

[라] videre = see 보다

[ex] Visibility is zero. 앞이 전혀 보이지 않는다.

| **videre에서 파생한 단어**

voila (프랑스어) 자 봐, 보란 말이야 | vide ~를 보라

vista 경치 | vedette 전초기병

visage 얼굴 | visor 얼굴 가리개

au revoir (프랑스어) 또 봐요! | voyeur 관음증이 있는 사람

visible 눈에 보이는 | visual 시각의

vision 시력, 환영 | view 견해, 관점

video 비디오 | visa 사증 | visit 방문하다

provide 공급하다 | provision 식량, 조항

purvey 공급하다 | survey 조사하다

advise 조언하다 | revise 개정하다

supervise 감독하다

review 검토하다 | interview 인터뷰

envy 부러움, 선망 | providence 섭리

prudent 신중한 | evident 명백한

clairvoyant 천리안의, 눈에 보이는

- **apron** **에이프런** ← 승객의 승강이나, 화물의 적재, 비행기의 급유를 하는 곳

  [라] mappa = napkin 냅킨

- **taxiway** **유도로** ← 활주로와 에이프런을 연결하는 통로

  [동] taxi (이륙 전, 착륙 후) 천천히 달리다, 이동하다

  [라] taxa = tax 세금, charge 요금

  [cf.] taxi(택시)는 taximeter(자동요금표시기)의 줄임말인 taxi에서 생겨난 단어임

그 밖의 교통수단 관련 표현들

• 자동차 부분

bonnet/hood 본넷 | bumper/fender 범퍼 | trunk/boot 트렁크

hatckback 위로 들어올릴 수 있는 문이 있는 차체 뒤편, 또는 그런 자동차 (트렁크가 문 안에 작게 자리잡음)

windshield wiper 유리닦개 | fuel gauge 연료계 | odometer 주행 기록계

headlight 전조등 | fog light 안개등 | tail light 미등

side light 측면 조명 | license plate lamp 자동차 번호판 램프

starter 시동장치 | steering wheel 운전대

front seat 앞좌석 | rear seat 뒷좌석

gasket 오일이 흘러나오지 않게 엔진 사이에 끼우는 마개

• 자동차 운전 관련 표현

start the car 시동 걸다 | fasten one's belt 안전벨트를 매다

step on the brake 브레이크를 밟다

be equipped with an air bag 에어백이 장착되다

an abrupt stop 급정지

• 배의 부분

deck 갑판 | cockpit 조종석 | cabin 객실

stern 고물, 선미 | hulk 폐선의 선체

skull 스컬, 작은 노의 하나 | mast 돛대 | anchor buoy 닻의 부표

funnel 배에 달린 금속 굴뚝 | gangway 요트의 출입구

ensign 선박에 게양하는 국기 | foghorn 뱃고동

- **배와 관련된 사람**

captain 함장 | crew 선원 | mariner/sailor 선원
helmsman 구명정이나 작은 배의 조타수 | coxswain 구명정의 키잡이
bosun 갑판장교, 갑판장 | purser 상선의 사무장
chief mate 1등 항해사 | oarsman 뱃사공

- **배의 종류**

barge 강에서 화물이나 사람을 싣는 바닥이 납작한 바지선
skiff 한 사람이 타는 소형 보트
schooner 돛이 두 개 이상인 범선 | yawl 돛단배
bumboat 행상보트 경적 | icebreaker 쇄빙선
merchant ship 상선 | lifeboat 구명선
whaleboat 양끝이 뾰족한 모양의 구조선
ocean liner 해양 정기선 | ship wreck 난파선
phantom ship 유령선 | corsair 해적선

- **배 관련 동사 표현**

anchor 정박시키다 | board 승선하다
moor 정박하다 | reef 돛의 크기를 줄이다 ('암초'란 뜻도 있음)
jettison 선박을 가볍게 하기 위해 짐을 버리다 (명사 '투하'로도 쓰임)
voyage 항해하다 | sink 침몰하다

- **기타 배 관련 표현**

berth 정박지 | canal 운하 | dock 부두
port 항구 | quay 부두 | wharf 부두 | pier 교각, 부두
lee way 풍압차 (배가 바람이 부는 방향으로 떠밀리는 양)
flank speed 선박의 최대 규정속도
jetsam 배에서 버려 해안으로 떠밀려오는 폐기물
flotsam 해변에 밀려온 폐기물

abaft 배의 후미에 | aboard 승선한 | adrift 표류하여
afloat 물에 뜬 | aft 고물 쪽으로 | astern 고물에
inboard 선체 안쪽에 있는 | marine 바다의
maritime 바다의, 해양의 | nautical 선박의, 해상의
pelagism 뱃멀미 (sea sickness) | boat fare 뱃삯
alow and aloft 갑판 아래 사람이나 갑판 위 사람이나

• **비행기 부분**

fuselage 기체, 동체 | skid 바퀴 바퀴 옆에 있는 활주부
wheel 바퀴 | wing 날개
aisle seat 통로 쪽 좌석 | window seat 창문 쪽 좌석
overhead compartment[bin] 머리 위쪽 짐칸
lavatory 화장실 | galley 항공기 주방

• **기타 비행기 관련 표현**

first-class 1등석 | business class 비즈니스석 | economy class 일반석
red eye 야간 비행편 | air sickness 비행기 멀미
jetlag 시차로 인한 피로 | hypoxia 저산소증
skyjack 항공기를 탈취하다
cabin crew 승무원 (= flight attendant) | co-pilot 부조종사

6

경제

Economy

한 번쯤 물어도 좋을 질문 6

당신은 누구를 위해서 일하는가?

FOR WHOM are you working?

시장경제의 중요한 화두는
'무엇을, 얼마나, 누구를 위해' 생산하고 분배할 것이냐이다.
사회질서와 존립을 위해 늘 고민하는 문제이다.
개인의 경우도 마찬가지이다.
어제도, 오늘도, 내일도 당연한 듯 일터로 발걸음을 옮긴다.
당연한 듯 하고 있는 이 일이 과연 누구를 위한 일인지
한 번쯤은 걸음을 멈추고 생각해볼 일이다.

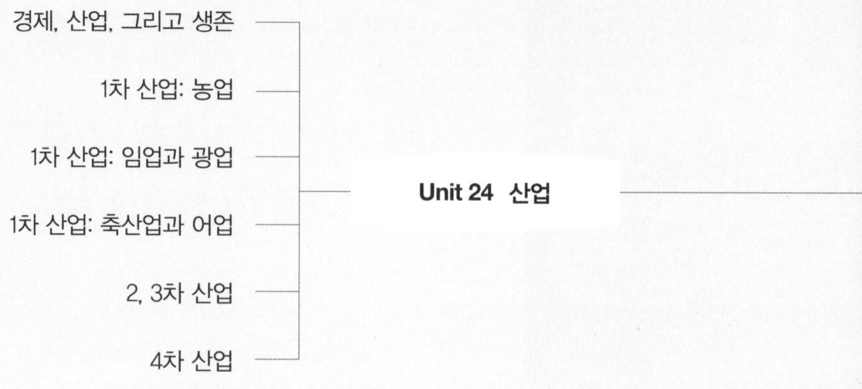
경제, 산업, 그리고 생존
1차 산업: 농업
1차 산업: 임업과 광업
1차 산업: 축산업과 어업
2, 3차 산업
4차 산업
Unit 24 산업

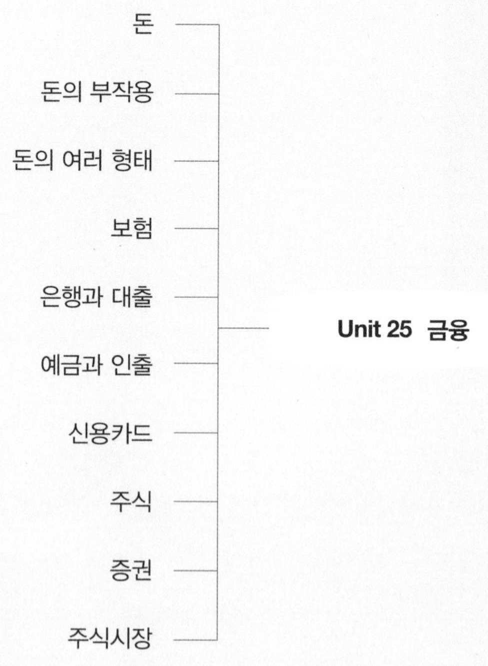
돈
돈의 부작용
돈의 여러 형태
보험
은행과 대출
예금과 인출
신용카드
주식
증권
주식시장
Unit 25 금융

Chapter 6
경제

어원표시 (라) 라틴어 (그) 그리스어 (히) 히브리어 (게) 게르만조어 (인) 인도게르만공통조어
(힌) 힌두어 (프) 프랑스어 (영) 영어 (스) 스페인어 (독) 독일어

품사표시 (명) 명사 (동) 동사 (형) 형용사 (부) 부사

24

산업
Industry

수렵 채집hunting and gathering으로 연명하던 생명체 무리가 있었다.
이들은 가뭄drought이 들거나 홍수flood가 심해지면
먹거리를 찾기도 힘들고 찾아 나서기도 힘들어
굶주리는 나날을 보낸다.
날이 좋다고 사냥과 채집이 늘 성공적이지도 않다.
'먹고 사는 일이 이리도 불안하구나.' 하고 한숨을 내뱉는다.

하지만 이들에게는 머리brain가 있었다.
'그래, 먹을 것을 찾아 나설 게 아니라
우리가 먹을 것을 만들어 확보하자!'
식물이 자라고 동물이 태어나 성장하는 이치를 살펴
이들은 직접 먹을 식물을 경작하고cultivate
먹을 동물을 키우기raise 시작한다.
이렇게 농경사회agrarian society가 시작되었다.
소위 1차 산업시대가 열린 것이다.

먹거리가 안정적으로 공급되면서
무리의 수도 늘어나기 시작한다.
저마다 관심을 가지는 분야도 다양해진다.

이들은 농경사회에 머무르지 않고
더욱 복잡다단한 사회로 나아가며
1차에서 2, 3차로,
이제는 4차 산업의 시대로 들어서고 있다 한다.

경제, 산업, 그리고 생존

economy경제는 그리스어 oikonomia household management 가계관리에서 생겨난 단어로 사전적 정의는 '한 나라의 재화와 용역goods and services의 생산과 소비 활동'이다. 그중 기업들의 재화나 용역을 생산하는 경제활동 전체를 포괄하여 industry산업라고 한다. industry는 라틴어 industria diligence 근면, activity 활동에서 생겨난 단어이며 산업은 재화와 용역의 생산에 직간접으로 관계되는 농업, 광업, 공업, 상업 등의 사업을 가리킨다. 산업의 네 가지 부문sector이 1차 산업, 2차 산업, 3차 산업, 4차 산업이다.

어원 001 경제, 산업, 그리고 생존

- **economy** 경제 ← 재화와 용역을 생산, 소비하는 활동
  [그] oikonomia = household management 가계관리, thrift 검약
- **industry** 산업 ← 재화와 용역의 생산에 관계되는 사업
  [라] industria = diligence 근면, activity 활동

116

1차 산업: 농업

농업, 임업뿐 아니라 광업mining, 축산업animal husbandry, 어업fishing 등을 통틀어서 1차 산업primary industry이라 한다. 1차 산업은 천연원료natural raw material를 가공하여 소비자에게 상품으로 제공하는 사업이다.

농업

토지를 이용해 식량을 재배하는 산업을 농업(agriculture)이라고 하고, 농업으로 먹고 사는 사회를 농경사회(agrarian society)라고 한다. 고대의 수렵, 채집 생활은 독립적이긴 하나 계절과 날씨를 비롯한 여러 환경적 요인에 따라 식량 공급이 들쭉날쭉하여 식량 부족

scarcity of food을 겪는 일도 빈번했을 것이다. 인류는 논(paddy)과 밭(field)을 갈아 씨나 모종을 재배해 식량을 해결하는 농경사회로 발전해가며 식량 공급의 안정화를 꾀했다. paddy는 볏짚에 들어 있는 쌀이란 뜻의 말레이어에서, field는 게르만조어 felthanflat land 평평한 땅에서 생겨났다.

아리조나의 모뉴먼트 벨리

참고로 미국 뉴멕시코, 아리조나, 유타 주의 인디언 보호구역에 사는 원주민을 Navajo나바호족라고 한다. Navajo란 단어는 스페인어 Apaches de Navajó나바호의 아파치족들에서 생겨났는데 Navajó는 북미 인디언인 태와족의 언어 Navahu에서 파생한 단어이다. 이때 nava는 field들판를, hu는 valley계곡를 뜻한다 나바호 인디언들이 거주하는 모뉴먼트 벨리Monument Valley에서 이들 인디언들은 농사로 생계를 유지하고 있다.

쌀농사

쌀농사는 1만여년 전 중국에서 시작되었다고 여겨지며 비슷한 시기에 다양한 곡물들이 동부 지중해 섬과 연안 국가들에서 경작되었다고 여겨진다. rice는 그리스어 oryzarice 쌀에서 생겨난 단어로 oryza sativa는 아시아의 쌀(벼)을 가리킨다.

경작과 화전

농사를 짓기 위해선 우선 경작이 가능한(arable) 땅이 있어야 한다. 참고로 산림을 소각한 지역에 농사를 짓다가 다른 곳으로 옮겨가는 것을 화전(shifting cultivation)이라고 한다.

환경문제와 농업

1960년대 후반의 녹색혁명Green Revolution으로 인해 화학비료chemical fertilizer의 사용과 재배의 기계화로 곡물의 다수확high-yielding이 가능하게 되었다. 녹색혁명이 빈곤의 감소에 기여한 반면 비료와 살충제의 과용으로 토양이 점차 산성화(acidification)되고 토양의 무기질이 고갈되어갔으며 수질오염과 환경오염을 초래하는 등의 막대한 해를 끼치게 된 것도 사실이다. 이렇게 식량이 안전하지 않은 먹거리가 되어 가는 현실적 문제를 해결하고자 요즘엔 환경 친화적(eco-friendly)이며 지속 가능한(sustainable) 농업을 추구하게 되었다. 지속 가능한 농업은 농업이 미래에도 지속될 수 있도록 농업 경제가 의존하고 있는 토양의 악화와 생태계 파괴 등을 최소화하여 농사를 짓는 방법이다.

어원 002 1차 산업: 농업

117

- **agriculture** 농업 ↔ 식량을 재배하는 것

  ㊣ ager = field 들판, country 국가

  ㊣ cultura = cultivation 재배

  | ager에서 파생한 단어

  acre (땅 면적 단위) 에이커 ★1에이커는 4,047㎡

  peregrination 긴 여정 (per = thoroughly 완전히)

  pilgrim 순례자 (per = beyond 너머로)

- **agrarian** 농업의 ↔ 식량을 재배하는 것의

  ㊣ ager = field 들판, territory 영토

- **paddy** 논 ↔ 벼를 기르는 땅

  (말레이어) padi = rice in the straw 볏짚 속의 쌀

- **field** 밭 ↔ 과일이나 채소를 기르는 땅

  ㉿ felthan = flat land 평평한 땅

  | felthan에서 파생한 외국어

  (독일어) Feld 밭 | (스웨덴어) falt 들, 벌판 | (덴마크어) felt 들판, 밭

- **arable** 경작 가능한 (tillable, cultivable) ↔ 농사를 지을 수 있는

  ㉧ erie- = plow 갈다

- **cultivation** 경작, 재배 ↔ 식물을 심어 기르는 것

  ㊣ cultivare = till 갈다, 경작하다

- **acidification** 산성화 ↔ 산성으로 변하는 것

  ㊣ acetum = vinegar 식초 ★acetum은 vinum acetum(wine turned sour 와인이 시어짐)의 줄임말

  | acetum에서 파생한 단어

  acetate 초산염 | acetic 신맛 나는, 초의 | acetone 아세톤

- **eco-friendly** 환경 친화적인 ↔ 자연환경을 훼손하지 않는

[그] oikos = household 가정

[게] frijōjands = lover 연인, friend 친구

[cf.] green 환경 친화적인

| **frijōjands에서 파생한 단어**

(네덜란드어) vriend 친구 | (독일어) Freund 친구

- **sustainable** **지속 가능한** ↔ 생태계와 자원 따위를 계속해서 사용할 수 있는

  [라] sub = up from below 아래에서 위로

  [라] tenere = hold 지탱하다

  | **유의어**

  continuous 지속적인 | viable 생존 가능한

  feasible 실행 가능한 | unceasing 멈추지 않는

1차 산업: 임업과 광업

임업과 벌채

삼림forest을 운영하는 것을 임업(forestry)이라고 한다. 임업은 삼림을 보전하고 경제적으로 활용하는 생산업이다. 식림forestation이나 삼림 벌채deforestation, 목재 공급(provision of timber) 등이 이에 포함된다. 벌목(logging)은 건축 등을 목적으로 나무를 베어서 운반하는 일이다. 삼림 벌채로 인해 야기되는 가장 큰 문제는 야생동물의 서식지(habitat) 파괴이다.

reforestation의 역할

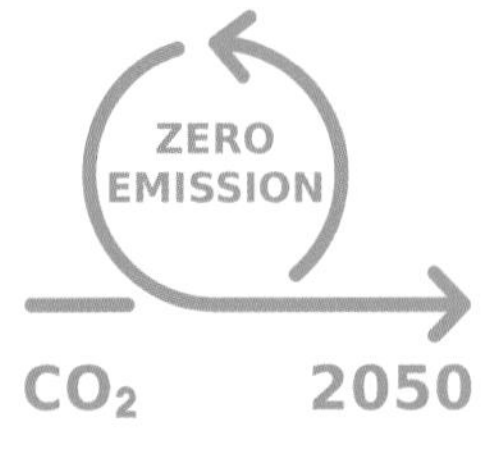

탄소중립

reforestation조림, 숲 가꾸기은 숲을 조성하는 행위로 이산화탄소carbon dioxide의 배출량에 상응하는 조치를 취해 탄소의 실질 배출량을 0으로 상쇄시키려는offset 시도인 탄소중립(carbon neutrality)에 지대한 기여를 한다. 뿐만 아니라 숲을 조성하면 환경오염으로 인한 지구온난화를 줄여주며 삼림벌채로 서식지를 잃은 야생동물들에게 다시 서식지를 마련해주는 데도 기여한다.

나무의 요정

참고로 그리스 신화의 나무의 요정은 dryad드라이어드라고 불리웠다. 그리스어로 drys는 오크나무oak란 뜻이므로 원래는 오크나무의 요정을 가리키다가 포괄적으로 모든 나무들의 요정이나 정령을 가리키게 되었다. hamadryad하마드리아데스 또한 나무의 요정으로 나무가 죽으면 이 요정도 함께 죽는다 전해진다. 로마 신화에선 Silvanus실바누스가 나무의 신이다.

광업과 채굴

광업(mining)은 땅 속이나 바다 속의 광물mineral을 채굴하는mine 산업이지만 석유petroleum 같은 자원의 채굴도 포함한다. 채광할 가치가 있는 광물은 광석(ore)이라고 부른다. 광산 중 탄광은 coal mine 혹은 colliery, 아연광은 zinc mine이라고 한다. 또한 수직으로 파내려간 수직갱도는 shaft mine, 비탈지게 파내려간 사갱은 slope mine이라고 한다. 언덕 경사면에 입구에서 파내려간 횡갱도adit광은 drift mine이라고 한다.
광산과 관련된 기사에서 collapsed붕괴된와 trapped갇힌란 단어가 종종 눈에 띈다는 것은 안타까운 일이다.

[어원 003] 1차 산업: 임업과 광업

118

- **forestry** 임업 ↔ 삼림을 경영하는 일
  [라] forestis silva = the outside wood 외부의 숲
  ★forestis는 foris(outside 바깥에)에서 파생함
  | foris에서 파생한 단어
  forum 광장, 토론의 장 | foreign 외국의
  faubourg 교외, 파리의 교외 (bourc = town 마을)
  foreclose 배제하다, 담보권을 행사하다 (clore = shut 닫다)
- **timber** 목재 (lumber) ↔ 가구 등을 만드는 나무 재료
  [고대영어] timbrian = build 짓다
- **logging** 벌목 ↔ 나무를 베는 것
  [고대노르웨이어] lag = felled tree 벌채된 나무
- **habitat** 서식지 ↔ 생물의 일정한 주거지
  [라] habitare = live 살다

| habitare에서 파생한 단어

habitude 버릇 | habit 습관 | inhabit 거주하다

exhibit 전시하다 | inhibit 억제하다

prohibit 금지하다 (pro = away 떨어져)

- **carbon neutrality 탄소중립** ↔ 탄소 배출에 상응하는 조치를 취해 탄소 실질 배출량을 0으로 만드는 것

  ㊣ carbonem = coat 석탄

  ㊣ neuter = neither of two 둘 다 아님

- **mining 광업, 채광** ↔ 광물을 채굴하는 등의 일

  (고대프랑스어) mine = vein 정맥, tunnel 터널

  cf. mineral ore 광물 | mine 광산

  | 유의어

  quarrying 채굴 | excavating 발굴 | extracting 추출 | unearthing 파냄

- **ore 광석** ↔ 채광할 가치가 있는 광물

  ㊜ ajiz = copper 구리, iron 철 ★ajiz는 인도게르만공통조어 aus(gold 금, shine 빛나다)에서 파생함

  | aus에서 파생한 단어

  oriole 찌르레기, 꾀꼬리 ★원래는 golden oriole를 가리키다가 oriole 전체를 가리키게 됨

  aurora 오로라 | austral 남쪽의

  Australia 호주 ★라틴어 australis는 남쪽의(southern)란 뜻임

  Austria 오스트리아 ★인도게르만공통조어 aus에서 게르만조어 aust-(해가 뜨는 동쪽)로 발전됨

  Easter 부활절 ★게르만조어 austron(dawn 새벽)에서 생겨남

- **shaft 수직통로, 수갱** ↔ 수직으로 파내려간 갱도

  ㊜ skaftaz = the long body of a long weapon 길게 생긴 무기의 긴 부분

  | skaftaz에서 파생한 외국어

  (네덜란드어) schacht 손잡이, 자루 | (독일어) Schaft 손잡이,자루

- **slope 경사면** ↔ 기울어진 면

  (고대영어) slupan = slip away 슬금슬금 내빼다

- **drift 수평통로, 표류, 더미** ↔ 거의 수평에 가까운 광산의 통로

  (고대노르웨이어) drift = snowdrift 눈더미 ★drift는 인도게르만공통조어

dhreibh-(drive 몰다, push 밀다)에서 파생함

| **dhreibh-에서 파생한 단어**

drive 몰다, 밀어넣다

1차 산업: 축산업과 어업

축산업과 문제점

축산업(animal husbandry)은 소cattle, 돼지pig, 닭chicken, 양sheep 등 다양한 가축을 사육(breeding, domestication)하여 수익을 내는 산업이다.

전 세계적으로 이윤을 극대화하기 위해 생산이 대량화되면서 공장식 축산factory farming으로 운영되는 농장이 많아졌고, 이로 인해 농장 근처 주민들이 가축 배설물로 인한 물 오염, 질병 감염 등의 문제에 노출되었다. 뿐만 아니라 많은 동물들은 일생 동안 좁은 공간에 갇혀 있게confined 되면서 동물복지animal welfare 문제 또한 초래되고 있다.

어업

인간의 주 식량원으로 쓰이는 물고기나 해산물 등을 시장에 내다 팔기 위해 잡거나 기르는 업이 어업(fishery)이다. 배를 타고 바다에 나가 물고기를 잡은 것은 16세기 이후이다.

포경업와 원양어업

어업 중 해안 근처의 바다에서 물고기를 잡는 것을 근해어업offshore fishery이라 하며 이와 달리 대양에 나가서 물고기를 잡는 것을 원양어업(ocean fishery, pelagic fishery)이라고 한다. 원양어업 중 고래를 잡는 것은 포경업(whaling)이라고 별도로 구별한다.

양식

과학기술의 발달로 바다로 나가 물고기를 잡는 데 그치지 않고 양식업으로 발전하게 되었다. 물 속에서 물고기,

해산물, 해초seaweed를 인위적으로 키우는cultivate 수산양식은 aquaculture 혹은 farming양식이라 한다.

어원 004 1차 산업: 축산업과 어업

119

- **animal husbandry** 축산업 ↢ 가축을 기르고 그 생산물을 가공하는 일

  [라] animale = living being 생명체

  [고대노르웨이어] hus = house 집 [고대노르웨이어] bondi = dweller 거주자

  [cf] husbandry 농사

- **breeding** 번식, 사육 ↢ 생식을 통해 자손을 늘리는 것

  [게] brodjan = breed 사육하다

  | **brodjan에서 파생한 외국어**

  (독일어) bruten 새가 알을 품다, 부화하다

- **domestication** 사육 ↢ 동물을 먹어서 키움

  [라] domus = house 집

  | **domus에서 파생한 단어**

  dominator 지배자 | donna 이탈리아의 귀부인 | madonna 성모 마리아

  dominical 그리스도의, 일요일의 | predominant 지배적인, 주요한

  domain 영역, 범위 | domineer 권세를 부리다

  domestic 국내의, 가정의 | demesne (과거 장원(manor)에 딸려 있던) 영지

  domino 도미노 게임 | domicile 거주지, 주소

  dungeon 지하감옥 | danger 위험

  Dom Perignon (프랑스산) 돔 페리뇽 스파클링 와인 ★dom은 '귀족 ~경'이라는 뜻

  condominium 콘도미니엄

- **fishery** 어업 ↢ 영리를 목적으로 물고기, 어패류 등을 잡거나 기르는 산업

  [인] peisk = fish 물고기

- **pelagic** 원양의 ↢ 멀리 떨어진 바다의

  [그] pelagos = high land 공해

  | **pelagos에서 파생한 단어**

  archipelago 군도 (arkhi- = chief 주요한)

  | **유의어**

  marine 바다의 | maritime 바다의

  oceanic 바다의 | thalassic 바다의

aquatic 물속에서 자라는

- **whaling 포경업** ↔ 직업으로 고래잡이를 하는 것

  [게] hwalaz = whale 고래

  | **hwalaz에서 파생한 외국어**

  (스웨덴어) val 고래 | (네덜란드어) walvis 고래 | (독일어) Wal 고래

- **aquaculture 수산양식** ↔ 인공적으로 수산물을 번식하는 것

  [라] aqua = water 물

  [라] cultura = cultivating 재배

- **farming 영농, 양식** ↔ 물고기나 해조 등을 인공적으로 번식시키는 것

  [라] firma = fixed payment 고정지불금 ★농장이란 뜻은 14세기 이후에 생겨남

  [cf.] oyster farm = oyster bed 굴 양식장

2, 3차 산업

2차 산업

원료를 가공하여process 제품을 생산하는 산업을 2차 산업(secondary industry)이라고 한다. 제조업manufacturing 외에도 건설업, 수도업, 전력사업, 식품가공업, 정유oil refining 등을 2차 산업으로 분류한다.

3차 산업

서비스 산업을 3차 산업(tertiary industry)이라고 한다. 3차 산업은 연예(entertainment), 서비스업(hospitality industry), 관광업(tourism), 정보기술(information technology), 폐기물 처리(waste disposal), 컨설팅(consulting), 부동산(real estate), 금융업(financing) 등의 분야를 포괄하는 서비스 산업이다. hospitality industry서비스업는 호텔 등의 숙박산업lodging industry, 레스토랑 산업restaurant industry, 여행업travel industry 등을 총괄하는 표현이다. hospitality는 라틴어 hospitalitem friendly to guests 손님에게 친절한에서 생겨난 단어로 서비스업의 속성이 단어 안에 잘 드러난다.

어원 005 2, 3차 산업

120

- **secondary** 이차의 ↞ 두 번째의

  ⓐ secundus = following 다음의

- **tertiary** 삼차의 ↞ 세 번째의

  ⓐ tertius = third 세 번째 cf. tres = three 3

  | **tertius에서 파생한 단어**

  trine 3배의, 3층의 | ternary 세 겹의, 3변수의

  triumvir (고대로마) 3집정관의 한 사람

  tertium quid 제 3의 것, 양자의 중간치

- **entertainment** 연예, 오락 ↞ 극장, 텔레비전, 음악 등과 관계된 업

  ⓐ entre- = among ~ 중에서

  ⓐ tenir = hold 잡고 있다

- **hospitality industry** 서비스업 ↞ 호텔, 식당처럼 서비스를 기반으로 하는 업

  ⓐ hospitalitem = friendly to guests 손님에게 친절한 ★hospitalitem의 hospes는 guest(손님), host(주인)의 뜻임

  ⓐ indu = within ~ 내에 ⓐ struere = build 짓다

- **tourism** 관광업 ↞ 관광객과 관련된 영리사업

  (고대프랑스어) torner, tourner = turn 돌다

- **information technology** 정보기술 ↞ 정보화 시스템을 구축하기 위한 기술

  ⓐ informare = train 훈련시키다

  ⓖ tekhn = skill 기술

  cf. technic 전문적인 방법 | technique 기법, 기술

- **waste disposal** 폐기물 처리 ↞ 폐기물을 모아 가공 처리나 재활용하는 등의 행위

  ⓐ vastus = empty 빈, vast 광활한

  ⓐ disponere = put in order 정돈하다

  | **disponere에서 파생한 단어**

  dispose 배치하다, ~의 경향을 갖게 하다 | disposition 배치, 타고난 기질

- **consulting** 컨설팅 ↞ 고객에게 상담해주는 것

  ⓐ com = with ~와 함께

  ⓐ selere = take 갖다, gather 모이다

- **real estate** 부동산 ↔ 옮길 수 없는 유형의 재산

  [라] res = matter 일, thing 것

  [라] status = state or condition 상태

  | **res에서 파생한 단어**

  reification 구체화, 형상화 | republic 공화국 (publicus = public 대중)

  rebus 그림과 글자를 조합한 수수께끼 | in medias res (격식) 거두절미하고

- **financing** 금융업 ↔ 자금을 운용하여 벌이는 사업

  [고대프랑스어] finer = settle a dispute or debt 분쟁이나 채무를 해결하다

4차 산업

정보기술에 기반을 둔 지식산업을 4차 산업(quaternary industry)이라고 한다. 4차 산업은 컴퓨터나 연구개발R&D 같은 지식 산업(knowledge industry)이다. 지식 산업의 붐으로 도시의 기반시설

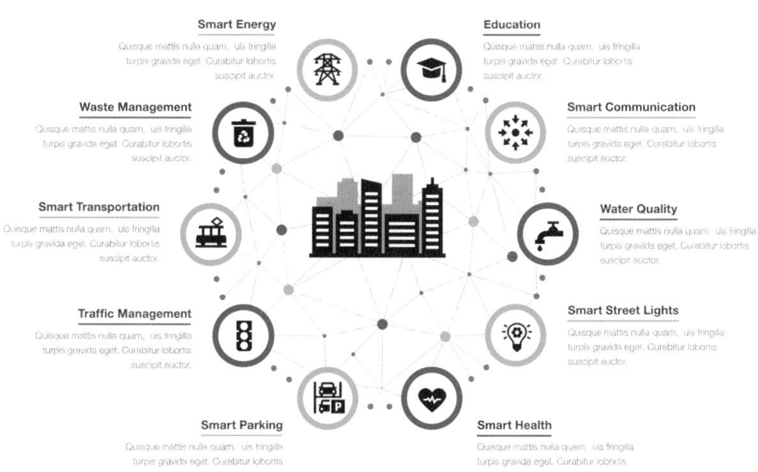

infrastructure을 정보통신기술과 사물things을 인터넷으로 연결하여 정보를 주고받는 기술인 사물 인터넷the Internet of things(IoT) 등과 융합한 첨단 도시인 스마트 시티smart city가 생겨났다.

121

어원 006 4차 산업

- **quaternary** 4차의, 네 요소로 된 ← 네 번째의

  [라] quartus = fourth 네 번째

  | **quartus에서 파생한 단어**

  quartet 네 개 한 벌, 4중주

  quarto 4절판으로 된 책

  quadroon 백인과 반백인 간의 혼혈아 (흑인의 피를 1/4 받은 사람)

  quartan 4일 열 (열이 4일마다 일어남)

  quarter 1/4

- **knowledge** 지식 ← 배움을 통해 알게 되는 것

  [인] gno = know 알다

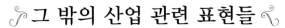

그 밖의 산업 관련 표현들

• **농업**

multiple cropping 다모작 | double cropping 이모작

triple cropping 삼모작 | monoculture 단일 경작

plantation 단일 작물을 대규모로 재배하는 농장 (plantare = plant 심다)

irrigation 관개 | manure 거름

• **축산업**

domestication 사육 | breeding 번식

dairying 낙농업 | epizootic 가축의 유행병

yoke 마소에게 씌우는 멍에 | saddler 마구 제조술

• **광업**

underground mining 땅속에서 하는 채굴 | surface mining 노천채굴

• **광물 명칭**

asbestos 석면 | perlite 펄라이트 | mica 운모

phosphate 인산염 | zeolite비석 | clay 점토 | pumice 부석

quartz 석영 | silica 실리카

• **수산업**

overfishing 남획

oyster farming 굴 양식 | fish farming 양어

seabed 해저 | mud flat 갯벌 | wild fishery 야생어장

25

금융

Finance

물물교환barter으로 서로 필요한 것을 확보하던 작은 사회에서
산업industry이 세분화되고 제품product이 다양해지면서
더 이상 물물교환으로는 원활하게 서로의 필요를
충족하기가 힘든 큰 사회가 되었다.

돈money은 그렇게 커져버린 사회에서
서로 필요한 것을 원활하게 주고받는 데
윤활제lubricant 역할을 한다.

나는 내가 잘 만드는 것을 생산해 돈을 받고 판다.
나는 그 돈으로 내게 필요한 것을 산다.

돈을 많이 쌓아두면 가질 수 있는 게 많아지는 세상이다.
그래서 돈을 관리하기 시작한다.
돈을 관리하는 업종이 생겨난다.
돈을 불려주는 업종이 생겨난다.
그렇게 우리는 돈이 돈을 먹는 금융finance 사회 속에 살아가고 있다.

돈

money

결혼한 여성의 수호신인 로마 신화의 여신 주노 모네타 Juno Moneta의 신전 근처에서 돈이 만들어졌기 때문에 라틴어 moneta place for coining money 돈을 주조하는 장소란 단어가 생겨났고 여기에서 money돈란 단어가 파생했다.

화폐

돈을 지급하는 수단인 통화는 currency라고 하는데 그중 hard currency는 국제적으로 널리 통용되는 경화를 가리킨다. 미국 달러, 유로화, 영국의 파운드, 일본의 엔, 스위스의 프랑 등 외환시장(forex)에서 유동성(liquidity)이 많은 통화가 경화이다. 반대로 가격 변동이 심한 통화를 연화, soft currency라고 한다.

지폐와 동전

돈은 지폐(bill)와 동전(coin)으로 구별하며 이 둘을 통틀어 현금(cash)이라고 한다. 리디아인들이 최초로 동전을 만들어 사용했을 것이라고 추정된다.

액면가

denomination은 '액면가', 즉 천 원, 만 원, 오만 원 등등 화폐에 적혀 있는 가치를 말한다. 따라서 What denomination do you want?라고 물으면 '얼마짜리 (액수의) 돈으로 드릴까요?'라는 질문이다. 즉 20달러 지폐로 줄지, 10달러 지폐로 줄지, 1달러 지폐로 줄지 등 지불할 화폐의 종류를 묻는 것이다.

어원 001 돈

- **money** 돈 ← 재산이나 재물, 상품을 살 때 지불하는 것
  [라] moneta = place for coining money 돈을 주조하는 장소

122

| moneta에서 파생한 단어

monetary 통화의, 화폐의 | monetize 금속을 화폐로 주조하다

- **currency** **통화** ← 지불, 유통 수단

[라] currere = run 달리다 ★돈의 '유통'을 의미함

- **forex** **외환시장** (foreign exchange) ← 외국환이 거래되는 시장

[라] foris = outside 밖에

[라] ex = out 밖으로 [라] cambire = barter 물물교환하다

- **liquidity** **유동성, 환금성** ← 현금화할 수 있는 정도

[라] liquidus = fluid 액체

- **bill** **지폐** ← 종이에 인쇄를 하여 만든 화폐

[라] bulla = sealed document 밀봉된 서류

[cf.] bill은 '계산서', '법안'이라는 뜻으로도 쓰이는 단어이다.

- **coin** **동전** ← 구리, 은, 니켈 등으로 만든 작은 단위의 돈

[라] cuneus = wedge 쐐기

[cf.] coinage 한 나라의 화폐제도

- **cash** **현금** ← 정부나 중앙은행에서 발행하는 지폐나 동전

[라] capsa = box 상자 ('돈상자'를 가리킴)

| capsa에서 파생한 단어

chassis 섀시 | case 상자 | capsule 작은 플라스틱 용기

capsicum 고추 | capsid 바이러스의 핵산을 싸는 단백질 껍질

- **denomination** **액면가** ← 화폐에 적힌 가격

[라] de- = completely 완전히 [라] nominare = name 이름 붙이다

| nominare에서 파생한 단어

nomination 임명 | misnomer 부적절한 명칭 | renown 명성

돈의 부작용

배금주의

배금주의(plutolatry)는 부를 숭배하는 태도인데, 신약성서에서 부나 돈이란 뜻으로 사용된 Mammon을 이용하여 mammonism이라

고도 표현한다.

뇌물

특정 이권을 목적으로 관계자를 매수하기 위해 미끼로 제공되는 돈을 받는 것을 뇌물수수bribery라고 한다. 물질만능주의의 세상에서 사람들은 관료에게 뇌물(bribe)을 주기도 하고, 그런 뇌물을 받아 챙기는 탐관오리(venal official)가 생겨나기도 한다. 고대 프랑스어 bribe는 거지들에게 주는 한 조각의 빵을 가리키다가 뇌물이란 뜻을 갖게 되었다. 선의의 행위가 부정적 행위로 바뀐 셈이다.

갈취

남을 협박하여 돈을 뜯어내는(blackmail) 것을 갈취extortion라고 한다. 또한, 자신의 미모를 이용해 남자에게 돈을 뜯어내는 여자는 gold-digger꽃뱀라고 한다.

돈세탁

돈세탁(money laundering)은 불법적으로 취득한 돈을 합법적인 돈으로 바꾸는 행위이다. 돈세탁의 방법 중 하왈라hawala는 아랍에서 유행하는 환전상money changer들을 이용한 비공식적 송금방법이다. 고대에는 통치자들로부터 자신의 재산을 지키는 수단으로 돈세탁이 활용되었다.

전당포와 사채업자

돈이 급히 필요하면 자신이 가진 고가품을 전당포pawnshop에 맡기는데 서구에서는 고대 로마와 그리스에도 전당포가 있었다. 영국에선 14~15세기에 왕들이 전쟁 자금을 마련하기 위해 보석을 전당포에 맡기기도(pawn) 하였다.

높은 이자를 주고 돈을 빌려주는 고리대금업은 loan sharking이라고 한다. shark는 16세기 중반에 생겨난 단어로 그 기원을 알 수 없다. '상어'란 뜻으로 잘 알려져 있는 shark는 사실 '사기꾼'swindler이란 뜻으로 먼저 쓰였다. 사채업자는 loan shark 또는 usury man이라고 한다.

이자

원금(principal)은 이자가 붙지 않은 상태의 원래 빌린 금액을 가리키는데, 라틴어 princepschief 지도자에서 생겨난 단어이다. 그래서 principal에는 '교장'이란 뜻도 있다.

원금에 붙는 이자를 interest라고 하며 원금과 이자인 원리금principal and interest을 균등하게 분할 상환하는 것이 amortize이다. 라틴어 adto ~에게와 mortusdead 죽은가 합쳐진 단어로, 매달 원금과 이자를 내려면 '죽을 지경'이 된다고 연상하여 알아두자.

amortize의 가장 흔한 방법은 월별 균등분할불입(equated monthly installment)이다.

어원 002 돈의 부작용

123

- **plutolatry** **배금주의** ← 돈을 가장 중요하게 여기는 태도

  [그] ploutos = wealth 부

  [그] latreia = worship 숭배

  | **ploutos에서 파생한 단어**

  plutocracy 금권정치 | plutonomic 정치경제학의

- **bribe** **뇌물** ← 이득을 취하기 위해 사람을 매수하여 주는 돈

  [고대프랑스어] bribe = morsel of bread given to beggars 거지에게 준 빵 조각

  [cf.] bribery 뇌물수수

- **venal** **매수되기 쉬운, 뇌물로 움직이는, 부패한** ← 돈에 마음이 넘어가기 쉬운

  [명] venality 매수되기 쉬움, 돈을 보고 움직임

  [라] venalis = for sale 팔려고 내놓은

- **blackmail** **갈취하다** ← 공갈치거나 협박해서 돈을 뜯어내다

  [게] blakaz = burned 탄

  | **blakaz에서 파생한 외국어**

  (스웨덴어) black ink 잉크 | (네덜란드어) blaken 타다

- **money laundering** 돈세탁 ↔ 불법적으로 취득한 돈을 합법적인 돈으로 탈바꿈시키는 것
  [라] moneta = place for coining money 돈을 주조하는 곳
  [라] lavare = wash 씻다
- **pawn** 전당포에 잡히다 ↔ 전당포에 물건을 맡기고 돈을 빌리다
  [고대프랑스어] pan = pledge 저당
  [cf.] pawnbroking 전당포업 | pawnshop 전당포
- **loan sharking** 고리대금업 ↔ 부당하게 비싼 이자를 받고 돈을 빌려주는 사업
  [게] laikhwniz = that which is lent 빌려준 것
  | laikhwniz에서 파생한 외국어
  (네덜란드어) leen 대여, 영지 | (독일어) Lehn 영지, 봉건적 토지보유
- **usury** 고리대금업 ↔ 부당할 정도로 비싼 이자를 받고 돈을 빌려주는 사업
  [라] usura = interest 이자
- **principal** 원금 ↔ 본전
  [라] princeps = chief 지도자
  [cf.] principle 원칙 ★라틴어 principium(beginning 시작)에서 생겨난 단어
- **interest** 이자 ↔ 돈을 빌려 쓴 대가에 해당하는 돈
  [라] inter = between ~ 사이에
  [라] esse = be 존재하다 ★이자는 16세기 초에 생긴 뜻임
- **amortize** 분할 상환하다 ↔ 나누어 갚다
  [라] ad = to ~에게
  [라] mortus = dead 죽은
- **installment** 분할불입 ↔ 은행이나 카드 회사 등에 갚을 금액을 나누어 냄
  [고대프랑스어] estaler = fix 고정시키다
  [cf.] installation 설치

돈의 여러 형태

지불 용도에 따른 돈의 분류❶ 요금

돈은 지불 용도에 따라서 구별할 수도 있는데, 공공시설 차원에서 서비스를 이용한 대가로 지불하는 수수료는 fee, 교통수단을 이용한 대가로 지불하는 요금은 fare, 식당이나 호텔 등의 종사자들에게 지불하는 팁은 gratuity, 고속도로의 통행료 징수소에서 내야 하는 통행료는 toll이다.

지불 용도에 따른 돈의 분류❷ 급여와 용돈

회사 차원에서 회사가 연봉을 월별로 나눠 직원에게 지급하는 월급은 salary라고 한다. 세전 월급은 gross pay급여의 총지급액이며 세후의 월급은 net pay실수령액이다. 반면에 시급hourly wage은 시간당per hour 지불되는 급료이다. wage임금는 노동자가 시간 별로 혹은 하루 단위로 노동의 대가로 받는 돈이다.

계약직 사원contractual employee은 정규직원과 달리 합의된 월급 외에 의료보험 등의 부가혜택을 받을 수 없다. 회사 영업부서 등에서 목표를 초과하여 좋은 실적을 올리면 그 대가로 월급이 인상되는 성과급을 merit pay라고 한다. 반면 bonus는 실적에 따른 지속적인 월급 인상이 아니라 일회성 지급이다. 참고로 개인 차원에서 부모가 자녀에게 매달 사용하라고 주는 용돈은 allowance라고 한다.

기업의 자본금과 경비

기업과 관련된 돈으로는 기업 차원에서 비즈니스를 위해 기업이 보유하고 있는 자본금(capital), 기업이 잉여이익을 주주들에게 분배하는 배당금(dividend), 사업을 위해 우선 지출해야 하는 경비(expense) 등이 있다. 직원이 회사업무상 자신의 돈을 먼저 지출하고 영수증receipt을 첨부하여 제출하면 회사에서 그 경비를 변제해주는 것은 reimburse라고 한다.

어원 003 돈의 여러 형태

124

- **fee** 수수료, 비용 ←어떤 일을 해주고 그 대가로서 청구하는 요금
  (게) fehu = cattle 소
- **fare** 차비, 운임 ←차를 타는 대가로 지불하는 비용
  (고대영어) faru = journey 여행

- **gratuity** 팁 ←봉사료
  (라) gratuitus = free 공짜인
  | **유의어**
  tip 팁 | honorarium 사례비
  bonus 보너스 | fringe benefit 부가수당 | perk 급료 외의 특전
  bounty 포상금 | reward 보상금
  contribution 성금 | donation 기부금 | benefaction 기부금, 시주
  condolence money 조의금 | largesse 부조금
- **toll** 통행료 ←일정한 장소를 지나는 데 내는 돈
  (그) telos = tax 세금
  | **telos에서 파생한 외국어**
  (독일어) Zoll 통행세, 관세
- **wage** 임금 ←노동의 대가로 받는 급료
  (프) wage = pledge 선언, pay 지급
- **merit pay** 성과급 ←기본급 외에 실적을 인정받아 받는 급료
  (라) meritum = merit 가치있는 요소, 장점, kindness 친절, benefit 이점
- **allowance** 용돈 ←부모가 자식에게 쓰라고 정기적으로 주는 돈
  (고대프랑스어) aloance = allowance 용돈
- **capital** 자본금 ←사업에 투자한 돈
  (cf.) capital에는 한 나라의 '수도'란 뜻도 있다.
  (라) capitalis = chief 주요한
- **dividend** 배당금 ←주주가 받는 회사의 이익 분배금
  (라) dis = apart 따로
  (라) videre = separate 분리시키다
- **expense** 경비 ←어떤 일을 하는 과정에 쓰는 비용
  (라) expendere = weigh out money 돈을 정량으로 나누다
- **reimburse** 비용을 변제해주다 ←남에게 진 빚을 갚다
  (고대프랑스어) em = in ~ 안에

고대프랑스어 borser = get money 돈을 받다 ★borser는 borse(purse 지갑)에서 파생했다. 자기 지갑에 들어 있는 돈을 먼저 사용하고 돌려받는 것이 reimburse라고 알아두자.

보험

보험(insurance)은 사람들이 만일에 있을지도 모를 우발적인(contingent) 사고나 손실에 대비하여(hedge against) 보험회사insurance company에 선납prepayment을 한 후 사고나 손실이 발생하면 보험회사로부터 배상받는(be indemnified) 제도이다. 이중배상double indemnity은 돌연사sudden death가 발생할 경우 두 배로 배상해주는 보험조항(clause)이다.

보험의 기원

17세기 중반 런던에서 대화재가 발생해 1만 채 이상의 주택이 전소되었다. 이후 여러 시도 끝에 최초의 화재보험fire insurance 회사가 생기면서 보험의 시대가 막이 올랐다.

가입 대상

보험은 사람에 대해서뿐 아니라 집이나 건물 등의 독립체(entity)에 대해서도 가입할 수 있다.

보험증서

보험회사insurer = insurance carrier와 보험가입자the insured 간의 계약이 성립되면 보험가입자는 보험가입증서(insurance policy)를 받게 된다. 보험가입증서에는 보험배상한도limit of indemnity가 명시되어 있다.

보험 인수

보험회사가 보험을 인수하는 것을 underwriting이라고 한다.

underwriter는 '보험회사'를 가리키고 underwrite는 '보험을 인수하다'란 뜻이다. 보험증서를 인수하면, 보험회사는 보험가입자가 지니는 잠재적 위험과 그에 따른 보험회사의 득실을 분석하고 판단하여 청약을 승인할지, 승인한다면 보험료와 가입조건은 어떻게 될지 등을 결정하게 된다.

보험료

보험증서에 정해진 보험보장(coverage)에 대해 보험회사가 보험가입자policyholder에게 매달 청구하는 보험료를 premium이라고 한다.

보험금 수령

생명보험life insurance의 가입자가 사고가 발생하면 배상을 받도록 지정하는 보험 수령인을 beneficiary라고 한다. 가입자가 사망하여 받는 보험금은 death benefit이다. 직역을 하면 누군가의 죽음으로 인해 혜택을 보는 것이다. 사망보험에서 제 1순위 수령자primary beneficiary와 1순위 수령자가 사망 등의 이유로 존재하지 않을 경우의 제 2순위 수령자contingent beneficiary를 지정하는 것이 좋다.
중도에 보험을 해지하면 중도해약 수수료를 공제한 후 받게 되는 중도해약환급금은 surrender value라고 한다.

연금보험

연금보험인 annuity insurance는 흔히 개인이 가입하는 보험상품이다. 가입자가 보험회사에 목돈lump-sum payment을 내고 곧바로 수령하기 시작하는 즉시연금은 immediate annuity라고 하고 일정기간 돈을 거치해 두었다가 받게 되는 거치연금은 deferred annuity라고 한다.

pension연금은 직장인이 자신이 회사에 재직 중에 불입한 돈을 은퇴retirement 후 수령하게 되는 연금이다. annuity는 은퇴 후가 아니라도 받을 수 있지만 pension은 은퇴 후에 받게 된다. 401(k)는 미국의 퇴직연금을 가리키는 표현인데 미국 국회가 미국인들에게 은퇴를 대비해 저축을 장려하기 위해 내국세입법Internal

Revenue Code의 401조 K항을 통과시키면서 생겨난 용어이다.

[어원 004] 보험

125

- **insurance** **보험** ← 재해나 각종 사고 따위가 일어날 경우에 대비하여 보험회사에 일정한 돈을 적립해두는 것
  [고대프랑스어] in = make 만들다
  [고대프랑스어] sur = safe 안전한
- **contingent** **우발적인** ← 예기치 않게 우연히 일어나는
  [명] contingency 우연의 사태 | contingence 접촉
  [라] contingere = touch 접촉하다
  [ex.] contingent expenditure 우발 지출처
  [cf.] contingent에는 '~ 여부에 따라'라는 의미도 있음 ([ex.] a fee contingent upon success (변호사의) 성공보수)
- **hedge** **대비하다** ← 미리 준비하다
  [게] hagjo = hedge 생울타리
  | **hagjo에서 파생한 외국어**
  (네덜란드어) heg 산울타리 | (독일어) Hecke 산울타리
  [cf.] hedge fund 국제 증권에 투자해 단기 이익을 올리는 민간 투자 자금
- **indemnify** **보상하다** ← 손해본 것에 대해 물어내다
  [라] in = not ~ 아닌
  [라] damnum = damage 피해
- **clause** **조항** ← 규정의 항목
  [라] claudere = close 닫다
- **entity** **독립체** ← 독립적인 하나의 실체
  [라] ens = thing 사물
- **policy** **보험증서** ← 보험 계약을 증명하는 문서
  [그] apodexis = proof 증거
  [cf.] policy의 다른 뜻 '정책'은 그리스어 polis(city)에서 발전한 단어이다.
- **underwriter** **보험사, 손해사정사** ← 보험 가입을 업으로 하는 회사
  [고대영어] underwritan = write at the foot of 하단부에 쓰다
- **coverage** **보장범위** ← 보험을 가입하면 가입자에게 보장해주는 것들
  [라] com 강조 접두사
  [라] operire = close 닫다

- **premium** **보험료** ⟷ 보험에 가입한 사람이 사고에 대비해 매달 미리 내는 비용

[라] prae- = before 미리

[라] emere = buy 사다, take 갖다

| **emere에서 파생한 단어**

sumptuous 호화로운 (sub = under 아래에)

exempt 면제된 (ex = out 밖으로)

prompt 즉각적인 (pro = forward 앞으로)

impromptu 즉흥적으로 한 (in = on ~에 + pro = forward 앞으로)

peremptory 위압적인 (per = away entirely 완전히 없어져)

assume 추정하다 (ad = to ~에게 + sub = under 아래에)

consume 소비하다 (com = together 함께)

redemption 구원 (red = back 다시)

- **beneficiary** **수령자** ⟷ 돈을 받는 사람

[라] bene = good 좋은

[라] facere = do 하다

| **bene에서 파생한 단어**

benefit 이점 | beneficial 유익한 | beneficent 선을 베푸는

benefactor 후원자 | benediction 축복의 기도 (dicere = say 말하다)

benefice 유급 성직자의 직책

benevolence 자비심 (volantem = wishing 바라는)

benign 유순한

- **death benefit** **사망 보험금** (benefit 혜택) ⟷ 피보험자가 사망할 경우에 보험 수령인이 받는 보험금

[게] dauthuz = death 죽음

| **dauthuz에서 파생한 외국어**

(네덜란드어) dood 죽음 | (독일어) Tod 죽음

(덴마크어) dd 죽음 | (스웨덴어) dd 죽음

- **surrender value** **중도해약환급금** ⟷ 보험계약을 해지할 때 보험 계약자가 받게 되는 돈

[고대프랑스어] surrendre = give up 포기하다, deliver over 양도하다

[라] valere = be worth 가치 있다, be strong 강하다

| valere에서 파생한 단어

valediction 고별사 (dicere = say 말하다)

valence 염색체가 결합하는 가수

valetudinarian 병약한 | valid 유효한 | valor 용기

ambivalence 양면가치 (ambi = both 둘 다)

avail 도움이 되다 (ad = to ~에게)

countervail 무효로 만들다 (contra = against ~에 대항하여)

prevail 만연하다 (prae = before 전에)

convalesce 요양하다

polyvalent 다기능의 (poly = many 많은)

equivalent 맞먹는 (aequus = equal 같은)

- **annuity 연금** ↢ 일정 수준의 보험료를 낸 후 그 대가로 일정한 주기로 일정 금액을 받는 것

  [라] annus = year 한해

- **deferred 거치의** ↢ 연금 등의 지급을 미룬

  [라] dis = away from ~에서 떨어져

  [라] ferre = bear 지니다, carry 운반하다

- **pension 연금** ↢ 재직 중 낸 돈을 퇴직 후 받게 되는 연금

  [라] pensionem = payment 지급, installment 할부, rent 임대 ★라틴어 pensionem의 rent란 뜻에서 'bed & breakfast 아침식사를 제공하는 민박 스타일 호텔', 즉 '펜션'이란 뜻이 생겨남

은행과 대출

은행을 뜻하는 bank는 고대 이탈리아어 bancatable 탁자에서 생겨났다. 고대에 상인들이 농부들에게 곡식을 빌려주다가 후에 테이블을 놓고 돈을 빌려준 데에서 기인한다.

은행의 기능

은행의 주요 기능은 대출(loan)을 해주고 그 채무(debt)에 대해 이

자를 받아 수익을 올리는 것이다.

주택담보대출

담보대출을 secured loan이라고 하고, 주택담보대출은 mortgage라고 하는데 채무를 갚으면 거래가 사라진다는 점에서 mortdead 더 이상 쓸모 없는란 어근을 사용하였다. 대출의 담보물은 collateral이라고 한다. 대출금을 갚지 못하는 경우, 즉 대출에 대한 채무불이행을 default라고 한다.

차압

셰익스피어Shakespeare의 베니스의 상인The Merchant of Venice에 등장하는 유태인 대부업자 샤일록Shylock이 금화 3천냥을 빌려주는 조건으로 못 갚을 시 돈을 빌린 안토니오Antonio의 살 1파운드를 요구한다. 즉 안토니오의 살이 돈을 빌려주는 담보물이고 못 갚으면 살 1파운드를 '차압'하는 것과 같은 이치이다.

은행이 담보권을 행사하는 것을 전문용어로 foreclose라고 하는데 The house was foreclosed.집에 담보권이 행사되었다.란 말은 '집이 은행에 차압당했다.'란 뜻으로 일반 채무용어인 seize압류하다로 바꿔 표현할 수 있다.

가압류

참고로 채무자가 재산을 처분하거나 도망가는 등의 위험이 있을 경우 채권인 현재 재산을 일시적으로 압류해놓는 가압류는 provisional seizure라고 한다. 이때 provisional은 '잠정적인'이란 뜻이다.

한국에서는 금전 채권에 대한 가압류와 구분하여, 금전 채권 외의 물건에 대해서는 '가처분(provisional disposition)'을 청구할 수 있다.

어원 005 은행과 대출

126

- **bank** 은행 ← 예금을 받거나 돈을 빌려주는 금융기관
  (고대이탈리아어) banca = table 탁자
- **loan** 대출 ← 은행에서 돈을 빌려주는 것

[게] laikhwniz = leave 맡겨두다

| **laikhwniz에서 파생한 외국어**

(네덜란드어) leen 봉토, 대여 | (독일어) Lehn 봉토, 영지

- **debt 채무** ← 갚아야 할 돈

  [라] de = away 없어져

  [라] habere = have 갖고 있다

- **secured 담보부의** ← 담보를 붙이는

  [라] securus = free from care 걱정 없는

- **mortgage 주택담보대출** ← 주택을 담보로 하여 은행에서 돈을 빌리는 것

  [고대프랑스어] mort = dead 죽은, 더 이상 쓸모 없는

  [고대프랑스어] gage = pledge 선언

- **collateral 담보물** ← 채무자가 채무의 대가로 채권자에게 제공하는 것

  [라] com = together 함께 [라] latus = side 옆

  | **latus에서 파생한 단어**

  lateral 측면의 | quadrilateral 4변형

  multilateral 다변적인 (multi = many 많은)

- **default 채무불이행** ← 갚기로 한 빚을 갚지 않음

  [라] de = away 멀리로

  [라] fallere = deceive 속이다

  | **fallere에서 파생한 단어**

  fallible 실수할 수 있는 | fallacy 오류

  fail 실패하다 | fault 과오 | false 틀린

- **foreclose 은행이 담보권을 행사하다** ← 제공된 담보물을 압류하다

  [고대프랑스어] foris = outside 밖에서

  [고대프랑스어] clore = shut 닫다

- **provisional 임시의, 일시적인** ← 얼마 동안만

  [라] providere = look ahead 앞을 보다

- **seizure 압류, 압수** ← 채무자의 특정 재산에 대한 처분권이 채권자로 넘어감

  [고대프랑스어] seisir = take possession of ~을 손아귀에 넣다 ★seisir는 라틴어 ad proprium sacire(claim as one's own 자신의 소유로 주장하다)에서 파생한 단어임

- **provisional disposition** 가처분 (disposition 재산의 양도) ↔ 소송 대상이 되는 금전 외의 물건에 대한 현상 변경을 금하는 법원의 명령
  ㉣ disponere = put in order 정돈하다

예금과 인출

은행의 그 외 대표적 기능은 돈을 예금하는(deposit) 것과 맡겼던 돈을 인출하는(withdraw) 것이다.

예금의 종류

수시로 입출금을 할 수 있는 예금을 요구불예금demand deposit이라고 하는데 당좌예금(checking account), 저축예금(savings account), 금융시장예금MMA: Money market account 등이 이에 해당한다. 미국 당좌예금의 경우 계좌 소유주에게 수표책checkbook을 발행해줘서 개인은 그 수표책을 휴대하고 다니며 수표를 끊어주는 식으로 소비생활을 할 수 있다. 당좌예금은 또한 현금인출, 직불카드debit card의 이용, 그리고 온라인 이체도 가능하기 때문에 돈을 현금화하기 쉽다는(liquid) 장점이 있다.
일정기간 동안 찾지 않고 만기일이 되면 이자와 원금을 찾을 수 있는 정기예금은 time deposit이라고 한다. 양도성 예금증서certificate of deposit가 이에 해당한다.

은행창구직원

은행창구직원은 teller라고 하는데 돈을 계산하여 입금하고 인출하고 환전해주는 등의 업무를 하는 사람을 가리킨다. 현금자동인출기를 뜻하는 ATM은 Automated teller machine의 약자로, 기계가 teller 역할을 해주기 때문에 여기에도 teller라는 단어가 포함된 것이다.

해외 송금

20세기 초 몇몇 국가에서 해외 근무자들이 급증하면서 은행은 전신 송금(wire transfer)이라는 또 하나의 역할을 떠맡게 되었다. 그중 해외 송금은 overseas remittance라고 한다.

어원 006 예금과 인출

127

- **deposit** **예금하다** ↞ 돈을 은행에 맡기다

  ㊣ deponere = lay aside 간직해두다

  | **deponere에서 파생한 단어**

  depository 보관소, 공탁소, 수탁료 | depot 대규모 창고

  deposition 폐위, 퇴적 | deponent 선서 증인

- **withdraw** **인출하다** ↞ 은행에서 맡긴 돈을 찾아가다

  ㊔ withdrawal 인출

  ㊣ retrahere = retract 철회하다

- **checking account** **당좌예금** ↞ 예금자가 수표를 발행하면 은행이 예금액 내에서 그 수표에 대한 지급을 하는 예금

  ㊢ eschequier = a check at chess 체스의 장군

- **savings account** **저축예금** ↞ 예입과 인출을 자유로이 할 수 있는 예금

  ㊣ salvus = safe 안전한

  ㊣ computare = calculate 계산하다

- **liquid** **유동적인** ↞ 신속히 현금화할 수 있는

  ㊣ liqui = melt 녹다, flow 흐르다

- **teller** **은행창구직원** ↞ 은행에서 돈을 받거나 내어주는 역할을 하는 직원

  ㉮ del = count 계산하다 ★del에서 게르만조어 taljan(mention in order 순서대로 언급하다)으로 발전하였음

  | **taljan에서 파생한 외국어**

  (네덜란드어) tellen 세다

  (독일어) zahlen 세다

- **wire transfer** **전신 송금** ↞ 외화를 전신으로 부치는 것

  ㊣ trans = across 가로질러

  ㊣ ferre = carry 지니다

- **remittance** **송금** ↞ 은행에서 돈을 보내는 것

㉣ re = back to the original place 다시 원장소로

㉣ mittere = send 보내다

신용카드

신용카드

일명 plastic이라고도 불리는 신용카드credit card 발행은 은행의 무담보대출(unsecured loan), 즉 신용대출 업무이다. 신용카드는 19세기 말경 소설가 에드워드 벨라미Edward Bellamy의 소설에 등장했던 허구가 현실화된 예이다.

리볼빙 계정

신용카드사가 고객이 사용한 금액 일부나 최소금액만 다음 달에 지불하게 하도록 만든 계정이 리볼빙 계정(revolving account)이다. 고객이 전액을 다음 달에 전부 지불하지 않으면 남은remaining 잔액balance이 다음 결제일로 상환이 연장되기 때문에 roll over빚의 상환을 연장해주다나 revolve회전하다란 단어를 사용한다. 당연히 고객이 빚을 떠안게(incur a debt) 되기 때문에 고객에게 그만큼의 이자가 청구된다.

신용기록

신용카드 회사에서는 각자의 신용등급credit rating을 평가하여 현금서비스cash advance도 제공해준다. 그래서 과거에 빚을 제때timely 잘 갚았는지를 나타내주는 신용기록credit history 또한 신용카드 발행 여부에 중요한 역할을 한다.

어원 007 **신용카드**

- **unsecured** 무담보의 ↔ 채무의 대가로 맡겨야 하는 물건이 없는
  - ㉣ un = not 없는
  - ㉣ securus = free from danger 위험이 없는
  - *cf.* security 안전

128

- **revolving account 리볼빙 계정** ↞ 갚지 못한 나머지 청구금이 이월 되어 청구되는 계정

  ㊣ re = again 다시

  ㊣ volvere = roll 구르다

  | **volvere에서 파생한 단어**

  volvulus 창자꼬임, 장염 | voluble 입심 좋은

  volute 소용돌이꼴 | volume 용량

  vault 둥근 천장 | valve 밸브

  evolve 발전시키다 (ex = out 밖으로) | involve 포함시키다

  devolve 권리를 양도하다 (de = down 아래로)

  circumvolve 회전하다 (circum = around 주변에)

  convolution 나선형

- **incur 비용을 발생시키다, 초래하다** ↞ 돈을 지불하게 되다

  ㊣ in- = upon ~에다가

  ㊣ currere = run 달리다

그 밖의 보험 및 은행 관련 표현들

- 보험 용어

actuary 보험계리인, 보험수리사 | adjuster 손해사정인
insurance policy 보험증서 | insurance claim 보험배상청구
risk management 위험 관리 | appraisal of damage 손해평가
compensate 보상하다 | assess the claim 보험배상청구를 평가하다
floating policy 미확정보험 (해상보험) | insurance payout 보험배당금
tenure of the policy 보험의 보유기간
void the insurance 보험증서를 무효로 하다

- 보험 종류

property insurance 동산보험 (home insurance 주택보험, marine insurance 해상보험, fire insurance 화재보험, fidelity bond 신원보증보험)
car insurance 자동차보험
fee-for-service health insurance 실손보험
hazard insurance 위험대비 보험 | liability insurance 책임보험
health insurance 건강보험 | malpractice insurance 의료과오보험
dental insurance 치과보험 | travel insurance 여행보험
expatriate insurance 국외거주자 보험
term insurance 정기 보험 (계약 기간 내의 사망에 대하여서만 보험금을 지불하는)

- 은행 관련 표현

branch 지점 | call center 콜센터 | statement 거래내역
transaction 거래 | dormant account 휴면계좌
passbook 은행통장, 외상장부
vault 은행 금고 (귀중품 보관실) | overdraw 초과인출하다

divert 돈을 유용하다, 우회시키다 | disinvest 투자를 중단하다, 회수하다
banking industry 금융업계 | credit union 신용조합
Federal Reserve Bank 연방준비은행
commercial bank 상업은행 (full service bank)
state bank 국영은행 | thrift institution 저축기관
merchant bank 머천트 뱅크 (환어음 인수, 신용카드 업무, 사채 발행을 주 업무로 하는 금융기관)
compound interest 복리
subprime mortgage loan 최우대 대출금리보다 낮은 서브프라임 모기지론 (미국에서 저소득층을 상대로 하는 주택담보대출제도)
up for auction 경매에 내놓아진

- **신용카드 관련 표현**

balance 잔액 | cash card 현금인출카드
charge card 신용카드 후불카드
defer payment 지불을 뒤로 미루다
charge with credit card 신용카드로 지불하다
outstanding 미납의 | credit limit 신용한도
open-end credit 개방형 신용한도
credit line 신용한도 (credit limit)
max out one's card 한도액을 전부 쓰다
debtor 채무자 | pay back 빚을 되갚다 | credit score 신용평점
credit bureau 신용조사서 | bad credit standing 신용불량

주식

주식의 기원

로마 공화국 시대에 정부가 하청업체들에게 현대의 주식에 해당하는 일종의 주식을 발행했다issue는 사실을 아는가? stock주식은 나무의 몸통tree trunk을 뜻하는 게르만조어 stauk에서 생겨난 단어로, stauk에서 재고품inventory, 과거에 죄수의 발목에 채우던 형기구 차꼬shackles, 총의 개머리판butt plate 같은 뜻이 생겨났다. '주식'이란 뜻은 나무 몸통에서 가지가 자라나듯 수익금이 자라난다는 뜻에서 생겨났을 것이라 추정된다.

주주

주식을 보유한 사람을 주주라고 하는데 주주는 stock주식에 holder보유자를 붙여 stockholder라고 표현하거나 share주식에 holder를 붙여 shareholder라고 표현한다.

주식의 종류

주식은 이익을 배당할 때 우선적 지위를 갖는 우선주(preferred

stock), 보통주에 비하여 이익의 배당 등에 관하여 불리한 후배주(deferred stock), 그리고 주주 평등의 원칙에 따라 평등하게 배당받는 보통주(common stock) 등이 있다.

배당금

기업이 경영을 통해 이윤을 내고 그 이윤을 재투자하여 주주들에게 이익 잉여금 일부를 배당해주는 것을 주식배당금(dividend)이라고 한다.

어원 008 **주식**

129

- **stock** 주식 ↔ 주주에게 교부하는 유가증권
  [게] stauk = tree trunk 나무의 몸통
  | **stauk에서 파생한 외국어**
  (네덜란드어) stok 막대기, 지팡이 | (독일어) Stock 막대기, 지팡이
  (네덜란드어) stuk 상당한 양, 조각 | (독일어) Stuck 조각
- **preferred** 우선권이 있는 ↔ 이익 배당 등에서 다른 권리자보다 먼저 받을 수 있는 권리를 가진
  [라] praeferre = place before 전에 두다
- **deferred** 거치한, 연기된 ↔ 상환 혹은 지급을 일정 기간 하지 않는
  [라] differre = scatter 흩어지게 하다 (dis = away from ~에서 떨어져 + ferre = carry 지니다)
- **dividend** 배당금 ↔ 주식 소유자에게 주는 회사의 이익 분배금
  [라] dis = apart 따로
  [라] videre = separate 분리시키다 ★videre는 인도게르만공통조어 weidh(separate 분리시키다)에서 파생함. weidh란 어근은 widow(과부)란 단어의 어근이기도 함

증권

증권과 유가증권

증권(security)은 재산권 혹은 부채에 대한 증거가 되는 문서로 사고팔 수 있다. 뮤추얼 펀드mutual fund, 채권bond, 주식stock 모두 증권에 포함된다. 여기서 말하는 증권은 흔히 유가증권, 즉 돈의 가치가 있는 증권을 가리킨다. 유가증권과 달리 차용증서bond of debt와 같은 증거증권도 있다.

채권

채권(bond)은 정부나 공공기관이 필요 자금을 조달하기 위해 발행하는 유가증권인 채무증권debt security이다. 채무증권은 채무상의 권리가 부여된 증권이다.

지분증권

기업의 순자산에 대한 주주의 지분을 나타내는 유가증권은 지분증권(equity securities)이라고 한다. 총 주식수capital stock 중 주식의 수shares로 지분을 판단할 수 있다.

어원 009 **증권**

130

- **security** 유가증권 ↔ 돈의 가치가 있는 증권
  - ㊀ securus = free from care 걱정 없는
- **bond** 채권 ↔ 필요한 자금을 차입하기 위하여 발행하는 유가증권
  - ㊃ bhendh = bind 묶다
- **equity** 소유지분 ↔ 기업의 수익에 대한 공유자의 몫
  - cf. equity에는 '자기자본'이란 뜻도 있다.
  - ㊀ aequus = even 공평한

  | **aequus에서 파생한 단어**

  equilibrium 평형, 균형 | equanimity 침착, 평정

  equinox 주야 평분시 (낮의 길이와 밤의 길이가 거의 같아지는 시간)

  equivocation 얼버무리기 | equate 동일시하다

equivalent 동등한, 맞먹는 | equivocal 모호한, 애매한

adequate 적절한 | inequitable 불공평한 | iniquity 부당성, 죄악

주식시장

주식시장stock market의 트랜드는 황소bull가 들이받으려고 달려들 때의 빠른 속도에 비유한 강세시장(bull market)과 몸집 때문에 움직임이 느리고 둔해 보이는 곰에 비유한 약세시장(bear market)으로 구별할 수 있다.

상장, 개장, 폐장

회사가 증권거래소에 주식이 거래되도록be traded 등록하는 것을 상장하다list라고 한다. 미국의 뉴욕 증권거래소New York Stock Exchange와 장외증권시장인 나스닥Nasdaq: National Association of Securities Dealers Automated Quotations의 개장opening 시간은 9시 30분이며 폐장closing 시간은 4시이다. 한국의 유가증권시장인 코스피KOSPI: Korea Composite Stock Price Index와 장외증권시장인 코스닥KOSDAQ: Korea Securities Dealers Automated Quotations은 9시에 개장하고 3시 30분에 폐장한다.

equity와 share의 차이

주식을 가리키는 용어 중 share는 '주식 1주'의 단위를 뜻하며, equity는 이 주식숫자를 지분권 비율로 표현한 것이다. 즉 10만 주shares를

발행한 회사의 주식 중 1천 주를 갖고 있다면 그 회사의 1퍼센트의 equity지분을 갖고 있는 것이다. equity는 흔히 stock과 동의어로 '주식'이란 뜻으로도 사용되는데 금융상품 중 equity linked securities(ELS)는 주식 가격에 의해 투자 수익률이 결정되는 '주식연계증권'을 가리킨다.

급등과 급락

주가나 물가가 치솟는 것은 skyrocket급상승하다이란 동사로 표현할 수 있다. jump, soar, rocket, rise suddenly 등이 동의어이다. 급락하는 것은 plummet이란 동사로 표현할 수 있는데 라틴어 plumbum lead 납에서 생겨난 단어이다. 납을 매달면 무게로 인해 아래로 급강하할 수밖에 없을 것이다.

사채

기업이 발행하는 사채는 debenture라 하고 확정이자를 지불하지만 보통주로 전환할 수 있는 사채는 전환사채(convertible bond/debenture)라고 한다. 중세 영어에서 debenture는 상품이나 용역을 제공한 대금을 받아갈 수 있도록 왕실에서 발행했던 쿠폰(voucher)을 가리켰었다.

어원 010 주식시장

131

- **bull market** 강세시장 ← 상승세인 주식시장
  [라] bullon- = male of the domestic bovine 가축 중 수컷 소
  [라] mercatus = trading 교역
  | bullon에서 파생한 외국어
  (네덜란드어) bul 황소 | (독일어) Bulle 황소
- **bear market** 약세시장 ← 하락세인 주식시장
  [게] bero = the brown (one) 갈색인 것
  | bero에서 파생한 외국어
  (네덜란드어) beer 곰 | (독일어) Bär 곰
- **equity** 지분, 주식, 순수자본 ← 공유자산 전체에서 개인이 차지하는 몫
  [라] aequus = even 대등한, equal 같은

| aequus에서 파생한 단어

equilibrium 평형, 균형 | equanimity 침착, 평정

equinox 주야평분시 (춘분 혹은 추분)

equivocation 얼버무리기 | equivalent 상응하는, 맞먹는 (것)

inequitable 불공평한 | adequate 적당한

- **plummet 급락하다** ↔ 갑자기 떨어지다

[라] plumbum = lead 납

| plumbum에서 파생한 단어

plumb 납의, 납을 포함하는 | aplomb 침착함, 태연자약

| 유의어

plunge 급락하다 | collapse 붕괴되다, 쓰러지다

crash 추락하다, 충돌하다 | decline 감소하다, 내리막길이다

decrease 감소하다 | descend 내려가다, 경사지다

dip 내려가다, 살짝 담그다 | dive 뛰어들다 | drop 떨어지다

fall 떨어지다 | nose-dive 곤두박질치다 | sink 가라앉다

skid 미끄러지다 | precipitate 침전하다 | swoop 급강하하다

- **debenture 사채** ↔ 주식회사가 발행하는 유가증권

[라] debere = owe 빚지다

- **voucher 쿠폰, 상품권** ↔ 액면 가격에 상당한 상품과 교환할 수 있는 표

[라] vocitare = summon insistently 계속 부르다

그 밖의 주식 관련 표현들

- **주가 관련 표현들**

stock price 주가

plunge[nose dive, sharp decline] 주가폭락 (stock market crash)

sharp break in price 주가폭락

bourse collapse 주가 대폭락 ([cf.] bourse 증권거래소)

post-crash hangover 주가 대폭락 후의 후유증

sharp rise 급상승 | sudden decline 급락 | fluctuation 등락

rally 반등 (rebound) | inactivity 부진 (slump) | poor / weak 부진한

trading halt 거래 정지

circuit braker (거래 정지, 등락폭 제한 등의) 주가폭락 방지책, 주가 안정 장치

• 상장과 주식 거래

list new stocks 신주를 상장하다

delist from an exchange 증권거래소에서 상장 폐지하다

buy stock on margin 위탁 증거금을 통해 주식을 매입하다

buy low and sell high 낮은 금액에 사서 높은 금액에 팔다

accumulated dividends 미불 배당금 | equity retreat 지분 회수

pump and dump scam 헐값에 매입한 주식을 (허위 정보 등으로) 폭등시킨 뒤 팔아치우는 사기

share 주식 1주 | share capital 주식자본 | equity stake 주식지분

• 그 밖의 주식 및 증권 관련 표현들

stock exchange 증권거래소

business entity 사업체 | forward market 선도시장

future 선물 | option 옵션

government bond 국채 | public debt[bond] 공채

banknote 은행권, 지폐

irredeemable bond 무기상환채권

bill of lading 선하증권 | money security 화폐증권

paid-in capital increase 유상증자

free issue of new stocks 무상증자

tontine 톤티(Tonti)식 연금 (제도) (출자자 중 사망자가 있을 때마다 배당을 늘려 맨 나중까지 생존한 자가 전액을 받음)

perpetuity 단리가 원금과 같아지는 시기

26

기업과 고용

Company & Employment

GDP국민총생산도 높아지고
1인당 국민소득Per Capita Income도 높아졌다는데
그 소득은 전부 누구에게 몰빵된 것일까?
나의 소득은 1인당 국민소득에 미치지도 못하는데…

대기업conglomerate은 세계 시장에서 위상을 떨치고
대한민국 경제는 국제사회에서
이제 선진국developed country 대열에 있다는데
나는 그저 하루 벌어 하루 먹고 살아갈live from hand to mouth 뿐이다.

일자리는 점점 줄어들고
내가 있는 이곳도 언제 AIArtificial Intelligence에게
내어줘야 할지 모르는 판국에
이 자리라도 지키며 하루살이로 살아가는 것에
감사해야 하는 걸까?

수렵 채집 생활을 하던 시절의 사람들이 더 불안했을까?
고용employment 불안정과 소득income 불안정에 시달리는 내가
더 불안할까?

한 나라의 경제지표

산업혁명

기술 혁신과 자동화automation를 통해 기계를 이용한 대량 생산mass production을 가능하게 한 것이 18세기 중반부터 영국에서 시작된 산업혁명(Industrial Revolution)이다. 산업혁명은 경제 발전의 주춧돌foundation stone이 되었다.

선진국, 개발도상국, 후진국

국가는 경제적 측면, 즉 국내총생산(GDP: Gross Domestic Product), 국민총생산(GNP: Gross National Product), 1인당 국민소득(Per Capita Income) 등을 기준 삼아 선진국(developed country), 개발도상국(developing country), 후진국(underdeveloped country)으로 나뉜다.

국민총생산과 국내총생산

국민총생산GNP은 국민이 일정 기간 생산한 재화와 용역(goods and services)의 총액을 평가한 것이다. GNP(Gross National Product)의 product는 최종 생산물인 재화와 용역을 가리킨다. 국민총생산에서 해외로부터의 순소득을 제외한 자국 내의 재화와 용역의 가치를 평가한 것이 국내총생산GDP이다.

어원 001 **한 나라의 경제지표**

- **Industrial Revolution 산업혁명** ← 18세기 후반부터 유럽에서 일어난 생산 방식의 일대 변혁과 그에 따른 사회 구조의 대전환
  [라] indu = within 안에
  [라] struere = build 짓다
- **revolution 혁명** ← 관습이나 제도 등을 깨부수고 질적으로 향상시키는 것
  [라] revolver = turn 돌다

132

- **domestic** **국내의** ↔ 자국내의

  (라) domus = house 집

- **per capita** **1인당** ↔ 두 당

  (라) per = by means of ~에 의해

  (라) capita = head 머리

- **developed** **개발된** ↔ 발달된

  (고대프랑스어) des = undo 하지 않다

  (고대프랑스어) veloper = wrap up 싸다

  (cf.) '발전한' 정도에 따라 developed(선진의), developing(개발 중인), underdeveloped(미개발의)를 골라 쓰면 된다.

- **goods** **제품** ↔ 원료를 사용하여 만들어낸 물건 (특히 소재를 강조함) / 경제체제 하에서 소비자에게 판매되는 물건

  (고대영어) god = a good thing 좋은 것, gift 선물, property 재산

  | **유의어**

  merchandise 제품 | commodity 상품 | product 제품

- **product** **생산물, 제품** ↔ 최종 산물인 재화와 용역

  (라) productum = something produced 생산된 것

  (cf.) production 생산 | produce [prədjúːs] 생산하다, [prάdjuːs] 농작물

기업의 종류

월마트Wallmart, 골드만삭스Goldman Sachs, 엑손모빌Exxon Mobil 같은 이윤을 추구하는 세계 최대 규모의 기업들이 모두 미국계 기업인 것은 미국이 전 세계 시장 경제에서 기업 성장의 밑거름이 되었기 때문이다. 기업 중 대기업(conglomerate)은 자본금이 많고 직원 규모가 큰 기업이다. 대기업에 비해 규모가 작은 중소기업은 smaller enterprise라고 표현한다. 회사는 사원들이 자본출자를 하고 출자한 금액의 비율에 상응하게 책임을 지는 유한회사private limited company, 전 사원이 회사의 채무에 대해 연대책임을 져야 하는 합명회사unlimited partnership, 유한회사와 무한회사가 혼합된 형태인 합자회사limited partnership, 자본출

자자와 경영자가 분리되는 주식회사company limited by shares = incorporated 등으로 구별된다.

자회사

자회사는 subsidiary 또는 affiliated company라고 한다. 모회사parent company가 지배지분controlling interest을 갖고 있는 회사이다.

지주회사

투자은행들처럼 타기업의 주식 일부를 보유하지만 직접 경영에는 참여하지 않는 기업은 holding company, 즉 지주회사라고 한다.

인수와 합병

한 기업이 다른 기업을 사들이는 것을 인수(acquisition)라고 하며, 한 기업의 자산estate이나 계약 등을 흡수하여 다른 기업과 하나의 기업으로 만드는 것은 합병(merger)이라고 한다.

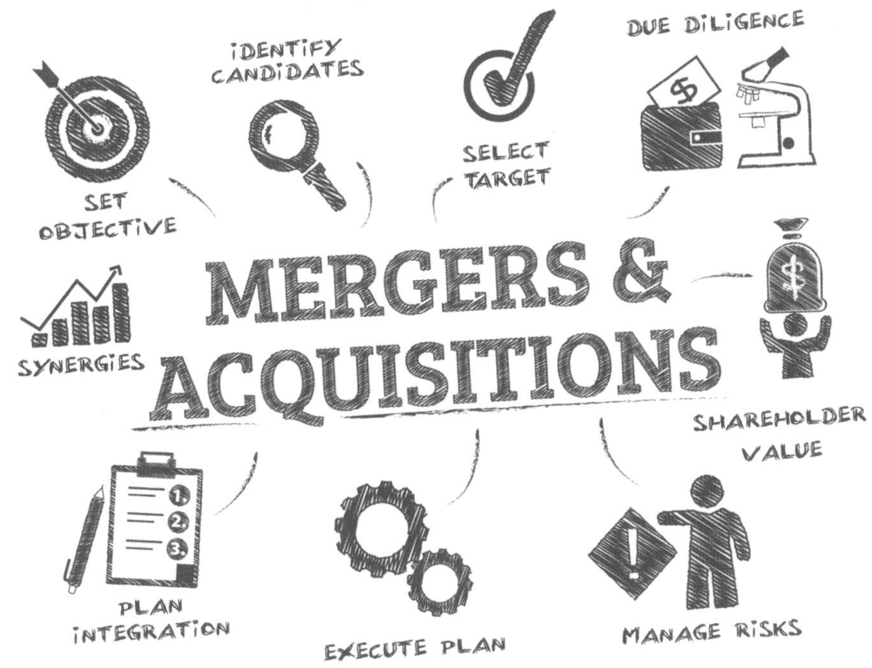

인수합병 절차

133

어원 002 기업의 종류

- **conglomerate** 대기업 ↔ 규모가 큰 기업
  ㊆ conglomerare = roll together 함께 구르다
- **enterprise** 기업 ↔ 영리를 목적으로 하는 사업체
  ㊄ entreprendre = undertake 착수하다
- **subsidiary** 자회사 ↔ 모회사의 자본적 지배를 받는 회사
  ㊆ subsidium = help 도움
  cf. subsidy 보조금, 장려금
- **acquisition** 인수 ↔ 한 기업이 다른 기업을 사들이는 것
  ㊆ ad- = extra 추가로
  ㊆ quaerere = seek to obtain 획득하려고 하다
  | **quaerere에서 파생한 단어**
  exquisite 매우 아름다운, 정교한
  perquisite 특전, 부수입 | disquisition 논고, 논문
  conquer 정복하다 | quest 탐색, 탐색하다
- **merger** 합병 ↔ 한 회사의 소유권이 다른 회사와 합쳐지는 것
  ㊍ merge 합병하다
  ㊆ mergere = dip 떨어지다, plunge 거꾸러지다
  cf. mergers and acquisitions (M&A) 인수합병

기업과 고용

고용

고용(employment)은 고용주employer가 다른 사람에게 일자리job를 주는 행위이며 이렇게 고용된 사람employee을 직원이라고 부른다.

이력서

회사에서 충원이 필요하거나 누군가가 퇴직, 이직 등을 하게 되어 일자리가 비는 것이 공석(job opening, vacancy)이다. 공석이 생기면 채용공고를 보고 지원자applicant들이 이력서(resume)를 내게 된다. 이력서는 curriculum vitae줄여서 C.V.라고도 하는데, 라틴어 curriculumcourse 과정과 vitaelife 삶, 생명가 합쳐진 단어이다. 즉 자신이 살아온 과정을 적어서 보여주는 것이 이력서이다. curriculum vitae가 resume보다 훨씬 더 길고 정교한 이력서이다.

상근직과 시간제직

고용의 형태는 상근 직원full-time employee이 될 수도 있고 시간제 직원part-time employee이 될 수도 있다. 상근직원이 급여salary 외에도 건강보험이나 구내식당 이용 같은 부수적인 혜택을 제공받는 제도가 복리후생제도benefits package이다. 복리후생비 또는 부가수당은 fringe benefit이라고 한다. 미국에서 시간제직원은 어느 주에서 일하냐에 따라 복리후생을 제공받을 수도 있고, 없을 수도 있다. 반면 계약직 사원contract worker은 복리후생의 혜택을 전혀 누릴 수 없다.

어원 003 **기업과 고용**

134

- **employment** 고용 ← 돈을 주고 남을 부림

  ㉣ in = in 안에

  ㉣ plicare = fold 접다

  | **plicare에서 파생한 단어**

  plight 곤경 | plait 땋은 것 | ply 주름

  implication 함축 | complication 문제, 합병증

  apply 신청하다 (ad = to ~에게) | reply 응답하다 (re = back 도로)

display 전시하다 (dis = un 아닌) | deploy 배치하다 (dis = not 아닌)
duplicate 복사하다 | explicit 명백한 (ex = out 밖으로)

- **vacancy** 공석 ↔ 결원으로 빈 자리
  [라] vacans = empty 비어 있는
- **resume** 이력서 ↔ 지금까지 거쳐 온 학업, 경력 등을 적은 것
  [라] re- = again 다시
  [라] sumere = take up 차지하다
- **curriculum vitae** 이력서 ↔ 지금까지 거쳐 온 학업, 경력 등을 적은 것
  [라] curriculum = course 과정
  [라] vitae = life 삶, 생명
  [cf.] aqua vitae 생명수, 독주 | taedium vitae 삶의 권태
- **fringe benefit** 부가 수당 (fringe 주변부, 실을 꼬아 만든 술) ↔ 임금 이외에 받는 여러 복지혜택
  [라] fimbriae = fibers 섬유들, threads 실들
  [라] bene = well 잘 [라] facere = do 하다

직업과 직원

의사, 변호사 같은 전문직을 profession이라고 하며, 자신에게 특별히 잘 맞는 천직을 vocation이라고 한다. career라고 하면 우리는 보통 포괄적인 의미의 경력이라고 알고 있는데, 실제 이 영어 표현의 의미는 어떤 분야에서 꾸준히 해온 일생의 직업을 말한다. 그래서 경력이 쌓이고 전문성이 생기기에 career 하면 그 분야에서 경력과 전문성을 갖춘 직업을 말하는 것이다.

수습사원

internship인턴쉽은 학생들이 기업에서 근무하며 체험해보는 제도이며 intern인턴사원은 고용의 형태가 아니다. 의사들이 레지던트 과정residency training을 시작하기 전에 거치게 되는 수련의 기간도 인턴쉽internship이라고 한다.

회사에 고용된 직원 중 probationary employee수습사원는 정식 채용 전에 업무능력 등을 평가받는 중인 사원이며 probationary period수습기간는 정식 채용 전의 업무능력 평가 기간을 가리킨다.
apprentice견습생는 특정 분야의 대가 밑에서 도제로 일하며 기술을 배우는 사람이다. rookie는 팀에 새로 입단한 신참선수를 가리킨다.

직원

고용주employer에 의해 회사에 고용된 직원을 employee라고 하며 직원들 전체는 personnel이라고 한다. 그래서 직원들의 채용, 복리후생 등을 담당하는 인사과를 personnel department라고 한다. worker는 '노동자, 근로자'를 뜻한다. part time worker시간제 근로자처럼 계약에 따라 일하며 돈을 버는 모든 사람들을 가리킨다. staff는 '함께 일하는 특정 직업군의 사람들'을 가리킨다. cleaning staff청소원들처럼 고용되어 급료를 받는 사람뿐 아니라 voluntary staff자원봉사자들처럼 급료를 받지 않는 사람들도 포함된다.

간부

회사의 직책job title 중 간부(executive)는 회사의 행정책임자administrator이며 그중 최고경영자는 Chief Executive Officer, 줄여서 CEO라고 한다. 간부는 경영자의 일원이기 때문에 회사 노조의 일원이 될 수 없다. 참고로 한 조사에 따르면 직원들이 회사 내에서 직속상관(immediate supervisor)에게 스트레스를 가장 많이 받는다고 한다.

전문가

어떤 분야에서 특별한 재능과 지식을 갖춘 전문가는 expert라고 한다. 라틴어근 expertusproved 증명된, tried 시험을 거친에서 알 수 있듯 그 실력이 이미 입증된 사람들이다.

재직

회사나 조직의 현직에서 근무하고 있는 것을 incumbent재직 중인라고 하는데 라틴어 incumbere recline on ~에 비스듬히 기대어 눕다에서 생겨난 단어이다. 그 라틴어근대로 아직 기댈 언덕이 있어야 '재직 중'인 것이다.

어원 004 **직업과 직원**

135

- **profession** **전문직** ← 전문적인 지식으로 돈을 버는 직업

  [라] profiteri = declare openly 공언하다
- **vocation** **천직** ← 타고난 직업

  [라] vocare = call 부르다

  | **vocare에서 파생한 단어**

  vox 소리, 음성 | voice 목소리 | vocabulary 어휘

  convoke 공식적 회의를 소집하다

  revoke 폐지하다, 철회하다, 취소하다

  invoke 법, 규칙 등을 들먹이다[적용하다]

  provoke 유발하다, 화나게[짜증나게] 하다, 도발하다

  convocation 집회[대회] | equivocation 얼버무리기

  evocation (강신, 영혼의) 불러냄, 초혼 | avocation 취미, 여가 활동

  advocation (하급법원에서 판결 전에 상급법원으로 옮기는) 이송 절차

  advocate [ǽdvəkèit] 옹호하다, [ǽdvəkət] 옹호자

  vouch ~의 진실성을 보증하다

  equivocal 모호한, 애매한

  vocative 호격 (사람 등을 부를 때 사용하는 명사, 대명사, 형용사의 형태)

  locative 처소격 (명사, 대명사, 형용사가 장소 개념을 나타낼 때 취하는 형태)
- **internship** **인턴십** ← 학생들이 기업에서 근무하며 체험해보는 제도, 또는 의대생들의 수련의 기간

  [프] interne = assistant doctor 보조의사 ★라틴어 internus(within ~안에서)에서 파생함

  [cf.] intern 인턴사원 | work as an intern 인턴으로 근무하다

  internal 내부의
- **probationary** **수습 중인** ← 회사에서 일을 배우는 과정인

  [명] probation 보호 관찰, 수습

  [라] probare = test 시험하다

  | **probare에서 파생한 단어**

  proband 발단자 (이상 유전 형질을 가진 가계(家系)의 출발점으로 선정된 사람)

probative 시험하는, 증명하는 | probe 캐묻다, 조사하다

probate 공증, 공증하다 | reprobate 타락한 사람

prove 입증하다 | reprove 나무라다, 꾸짖다

- **apprentice** **견습생** ↔ 대가의 밑에서 도제로 일하는 사람

[고대프랑스어] prendre = learn 배우다

- **rookie** **신참선수** ↔ 새로 입단한 선수

★19세기 중반에 생겨난 영어단어

| 유의어

colt 어린선수들로 구성된 팀의 선수

newcomer 신참 | novice 초심자

amateur 아마추어 | fledgling 신출내기

greenhorn 애송이 | neophyte 초보자, 신개종자

- **personnel** **직원들, 인사과** ↔ 직장에 근무하는 사람들의 무리

[라] persona = human being 인간

- **executive** **운영간부** ↔ 조직 운영의 중요한 책임을 맡은 사람

[라] exequi = carry out 실행하다

- **immediate** **직속의** ↔ 자기가 직접 속해 있는 부서 바로 위 직급의

[라] in = not ~이 없는

[라] mediatus = in the middle 중간에

- **expert** **전문가** ↔ 어떤 분야에 으뜸가는 지식과 경험을 가진 사람

[라] expertus = tried 시험을 거친, proved 증명된

- **incumbent** **현직의, 재직 중인** ↔ 현재 재직 중인

[라] in = on 위에

[라] cumbere = lie down 눕다

| cumbere에서 파생한 단어

procumbent 납작 엎드린 | recumbent 누워 있는

succumb 굴복하다 | decubitus 욕창, 와위

인사 및 퇴사

인사

인적자원

인적자본

'인사평가, 인사고과'는 performance review 또는 performance appraisal이라고 표현할 수 있다. 상사가 직원의 업무능력이나 장점 등을 평가하는 것이다. 말 그대로 업무능력 평가이다.

인사이동은 personnel transfer라고 하는데 특히 정부조직 내의 조직개편이나 개각은 reshuffle이라고 한다.

인사과는 human resources department나 personnel department라고 하는데 보통 department는 빼고 쓸 때가 많다. human resources인적자원는 personnel직원들보다 좀 더 정교한 표현일 수 있다.

human resources가 조직을 구성하는 인력을 가리킨다면 human capital인적자본은 교육과 훈련 등을 통해 얻어지는 사람의 기술, 경험, 노하우 등의 경제적 가치를 가리킨다. human assets인적자산라고 바꿔 표현할 수 있다.

사직, 퇴직, 해고

회사를 그만두는 데는 세 가지 종류가 있는데 자발적으로 그만두는 것이 사직(resignation)이다. resignation은 '사직서'란 뜻도 있어서 '사직서를 내다'는 hand in one's resignation라고 한다. 반면 근무 기한을 다 채우고 그만두는 것은 퇴직(retirement)이다. 회사 사정이나 문제로 자신의 의지와 관계없이 잘리는 것이 layoff해고, 정리해고라면 개인의 과실로 회사에서 해고되는 것은 get fired라고 한다.

퇴직수당

severance pay는 '명예퇴직수당, 해고수당'을 의미한다. 이때 severance는 라틴어 separare separate 분리시키다에서 생긴 단어로 '고용계약해지' 혹은 '단절'의 뜻이다. 반면 gratuity퇴직금는 회사에서 직원이 기간을 다 채우고 고용이 만료되어 퇴직할 때 제공하는 돈이다.

어원 005 인사 및 퇴사

136

- **reshuffle** 개편, 개각 ↔ 조직을 재편성함
  ㊵ re = again 다시
  저지독일어 schuffeln = walk clumsily 어색하게 걷다, deal dishonestly 부정직하게 처리하다
- **resignation** 사임, 사직 ↔ 일자리를 스스로 그만둠
  ㊵ resignare = cancel 취소하다 ★resignare는 re(opposite 반대의)와 signare(mark 표시하다)가 합쳐진 단어임
  | signare에서 파생한 단어
  signatory 서명인, 조인국 | signature 서명
  designate 지명하다
  assign 맡기다 | consign 물품을 실어보내다
  design 디자인
- **retirement** 퇴직 ↔ 현직에서 물러남
  중세프랑스어 retirer = withdraw 철회하다
- **layoff** 해고 ↔ 고용계약의 해제
  ㉿ lagjan = place 두다
  ㉿ off = away from ~에서 멀리 ★해고는 회사를 떠나 멀리 보내는 것임
- **severance** 고용계약해지 ↔ 회사가 고용관계를 끝내는 것
  ㊵ separare = separate 분리시키다
- **gratuity** 퇴직금 ↔ 퇴직할 때 회사에서 주는 돈
  ㊵ gratuitus = free 공짜인
  cf. gratuity는 '팁'이란 뜻도 있다.

수출과 경기
Export & Economy

어제보다 오늘, 오늘보다 내일 더 많이 팔아야 한다.
수익profit은 증가해야 하는 거지, 줄어들면 안 된다.
이것이 기업company이 지향하는 바다.
기업의 미덕은 확장과 성장growth이다.
아이러니하게도 성장하지 않으면 유지가 안 된다.
세상이 그렇게 돌아간다. That's the way it goes.

그런데…

국내시장에서 제한된 소비자에게 천날만날 팔아봤자 한계가 있다.
내수시장domestic demand만으로는 힘들다.
국경을 넘어 해외로 진출해야 한다.
그렇게 성장의 미덕을 실현하고픈 기업들은
오늘도 해외시장의 문을 두드리며 수출export에 힘쓰고 있다.

무역과 관세

상품(commodity)이나 서비스를 서로 사고파는 비즈니스를 무역(trade) 혹은 상업commerce이라고 한다. 차이점이 있다면 trade가 쌍방two parties 이상의 거래 행위에 초점을 두고 있다면 commerce는 생산자와 소비자 간의 거래행위로 거래뿐 아니라 운송, 입고warehousing 등 거래 관련 행위도 포함하는 좀 더 넓은 개념이다.

수출과 수입

기업에서 해외로 물건을 파는 것을 수출(export)이라 하고, 해외에서 물건을 사들여오는 것을 수입(import)이라고 한다.

관세

국제 무역에서 물건을 사고팔 때 정부가 걷는 세금을 관세(tariff, custom duties)라고 하는데 관세는 수출세, 수입세, 통과세로 이루어진 세금으로 우리나라는 통과세transit duties만 있다. 관세를 걷는 목적은 국제수지를 지원하고 세입(revenue)을 확보하기 위함이다. tariff는 중세 라틴어 tarifa list of prices 가격표에서 생긴 단어라는 설도 있고, 고대 스페인 항구도시인 tarifa에서 유래했다는 설도 있다. '걷다, 징수하다'는 영어로 levy라고 하는데 고대 프랑스어 leverraise 올리다에서 생겨난 단어로 lever지렛대도 같은 어근에서 생긴 단어이다.
여행객들이 외국여행 후 구입하여 들어오는 물건들은 흔히 관세를 부과하지 않는데 이를 duty-free goods면세품라 부른다.

quota와 embargo

무역에서 quota 할당량, 할당액는 수출입 한도limit를 가리키며 라틴어 quotushow many 몇 개에서 생겨났다.
embargo 엠바고는 특정 국가와 무역 등을 완전히 중단하는 행위 혹은 배가 특정 국가 항구에 출입하지 못하도록 명령하는 행위를 가리킨다. embargo는 엄격한 경제적 제재(sanction)의 한 형태이다. 스페인어 embargarrestrain 제한하다에서 생겨난 단어로 더 거슬러 올라가면

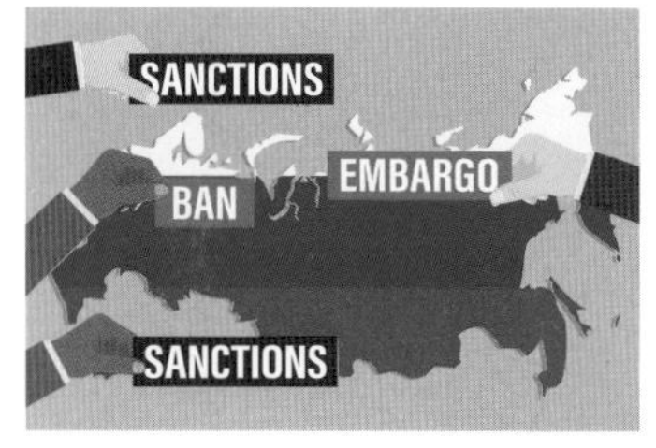

라틴어 in into 안에과 barra bar 장벽가 합쳐진 단어이다. 역사적으로 제4차 대프랑스동맹the War of the Fourth Coalition에서 프랑스에 맞서 오스트리아, 영국, 스웨덴 등이 힘을 합쳐 싸우게 되자 미국은 프랑스와 영국 사이에서 중립을 유지하기 위해 1807년 통상금지법Embargo Act을 통과시킨 바 있다. 이 경우에서 알 수 있듯이 embargo는 국가간 정치, 경제 상황으로 인해 발생한다.

탈세와 조세회피

탈세(tax evasion)는 불법적으로 납세를 회피하는 행위이다. 반면 절세(tax avoidance)는 합법적으로 세금을 줄이는 행위이다. tax shelter는 개인이 합법적으로 이용할 수 있는 절세수단 혹은 절세를 가리킨다. 예를 들어 미국 직장의 퇴직금적립제도인 401k는 적립기간 동안 세금이 면제되는 절세수단이다. 홍콩은 국외원천소득에 대해서는 과세하지 않고 국내세율도 낮아 절세를 할 수 있는 국가이다.

반면 tax haven조세 피난처은 법인소득에 대해 거의 세금을 부과하지 않는 지역jurisdiction으로 익명성이 보장되기 때문에 탈세나 돈세탁에 불법적으로 이용된다. 널리 알려진 조세 피난처로는 룩셈부르크, 키프로스, 몰타, 스위스 등이 있다. 참고로 세금 추적을 피해 따로 관리해둔 비자금은 slush fund라고 한다. 배에서 염장한 고기가 끓을 때 걷어내는 지방이나 기름이 slush이다. 선원들이 육지에 도착하면 이 slush를 양초를 만들기 위해 동물기름을 사는 사람들에게 팔아서 선원들을 위한 비상금으로 사용한 데서 slush fund라는 용어가 생겨났다.

밀수

수출, 수입이 합법적인 행위인 반면 밀수(smuggling)는 관세를 내지 않고 위법적으로 물품을 몰래 들여오거나 내보내는 행위이다. 이런 물품을 밀수품, contraband라고 한다. 참고로 특정인을 이용해 마약을 밀수할 때엔, 콘돔 등에 마약을 넣어 삼키는swallow 방식, 복부 등에 마약을 넣고 덮어 위장하는 보디팩body-pack 방식, 항문 등에 마약을 쑤셔넣어두는stuffed 방식 등이 있다. 이렇게 마약을 운반하는 사람을 drug mule마약운반책이라고 한다.

[어원 001] 무역과 관세

137

- **commodity** 상품 ← 사고파는 물건

  [라] commodus = proper 적당한

- **trade** 무역 ← 나라와 나라 사이에 서로 물건을 사고파는 일

  [중세네덜란드어] trade = course 경로

- **export** 수출 ← 제품이나 기술을 해외에 파는 것

  [라] ex- = away 멀리

  [라] portare = carry 운반하다

- **import** 수입 ← 제품이나 기술을 국내에 사오는 것

  [라] in- = into 안으로

  [라] portare = carry 운반하다

- **tariff** 관세 ← 관세영역을 통과하는 물품에 붙이는 세금

  [라] tarifa = list of prices 가격표, book of rates 요금장부 ★라틴어 tarifa는 아랍어 ta'rif(information 정보)에서 파생한 단어임

  [cf.] 관세를 뜻하는 영어 단어 tariff는 고대 스페인 항구도시 tarifa에서 유래했다는 설도 있다.

- **customs duties** 관세 ← 관세영역을 통과하는 물품에 붙이는 세금

  [라] cum = together 함께

  [라] suescere = accustom 익숙하게 하다

  | **suescere에서 파생한 단어**

  custom 풍습 | customize 개개인의 요구에 맞추다

  customary 관례적인 | costume 의상 | accustomed 익숙해진

- **revenue** 세입 ← 정부가 조세로 얻는 수입

  [라] revenire = return 돌아오다

  [cf.] 기업 차원에서 revenue는 '수입'을 의미한다.

- **levy** 징수하다 ← 조세나 벌금 따위를 거둬들이다

  [고대프랑스어] lever = raise 올리다 ★lever는 인도게르만공통조어 legwh(light 가벼운)에서 파생했으며, 이 어근에서 lung(폐. 말 그대로 light organ 가벼운 기관)이란 단어도 생겨남

  [ex.] levy a tax on ~에게 세금을 부과하다

| lever에서 파생한 단어

lever 지렛대 | leverage 영향력, 지렛대

- **quota** **할당량, 할당액** ↔ 국가 간 합의에 따라 정해진 수출 또는 수입할 수 있는 물량의 한도

  ㊣ quotus = how many 몇 개

- **embargo** **엠바고** ↔ 선박의 억류나 통상금지

  cf. embargo는 '일정 시간까지 보도 금지'라는 의미로도 쓴다.

  ㊣ in = into 안에

  ㊣ barra = bar 장벽

- **sanction** **제재, 승인** ↔ 제한하거나 금함

  ㊣ sancire = decree 법령에 따라 명하다 ratify 비준하다

- **tax evasion** **탈세** (evasion 의무 회피) ↔ 세금을 내지 않음

  ㊣ taxare = evaluate 평가하다

  ㊣ evadere = escape 도피하다

- **tax avoidance** **절세** (avoidance 회피) ↔ 법을 활용하여 세금을 줄이는 것

  ㊣ vocivos = vacant 비어 있는 / vacare = be empty 비어 있다

- **tax shelter** **절세수단** ↔ 세금을 줄일 수 있는 방법

  (고대영어) scheld = shield 방패 (고대영어) truma = troop 무리

- **tax haven** **조세 피난처** ↔ 법인소득에 세금을 거의 부과하지 않는 지역

  (노르웨이어) höfn = haven 피난처, harbor 항구

- **slush fund** **비자금** (secret fund) ↔ 회계장부를 조작하여 세금 추적이 안 되게 빼돌린 돈

  ★slush는 스칸디나비아 어원으로 추정되며, 18세기 중반에는 '쓸모 없어 버려진 지방(refuse fat)'이란 뜻이었음

  ㊣ fundus = bottom 바닥, piece of land 땅 덩어리

- **smuggling** **밀수** ↔ 세관을 거치지 않고 물건을 들여옴

  (저지독일어) smuggeln = transport illegially 불법으로 운송하다

- **contraband** **밀수품** ↔ 세관을 거치지 않고 사들여온 물건

  ㊣ contra = against ~에 반하여, ~에 거스르며

  (프랑크어) ban = command 명령

무역장벽

국가 간에 무역을 제약하는 조치를 무역장벽(trade barrier)이라고 한다. 관세tariff를 붙이거나 수입물량을 제한하는 등의 방법으로 무역장벽을 칠erect 수 있다.

자유무역협정 (FTA)

무역장벽을 제거하여 무역을 자유롭게 하는 협정이 자유무역협정FTA: free trade agreement이다. 자유무역협정은 가입 회원국들이 무역을 할 때 수출입관세를 낮추거나 무료로 해주어 국가간 거래를 촉진시킨다. 가입 국가들에게는 특혜를 주고 소비자들에겐 더 저렴한 제품을 제공하는 이점이 있다. 한국과 미국 간의 FTA는 2012년 3월 15일에 발효되었다be effective.

세계무역기구 (WTO)

세계무역기구 WTOWorld Trade Organization는 세계 무역이 원만하게 진행되도록 무역 협상과 무역 분쟁(dispute)의 해결에 관여하는 국제기구이다. 제네바Geneva에 사무국이 있으며 164개국의 회원국이 있다. 세계무역기구의 전신인 가트The Gatt: General Agreement on Tariffs and Trade 관세와 무역에 관한 일반협정는 1986년부터 1993년까지 8차에 거친 다자간 무역협상인 우루과이 라운드(Uruguay round)를 개최하였고1986년 첫 협상이 우루과이에서 개최되어 우루과이 라운드라 일컬어짐 그 결과물로 1994년 세계무역기구가 탄생하게 되었다.

무역박람회

일명 EXPO엑스포, exposition라 불리는 만국 무역박람회는 국가별 종합 홍보를 할 수 있는 국제 행사이다. 일반적으로 무역 박람회 또는 산업 박람회는 trade fair라고 한다. trade fair는 박람회를 여는 업계의 상품을 진열하고showcase 작동 과정이나 사용법을 실제로 보여주며demonstrate 홍보하는 전시회exhibition이다. 도서, 비디오 게임, 자동차, 농기구, 가구 등 다양한 업계에서 박람회를 열곤 한다. 그중 도서 박람회book fair는 전 세계 출판사와 관계자들이 참여하는 가장 큰 규모의 박람회 중 하나이다.

어원 002 **무역장벽**

138

- **barrier** 장벽, 방해 ← 가로막는 장애물
  (고대프랑스어) barre = bar 막대기, 빗장
- **dispute** 분쟁 ← 시끄럽게 다툼
  ㉱ dis = separately 별도로
  ㉱ putare = count 계산하다 consider 고려하다 ★putare는 인도게르만 공통조어 pau(cut 자르다, strike 치다)에서 파생함
  | **pau에서 파생한 단어**
  account 간주하다 | amputate 사지를 절단하다 | berate 심하게 꾸짖다
  compute 계산하다 | impute 죄를 전가하다
  depute 위임하다 | deputy 대리, 부~
  pavement 포장도로 | pit 구멍 | putative 추정되는
  rate 꾸짖다 | reputation 명성
- **round** 회 ← 한 차례 ★Uruguay round(우루과이 라운드)는 8차(the eighth round) 다자간 무역협상을 가리킴
  ㉱ rotundus = like a wheel 바퀴 같은, circular 원형의
- **fair** 박람회 ← 업계의 물품을 진열하고 판매, 홍보하는 전람회
  ㉱ feriae = religious festivals 종교축제

인플레이션과 디플레이션

creeping inflation

인플레이션

인플레이션(inflation)은 통화량이 꾸준히steadily 증가하고 그 결과 화폐 가치가 감소하는 것이다. 일명 통화 팽창이라고 한다. 완만한 인플레이션은 creeping inflation잠행성 인플레, walking inflation완만한 인플레, 연간 약 10퍼센트 정도의 인플레이라고 표현한다. secular inflation장기의 완만한 인플레, chronic inflation만성 인플레 등의 표현도 사용한다.

반면, 급성 인플레이션은 '질주하는'이란 의미의 galloping이나 '걷잡을수 없는'이란 의미의 rampant를 붙여 galloping inflation급성인플레, 연간 약 100퍼센트 정도의 인플레 또는 rampant inflation통제 불능의 인플레 등으로 표현한다. 급성 인플레보다 훨씬 심한 단계의 인플레이션은 hyperinflation이라고 한다.
(속도에 따른 분류: creeping inflation < walking inflation < galloping inflation < hyperinflation)

디플레이션

디플레이션(deflation)은 소비와 경제 활동의 축소로 고용, 투자, 가격 등이 함께 하락하는 통화 수축을 가리킨다.

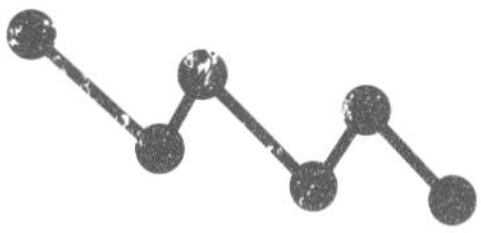

불경기

불경기나 경기침체를 나타내는 표현에는 여러 가지가 있다. stagnation경기침체이 경기가 제자리를 겨우 유지하는 정도의 뉘앙스라면 recession불황은 경기가 오히려 더 안 좋아진 상태를 가리킨다. GDP가 2분기 연속 하락하면 경기침체로 본다. 참고로 일반 용어로, 성장하지 못하고 제자리에 머물러 있는 침체기는 doldrums [cf.] in the doldrums 침체기에 있는라고도 표현한다.

[어원 003] 인플레이션과 디플레이션

139

- **inflation** 통화 팽창 ↔ 통화량이 늘어서 화폐 가치가 떨어지고 물가가 오르는 현상
  [라] in- = into 안으로
  [라] flare = blow 불다
- **secular** 장기적인, 세속적인 ↔ 오래 지속되는
  [라] saeculum = age 수명
- **galloping** 급속히 진행되는, 급증하는 ↔ 갑작스럽게 늘어나는
  [고대프랑스어] galoper = gallop 질주하다
  | 유의어
  ballooning 급등하는 | soaring 급등하는 | skyrocketing 급등하는
  burgeoning 급증하는 | spiraling 급증하는

- **rampant** **걷잡을 수 없는** ↤ 붙들어 잡을 수 없는

  (고대프랑스어) ramper = climb 기어오르다
- **deflation** **통화 수축** ↤ 통화량이 줄어서 화폐 가치가 올라가면서 물가가 하락하는 현상

  ㊓ de- = down 아래로

  ㊓ flare = blow 불다
- **stagnation** **경기침체** ↤ 경기가 제자리에 머물거나 거의 성장하지 못하는 현상

  ㊓ stagnatum = standing water 고여 있는 물 ★더 거슬러 올라가면 인도게르만 공통조어 stag-(seep drip 액체방울이 스미다)에서 파생한 단어임

  cf. secular stagnation 장기 경기침체

  | **stag-에서 파생한 단어**

  stagflation 경기불황 중에도 물가가 계속 오르는 현상

  stagnate 침체되다 | stalactite 종유석 | stagnant 고여 있는
- **recession** **불황, 경기침체** ↤ 실업과 임금 하락 등을 동반하여 경제가 위축되는(shrink) 현상

  ㊓ re = back 뒤로

  ㊓ cedere = go 가다
- **doldrums** **침체기** ↤ 제자리에 머물러 있는 시기

  (고대영어) dol = foolish 어리석은

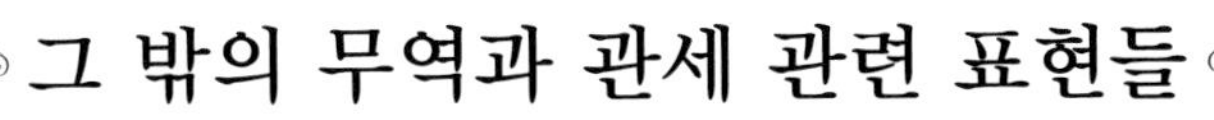

그 밖의 무역과 관세 관련 표현들

- 자유무역협정

NAFTA (North American Free Trade Agreement) 북미자유무역협정

Asean Free Trade Agreement 아세안 10개국간의 자유무역협정

treaty 협정

- 관세 관련 표현

excise duty 소비세, 물품세

import duty 수입세

export duty 수출세

transit duty 통관세 (clearance fee)

tonnage-duty 미국에 들어오는 배의 톤에 따라 부과되는 세금

revenue tariff 수입관세 (세입을 거두기 위해 부과되는 세금)

protective tariff 보호관세 (국내 기업을 보호하기 위해 부과되는 관세)

countervailing duty 상계관세 (수출국의 보조를 받은 수입품에 부과하는 할증 관세)

impost 부과금, 세금, (과세를 위해) 수입품을 분류하다

impose 부과하다 cf. impose a fine 벌금을 부과하다 | imposter 사기꾼

7

사회와 제도

Society & System

한 번쯤 물어도 좋을 질문 7

당신은 지금 옳은 일을 하고 있는가?

Are you doing right things?

더불어 사는 세상이다. 혼자서는 살 수 없다.
그래서 문제가 생긴다.
서로 다른 너와 내가 함께 살아가야 하기 때문에.
그래서 합리적인 제도와 공정한 원칙이 필요하다.
제도와 원칙은 너와 내가 만드는 것이다.
정의로운 사회, 평화로운 세상을 만들려면
너와 내가 정의와 평화를 추구해야 한다.
핑계대지 않고, 변명하지 않고
올바른 곳을 바라보며 옳은 일을 해야 한다.

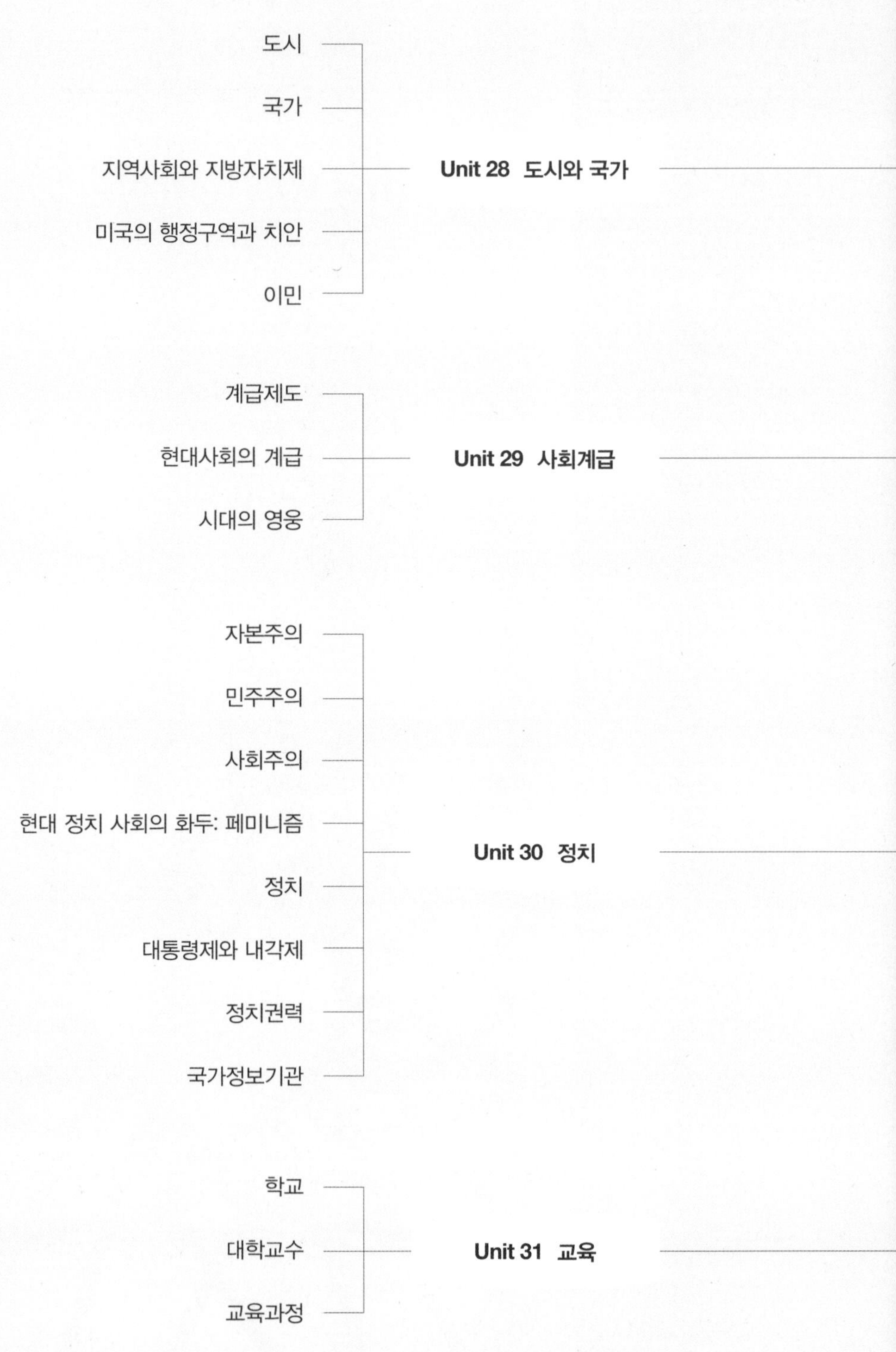
도시
국가
지역사회와 지방자치제
미국의 행정구역과 치안
이민
Unit 28 도시와 국가
계급제도
현대사회의 계급
시대의 영웅
Unit 29 사회계급
자본주의
민주주의
사회주의
현대 정치 사회의 화두: 페미니즘
정치
대통령제와 내각제
정치권력
국가정보기관
Unit 30 정치
학교
대학교수
교육과정
Unit 31 교육

Chapter 7
사회와 제도

Unit 32 법
- 법
- 민법과 형법
- 법정의 사람들
- 영장과 소환장
- 수감
- 형량 선고

Unit 33 전쟁과 군대
- 전쟁
- 전쟁의 형태
- 세계대전
- 무기
- 군대
- 육해공군

어원표시 [라] 라틴어 [그] 그리스어 [히] 히브리어 [게] 게르만조어 [인] 인도게르만공통조어
[힌] 힌두어 [프] 프랑스어 [영] 영어 [스] 스페인어 [독] 독일어

품사표시 [명] 명사 [동] 동사 [형] 형용사 [부] 부사

28

도시와 국가
City & State

현대사회의 일원이라면 누구나
정치 경제적으로 독립된 어떤 국가state에 소속되어 있다.

국가는 사회적으로 합의된 법의 테두리 안에서
나를 보호해준다.
그 영토territory 안에서 자유롭게 경제활동을 하며
먹고 자고 쉴 수 있다.

무력으로 뺏고 빼앗기던 땅 따먹기의 역사를 거쳐
국제사회의 평화peace를 유지하는 방향으로
세계질서도 재편되어왔다.

그렇게 글로벌 시대를 맞이한 우리는
이제 국제사회의 약속 안에서
국가와 국가를 넘나들며 소통하는 시대를 살고 있다.

인류는 태초부터 본능적으로 알았던 것일까?
혼자서는 살아남을 수 없다는 것을.
혼자서는 영원할 수 없다는 것을.

부족tribe에서 도시국가city state를 거쳐
지금의 국가nation에 이르기까지
인류는 끊임없는 이해와 반목을 거듭하며
함께 살아가고 있다.

도시

도시의 기원

메소포타미아 계곡과 중국 등지의 최초 문명 이후 도시city가 발달하기 시작하였다. 고대 그리스에서는 하나의 도시가 국가 형태를 띠는 폴리스polis라 불리는 도시국가(city state)들이 생겨났다. 현대에는 바티칸이라는 도시국가가 있다.

도시와 시골

도시는 그 형태에 따라 대도시권(metropolitan area)이나 도시지역(urban area) 등으로 구별된다. 도시를 둘러싼 주변 도시의 주택 지역은 suburb교외라고 하는 반면 시골 지역은 rural area라고 한다.

town, downtown, slum

도시건 시골이건 작은 마을, 동네, 혹은 지역을 town이라고 표현한다. 그런 의미에서 관용어구 be out of town은 '자신이 사는 동네를 떠나 있다 혹은 출장 중이다'란 뜻이다. 대도시 외곽에 형성된 일명 bed town 혹은 commuter town은 대도시에 출근했던 사람들의 주거지 역할을 하는 도시이다.

대도시의 업무중심지구는 inner city라 하고 번화가인 '도심지', '시내'를 downtown이라고 한다. downtown은 '시내로'라는 부사로도 사용되므로 go to downtown이라고 표현하지 않고 go downtown이라고 해야 한다. 빈민가는 slum이라고 하는데 slum은 원래 back slum의 약자로 빈민들이 사는 더러운 뒷골목을 가리키며 맨해튼 동북부에 있는 흑인거주구역인 슬럼가는 할렘Harlemd이란 구역이다.

downtown

slum

도시 스프롤 현상

sprawl제멋대로 퍼져나가다, 팔다리를 아무렇게나 벌리고 앉다이란 단어는 고대영어 spreawlian move convulsively 급격하게 움직이다에서 생겨났는데 인도게르만공통조어 sper strew 흩뿌리다에서 파생했을 것으로 추정된다. 후에 '무질서하게 뻗어나간 도시 외곽 지역'이란 뜻이 생겨났는데 도시 스프롤 현상(urban sprawl)은 기반시설이 미비함에도 도시 개발이 근처 미개발 지역으로 확산되어가는 현상을 가리킨다.

어원 001 **도시**

140

- **city state 도시국가** ↞ 도시 그 자체가 국가의 공동체를 이룬 것
  ㉣ civis = townsman 읍민
  ㉣ status = position 위치, rank 계급
- **metropolitan 대도시의** ↞ 지역이 넓고 인구가 많은 도시의
  ㉠ meter = mother 어머니
  ㉠ polis = city 도시
- **urban 도시의** ↞ town보다는 넓고 사람이 많이 사는 지역의
  ㉣ urbanus = pertaining to a city 도시에 관한
- **suburb 교외** ↞ 도시 외곽
  ㉣ sub = near 근처에, under 아래에, up from under 아래에서 위로, during 동안에, in the power of ~의 지배 하에

  | **sub에서 파생한 단어**

  substance 물질, 본질 | subcategory 하위범주
  subway 지하철 | submarine 잠수함
  subpoena 소환장 (poena = penalty 처벌)
  subtitle 자막, 부제 | subjugation 정복 (iugum = yoke 멍에)
  subconscious 잠재의식적인, 잠재의식 | subordinate 종속된, 부하
  subprime 최우대 대출 금리보다 낮은
  subterranean 지하의 | subservient 굴종하는
  subjacent 기초를 이루는 | subsequent 차후의
  subtropical 아열대의 (열대와 온대의 중간인)
  subcutaneous 피하의 (cutis = skin 피부)
  subtle 미묘한 (tela = web 망)

subcontract 하청을 주다 | sublet 전대하다

submit 제출하다 | submerge 잠수하다

subside 가라앉다 | subvert 전복시키다

substitute 대체하다 (statuere = set up 세우다)

subsist 근근히 살아가다 | subrogate 대위변제하다

sous-chef 부주방장 (프랑스어 sous = 라틴어 sub)

souffle 청진할 때 들리는 체내의 잡음 (flare = blow 불다)

suffix 접미사 (figere = fasten 매다)

suffusion 충만 (fundere = pour 붓다)

suffrage 참정권, 투표권 (fragor = shouts 외침)

sufficient 충분한 | suffer 고통받다, 겪다

suffocate 질식시키다 (fauces = throat 목구멍)

succinct 간단명료한 (cingere = gird 묶다)

succumb 쓰러지다, 굴복하다 (cubare = lie down 눕다)

succeed 성공하다 | suspire 한숨짓다 (spirare = breathe 호흡하다)

susceptible 영향받기 쉬운

supplant 낡은 것을 대체하다 (planta = sole of the foot 발바닥)

suppress 진압하다 | surrogate 대리의 (rogare = ask 요청하다)

sojourn 체류 (diurnum = day 하루)

somber 어두침침한 (umbra = shade 그림자)

sumptuous 호화로운 (emere = buy 사다)

suspect [səspékt] 의심하다, [sʌ́spekt] 용의자 (specere = look at ~를 보다)

suspend 유예하다, 매달다 (pendere = hang 매달다)

resuscitate 소생시키다 (citare = summon 호출하다)

- **rural 시골의** ↔ 도시에서 떨어져 있는 지역의

  [라] rus = country 시골, rustic 시골 특유의, 소박한

- **town 읍** ↔ 도시건 시골이건 작은 마을, 동네, 혹은 지역

  [게] tunez = fortified place 요새 지역

  | **tunez에서 파생한 외국어**

  (네덜란드어) tuin 정원 | (독일어) Zaun 울타리, 산울타리

- **commuter 통근자** ↔ 직장에 출퇴근하는 사람

  [라] com = intensive prefix 강조접두사 [라] mutare = change 바꾸다

- **downtown** 시내, 시내로 ↔ 도시 안의 번화가(로)

  고대영어 ofdune = downwards 아래쪽으로

- **sprawl** 스프롤 ↔ 도시가 무질서하게 외곽으로 확산되는 일

  고대영어 spreawlian = move convulsively 급격하게 이동하다

  ★spreawlian은 인도게르만공통조어 sper(strew 흩뿌리다)에서 생겨났을 것으로 추정됨

  | sper에서 파생한 단어

  sprout 싹이 나다

국가

'국가, 나라'를 뜻하는 단어에는 country, state 등이 있다. country는 영토를 가진 '나라'라는 의미이고 state국가, 한 나라의 주, 상태는 주권(sovereignty)을 가진 '나라'라는 어감이다. country는 '시골'이란 뜻으로도 사용된다. 국가의 영토나 시골의 땅 모두 land에 기반을 두고 있으니 이치에 닿는다.

국민과 민족

국민(people)은 사전적 정의에 따르면 한 국가 내에 사는 국적nationality이 같은 사람이다. 민족(ethnic group)은 같은 인종일 뿐 아니라 한 지역에 오랜 세월 살아오면서 역사history, 문화유산(culture heritage), 언어language 등을 공유한 사람들의 집단이다.

시민

citizen은 도시 거주자를 뜻하다가 '시민'으로 바뀌었다. 서양사회에서 봉건 시대에 귀족 계급을 대신하여 정치적, 경제적 권력을 장악한 상공업 계층을 citizen이라 일컬었기 때문에 혹자는 시민이 국민보다 좀 더 부르주아적 개념이라고 주장한다. 특정 지역의 국민은 the Korean people한국 국민처럼 the people이란 단어로도 표현한다. 참고로 우리말의 '시민'은 맥락에 따라 people, the public, working class 등으로 표현한다.

영토와 지역

territory영토는 국가의 토지 영역을 가리키는데 영해, 영공을 포함하여 좀 더 넓은 의미로 사용할 수도 있다.

region지역은 일정한 지표면의 범위를 가리키는데 좁은 지역도 있지만 유럽연합European Union이나 제3세계the Third World처럼 지리적 지역을 정치적으로 나누어 놓은 곳도 있다. 유럽에선 인접국가들이 국가를 초월하여 협력하는 구조인 Euroregion이 형성되어 있다.

어원 002 국가

141

- **country** 국가 ← 일정한 영토를 보유하며 국민이 있고 주권을 가진 집단

  [cf.] country는 '시골'이란 의미로도 잘 쓰이는 단어이다.

  [라] (terra) contrata = (land) lying opposite 반대에 놓여 있는 땅
- **state** 국가, 주 ← 국민, 영토, 주권의 삼요소를 갖춘 집단

  [라] status = station 상태, position 위치, place 장소
- **sovereignty** 주권 ← 대외적으로 자주적 독립성을 가진 국가의 권력

  [프] soverain = highest 최고의 ★soverain은 라틴어 superanus(chief 주요한)에서 파생함

  | superanus에서 파생한 외국어

  (스페인어) soberano 주권자, 주권 | (이탈리아어) soprano 소프라노 가수
- **people** 국민, 사람들 ← 한 국가의 구성원

  [라] populus = a people 한 국민
- **ethnic** 민족의 ← 특정 지역에서 함께 모여 살며 언어와 문화를 공유한 사회집단의

  [그] ethnos = band of people living together 함께 사는 사람들
- **heritage** 유산 ← 가치 있는 선조의 전통

  [라] heres = heir 상속인

  | 유의어

  ancestry 가계, 혈통 | legacy 과거의 유산

  inheritance 물려받은 재산 | patrimony 세습재산 | heirship 상속권

  bequest 유증, 유산 | birthright 생득권 | endowment 타고난 재능
- **citizen** 시민 ← 한 국가의 구성원

  [고대프랑스어] cite = city 도시

  [고대프랑스어] -ain = dweller 거주자

- **territory** **영토** ↔ 땅으로 이루어진 국가의 영역

  [라] terra = land 땅

  | **terra에서 파생한 단어**

  terrain 지형 | terrace 테라스

  terrestrial 육지의, 육생의 | subterranean 지하의

  continent 대륙 (continere = hold together 결합하다)
- **region** **지역** ↔ 특정 특징으로 분류한 영역

  [라] regere = rule 통치하다

지역사회와 지방자치제

지방자치제

특별시, 광역시, 도, 군처럼 행정적 목적에 의해 분류된 자치권이나 관할권jurisdiction을 가진 지역을 행정구역(administrative district)이라 하고 지방자치 당국을 municipality라고 한다. municipality는 지방자치제도를 가리키기도 한다. municipality는 라틴어 municipium에서 온 단어로, municipium은 로마시민으로서 권리를 지닌 채 동시에 자치법도 갖고 있는 자유도시를 가리켰다. 그들은 로마시민의 권리를 갖는 대신 로마에 병력을 공급해줄 의무가 있었다. 참고로 municipal court는 지방법원을 가리킨다.

지역사회

community지역사회는 행정구역이 아니라 사회적 관계의 틀이며 community center는 지역의 문화회관을 가리킨다.

어원 003 **지역사회와 지방자치제**

142

- **administrative** **행정의** ↔ 공무의 운영 및 처리와 관계된

  [동] administer 운영하다, 집행하다

  [라] administrare = manage 운영하다, control 통제하다
- **municipality** **지방자치제** ↔ 지방 주민과 자치 단체가 행정사무를 정부

에 맡기지 않고 스스로 처리하는 정치 제도

㉣ municipium = free town 자유도시

cf. autonomy 자치권

- **community** 지역사회 ↔ 한 지역의 일정한 범위 내의 생활 공동체

㉣ communis = common 공통의

미국의 행정구역과 치안

미국

The United States of America미국는 50개의 주와 5개의 편입되지 않은(unincorporated) 영토와 기타 섬들로 이루어진 연방공화국federal republic이다. 미국의 외교, 군사는 연방정부federal government가 통괄하고 있다. 편입되지 않은 영토란 미국의 state주의 지위를 부여받지 못해 헌법에서 보장하는 미국 시민으로서 권리를 누리지 못하는 영토를 가리킨다. 아메리칸 사모아, 괌, 푸에르토리코, 북마리나제도the Northern Mariana Islands, US 버진아일랜드를 말한다. 참고로 이 다섯 영토뿐 아니라 워싱턴 D.C.도 별개의 지역정부를 갖고 있다.

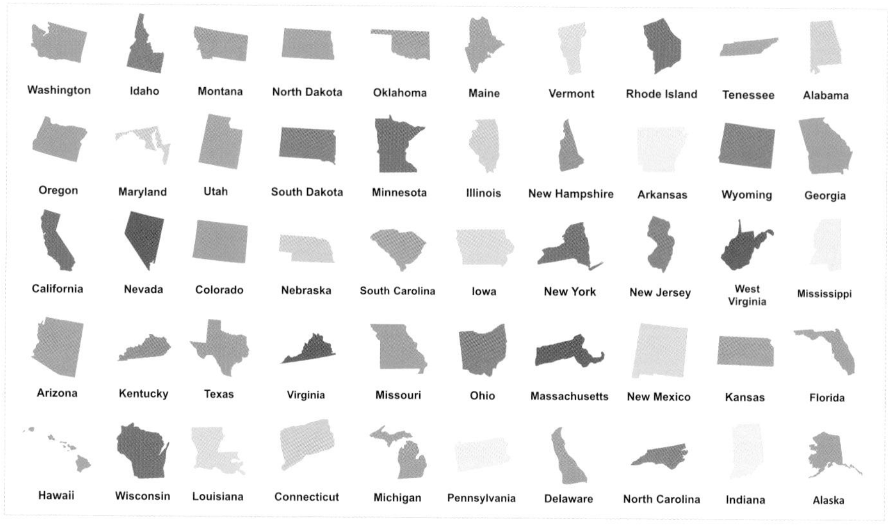

미국의 50개 주

미국의 행정구역

미국 내에 지역 정부의 형태로 행정 관할권을 갖는 지역을 state주라고 한다. state의 통치권(sovereign power)은 연방정부가 갖는다. 각각의 주state는 county군라 불리는 군 단위로 조직이 되어 있는데 county는 실질적인 행정단위가 아니라 명목상nominally, 또는 출생증명 등 사무적인 행정을 관장하며 실질적인 생활을 관장하는 것은 각 city이다. 예외적으로 알라스카Alaska는 county 대신 borough라 불리는 자치구에 의해 나뉜다. 캐나다의 퀘벡은 8개의 시가 하부구조인 borough로 나뉜다. 예를 들어 퀘벡의 몬트리올Montreal 시는 19개의 borough로 나뉘며, 미국의 뉴욕 시는 the Bronx브롱크스, Brooklyn브루클린, Manhattan맨해튼, Queens퀸즈, Staten Island스태튼 섬의 다섯 개 borough로 나뉜다.

미국의 치안

city에는 시 경찰조직이 있는데, 예를 들어 New York city에는 NYPDNew York Police Department, 로스앤젤레스에는 LAPDLos Angeles Police Department가 있다. 참고로 county의 경찰은 sheriff, 즉 보안관이라고 하며 sheriff는 선거로 선출된다. FBI는 여러 주에 걸쳐 발생하는 범죄, 또는 사회적인 영향이 큰 범죄를 다루는 연방경찰 조직이며 CIA는 국가 정보조직이다.

한국의 도와 일본의 현

나라마다 행정구역을 칭하는 명칭 및 그 속성이 다른데, 한국의 도에 해당되는 행정구역은 영어로 province라 한다. 또, 일본 및 이탈리아 등에선 prefecture현라고 한다.

한국의 구와 일본의 군

한 국가 내에서 행정 편의상 나누어 놓은 구역 중 district는 한국의 구나 일본의 군에 해당한다. district는 물론 일반적인 '구역'을 의미하는 말로도 쓰인다(ex. congressional district 하원의원 선거구).

한국의 읍, 면, 동

읍Eup은 군county의 하부 단위 중 하나인데 town소도시과 유사한 개념이다. 읍은 다시 면Myeon과 동dong으로 나뉜다. 면은 미국 county의 하부 행정 단위인 township과 유사하다. dong에는 동사무소/주민센터Dong Office가 있으며 동이 다시 1동, 2동처럼 나뉘면 그 동은 별개의 동사무소를 갖는다.

우편번호

참고로 우편번호는 우편물의 지역별 배달을 용이하게 하기 위한 시스템으로 영어로는 zip code라고 한다. ZIP은 zone improvement plan의 약자이다. zip code는 많은 우체부들이 2차 세계대전에 참전하게 되면서 대안으로 생겨났다. 국가 내의 주(1자리) + 지역총괄국(2자리) + 우체국분소(2자리)의 5자리가 미국 우편번호의 기본 구성이다. 지금은 하이픈(-)을 붙여 4자리를 추가하여 지역을 좀 더 세분화하고 있다.

[어원 004] 미국의 행정구역과 치안

143

- **unincorporated** **편입되지 않은** ← 큰 도시를 몇 개의 구역으로 나누어 놓은 단위의
  [라] un = not ~이 아닌
  [라] corporare = make into a body 몸통(조직)의 일부가 되게 하다
- **sovereign** **자주적인, 독립된** ← 예속되지 않고 스스로 일을 처리하는
  [고대프랑스어] soverain = ruler 통치자
- **county** **카운티, 군** ← 읍이나 면보다 위의 행정구역
  [라] comitatus = jurisdiction of a count 백작의 관할구역
- **borough** **자치구** ← 지방자치단체 당국을 세분한 단위
  [게] burgs = hill fort 언덕 위 요새
  | burgs에서 파생한 외국어
  (독일어) Burg 성 ★여기에서 hamburger(햄버거)란 단어가 생겨났다. Hamburg(함부르크)는 독일에서 두 번째로 큰 도시로 이곳에 사는 사람들을 Hamburger라고 하다가 그들이 두 빵 사이에 고기를 끼워 먹던 음식을 햄버거라고 부르게 되었다.
- **province** **도** ← 지방행정구역의 하나
  [라] provincia = territory outside of Italy 이탈리아 외부의 영토
- **prefacture** **현** ← 도에 상응하는 지방행정구역의 하나

[라] raefectus = superintendent 감독관

- **district** 구, 구역 ↔ 큰 도시를 몇 개의 구역으로 나누어 놓은 단위

  [라] districtus = jurisdiction 관할권

- **township** 군구 ↔ county 하부 행정조직의 하나

  [게] tunaz/tunan = fortified place 요새화된 곳

  | **tunaz/tunan에서 파생한 단어**

  (네덜란드어) tuin 정원 | (독일어) Zaun 울타리

이민

이민(immigration)은 다른 나라로 옮겨가 그 나라의 거주자가 되는 것을 뜻한다. immigrate to는 '~로 이주하다'란 뜻으로 도착지를 중심으로 한 표현인 반면 emigrate는 ex out 밖으로란 어근이 말해주듯 출발지를 중심으로 '이민을 떠나다'란 뜻이다. 영화 제목의 영향으로 alien을 '외계인'으로만 알고 있는 사람들이 많은데 alien은 '나와는 국적이 다른' 외국인을 가리키기도 한다.

추방과 망명

이민을 가는 이유는 여러 가지인데 취업을 목적으로 하는 경우도 있지만 한 나라에서 추방되어(exiled) 가는 경우나 망명(asylum)을 목적으로 가는 경우도 있다. asylum은 그리스어 a without 없이와 syle right of seizure 점령권이 합쳐진 단어이다. 즉 망명은 '침범할 수 없는 안전한 곳'으로의 이주인 셈이다. 그래서인지 asylum에는 '정신병원'이란 뜻도 있었다.

귀화

한 나라의 시민이 될 권리를 인정하는 것을 naturalize 귀화시키다란 단어로 표현하는데 그 나라에서 출생한 사람과 똑같은 권리를 부여하는 것이다.

시민권과 영주권

이민을 가서 갖게 되는 체류권은 시민이 되는 권리인 시민권(citizenship)과 거주할 수 있는 권리인 영주권(permanent residency/residence)으로 구별된다. 미국에서 영주권은 green card라고도 한다. 이전에는 서류가 초록색 종이에 인쇄되어서 그런 이름을 갖게 되었다. 불법 체류자는 alien외국인 체류자 앞에 illegal불법적인만 붙이면 된다.

시민권자의 여권

영주권 카드

어원 005 **이민**

144

- **immigration** 이민 ↞ 다른 나라로 이주하는 것
  - ㉣ in = into 안으로
  - ㉣ migare = move 옮기다
- **alien** 외국인 체류자 ↞ 자기 나라가 아닌 다른 나라에 체류하는 사람
  - ㉣ alius = other 다른
  - cf. alias 가명으로
- **exile** 추방 ↞ 지역이나 조직에서 내쫓음
  - ㉣ ex = away 멀리
  - ㉧ al = wander 배회하다
- **asylum** 망명 ↞ 정치적인 이유로 박해를 당할 수 있는 사람이 자기 나라에서 외국으로 거처를 옮김
  - ㉠ a = without 없이
  - ㉠ syle = right of seizure 점령권
- **naturalize** 귀화시키다 ↞ 다른 나라의 국적을 얻게 하다
  - ㉣ naturalis = by birth 출생에 의해

- **citizenship** **시민권** ↔ 일반 국민이나 주민에게 주어지는 권리

  [고대프랑스어] cite = town 마을, city 도시

  [게] -skepi = quality 특질, condition 상태

  | **-ship을 활용한 단어**

  apprenticeship 수습직, 수습기간 | authorship 저자, 저작작업

  bipartisanship 양당주의 | censorship 검열

  championship 선수권대회, 챔피언 지위 | companionship 동료애

  courtship 교제, 구애 | dealership 대리점, 딜러직

  dictatorship 독재정부 | fellowship 유대감 | friendship 우정

  internship 인턴직 | kinship 친족, 동류의식

  leadership 대표직, 통솔력 | membership 회원 자격

  ownership 소유권 | partnership 동업자임 | readership 독자층

  relationship 관계 | scholarship 장학금

  showmanship 쇼맨십 (사람들의 이목을 끌고 그들을 즐겁게 하는 기술)

  sportsmanship 스포츠맨 정신 | sponsorship 재정적 후원

  worship 숭배, 예배

- **permanent** **영구적인** ↔ 오랫동안 변하지 않고 지속되는

  [라] per = through 내내

  [라] manere = stay 거주하다

- **residence/residency** **체류 허가** ↔ 일정한 곳에 머물며 살 수 있도록 허락함

  [라] residere = sit down 앉다, settle 정착하다

그 밖의 도시와 국가 관련 표현들

- **도시 관련 표현들**

uptown 도심을 벗어난 시 외곽의, 부유층 지역의

midtown 상업지구와 주거지구의 중간

city council 시의회 | cityscape 도시경관

state-run 국영의 | district council 지방자치구 의회

- **지역과 관련된 인물 표현들**

statesman 정치인 | district attorney 지방검사

county commissioner 군정위원 | county chief 군수

governor 도지사 | vice-governor 부지사

mayor 시장 | local government head 지방자치단체장

- **시민 관련 표현들**

civilian 민간인 | citizenship 시민권

resident 거주민 | foreigner 외국인

dweller 거주자

elector 유권자 (투표할 권리가 있는 시민)

subject 백성 (subiectus = lying under 아래에 놓여 있는)

compatriot 동포 (countryman)

townsman 읍민 | denizen 특정 지역에 사는 사람

native 원주민 | national 특정 국가의 국민 한 사람

29

사회 계급
Social Class

All men are created equal.

모든 이는 평등하게 창조되었다. – 미 독립선언서 중

사회적으로 인류의 역사는
차별discrimination과 불평등inequality을 극복하는
과정이었을지도 모른다.
현재도 여전히 진행 중인…

혼자서는 살 수 없으며
함께 무리를 지어 살아야 한다는 걸 알면서도
그 무리 안에서 계급class을 나누고
소위 하층계급lower class이라고 낙인 찍힌 이들을
멸시하고despise 착취했다exploit.

끊임없는 저항protest과 투쟁struggle을 거쳐
표면적으로 계급이란 것은 사라진 시대가 되었다.
하지만 눈에 보이지 않는 계급은 여전히 우리 주변에 존재하고
그런 계급과 차별을 만드는 것도 우리이고
그런 계급과 차별을 극복하는 것도 우리이다.

'사람 위에 사람 없고 사람 밑에 사람 없다'는 것을
우리는 모두 알고 있다.

계급제도

칼 마르크스

인류의 역사를 돌아보면 과거에는 어느 나라를 막론하고 계급제도가 있었다. 19세기 독일 철학자이자 경제학자인 칼 마르크스Karl Marx는 자본주의 사회의 사회계층social class을 생산수단을 갖지 못해 착취당하는be exploited 노동자 계층인 프롤레타리아(proletariat)와 생산수단을 소유한 유산계급인 부르주아(bourgeois) 계층으로 나누었다. bourgeois는 고대 프랑스어 burgeis/borjoistown dweller 소도시 거주자에서 생겨난 단어로, 원래 프랑스 혁명 경에는 루이 16세Louis XVI의 절대 군주제, 귀족, 성직자에 반대하는 중산층 계급을 가리켰다가 19세기에 와서 유산계급을 가리키게 되었다.

막스 베버

마르크스와는 달리, 독일의 사회학자 막스 베버Max Weber는 마르크스가 정의한 사회계층에 권력power과 명성prestige이 더해져야 사회계층이 결정된다고 보았다. 사회계층의 정확한 정의가 무엇이건 간에, 사회계층은 인간의 가치와 존엄성에 차등을 매겨 차별(discrimination)하는 수단임에 분명하다.

사회적 신분을 통해 한 사회가 계층화되는 것을 stratification이라고 한다. stratify는 라틴어 stratificareform strata 단층을 형성하다에서 파생한 단어이다.

인도의 카스트 제도

인도를 포함한 힌두교에는 승려 계급인 브라만Braman, Brahmin, 귀족과 무사 계급인 크샤트리아Kshatriya, 평민인 바이샤Vaisya, 가장 낮은 노예계급인 수드라Sudra의 네 계급으로 나눈 카스트 제도(caste system)란 계급제도가 있다. 현대 인도에서 법적으로 카스트 제도가 사라졌다고는 하지만 사람들의 생활 속에서 여전히 차별이 지속되고 있으니 안타까운 일이다.

Brahmins
Priests, Academics

Kshatriyas
Warriors, Administrators, Rulers

Vaishyas
Artisans, Merchants, Tradesmen, Farmers

Shudras
Commoners, Peasants, Servants

Dalits (Untouchables)
Street Sweepers, Latrine Cleaners

유럽 봉건제와 귀족

유럽 중세시대1000~1450의 봉건제도(feudal system)는 영주lord가 자신이 부리는 신하vassal에게 봉토(fief)를 주고 군역military service의 의무를 지우는 제도이다.

lord는 봉건제도에서 영지manor에서 신하들을 부리는 주인을 일컫는 말이다. 이 단어는 후작, 자작, 백작 등의 작위title를 가진 사람들의 이름 앞에 붙이는 Lord경와는 다르다. 영주lord는 장원제도(manorialism)에 의해 농민(peasantry)을 경작자로 두게 된다.

fief봉토는 중세 라틴어 feodum land or other property whose use is granted in return for service 용역의 대가로 사용이 허락된 토지 및 여타 부동산에서 생겨난 단어이다.

작위를 가진 상류층 사람들을 통틀어 귀족(nobility)이라고 한다. 귀족들은 귀족계층(aristocracy)에 속한 사람들이다. aristocracy는 그리스어 aristosbest of its kind 그 부류 중 최고인와 kratosrule 지배가 합쳐진 aristokratia에서 파생한 단어이다. Aristokratia는 고대 그리스에선 전시에 전선의 맨 앞에서 싸우는 귀족계층의 최고 혈통을 가진 군인들을 가리켰었다.

귀족의 재산은 주로 '장자상속제'인데 영어로는 primogeniture라고 한다.

귀족의 서열

귀족 내에도 서열이 정해져 있었다. 예를 들어 영국에선 duke공작 – duches공작부인, marquess후작 – marchioness후작부인, count/earl백작 – countess백작부인, viscount자작 – viscountess자작부인, baron남작 – baroness남작부인의 서열이다. gentry젠트리는 귀족 아래의 계층으로 지방자치 담당자였다.

참고로 한 나라를 다스리는 king왕보다 높은 지위인 emperor황제는 여러 나라를 다스리는 황제(흔히 정복에 의해서)로 라틴어 imperarecommand 명령하다에서 생겨난 단어이다.

로마 가톨릭 교회의 조직 체계

또한 로마 가톨릭 교회에는 교권제hierokratie라고 불리는 서열이 교황을 중심으로 짜여 있다. 이는 교회 내의 역할 분담과 조직의 원활한 운영, 그리고 수행이 깊은 수도자(ascetic)에 대한 존경과 본보기로 마련된 조직 체계이다.

어원 001 **계급제도**

145

- **proletariat** 프롤레타리아 계급 ← 무산 노동자 계급
  [라] proletarius = citizen of the lowest class 최하위 계층의 시민
  ★proletarius는 proles(offspring 자손)에서 파생함
  | proles에서 파생한 단어
  proliferation 확산 | prolific 다산의 | prolicide 자식 살해
- **bourgeois** 부르주아 ← 중세 유럽 중산 계급의 시민, 생산수단을 소유한 유산계급
  [고대프랑스어] borjois = town dweller 도시 거주자 (borc = town 소도시)
- **discrimination** 차별 ← 다른 것을 틀린 것으로 치부해 차등을 두어 구별하는 것
  [라] discrimen = difference 차이
- **stratification** 계층화 ← 한 사회가 여러 계층으로 나뉘는 것
  [라] stratificare = form strata 층을 형성하다 ★stratificare는 stratum/stratus(prostrate 바닥에 엎드린, prone 배를 바닥에 대고 엎어져 있는)에서 파생함
  | stratum에서 파생한 단어
  stratum 지층, 단층 | stratus 층운 | consternation 경악
- **caste system** 카스트 제도 ← 인도의 세습적 계급 제도
  [라] castus = separated 분리된
- **feudal system** 봉건제도 ← 영주가 신하에게 봉토를 주고 군역의 의무를 지우는 제도
  [라] feudum = feudal estate 봉건제도의 토지
- **fief** 봉토 ← 영주가 노역의 대가로 신하에게 주는 토지
  [라] feodum = land or other property whose use is granted in return for service 용역의 대가로 사용이 허락된 토지 및 여타 부동산
- **manorialism** 장원제도 ← 봉건시대 영주와 농민 사이에 맺는 관계
  [라] manere = stay 머물다
- **peasantry** 농민 ← 농사를 지어 먹고사는 사람
  [고대프랑스어] pais = country 시골, region 지역
- **nobility** 귀족 ← 좋은 가문에서 태어나 특권을 가진 계층

[라] nobilis = well-known 잘 알려진

| **nobilis에서 파생한 단어**

noblesse 귀족의 신분 | noble 고귀한

- **aristocracy 귀족계층** ↞ 유럽 중세 봉건시대에 작위를 가진 상류층

[그] aristokratia = rule of the best 일류의 통치, government 정부 ★aristokratia는 aristos(best of its kind 그 부류 중 최고인)와 kratos(rule 지배)가 합쳐진 단어

- **primogeniture 장자상속제** ↞ 처음 태어난 자식이 재산을 물려받는 제도

[라] primus = first 첫 번째의

[라] gignere = beget 낳다

| **gignere에서 파생한 단어**

congenital 선천적인 | genital 생식기의

oncogene 종양유전자 | primogenitor 선조, 시조

progenitor (사람, 동식물의) 조상 | progeny 자손

- **duke 공작** ↞ 귀족 중 가장 높은 작위

[라] dux = leader 지도자

- **marquess 후작** ↞ 귀족의 두 번째 작위 (유럽의 '변방 지도자'를 가리킴)

[라] marca = frontier 변방

- **earl 백작** (count) ↞ 귀족의 세 번째 작위

[고대영어] eorl = brave man 용맹한 사람, leader 지도자

- **viscount 자작** ↞ 귀족의 네 번째 작위

[라] vice = deputy 보조

[라] comes = nobleman 귀족 ★같은 어근 comes에서 count(백작)란 단어가 생겨남

- **baron 남작** ↞ 귀족의 마지막 작위

[고대프랑스어] baron = virtuous man 선인, baron 남작

- **gentry 젠트리** ↞ 귀족 바로 아래 계급

[고대프랑스어] gentil = high-born 높은 계급으로 태어난

- **emperor 황제** ↞ 보통 정복에 의해 여러 나라를 다스리는 왕

[라] imperare = command 명령하다

- **ascetic 수도자** ↞ 정신수련을 위해 엄격한 금욕을 행하는 사람

[그] asketes = monk 승려, hermit 은자

현대사회의 계급

고도로 문명화된 현대사회에서는 제도로 사람의 계급을 나누거나 사람의 가치와 존엄에 차등을 두지 않는다. 그래서 계급사회에서는 upper class, middle class, lower class가 계급을 나누는 용어이지만, 문명사회에서 이 용어는 지적, 경제적으로 어떤 환경에서 살고 있는지 사람들의 생활/생존환경을 파악하는 정도의 용어로 사용된다. 마르크스는 중산층을 지배계층과 노동계층 사이의 계층이라고 정의하였지만 현대에선 소득뿐 아니라 교육과 문화적 수준, 사회적 신분 등을 기준으로 중산층을 정한다.

연공서열

학교, 군대, 직장 등의 모든 조직에는 조직의 원활한 운영 및 능력 있는 개인에 대한 대우로 조직 내에 연공서열이 존재한다. 연공서열이란 근속연수에 따라 지위가 올라가는 것으로 영어로는 seniority라고 한다. senioiry는 라틴어 senior older 나이가 더 많은에서 생겨난 단어이다. 직급과 지위가 올라가게 되면 힘power이 생기기 때문에 사람들은 힘 있는 자와 힘 없는 자를 알게 모르게 차별하는 경우도 많다. '사람 위에 사람 없고 사람 밑에 사람 없다. All men are equal.'란 말로 현대사회의 윤리와 가치를 드러내고 있긴 하지만 그 가치가 이상적으로 펼쳐지지 않는 모습을 흔히 목격할 수 있다.

금수저와 생득지위

현대사회에는 눈에 보이지 않는 계급이 존재한다. 우리는 소위 금수저를 물고 태어났다는 표현을 하곤 하는데, 영어에서는 born with a silver spoon과 같이 은수저를 물고 태어났다고 표현한다. 이런 사람들은 부모의 지위나 신분status, 경제력 등에서 비롯되는 위신(prestige)과 특권(privilege)을 고스란히 누리며 살 수 있다.

이렇게 태어나면서부터 이미 물려받은 신분은 ascribed생득의란 단어로 표현할 수 있다. 백인, 황색인, 흑인 중 한 인종으로 태어나 인종차별discrimination을 받는다면 그 또한 생득지위로 인한 차별이다.

셀럽

현대사회에서는 인기로 사회적 경쟁력을 갖춘 유명인을 celebrity셀럽, 명사라고 한다. 언론에 집중 조명되는 사람들로 어떤 한 분야에서 부나 명성을 갖추고 있는 사람들이다. 저명인사는 prominent figure유명한 인물라고도 표현하는데, 특히 광고에 이름이 크게 나는 저명인사는 속어로 headliner라고 한다.
참고로, 귀한 손님을 뜻하는 귀빈은 VIPvery important person의 약자 또는 honored guest / guest of honor라고 표현한다.

노블레스 오블리주

노블레스 오블리주(Noblesse Oblige)는 '귀족은 의무를 갖는다'란 프랑스어이다. 노블레스 오블리주는 지위와 부에는 그에 걸맞는 도덕적 책임과 의무가 따른다는 개념으로, 그래서 가진 것을 가지지 못한 이들과 나누는 것이 그 책임과 의무의 한 예로 현대사회에서는 인식되고 있다.

어원 002 현대사회의 계급

146

- **seniority** 연공서열 ↔ 조직 내에서 근속연수에 따라 직급이 올라가는 것
  ㊣ senior = older 나이가 더 많은 ★더 거슬러 올라가면 인도게르만공통조어 sen(old 늙은)에서 파생함
  | **sen에서 파생한 단어**
  senile 노망 | senility 노령, 노망
  senate 상원, 원로원 | senescence 노쇠
  senior 고위의, 상급의, 손윗사람
  senor ~ 귀하, 나리 | senorita 아가씨, 영애
  sire 종마, 폐하 | Monseigneur 대주교
- **prestige** 위신 ↔ 위엄과 신망
  ㊣ prae = before 미리
  ㊣ stringere = tie 묶다
  | **유의어**
  dignity 위신 | prominence 명성 | reputation 평판, 명성
  eminence 명성 | kudos 신분에 따른 영광
  standing 지위 | stature 지명도

authority 권위

- **privilege** **특권** ↔ 특별한 권리

  [라] privus = individual 개인의

  [라] lex = law 법

  | **privus에서 파생한 단어**

  private 사적인

- **ascribed** **생득의** ↔ 태어날 때부터 주어진

  [라] ad = to ~에게

  [라] scribere = write 쓰다

  | **유의어**

  ingrain 깊이 뿌리 박힌, 생득의 | ingenerate 타고난, 생득의

  innate 타고난 | assigned 할당된

- **celebrity** **셀럽, 명사** ↔ 세상에 널리 알려진 사람

  [라] celeber = populous 인구가 많은

  | **celeber에서 파생한 단어**

  celebrate 경축하다

- **Noblesse Oblige** **노블레스 오블리주** ↔ 지위와 명성, 부와 권력에 상응하는 사회에 대한 도덕적 책임 및 의무

  [라] nobilis = well-known 유명한, high-born 높은 계급 출신의

  [라] obligare = bind 묶다

시대의 영웅

과거에는 목숨을 걸고 혁명의 선봉에 서서 시민들을 이끄는 이가 hero영웅로 추앙되었으며, 오늘날에는 내가 하지 못하는 일을 앞장서서 해주거나 감히 나는 꿈도 꾸지 못하는 일을 해내는 이들이 영웅으로 추앙받고 있다. 특히 드러나지는 않지만 성경 속 선한 사마리아인처럼 자신의 손해를 아랑곳하지 않고 불의에 맞서거나 약자를 도우는 소시민까지 영웅으로 우리들 속에 자리잡고 있다.

hero는 라틴어 herosdemi-god 반신반인에서 생겨난 단어이니 말 그대로 인간이면서 신적인 면을 갖춘 사람일 것이다. 보통 사람에게는 힘도 없고 현실도 녹록하지 않아서 불의 앞에서 무력할 때가 많기 때문에 스파이더맨이나 배트맨처럼 초인적인 힘을 가진 영화 속 영웅을 보며 사람들은 대리 만족을 하는(vicarious) 경우도 많다.

중세기사

중세시대에는 기사(knight)가 그 시대의 영웅이었는데 기사들은 명예를 중시하고 국가에 대해 충성할 것을 맹세하는 의미에서 기사 작위knighthood를 받는다. 기사 작위 수여식은 accolade라고 하는데 라틴어 adto ~에게와 collumneck 목이 합쳐진 단어로 기사 작위를 수여할 때 목을 껴안고 칼로 어깨를 툭툭 치던 행위를 가리켰다. 현재는 '포상'이나 '칭찬'이란 뜻으로 더 자주 사용되고 있다. 왕이 기사에게 직접 수여하는 기사 계급장은 insignia라고 한다.

참고로 중세의 아더왕과 원탁의 기사the knights of the round table 이야기의 원탁은 아더왕의 통치기간reign에 왕을 도와 나라를 지키던 기사들과 아더왕 자신이 모였던 원탁을 가리킨다. 그들은 또한 함께 잃어버린 성배(Holy Grail, Chalice)를 찾아나서기도 했다.

[어원 003] 시대의 영웅

147

- **hero** 영웅 ← 보통 사람들이 하지 못하는 일을 의협심으로 해내는 사람
  [라] heros = demi-god 반신반인
  [cf.] heroine 여성 영웅
- **vicarious** 대리 만족하는 ← 다른 사람의 성취에 간접적으로 만족하는
  [라] vicis = exchange 교환, change 변화
  | vicis에서 파생한 단어
  vicissitude 우여곡절 | vice versa 역으로도 마찬가지임
- **knight** 기사 ← 중세 유럽의 무사
  [고대영어] knight = boy 소년, servant 하인
- **accolade** 기사 작위 수여식, 표창 ← 기사의 계급을 수여하는 의식
  [라] ad = to ~에게
  [라] collum = neck 목

- **insignia** 휘장, 계급장 ↢ 서열이나 직급을 나타내려고 옷이나 모자에 다는 표장

  [라] in = in 안에

  [라] signum = mark 표시

  | **signum에서 파생한 단어**

  sigil 막도장 | sign 서명 | signal 신호 | signify 의미하다

  sword 칼 | duelling 결투

  kneel 무릎 꿇다 | tocsin 경종

  design 디자인 (de = out 밖으로)

  consign 위탁하다 (com = together 함께)

  assign 할당하다 (ad = to 에게)

  resign 사임하다 (re = opposite 반대로)

- **grail** 성배 ↢ 예수가 최후의 만찬에 쓴 술잔

  [라] gradalis/gradale = flat dish 평평한 접시

30 정치 Politics

다양한 사람과 집단이 다양한 이해관계interests로 맞물려 있다.
한 개인 또는 한 집단의 이익을 위해
다른 개인이나 집단의 행복을 침해하는 일이 생겨서는 아니된다.

100% 완전함이란 존재하지 않더라도
얽히고설킨 이해관계를 최대한 합리적으로 조정하고 지침을 마련해
사회가 원활히 돌아가도록 정책policy을 마련해야 한다.
이것이 바로 정치politics라는 것이다.

정치는 만인을 위해 작동해야 한다.
정치는 상식common sense과 공정fairness을 기초로 해야 한다.

하지만 시대의 상식이란 게 늘 완벽한 것도 공정한 것도 아니고
'꾼'들은 소수 힘 있는 자들에게 특권privilege을 주는 방향으로
정치를 한다.

민주주의democracy 사회에서
정치꾼politico이 아닌 정치인statesman이 강물처럼 넘실대려면
이들을 선출하는 유권자voter의 눈이 중요하다.
깨어 있는 시민citizen의 역할이 중요하다.

자본주의

자본주의(capitalism)는 자본capital을 소유한 기업가가 노동력을 사서 이윤 창출을 하는 경제체제economic system이다.

자유방임주의

16세기경 국가가 간섭하지 않고 개인의 자유로운 경제활동을 보장하던 정책을 자유방임주의(laissez-faire)라고 한다. 자유방임주의는 정부가 시민 통제를 하던 그 이전의 경제체제인 중상주의mercantilism에 대한 반발로 생겨났다.

laissez-faire는 1681년 프랑스 국가대표와 프랑스 기업가들 간 회의 중에 기업가 대표가 "Laissez-nous faire"우리를 그냥 내버려둬 주세요.라고 말한 데서 탄생한 용어이다. 자유방임주의는 사유재산권private ownership과 경쟁competition, 수요와 공급supply and demand의 법칙을 중요시하는 시장경제market economy의 한 사상이다. 또한 아담 스미스는 자유방임주의를 지지하며 보이지 않는 손invisible hand: 수요와 공급의 자유시장방식이 국가의 경제를 이끄는 것을 제안하였다. 19세기 대량생산이 시작되면서 지유방임주의는 빛을 잃었다.

오늘날 자본주의 국가 경제는 대부분 자유방임에 기초한 시장경제와 중앙통제국가의 적극적 개입 경제를 섞은 혼합경제체제mixed economy를 채택하고 있다.

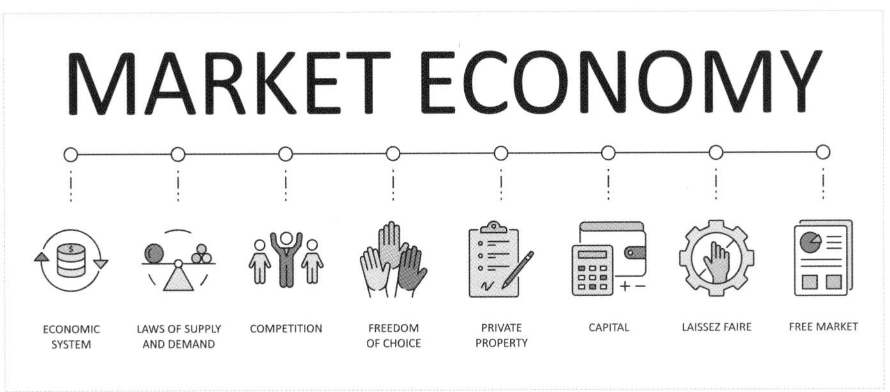

중상주의

중상주의(mercantilism)는 16세기부터 18세기까지 선진 자본주의 국가들이 자유무역free trade 정책을 실행하기 전까지 국가의 권력state power을 증강시키기 위해 상업을 중시하였던 이론과 정책이다. 중상주의는 수입을 최소화하고 수출을 최대화한다는 점에서 보호무역주의protectionism로도 여겨진다. 금이나 은을 부의 기본으로 보고 금·은의 보유량을 늘리려는 중금주의(bullionism)가 중상주의 초기의 형태이다. 중상주의는 귀금속의 양으로 부를 측정하던 중금주의에서 더욱 발전하여 전 세계 교역량이 일정한 가운데 국가의 부를 증강하기 위한 수단으로 수출을 늘려야 한다고 본 것이다.

어원 001 자본주의

148

- **capitalism** 자본주의 ↔ 이윤 추구를 목적으로 하는 자본이 지배하는 경제체제

  ㊔ caput = head 머리

- **laissez-faire** 자유방임주의 ↔ 국가 권력의 간섭을 제한하여 기업의 자유를 옹호하는 정책

  ㊔ laxus = loose 헐거운

  ㊔ faire = do하다

  | **laxus에서 파생한 단어**

  laxative 설사약 | leash 가죽끈, 개줄 | lease 임대차계약

  lush 무성한, 싱싱한 | lax 해이한 | relax 편히 쉬다

- **mercantilism** 중상주의 ↔ 나라의 부를 늘리기 위해 상업을 중히 여기는 제도

  ㊔ mercari = trade 교역하다

- **bullionism** 중금주의 (bullion 금괴들, 은괴들) ↔ 나라의 부를 늘리기 위해 금, 은의 보유량을 늘리는 제도

  (고대프랑스어) bille = stick 막대기

  | **bille에서 파생한 단어**

  billiards 당구

민주주의

자본주의가 경제체제인 반면 민주주의(democracy)는 국민이 주권(sovereignty)을 갖는 정치체제이다. 일명 민주주의의 꽃이라고 하는 투표는 바로 국민이 주권을 행사하는 일례이다. 이미 고대 그리스에서는 아테네 시민들이 투표를 하여 정부 관료를 뽑았다. 프랑스 자본가 계급인 부르주아(bourgeois)가 봉건적 절대군주제(absolute monarchy)에 반발한 프랑스 시민혁명(Civil Revolution)을 성공시킨 것이 현대 민주주의의 시초가 되었다.

선거

민주주의는 자유 선거(free election)를 토대로 국민이 국정을 운영할 정치인을 선출한다. 선거를 포함하여 국민이 직·간접으로 국정에 참여할 수 있는 권리를 참정권(suffrage)이라 한다. 민주주의는 1인이 권력을 장악하는 독재정치(autocracy)나 군주제monarchy, 그리고 소수의 사람이 권력을 독점하는 과두정치(oligarchy)와 비교되는 개념이다.

국민투표

국민투표는 referendum 또는 plebiscite라고 하는데 국가의 중요한 사안에 대해 국민이 직접 투표하여 참여하는 제도이다. '투표, 투표하다'는 뜻의 ballot은 이탈리아어 pallotte small ball 작은 공에서 유래하였다. 작은 공으로 기밀 투표를 하였던 것에서 비롯되었다고 한다.

기권

투표에서 투표 참여자가 투표를 하지 않고 기권하는 것을 abstention 기권이라고 한다. 투표에는 참여하였지만 용지에 의사표시를 하지 않은 투표는 blank vote백지투표라고 한다.

149

어원 002 민주주의

- **democracy** 민주주의 ⇽ 국가의 주권이 국민에게 있는 정치체제

  [그] demos = common people 일반 국민

  [그] kratos = rule 통치

  | **demos에서 파생한 단어**

  pandemic 세계적 유행병 (pan = all 모두)

  endemic 풍토적인, 고질의 (en = in 안에)

  demagogue 정치 선동가 (agogos = leader 지도자)

  demotic 일반 사람들의

  demiurge 물질적 세계를 지배하는 존재 (ergos = work 일)

- **sovereignty** 주권 ⇽ 대외적으로 자주적 독립성을 가진 국가의 권력

  ★국민 주권이란 그 권력이 국민에게 있다는 의미

  [프] soverain = highest 최고의 ★soverain은 라틴어 superanus(chief 주요한)에서 파생함

- **bourgeois** 부르주아 ⇽ 자본가 계급에 속하는 사람

  [고대프랑스어] borjois = town dweller 도시 거주자 ★중세 유럽에서는 성직자와 귀족 다음의 중산 계급을 부르주아라고 했음

- **absolute monarchy** 절대군주제 ⇽ 군주에게 절대권한이 있는 정치체제

  [라] absolvere = set free 해방시키다

  [그] monos = alone 혼자서 [그] arkhein = rule 지배하다

  | **arkhein에서 파생한 단어**

  archon 집정관

- **Civil Revolution** 시민혁명 ⇽ 18세 후반에서 19세기 초에 걸쳐 유럽과 신대륙에서 일어난 대혁명으로, 중세 전제체제를 타도하고 시민의 자유와 평등을 부르짖음

  [라] civis = townsman 시민, 읍민

  [라] revolvere = turn 돌다

- **election** 선거 ⇽ 공직에 임할 사람을 투표로 뽑는 것

  [라] ex- = out 밖으로

  [라] legere = choose 고르다

- **suffrage** 참정권 ⇽ 주권자로서의 국민이 정치에 참여할 수 있는 권리

  [라] sub = under 아래에

[라] fragor = shouts 외침 ★투표할 때 찬성하면 소리를 지른 데서 생겨났다고 추정됨

- **autocracy 독재정치** ↔ 통치자가 절대권한을 갖고 독단으로 지배하는 정치 (일본의 군국주의, 독일의 파시즘)

  [그] autos = self 자신

  [그] kratia = rule통치

- **oligarchy 과두정치** ↔ 소수의 우두머리가 권력을 행사하는 독재적인 정치체제

  [그] oligos = few 소수의

  | **oligos에서 파생한 단어**

  oligopoly 소수독점

- **referendum 국민투표** ↔ 국민이 투표로 국정에 참여하는 것

  [라] referre = bring back 돌려주다

  | **referre에서 파생한 단어**

  referee 심판 | refer 참조하다, 언급하다 | reference 언급, 조회, 참고문헌

- **ballot 투표, 투표하다** ↔ 투표용지에 의사를 표시하는 것

  [이탈리아어] pallotte = small ball 작은 공 (palla = ball)

  ★투표에서 작은 공으로 찬반을 표시하였던 것에서 유래

- **abstention 기권** ↔ 투표 권리를 스스로 포기함

  [라] abstinere/abstenere = withhold 억제하다, 보류하다

  | **abstinere/abstenere에서 파생한 단어**

  abstinence 금욕, 절제 | abstain 기권하다, 삼가다

사회주의

사회주의(socialism)는 생산수단의 사회적 소유(social ownership)를 추구하고 축적된(accrued) 이윤을 노동자들에게 평등하게 분배하는 것을 특징으로 하는 정치 · 경제체제이자 사상, 이론이다. 그중 마르크스의 사회주의와 마르크스-레닌주의에 토대를 둔 것이 공산주의(communism)이다. 공산국가는 북한, 쿠바, 중국, 베트남이 있다.

공산주의

공유재산제에 바탕을 두어 정부가 모든 생산수단과 토지를 소유하고 그 결과물을 균등하게 재분배하는(redistribute) 사회, 정치, 경제체제를 공산주의communism라고 한다. 1871년 보불전쟁 이후 민중혁명에 의해 파리 시에 세워진 정부를 Paris Commune파리 코뮌 (파리 공동체)이라고 하며 파리 코뮌이 바로 공산주의에 지대한 영향을 미친 칼 마르크스Karl Marx의 사상에도 영향을 주었다.

사회민주주의

반면 핀란드, 노르웨이, 스웨덴, 덴마크 등의 유럽 선진국들이 채택하고 있는 민주주의의 형태는 사회민주주의social democracy이다. 사회민주주의는 자본주의 경제를 기반으로 하는 생산수단의 개인 소유와 사회와의 유기적 연대(organic solidarity)에 역점을 두고 있다.

[어원 003] 사회주의

150

- **socialism** 사회주의 ← 자본주의 체제의 사회 · 경제적 모순을 극복한 사회를 실현하려는 사상

  [라] socius = company 동료

  | **socius에서 파생한 단어**

  society 사회 | sociology 사회학

  associate 연상시키다 | dissociate 분리시키다

- **ownership** 소유권 ← 소유물을 자유로이 사용하고 처분할 수 있는 권리

  [라] charta = leaf of paper 종이 한 장

- **accrue** (금전이) 누적되다, 축적되다 ← 모여서 쌓이다

  [라] ad = to ~에게

  [라] crescere = grow 자라다

  | **crescere에서 파생한 단어**

  crescendo 크레센도, 점강음 | decrescendo 점점 약한[약하게]

  decrement 감소, 소모

  excrescent 불거져 나온, 이상 생장한

  excrescence 혹, 사마귀, 이상돌출물

  crescent 초승달 모양 | accretion 부착물, 부착

  increase 증가시키다, 증가 | decrease 감소시키다

crew 승무원, 일반 승무원[선원/사병], 팀

concrete 사실에 의거한, 구체적인, 콘크리트로 된

recruit 모집하다[뽑다], 설득하다, 구성하다, 신병

- **communism** 공산주의 ⟷ 프롤레타리아 혁명 이론에 입각한 사상

[라] communis = shared by all or many 모두 혹은 다수에 의해 공유된

- **redistribute** 재분배하다 ⟷ 다시 분배하다

[라] dis- = individually 개인적으로

[라] tribuere = pay 지불하다, assign 할당하다

- **organic** 유기적 ⟷ 각 부분이 서로 밀접하게 관련을 가지고 있는

[그] organon = tool for making or doing 만들거나 실행하는 데 쓰는 도구

- **solidarity** 연대, 결속 ⟷ 여럿이 무슨 일을 함께 하거나 공동책임을 지는 것

[라] solidus = whole 전체의

| solidus에서 파생한 단어

solid 고체의 | consolidation 통합

solder 납땜, 납땜하다

현대정치 · 사회의 대표적인 화두: 페미니즘

feminism페미니즘은 feminine여성의이란 뜻의 라틴어 femininus에 주의나 원칙을 나타내는 -ism을 붙인 단어로 19세기 중후반 프랑스와 네덜란드에서 사용되기 시작했다. 페미니즘은 양성의 평등을 확립하고자 하는 사회 · 정치 운동으로 여기에는 여성 참정권suffrage, 성추행(sexual harassment)이나 강간(rape) 등으로부터 여성을 보호하는 일 등을 포함한다. 참고로 최초의 여성 참정권은 19세기 후반 뉴질랜드에서 주어졌다.

생물학적으로 타고난 의미의 성을 sex라고 하고 사회적 의미의 성을 gender라고 하는데 페미니즘은 여성에게 사회적으로 부여된 불평등을 해결하고자 모색한다. 프랑스의 페미니스트인 시몬느 드 보봐르Simone de Beauvoir는 One is not born, but rather becomes a woman.

여성은 여성으로 태어난 것이 아니라 오히려 여성으로 키워진 것이다.이란 말을 통해 gender가 사회적으로 부여되었음을 강조하였다.

어원 004 현대정치 · 사회의 대표적인 화두: 페미니즘

151

- **feminism** **페미니즘** ⟷ 남녀의 평등을 주장하는 주의
  [라] femininus = feminine 여성의
  [cf.] female 여성인 | feminine 여성의, 여성스러운 | effeminate (나약한) 여자 같은 | womanish (나약한) 여자 같은 | girlish 여자아이 같은
- **harassment** **추행** ⟷ 성희롱을 비롯해 강간 및 유사강간 등을 완곡하게 표현한 말
  [프] harasser = vex 성가시게 굴다 ★harasser은 고대 프랑스어 harer(set a dog on 개를 부추기다)에서 파생한 것으로 추정됨
  | **유의어**
  persecution 박해 | repeated harrying 계속되는 괴롭힘
  pestering 지분지분댐 | flirting 치근덕거림
  molestation 희롱 | badgering 조르고 괴롭힘
- **rape** **강간** ⟷ 강제로 성관계를 함
  [라] rapere = carry off by force 강제로 노략하다
- **sex** **성** ⟷ 생물학적 성
  [라] sexus = a sex 하나의 성
- **gender** **젠더** ⟷ 사회적 성
  [라] genus = race 종족, stock 혈통, kind 종류
  | **genus에서 파생한 단어**
  genus (생물분류) 속 | polygenous 여러 가지 형성물로 이루어진
  genotype 유전자형

그 밖의 정치 · 경제체제 관련 표현들

- 자본주의와 시장경제

state capitalism 국가자본주의 | capitalist policy 자본주의 정책
emergence of capitalism 자본주의의 출현
competitive market 경쟁시장
commercial 상업의 | profit 이윤 | accumulation 축적
productivity 생산성 | mass production 대량생산
commodity 상품 | trade 교역
merchant 상인 | labor 노동

- 선거와 투표

election 선거 | consensus 합의
elective 선거를 이용하는 | elective body 선거단체
psephology 선거학 | electoral reform 선거개혁
voting system 투표제도 | vote 투표, 투표권
cast vote 투표하다, 표를 던지다
vote for ~에 투표하다 | vote down ~를 부결하다
vote in favor of ~에 찬성 투표하다 | vote against ~에 반대 투표하다
gain a majority of vote 과반수를 얻다 | proportional 비례하는
electorate 유권자 | floating voter 부동층의 유권자 | show of hands 거수
turnout 투표자 수 | abstentee vote 부재자 투표
majority 득표차, 가장 많은 수 | unanimity 만장일치
majority 대다수 | majoritarian 다수결주의
tally 기록, (투표를) 집계하다(up)
referendum 국민투표 | poll 여론조사 | exit poll 출구조사
hold public office 공직에 있다

- **공산주의**

  working class 노동자 계급 | capitalist class 자본가 계급

  centralized government 중앙집권화된 정부

- **사회민주주의**

  allocation 분배 | reformism 사회개혁론

  trade union 노동조합 (labor union)

  collective bargaining 집단교섭권

  egalitarian 평등주의의 | curb inequality 불평등을 억제하다

  Nordic countries 북유럽 국가들

- **무정부주의**

  anarchism 무정부주의

  stateless 나라가 없는 | classless 계층이 없는

- **독재**

  dictatorship 독재국가, 독재정부 | tyranny 압제, 폭압, 독재(국가)

정치

'정치'를 뜻하는 politics는 그리스어 politikos of citizens 시민의, pertaining to the state and its administration 국가와 그 행정에 관련된에서 생겨난 단어이다. 그래서 정치politics는 시민을 위해 정책을 수립하는 활동이기도 하지만, 국가 권력을 중심으로 한 여러 정당의 활동과 국가 통치governance 등을 포함하여 폭넓게 해석되고 있다.

정부의 삼권분리

국가의 통치권을 행사하는 기관을 정부(government)라고 부른다. 정부는 법률을 제정하는 부서인 입법부(legislature), 법을 해석하고 적용하는 사법체계인 사법부(judiciary), 그리고 법의 테두리 안에서 국가 행정을 수행하는 행정부(executive)의 삼권으로 분리한다. 삼권분리의 원칙은 trias politica principle이라고 하며 18세기 중반 프랑스 철학자 샤를 드 몽테스키외Charles de Montesquieu에 의해 생겨난 용어이다.

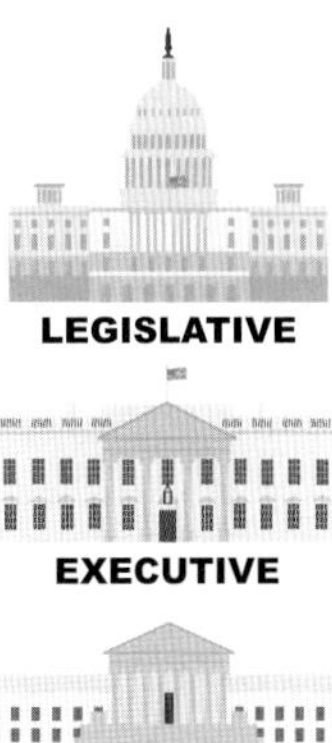

어원 005 **정치**

152

- **politics** 정치 ↞ 나라를 다스림
  ㉠ politikos = of citizen 시민의, pertaining to the state and its administration 국가와 그 행정에 관련된 (polis = city 도시)
- **government** 정부 ↞ 국가의 통치기구
  ㉣ gubernare = govern 통치하다
- **legislature** 입법부 ↞ 법률 제정을 담당하는 정부 기관
  ㉣ lex = law 법
  ㉣ lator = proposer제안자
- **judiciary** 사법부 ↞ 법을 해석하고 적용하는 사법체계로 대법원 및 그 관할기관
  ㉣ ius = law 법
  ㉣ dicere = say말하다
- **executive** 행정부 ↞ 국가 행정을 맡아보는 기관

㉣ exequi = follow out 수행하다

| exequi에서 파생한 단어

execute 처형하다, 실행하다 | execution 사형, 실행

대통령제와 내각제

대통령제(the presidential system)는 국민이 직접 선출한 정부의 우두머리인 대통령이 행정부를 이끌며 한국, 미국, 브라질 등의 나라가 택하고 있다. 반면 내각제(the parliamentary system)는 의회의 다수당이 행정권을 갖고 그들이 선출한 총리가 실질적 권력을 지니며 왕이나 여왕은 상징적 역할을 한다. 참고로 수상은 prime minister(영국, 캐나다, 뉴질랜드 등) 혹은 chancellor(오스트리아, 독일)라 불린다.

내각과 입법부

내각을 영어로는 cabinet이라 한다. 중세 프랑스어 cabinetsmall room 작은 방에서 파생하였는데 각료들이 작은 방에서 만나 회의를 한 데서 유래했을 것이라 추측된다. 의회 형태의 입법부가 있는 나라에선 내각이 실질적인 행정권을 행사하는 기관이지만 국회 형태의 입법부가 있는 나라에선 자문기관에 해당한다.

입법부는 그 형태에 따라 congress/parliament국회/의회라고 불린다. 의회가 두 개의 합의체로 구성되는 것을 양원제(bicameral system)라고 한다. 미국의 의회는 the Senate상원와 the House of Representative하원로 구성된 반면 영국의 의회는 the House of

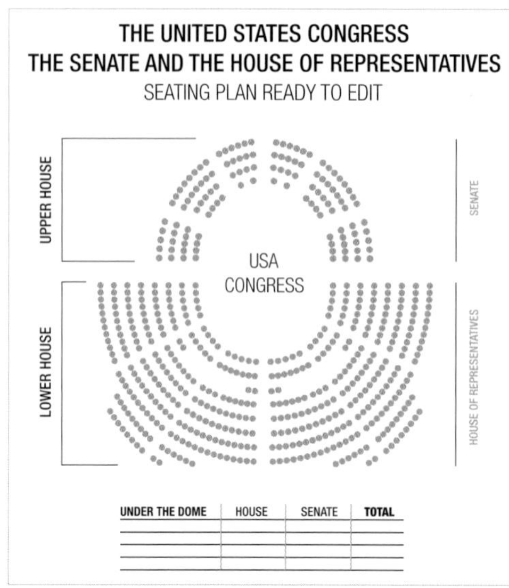

미국의 상원과 하원

Commons하원와 the House of the Senate상원로 구성된다. 영국 의회는 왕의 자문으로서 귀족들이 권리를 확립한 대헌장Magna Carta에서 비롯되었다.

탄핵

참고로 대통령, 국무총리 및 행정부 고위 관료 등의 위법 행위에 대해 국회에서 소추하여prosecute 파면하는 것을 탄핵(impeachment)이라고 한다. 특히 국회가 하원과 상원으로 구성된 미국의 경우, 하원이 탄핵소추권이 있고 상원이 탄핵심리에 대한 권한이 있다. 미국의 트럼프 대통령은 미국 대통령 중 유일하게 하원에서 두 번 탄핵소추 결의안이 통과되었지만 상원에서 기각된 대통령이다.

정치인과 선거

미국 대통령은 4년마다, 상원의원은 6년마다, 하원은 2년마다 선출된다be elected. 상원의원의 임기term는 6년이지만 미국 상원은 헌법에 의거하여 세 그룹으로 나뉘며 하나의 그룹(1/3)이 2년마다 선거를 치르도록 시차를 마련하고stagger 있어서 결국 상원의원의 1/3 가량이 2년마다 선출 혹은 재선출되는 셈이다. 반면 상원의원(100명)보다 4배 이상 많은 하원의원들(435명)은 2년마다 동시에 선출된다.

미국 대통령은 한국의 경우처럼 국민이 직접 투표하여 뽑는 직접선거direct election 방식이 아니라, 국민이 선거인단(electoral college)을 선출하고 이 선거인단이 국민을 대신해서 선거하는 간접선거indirect election의 방식이다. 대통령은 선거인단 과반수absolute majority의 표를 받아야만 선출된다. 참고로 electoral college의 college는 '전문가들로 이루어진 단체'란 뜻이다. college는 주로 '전문대학'의 뜻으로 쓰인다.

대통령이나 정치인들이 후보로 출마하여 국민들에게 약속하는 것을 선거공약(campaign agenda)이라고 하며 취임 후에 하는 취임사는 inaugural speech라고 한다.

어원 006 **대통령제와 내각제**

- **presidential** 대통령의 ↔ 대통령과 관련된
  [라] praesidentem = president 회장
- **parliamentary** 의회의 ↔ 의회와 관련된

153

[고대프랑스어] parler = speak 말하다

| parler에서 파생한 단어

parlor 응접실 | parley 교섭

- **prime minister** 수상, 총리 ↤ 내각의 우두머리

[라] primus = first 처음의, chief 주요한

[라] minister = inferior 하급자, servant 하인 ★minister는 라틴어 minus(less 더 적은)에 접미사 teros가 붙은 형태임

| minus에서 파생한 단어

minuscule 극소의 | minor 별로 중요하지 않은, 단음조의

- **chancellor** 수상, 총리 ↤ 내각의 우두머리 (독일과 오스트리아)

[라] cancellarius = usher of a law court 법정의 안내원, secretary 비서 ★chancellor는 로마제국에선 법정 안내인(usher)이었는데 후에 영국에선 최고 사법관이 되었다.

- **cabinet** 내각 ↤ 국가의 행정권을 담당하는 최고 합의기관

[중세프랑스어] cabinet = small room 작은 방

- **congress** 국회 ↤ 법률을 정하는 입법기관

[라] congredi = meet with ~와 만나다

- **parliament** 의회 ↤ 국민의 의사를 대표하고 입법을 담당하는 합의기관

[고대프랑스어] parler = speak 말하다 ★의회는 국민을 대신하여 의견을 '말하는' 기관

- **bicameral** 양원제의 ↤ 국회를 상원과 하원으로 구성하는

[라] bi- = two 둘

[라] camera = chamber 회의실

| camera에서 파생한 외국어

(이탈리아어) camera 방, 의회 | (프랑스어) chambre 침실, 방

- **senate** 상원 ↤ 양원 제도에서 하원과 더불어 국회를 구성하는 의원

[라] senatus = highest council of the state in ancient Rome 고대 로마의 최고 위원회

★senatus는 라틴어 senex(old man 노인, old 늙은)에서, senex는 sen(old 늙은)에서 파생함

| sen에서 파생한 단어

senior 고위의, 상위의 | seniority 연장자임, 연공서열

senor ~씨 | senora 부인, 마님 | senorita 아가씨

signor 나리, ~씨 | sire 폐하, 종마

seigneur (프랑스의) 영주 | monseigneur 추기경

senile 망령난 | senescent 늙어가는 | senicide 노인살해

surly 무례한

- **impeachment 탄핵** ↔ 국회에서 소추하여 해임하거나 처벌하는 것

  [라] in- = into 안으로

  [라] pedica = shackle 족쇄

- **electoral college 선거인단** (college 전문가들로 이루어진 단체) ↔ 간접선거에서 국민을 대신하여 선거권을 지닌 사람들로 이루어진 단체

  [cf.] college는 일반적으로 '전문대학'의 뜻으로 자주 쓰인다.

  [라] eligere = pick out 고르다

  [라] collegium = community 지역사회, society 단체 (com = together 함께 + legare = choose 고르다)

- **campaign agenda 선거공약** (agenda 안건) ↔ 당선 후에 실천하겠다는 정책에 대한 선거 전의 약속

  [라] campus = field 들판

  [라] agere = do 하다

  ★campus에서 고대 프랑스어 champagne(open country 툭 트인 지대)을 거쳐 영어 campaign이 생겨났다. 샴페인을 뜻하는 영어표현 champagne도 같은 어근에서 생겨났는데 원래는 프랑스어 vin de champagne(샴페인의 포도주)으로 champagne은 프랑스 북서부의 지역 이름이다. 따라서 그 지역에서 생산된 와인이 샴페인이라고 일컬어진다.

- **inaugural 취임의** ↔ 새로운 직무를 시작하는

  [라] in- = on 위에, in 안에

  [라] augurare = act as an augur 전조의 역할을 하다

정치권력

정치권력political power은 정치적 목적을 위해 강제력force을 동반하여 타인 또는 집단에게 자신의 목적에 부합하게 영향력influence을 행사하는

권력(authority)이다. 특히 국가가 강제력을 행사하는 주체일 경우엔 공권력governmental authority이라고 한다.

면책권

외교관diplomat이 타국에 파견되어 나가 있는 경우 그 나라의 관할법에 적용받지 않을 권리를 치외법권(extraterritoriality)이라고 한다. 외교관의 면책특권(diplomatic immunity)은 외교관에게 외교관이 머무는 국가의 법에 적용받지 않는 권리로 고대부터 사자들messengers에게 적용되어 왔다. 근대식의 면책특권은 1709년 영국에서 처음으로 실행되었다.

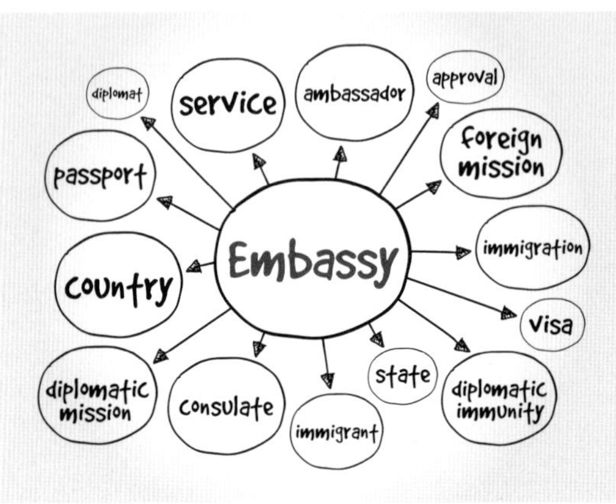

영사관의 업무 및 권한

미국 의원의 경우는 반역죄(treason), 중죄(felony), 그리고 법질서 문란(breach of the peace)의 경우를 제외하고는 의회 회의 참석 동안 체포되지 않을 특권privilege과 자유발언권을 갖는다. 미국 국회의원에게는 외교관이 누리는 국외에서의 면책특권은 없다.

사면권

대통령이나 정부의 범죄자를 풀어줄 수 있는 권리는 Pardon Power사면권라고 하며 사면을 amnesty라고 한다. 미국의 헌법 2조Section 2 2항Article II에서도 대통령의 사면권을 보장하고 있다. 영국에선 범죄자에 대한 사면을 왕실이 갖고 있으며 이를 the royal prerogative of mercy왕실사면특권라 부른다.

사면과 달리 원래 형량보다 감형해주는 것은 remission감형이라고 한다. remission은 라틴어 remittere slacken 완화하다에서 생겨난 단어이다. 사형수의 형 집행 유예는 reprieve라고 하는데 중세 프랑스어 reprendretake back 돌려보내다에서 생겨난 단어이다. 다시 말하자면, 특히 모범수exemplary prisoner란 점을 인정하여 형량을 줄여주는 것이 remission이고, 사형 등을 집행하지 않고 연기하여 감옥으로 돌려보내는 것이 reprieve이다. pardon은 죄를 완전히 용서하여 벌을 면제해주는 것이다.

거부권

유엔 안전보장이사회United Nations Security Council의 상임이사국들은 단독 거부권(veto)을 행사하여 법률 제정을 거부할 수 있다. 또한 미국 대통령은 행정부 수장으로서 입법에 대한 거부권을 행사할 수 있다. 영국에서는 법안에 대한 거부권을 왕실monarch이 갖는다. veto는 라틴어 veto I forbid 나는 금한다에서 생겨난 단어이다.

미국의 기소권과 수사권

미국의 법무부 산하에는 연방 관련 범죄, 스파이 범죄 등을 수사investigation하는 FBIFederal Bureau of Investigation와 각 주stage별 형사사건을 수사하고 기소하는 주 검찰prosecutor이 있다. FBI는 수사권만 갖고 있고 기소는 연방 검사U.S. attorney나 주 검사state prosecutor, state attorney가 한다.

직권 남용

직권을 과시하여 남용하는 것은 power trip이라 하고 권력 남용은 rankism 혹은 abuse of power라고 한다.

어원 007 **정치권력**

154

- **authority** **권한** ← 특정인의 권력이 미치는 범위

  [라] auctoritatem = invention 발명, opinion 의견, influence 영향, command 명령 ★auctoritatem은 라틴어 auctor(master 주인, leader 지도자, author 작가)에서 생겨남

  | **auctor에서 파생한 단어**

  author 저자 | authorize 권한을 부여하다
- **extraterritoriality** **치외법권** ← 체류하는 국가의 법에 적용을 받지 않을 권리

  [라] extra = on the outside 바깥에서

  [라] terra = earth 땅
- **immunity** **면책특권** ← 국가의 법에 적용받지 않는 권리

  [형] immune 면역성이 있는

  [라] immunis = exempt 면제

- **treason** **반역죄** ⟵ 겨레를 배반하는 죄
  [라] tradere = deliver 전달하다
  | **tradere에서 파생한 단어**
  traitor 반역자 | extradition 외국범인의 본국송환 | tradition 전통
- **felony** **중죄** ⟵ 무거운 죄
  [갈로로망스어] fellonem = evil-doer 악인
  | **fellonem에서 파생한 단어**
  felon 중죄인
- **breach** **위반** ⟵ 법률 등을 어김
  [게] brukiz = burst 파열, crack 균열
- **amnesty** **사면** ⟵ 형벌을 면제함
  [그] a = not 아닌 [그] mnestis = remembrance 기억
  | **mnestis에서 파생한 단어**
  mnestic 기억의
- **remission** **감형** ⟵ 형벌을 줄여줌
  [라] remittere = slacken 완화하다 (re = back 다시 + mittere = send 보내다)
- **reprieve** **형 집행 유예(하다)** ⟵ 사형 집행이 취소됨
  [프] reprendre = take back 돌려보내다
- **veto** **거부권** ⟵ 새로운 법과 같은 특정 사안을 받아들이지 않을 권리
  [라] veto = I forbid 나는 금한다
- **rankism** **권력남용** ⟵ 권력을 함부로 휘두르는 것
  [게] hringaz = circle 원 ring 고리
  [cf.] rank 지위

국가정보기관

국가의 정보기관intelligence agency은 국가의 안보와 정부의 올바른 정책 수립을 돕기 위해 외국, 특히 적대국의 활동에 대한 정보를 수집, 평가하고 스파이를 색출하는 등의 역할을 한다.

간첩 행위

스파이(spy)는 다른 나라에 대한 정보를 캐내는 일을 하는 사람이며 간첩행위(espionage)는 적의 기밀을 캐내는 활동 자체를 가리킨다. 기업의 정보를 캐내는 스파이는 산업스파이industrial spy라고 한다. 스파이는 고대부터 존재해 왔는데 예를 들어 성경에서 언급되는 모세의 후계자인 여호수아Joshua는 가나안 땅을 정탐하는 스파이였다. 그리고 마타하리Mata Hari는 간첩혐의로 사형당한 네덜란드 출신의 무용수이자 창녀이다.

국가를 위해 목숨을 무릅쓰고risk one's life 간첩 활동을 하는 사람은 애국자(patriot)라 불리지만 스스로 국가기밀을 타국에 팔아먹는 반역을 저지르는 사람은 반역자(traitor)라고 부른다. 반역죄treason 중에서도 왕을 살해하거나 국가를 적에게 팔아먹는 것은 대역죄high treason에 해당한다.

CIA와 FBI

세계 정보기관들

CIA는 미국중앙정보국Central Intelligence Agency으로 타국의 기밀 정보를 수집하고 분석하는 정부기관이다. FBI는 미국연방수사국Federal Bureau of Investigation으로 CIA와는 달리 국내 범죄, 사이버 범죄, 스파이 범죄 등을 다루는 법무부 내의 수사기관이다.

한국과 기타 정보기관

한국의 정보기관은 국가정보원National Intelligence Service이라 하며 이전에는 안기부Agency for National Security Planning, 중앙정보부Central Intelligence Agency라고 불렸다. 프랑스의 정보기관은 Directorate General for External Security프랑스 대외안보 총국, 이스라엘의 비밀정보기관은 MOSSAD모사드이며, 독일은 Bundes Nachrichten Dienst연방정보부, 영국은 Secret Intelligence Service(SIS/MI6)비밀정보기관, 러시아는 Federalinaya Sluzhba Bezopasnosti연방정보국라고 한다. 영화 007의 주인공 제임스본드는 MI6의 엘리트 현장요원들로 꾸려진 부서(00-살인이 허용되는 부서임)의 7번째 요원이다.

암호

흔히 정보를 보호하기 위해서 국가에서는 중요 정보를 암호(cryptograph)로 만드는데 암호를 부호화하는 것을 encoding en = make 만들다이라 하고 암호를 해독하는 것을 decoding de = undoing 푸는 것이라고 한다. 모스부호 Morse code는 점(dot)과 선(dash)을 연속적으로 배합하여 문자를 나타내는, 통신에서 사용되는 문자부호화 character encoding이다. 모스코드는 전보를 발명한 Samuel F.B. Morse 사무엘 F.B. 모스의 이름을 딴 명칭이다.

[어원 008] 국가정보기관

155

- **spy** 스파이 ← 간첩
  [게] spehon- = spy 스파이 활동을 하다
  | spehon에서 파생한 외국어
  (독일어) spahen 스파이 활동을 하다
- **espionage** 간첩행위 ← 한 국가나 단체의 비밀을 대립 관계에 있는 국가나 단체에 알려주는 행위
  [중세프랑스어] espion = spy 스파이
- **patriot** 애국자 ← 모국을 사랑하는 사람
  [그] patriotes = fellow countryman 동포
- **traitor** 반역자 ← 나라를 배반한 사람
  [라] tradere = deliver 전달하다
- **cryptograph** 암호 ← 이해 당사자끼리만 알 수 있도록 만든 기호
  [그] kryptos = hidden 숨겨진 [그] graphos = writing 글
- **encode** 부호로 만들다 ← 암호로 바꾸다
  [라] en = make 만들다
  [라] codex = systematic classification of statutory law 성문법의 체계적 분류
- **decode** 부호를 풀다 ← 암호를 해독하다
  [라] de = undoing 푸는 것
- **dot** 점 ← 작고 둥글게 찍은 표
  [고대영어] dott = speck 작은 얼룩
- **dash** 대시기호 ← 모스 부호에서 점의 세 배 길이의 기호
  [cf.] dash는 명사로 '돌진', '황급히 함', 동사로 '돌진하다', '황급히 하다'란 의미로도 잘 쓰인다.
  [14세기 영어] dash = strike suddenly and violently 갑자기 격렬히 치다

교육

Education

Education does not mean teaching people what they do not know. It means teaching them to behave as they do not behave.

교육이란 모르는 것을 가르치는 것이 아니다. 교육이란 바르게 행동하지 않는 사람들에게 바르게 행동하라고 가르치는 것이다. – John Ruskin

내가 속한 이 사회society에서
나를 비롯한 모두가
소위 '인간답게 사람답게' 살았으면 한다.

내가 속한 이 사회의 질서order와 원칙general rule,
나를 둘러싼 세상의 이치…
이런 것들을 고민하고 이해하며
죽지 않고 잘 살고 싶다.

내가 살기 위해 너를 짓밟고 싶지는 않다.
너를 짓밟지 않고 나도 짓밟히지 않으며
너와 내가 손 맞잡고 함께 살았으면 한다.

누군가가 너를 짓밟으려 할 때 내가 나서주마.
누군가가 나를 짓밟으려 할 때 너도 나서주면 좋겠다.

교육education이란 누군가를 짓밟고
내가 살아남는 법을 배우는 것이 아니라
함께 살아가는 법을 배우는 것이 아닐까?
오늘날 우리의 교육 현실은 어떠한가?
나는, 우리는 오늘 학교school에서 무엇을 배우고 있는가?

학교

학교를 뜻하는 school은 그리스어 skheinget 얻다과 skholeleisure time 여가시간이란 뜻에서 오늘날의 학교란 뜻으로 발전한 단어이다. 담론을 즐기던 그리스인들에게는 함께 모여 토론하는 시간이 여가시간이었을 것이다.

아카데미

고대 그리스의 철학자 플라톤이 아테네 근교에서 학생들에게 강의한 장소가 아카데미(academy)이다. 지금은 학술원이나 예술원을 뜻한다.

교사와 학생

교사(teacher)는 학생들(students)에게 지식뿐 아니라 덕목(virtue)도 더불어 가르치는 사람이다. 즉 지성뿐 아니라 올바른 인성upright personality도 키워주어야 한다. **student**의 일종인 pupil과 disciple은 어감의 차이가 있다. **pupil**은 라틴어 **pupillus**orphan child 고아, minor 미성년자에서 생겨난 단어로 초등학생이나 중학생인 어린 학생을 가리킨다. **disciple**은 라틴어 **discipulus**pupil 학생, follwer 추종자에서 생겨난 단어로 종교적 · 정치적 가르침을 따르는 제자를 뜻한다. 예수의 12제자를 가리키기도 한다.

참고로, 학생들이 학교에서 사용하는 필기도구나 공책 등을 집합적으로 문구류(stationery)라 한다.

성적

학생의 성적(grade)은 흔히 **GPA**grade point average 평균성적란 단어로 표현한다. 성적을 내는 방법은 다른 학생들의 성적과 비교해서 내는 상대평가(**grade on a curve**, relative **grading**)와 정해진 절대적 기준에 따라 평가하는 절대평가(absolute **grading**)가 있다. 상대평가를 **grade on a curve**라고 부르는 것은 벨 모양의 곡선bell curve으로 그려진 정규 분포 그래프에 의거하여 학생들의 성적을 상대적으로 매기기 때문이다.

1등으로 졸업하면 graduate summa cum laude라 하고, 차석인 2등으로 졸업하면 graduate magna cum laude, 3등으로 졸업하면 graduate cum laude라고 표현한다. 라틴어 summa가 top최고, magna가 great훌륭한, cum laude가 with praise칭찬으로니까 그 의미대로 등수를 표현한 셈이다.

어원 001 학교

156

- **school** 학교 ↔ 학생을 교육하는 기관

  ⓖ skhein = get 얻다

  ⓖ skhole = leisure time 여가시간
- **academy** 아카데미, 학술원 ↔ 그리스 철학자 플라톤이 철학을 가르치던 곳

  ⓖ Akademeia = grove of Akademos 아카데모스의 숲
- **teacher** 교사 ↔ 초등학교, 중학교, 고등학교에서 학생을 가르치는 사람

  ⓘ deik = show 보여주다, pronounce solemnly 엄숙히 선언하다

  ★deik에서 라틴어 dicere(say 말하다), dicare(proclaim 선언하다)가 파생함

  | deik/dicere/dicare에서 파생한 단어

  abdicate 왕위에서 물러나다 | adjudge 판단을 내리다

  apodictic 증명할 수 있는, 필연적인

  benediction 축복 | contradiction 모순, 반박

  dictation 받아쓰기 | diction 발음, 말씨

  dictionary 사전 | dictum 격언, 금언 | ditto 위와 같음, 상동

  edict 포고령, 칙령 | interdict 금지명령

  indication 표시 | indict 기소하다

  jurisdiction 관할권 | judicial 사법의 (ius = law 법)

  paradigm 전형적인 예 | predicament 곤궁, 궁지

  predict 예측하다 | prejudice 편견

  malediction 저주, 악담 | valediction 고별사

  vendetta 피의 복수 | verdict 판결하다

  vindication 옹호, 지지 | vindictive 앙심을 품은
- **student** 학생 ↔ 학교에서 공부하는 사람

[라] studium = study 공부

- **virtue** **미덕, 덕목** ↔ 아름다운 덕행

[라] virtutem = moral strength 정신력

- **pupil** **어린 학생, 문하생** ↔ 초등학생이나 중학생 나이의 학동

[라] pupillus = orphan child 고아, minor 미성년자 ★pupillus는 라틴어 pupus(boy 소년)에서 파생했고, pupil의 다른 뜻 '동공'은 라틴어 pupa(girl 소녀, doll 인형)에 지소사를 붙인 pupilla(little girl doll 작은 소녀 인형)에서 파생함

- **disciple** **제자, 예수의 12 제자** ↔ 스승에게 가르침을 받는 사람

[라] discipulus = pupil 학생, follower 추종자

[cf.] apostle **사도 (예수의 12제자)**

❶ Simon 시몬 (베드로라고 불림. 예수를 모른다고 부인한 제자)

❷ Andrew 안드레

❸ James 야고보 (James(제임스)와 Jacob(야고보)은 동명임)

❹ John 요한 ❺ Philip 필립

❻ Bartholomew 바르톨로메오 (나다니엘)

❼ Matthew 마태 ❽ Thomas 도마

❾ James 야고보 (알패오의 아들)

❿ Simon 시몬 ⓫ Judas 유다 (= Thaddeus 다대오)

⓬ Judas Iscariot 이스가리옷 유다 (예수를 은전 서른 닢에 팔아넘김)

★Matthias 마티아 (열두 사도 중 유다의 배반과 죽음으로 비어 있는 자리를 채우기 위해 사도로 선택)

- **stationery** **문구류** ↔ 문구 전체를 통틀어 일컫는 말

[라] stationarius = tradesman who sells from a shop 상점에서 물건을 파는 소매상인

[cf.] stationary 움직이지 않는 ★관련 어근 stationem(post 지위, position 자리)에서 파생했는데 더 거 슬러 올라가면 stationery와 stationary 모두 인도게르만공통조어 stā(stand 서다)에서 파생한 단어들임

- **grade** **성적** ↔ 학생들이 배운 것을 평가한 결과

[라] gradus = step 발걸음, pace 보폭

- **relative** **상대적인** ↔ 서로 비교하여 평가하는

[라] referre = refer 참조하다

- **absolute** **절대적인** ↔ 절대적 기준에 의한

㉣ absolvere = set free 풀어주다

- **summa cum laude** 일등으로 ↢ 최우수 성적으로

  ㉣ summa = the top 최고, summit 정상

  ㉣ cum = with ~와 함께

  ㉣ laude = praise 칭찬

- **magna cum laude** 차석으로 ↢ 우수한 성적으로

  ㉣ magnus = great 대단한

대학교수

일반교사teacher와 구별하여 대학교수는 professor라고 하며 대학에서 교수의 종신재직권을 보장해주는 제도를 테뉴어(tenure)라고 한다. 부교수 임용 후 일정기간 동안의 논문 발표와 같은 연구실적과 강의 실력을 토대로 종신재직권 자격 심사가 이루어진다. tenured는 '종신재직권을 받은'이란 뜻이지만 tenure track은 '종신재직권 받을 가능성이 있는 교직 신분'을 가리킨다. 아직 종신재직권을 받은 상태가 아니니 주의하여 사용하기 바란다.

교수의 종류

대학에 완전히 소속되어 강의와 연구를 하는 교수를 전임교수라고 한다. 전임교수full-time professor 중 정교수는 교수 앞에 다른 명칭이 붙지 않은 교수로 흔히 부교수로 5년 이상 재직한 다음 주어지는 직급이다. 정교수보다 밑에는 부교수associate professor, 부교수 밑에는 조교수assistant professor가 있다.

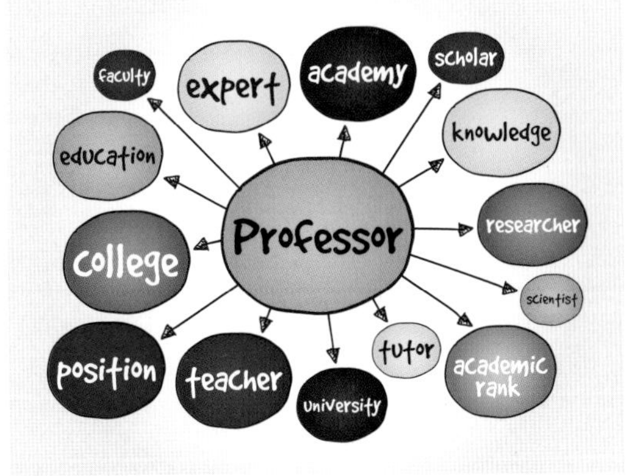

직장에 다니거나 연구를 하며 대학에서 교수활동을 겸하는 계약직 교수는 겸임교수(adjunct profes-

sor)라고 하며 단기 방문하는 교수는 초빙교수visiting professor라고 한다. 비정규직 시간제 강연가는 강사instructor, lecturer라고 하는데 full-time lecturer전임강사와 part-time lecturer시간강사로 나뉜다.
퇴직한 교수 중 학문적 업적이 뚜렷한 교수에게 부여하는 칭호인 명예교수(honorary/emeritus professor), 기부한 기금으로 연구 활동을 하도록 대학에서 지정한 석좌교수chair-professor 등도 같이 알아두자.

어원 002 대학교수

157

- **professor 교수** ← 대학생을 가르치고 연구하는 사람
  [라] professor = teacher of highest rank 최고 등급의 교사
- **tenure 종신재직권** ← 평생 재직할 수 있는 권리
  [라] tenere = hold 지니다
  | **tenere에서 파생한 단어**
  tenable 쉽게 방어될 수 있는, 특정 기간 유지되는
  tenacity 끈기, 고집 | tenant 세입자 | tenement 공동주택
  tenor 취지, 테너가수 | tenet 신조
  maintain 유지하다 (manus = hand 손)
  contain 포함하다 (com = together 함께)
  obtain 획득하다 (ob = to ~에게)
  pertain (주로 to와 함께 쓰여) ~에 적용되다 (per = through 통하여)
  sustain 지탱하다 (sub = under 아래에)
  retain 보유하다 (re = back 다시)
  detain 구금하다 (de = away 멀리)
  abstain (주로 from과 함께 쓰여) ~를 삼가다 (ab = away from ~로부터 멀리)
- **adjunct 겸임의** ← 두 가지 이상의 직무를 함께 맡은
  [cf] adjunct에는 부가물, 부속물이란 의미도 있다.
  [라] adiunctus = closely connected 밀접히 연관된
- **honorary 명예의** ← 훌륭하다고 인정되는
  [라] honorem = honor 명예
- **emeritus 명예직의** ← 봉급을 받지 않고 명예를 위해 갖는 직책인
  [라] emeritus = veteran soldier who has served his time 복역을 마친 퇴역군인

교육과정

유치원

나라마다 국가가 비용을 대주는 무료 공교육을 실시하고 있는데 일부 국가들은 유치원을 공교육에 포함하고 있다. 유치원을 영어로는 보통 kindergarten이라고 하는데, 독일어 kinderchildren 어린이들와 gartengarden 정원이 합쳐진 단어이다.

기본 교육과정

교육체계가 갖춰진 국가에서는 일반적으로 초, 중, 고, 대학의 기본적인 교육과정을 갖추고 있으며 보통 고등학교까지를 의무교육으로 하고 있다. 초등학교는 elementary school 또는 primary school, 중학교는 middle school 또는 secondary school, 고등학교는 high school 또는 (senior) secondary school이라고 한다.

고등학교는 나라에 따라 3년 혹은 4년으로 구성되어 있다. 많은 미국 고등학교들처럼 4학년으로 구성된 고등학교일 경우엔, 고등학교 1학년을 Freshman, 2학년을 Sophomore, 3학년을 Junior, 4학년을 Senior라고 한다. 대학의 1~4학년과 같은 명칭으로 불리는 것이다. 초등학교부터 고등학교까지 학년을 죽 잇는 경우, 고등학교가 9th grade9학년부터이다. 즉 중학교는 8th grade8학년까지를 뜻한다. 미국에선 junior high school중학교과 high school고등학교을 합쳐서 secondary school중등학교이라고 일컫는다.

의무교육에 해당되는 초등~고등학교는 크게 정부의 자금 지원을 받아 운영되는 공립학교public school와 학생들에게 받은 등록금으로 운영되는 사립학교private school로 구별된다. 천주교 교구학교(parochial school)도 사립학교에 속한다.

대학

단과대학 혹은 2년제 전문대학은 college라고 한다. 라틴어 collegiumcommunity 지역사회에서 파생했다. university가 4년제 대학이다. 라틴어 universuswhole 전체의에서 파생하였으며 같은 어근에서 universe

우주, universal보편적인, 전 세계적인 등의 단어들이 생겨났다. 대학은 post secondary school 혹은 tertiary school중고등학교 이후의 3차 학교 이라고도 한다. 유럽 최초의 대학은 11세기 후반에 세워진 University of Bologna볼로냐 대학교이다.

미국의 아이비리그The Ivy League는 미국 동북부에 위치한 명문prestigious 대학들로, 예일Yale, 하버드Harvard, 프린스턴Princeton, 펜실베니아 대학 the University of Pennsylvania, 다트머스Dartmouth, 콜롬비아Columbia, 코넬Cornell, 브라운Brown 대학을 가리킨다. 애초에 이 대학 중 네 곳의 대학이 100여년 전에 스포츠 리그를 형성하여 숫자 IV를 대신해서 Ivy라는 이름이 생겼다는 설이 있다. 또한 19세기 대학 졸업기념 행사 당일에 ivy담쟁이덩굴를 심는 관례에서 생겼다는 설도 있다.

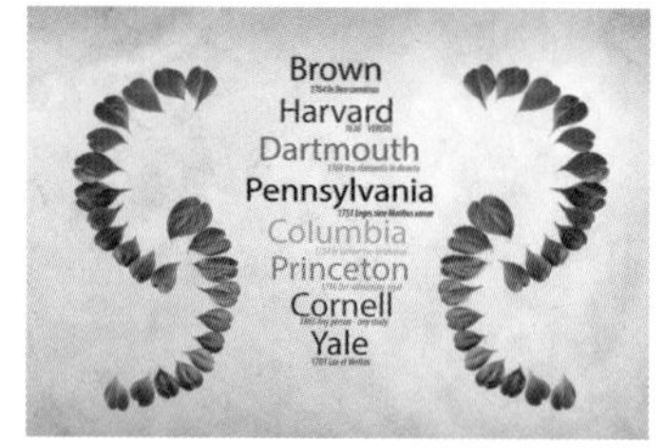

인증과 졸업장

학교의 교육 수준이 특정 공인기관accrediting agency이 인정하는 수준이라는 것을 인증하는 것을 accreditation이라고 한다.

예를 들어, 졸업에 필요한 학점credit을 모두 이수한 후 학위degree를 끝마친 증표로 졸업장(diploma)을 받게 될 때, accredited diploma courses인증된 학위과정를 마쳤다고 말할 수 있다. 참고로 diploma는 2년 이상의 과정을 이수하였을 때 받게 되지만 수료증, 즉 certificate는 그보다 기간이 짧은 프로그램을 이수하였을 때 받는다. 대학원생graduate student인 경우엔 학점을 모두 이수해도 제출된 논문thesis, dissertation이 통과되어야만 졸업장을 받게 된다. 참고로 GEDGeneral Equivalency Diploma / General Education Development는 한국의 검정고시에 해당하는 미국의 고등학교 졸업인정시험이다.

졸업장

수료증

학비와 장학금

대학생이 학교에 내는 등록금을 tuition이라고 한다. 수업료를 조달하기 위해선 성적이 뛰어난 학생들에게 주는 장학금(scholarship, fellowship)을 받거나 학생융자student loan를 받으면 된다. 또한 경제적 어려움을 겪는 학생들에게 정부, 기업, 단체 등에서 주는 보조금(grant)이나 학생이 학교에서 일하고 받는 근로장학금(bursary) 등의 수단도 활용할 수 있다. 일반적으로 장학금은 성적academic achievement, 과외활동 등의 성과기반의(merit-based) 학비지원이지만 보조금grant은 경제적 어려움financial need을 기반으로 제공되는 학비지원이다. 대학원에선 대학원생이 학위를 취득할 수 있도록 생활보조비(stipend)를 제공하기도 한다.

[어원 003] 교육과정

158

- **kindergarten** 유치원 ↢ 미취학 아동들을 위한 교육시설
  [독] kinder = children 어린이들
  [독] garten = garden 정원
- **freshman** 신입생 ↢ 고등학교 1학년생 혹은 대학교 1학년생
  [게] friskaz = fresh 신선한
  [게] mann = man 인간
  | friskaz에서 파생한 외국어
  (네덜란드어) vers 신선한, 싱싱한 | (독일어) frisch 신선한, 상쾌한
  | mann에서 파생한 외국어
  (스웨덴어) man 남자, 사람 | (네덜란드어) man 사람, 남자성인
  (독일어) Mann 남자, 사람 | (덴마크어) mand 남자, 사람
- **sophomore** 2학년생 ↢ 고등학교 2학년생, 대학교 2학년생
  [그] sophisma = clever device 기발한 장치, skillful act 능숙한 행동
- **junior** 3학년생 ↢ 고등학교 3학년생, 대학교 3학년생
  [라] iunior = younger 더 어린
- **senior** 졸업반 학생, 상급생 ↢ 고등학교나 대학교의 마지막 학년 학생
  [라] senior = older 나이가 더 많은
- **parochial** 교구의 ↢ 천주교를 지역별로 나눠 놓은 구역에 관한
  [그] paroikia = diocese 교구, parish 교구 ★paroikia는 para(near 가까운)와 oikos(house 집)가 합쳐진 단어임

| oikos에서 파생한 단어

ecology 생태계 | economy 경제

diocese 교구 | parish 교구

ecumenical 세계교회주의의

- **college 전문대학, 단과대학** ←(2년제 대학

  ㊵ collegium = community 지역사회

- **university 대학** ←(고등교육기관

  ㊵ universus = whole 전체의

- **accreditation 인증** ←(공인기관에서 자격을 인정받는 것

  ㊄ à = to ~에게

  ㊄ créditer = credit 믿다

- **diploma 졸업장** ←(졸업을 증명하는 증서

  ㉠ diploma = licence 라이선스, chart 차트, diplomat 외교관

  | diploma에서 파생한 단어

  diplomacy 외교

  cf. certificate 수료증

- **tuition 등록금, 수업료** ←(수업을 듣는 대가로 내는 돈

  ㊵ tueri = look after ~를 돌보다

- **scholarship 장학금** ←(성적이 우수하지만 형편이 어려운 학생에게 주는 돈

  ㉠ scholastes = one who lives at ease 편하게 사는 사람

- **grant 보조금** ←(정부나 공공 단체가 기업이나 개인을 보조하여 주는 돈

  (고대프랑스어) creant = promise 약속, vow 맹세

- **bursary 근로장학금** ←(노동력을 제공하고 장학금을 받는 학생

  ㊵ bursa = bag 가방, purse 지갑

  | bursa에서 파생한 단어

  bursitis 점액낭염 | reimburse 배상하다

  bourse (파리의) 증권거래소 | purse 지갑

- **merit 우수한 평점, 가치** ←(학교에서의 뛰어난 점수

  ㊵ meritum = merit 가치, benefit 이점

- **stipend 생활보조비, 급료** ←(대학원생이 학업 중에 학교에서 받는 생계비

  ㊵ stipendium = tax 세금, tribute 공물, pay 급료

그 밖의 교육 관련 표현들

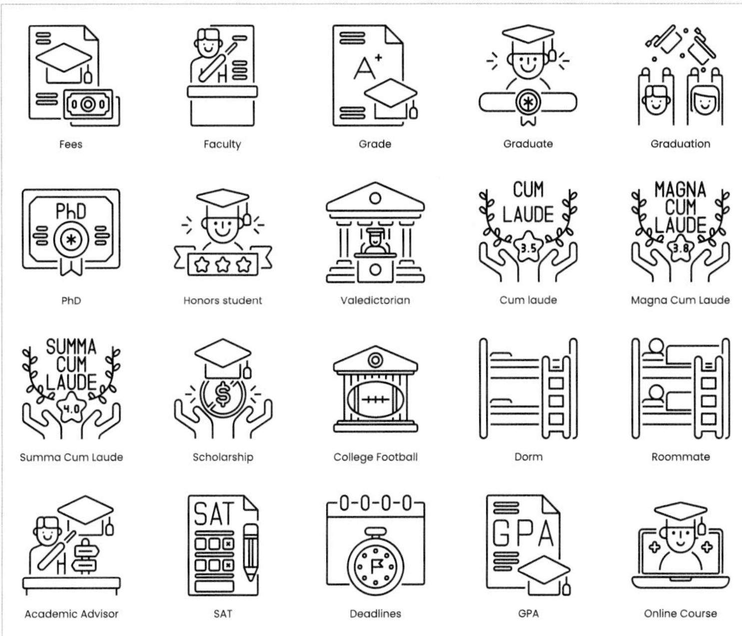

- 학교 관련 표현들

  curriculum 교육과정

  required subject 필수과목 | elective subject[course] 선택과목

  extracurricular activities 과외활동

  rolling admission 수시모집 | early admission 특차모집

  regular admission 정시모집 | principle 교장 | faculty 교직원

  faculty office 교무실 | infirmary 양호실

  teacher's pet 선생님이 귀여워하는 학생 | late bloomer 늦깎이

  attend 출석하다 | attendance 출석 | absence 결석 | truant 무단 결석생

  delinquency 비행 | discipline 규율, 훈육, 징계

  drop out 중퇴하다 | be expelled 퇴학당하다 | dismissal 퇴학

graduate from ~를 졸업하다

valedictorian 수석 졸업생 (졸업생 대표) | salutatorian 차석 졸업생

★valedictorian의 vale는 farewell(고별)의 뜻이므로 학생들을 대표하여 졸업식에서 고별사를 하고, salutatorian의 salutare는 greet(반기다)의 뜻이므로 학생들을 대표하여 졸업식 참석자인 부모들과 초대받은 사람들을 반겨주는 인사를 한다.

- **교육 약어들**

SAT (Scholastic Aptitude Test) 대학수능시험

GRE (Graduate Records Examination) 대학원 입학자격시험

GMAT (Graduate Management Admissions Test) 경영대학원 입학시험

TOEIC (Test of English for International Communication) 토익

TOEFL (Test of English as a Foreign Language) 토플

- **문구류 관련 표현들**

stapler 호치키스 (stapulaz = pillar 기둥) cf. staple ㄷ자 모양 철사침

transparent tape 스카치 테이프 | thumbtack 압정 | paper clip 클립

ruler 자 | protractor 분도기 | compass 제도용 컴퍼스, 나침반

calculator 계산기

eraser 지우개 (ex = out 밖으로 + radere = scrape 긁다)

pencil 연필 | sharpner 연필깎이 ((s)ker = cut 자르다)

ballpoint pen 볼펜 | mechanical pencil lead 샤프심

fountain pen 만년필 (fontana = spring 샘 ★잉크가 계속 샘솟듯 나오는 모습)

highlighter 형광펜

correction fluid 수정액 | white-out 수정액

notebook 공책 | wirebound notebook 스프링제본 공책

memopad 메모장 cf. writing pad 한 장씩 떼어쓰는 편지지

32

법

Law

The only stable state is the one in which all men are equal before the law.

법 앞에서 만인이 평등한 국가만이 안정된 국가이다. – Aristotle

'법 없이도 살 사람'이란 말을 한다.
하지만 세상에는 법 없이도 살 사람들만 있는 것은 아니다.
오늘도 우리 주변 곳곳에서는
훔치고steal 사기치고con
폭력을 행사하고use violence 죽이는murder 이들로 가득하다.

그래서 법, law가 필요하다.

하지만 법도 인간이 만드는 것이어서
허점loophole이 있다.

소위 배웠다는 사람들, 소위 가졌다는 사람들은
그 허점을 이용해 우아하게 사기를 치고 타인의 권리를 짓밟는다.

'법은 만인에게 평등하다'지만
공허한 메아리처럼 들릴 때가 있다.
그 법을 집행하는 자들law enforcer이
만인을 평등하게equal 대하지 않으므로…

법

불문법과 성문법

불문법unwritten law은 글로 쓰여지지 않은 법이며, 관습법과 판례법case law이 이에 해당된다. 이에 반해 성문법은 글로 쓰여진written 법이다. 성문법의 특성은 codified성문화된란 단어로 표현할 수 있다. 성문법을 채택한 나라들은 법전(code)에 의거하여 판결을 내린다. 미국, 캐나다, 영국, 오스트레일리아 등의 영미법은 불문법(판례법) 중심인 반면 프랑스, 독일 등을 중심으로 발달한 법(대륙법)은 문서의 형식을 갖춘 성문법 중심이다. '눈에는 눈, 이에는 이'란 탈리오의 법칙lex talionis 복수법이 실린 고대 바빌로니아의 함무라비 법전이 세계 최초의 성문화된 법전으로 알려져 있다.

민법전

유럽 법의 기원과 체계

유럽의 사법private law은 크게 보통법(common law)과 시민법(civil law)으로 나뉜다.

common law는 11세기 중반 노르만 정복 이후 몇 세기 동안 영국 궁정에서 '보편적으로 사용한common' 법이라서 common이란 명칭이 붙게 되었다.

civil law는 로마시민에게만 적용되었던 로마법에 근거하여 생겨난 법으로 때로는 대륙법이나 신-로마법이라고도 불린다. civil law는 라틴어 jus civilecitizens' law 시민들의 법에서 생겨난 단어이다. 반대로 제국 전체의 모든 시민에게 적용되는 법은 jus genticum, 즉 만민법이라고 한다. 시민법에선 이전의 판례legal precedents와 상관없이 성문화된codified 법전law code을 토대로 판결이 내려진다. 시민법은 유럽대륙에서 생겨났지만 전 세계에서 채택하고 있다. civil law는 또한 형법에 반대되는 개념인 '민법'의 뜻으로도 사용되고 있다.

[어원 001] 법

159

- **codified** 성문화된 ← 글로 쓰여진

  [라] codex = book of laws 법전

- **code** 법전 ← 문서화된 법규집

  [라] codex = systematic collection of statutes 체계적 법규집

  [cf.] civil code 민법전 | criminal code 형법전

- **common law** 보통법, 관습법 ← 영국 궁정에서 보편적으로 채택하던 법

  [라] communis = public 대중의

  [노르웨이어] lag = something laid down 놓여진 것 ★lag는 인도게르만공통조어 legh(lie 놓여있다, lay 놓다)에서 파생했고 jus civile의 라틴어 jus(law법)는 인도게르만공통조어 yewes(law 법)에서 파생함

  | legh에서 파생한 단어

  allay 감정을 가라앉히다 | anlage 원기 (原基: 기관이 될 세포)

  belay (단단히) 자일을 매다 | beleaguer 포위하다, 괴롭히다

  bylaw 규칙, 조례 | fellow 동료, 녀석

  lager 라거 (보통 거품이 많이 나는 연한 색의 맥주) | lair 야생동물의 소굴

  lawful 합법적인 | lawless 무법의 | lawsuit 소송

  lawyer 변호사 | lay 놓다, 깔다 | ledge 절벽에서 튀어나온 바위

  ledger (거래 내역을 적은) 원장 | lees (술 등의) 앙금, 찌꺼기

  lie 눕다 | litter 쓰레기, 어지르다

  lochia 오로 (惡露: 분만 후에 배출되는 배설물) | low 낮은

  outlaw 불법화하다 | scofflaw 상습적 위반자

  stalag 독일의 포로수용소 | vorlage (스키) 내리받이의 활강 자세

- **civil law** 시민법 ← 로마법에 근거하여 생겨난 성문법

  [라] jus civile = citizens' law 시민들의 법

  | yewes에서 파생한 단어

  adjuration 서원, 간청 | jurist 법학자

민법과 형법

오늘날 법은 크게 민법과 형법으로 나뉜다. 민법은 사회생활에서 개인 간 혹은 기관 간에 발생할 수 있는 소송lawsuit을 다루는 법으로 civil law라고 한다. 형법은 사회에 해가 되는 범죄를 다루는 법으로 criminal law라 한다. criminal law의 경우 죄의 심각성에 따라 죄를 중죄(felony), 위반(infraction, violation), 경범죄(misdemeanor)로 나눈다.

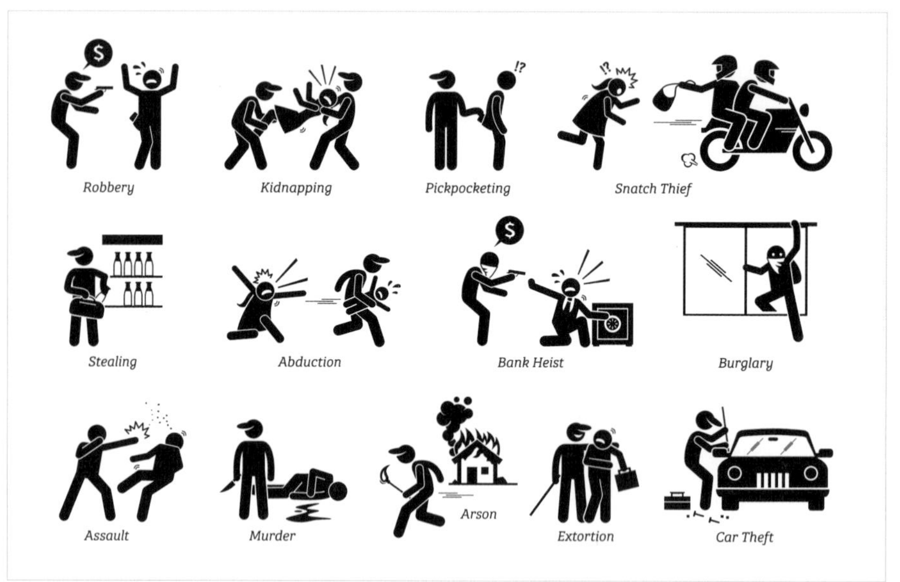

중죄의 종류

태만과 미필적 고의

합당한 주의의무(duty of care)를 소홀히 하여 그것이 상대에게 피해를 주는 것을 태만(negligence), 자신이 한 행동이 어떤 범죄를 발생시킬 가능성을 감지하고도 그것을 용인한 것을 미필적 고의(willful negligence)라고 한다.

과실치사

과실로 인해 사람을 죽음에 이르게 하면 과실치사라고 하는데, 이를 영어로는 accidental homicide라고 한다.

일사부재리의 원칙

형사 소송이 판결이 난 후에는 그 사건에 문제나 이의가 있다 하더라도 다시 재판할 수는 없다. 이를 principle of prohibition against double jeopardy, 즉 일사부재리의 원칙이라고 한다. 이때 double jeopardy이중의 위험는 한 사람의 범죄에 대해 두 번 죄를 묻는 위험을 뜻한다.

어원 002 **민법과 형법**

160

- **civil law** 민법 (civil 시민의, 민사상의) ← 개인의 권리에 대한 법

  [라] civilis = relating to a citizen 시민에 관한
- **criminal law** 형법 (criminal 범죄의, 범죄자) ← 범죄 형벌에 관한 법

  [라] crimen = accusation 기소
- **felony** 중죄 ← 무거운 형벌을 받아야 하는 죄

  [갈로로망스어] fellonem = evil-doer 악한 짓을 하는 사람

  | fellonem에서 파생한 단어

  felon 중죄인
- **infraction** 위반 ← 법률, 명령, 약속 등을 어기는 것

  [라] in = in 안에

  [라] frangere = break 깨다
- **violation** 위반 ← 법률 등을 지키지 않음

  [라] violare = treat with violence 폭력으로 대처하다
- **misdemeanor** 경범죄 ← 가벼운 위법 행위

  [게] missa- = divergent 일탈하는

  [고대프랑스어] demener = conduct 행동하다, live 살다
- **duty of care** 주의의무 (duty 임무, care 주의) ← 행동을 할 때 주의를 하여야 할 법률상의 의무

  [라] debere = owe 빚지다

  [게] karō = lament 애통하다, grief 슬픔

| debere에서 파생한 단어

debt 빚 | debit 차변, 출금액 | debenture 채무증서

due 돈을 지불해야 하는

endeavor 노력, 시도

- **negligence** **태만** ↤ 성실히 하려는 마음이 없는 나태한 상태

[라] neglegere = neglect 소홀히 하다 (nec = not 아닌 + legere = pick up 고르다)

| 유의어

dereliction 직무유기 | neglect 태만 | sloth 나태 | laches 태만죄

delinquency (의무 등의) 불이행, 태만 | disregard 무시, 묵살

laxity 해이함 | oversight 간과

heedlessness 부주의 | inattention 부주의

- **willful** **계획적인, 고의의** ↤ 의도를 갖고 일부러 하는

[게] wiljon- = will 의지

| wiljon에서 파생한 외국어

(네덜란드어) wil 의지, 의사 | (독일어) Wille 의지, 결심

- **accidental homicide** **과실치사** ↤ 부주의로 사람을 죽이는 일

[라] ad = to ~에게

[라] cadere = fall 떨어지다

[라] homo = man 인간

[라] cidium = act of killing 살인행위

- **double jeopardy** **이중의 위험** ↤ 판결이 이미 내려진 죄에 대해 다시 공소를 제기함을 가리키는 용어

[라] duplus = twofold 두 배의

[고대프랑스어] jeu parti = game with even chances 반반의 가능성이 있는 게임

법정의 사람들

법정(court)에서 재판을 진행할 때는 판사(judge), 검사(prosecutor), 변호사(lawyer), 원고(plaintiff), 피고(defendant), 법원 속기사(court reporter), 배심원단(jury) 등이 자리한다.

판사의 가발

법정의 판사들은 법복robe을 입는데 영국에서는 가발(wig)을 착용하는 것이 오랜 전통이었다. 가발을 착용하는 것은 자신의 사생활을 드러내지 않고 오로지 판사로서 공정하게 판결하겠다는 의지를 표현하는 하나의 방식이다. 참고로, 가발은 고대 이집트 사람들이 밀거나 짧게 자른 머리를 태양으로부터 보호하기 위해 착용하기 시작하였다.

변호사

lawyer는 변호사를 일컫는 가장 일반적인 표현이며, 이 밖에 attorney, barrister, solicitor 등으로 부르기도 한다. 영국에서는 사무변호사와 법정변호사가 분리되어 있다. 주로 사건 접수, 소장 작성 등의 업무를 담당하는 사무변호사는 solicitor라고 하고 법정변론pleading at the bar을 맡는 법정변호사는 barrister라고 한다.

lawyer와 attorney는 같은 의미로 쓰이기도 하지만 법학 학위Juris Doctor를 받은 후 실제로 변호사업을 하고 있는 변호사를 attorney로 구별해서 쓰기도 한다. 미국에서 district attorney는 '지방검사'를 뜻하며 public defender는 '국선변호인'이다.

변호사는 특별한 경우를 제외하곤 의뢰인(client)의 기밀(confidentiality)을 유지해줄 의무가 있으며, 소송에서 이기면 수임료 외에 성공보수(contingent fee)를 받는다.

paralegal

변호사를 보조해주는 법률사무 보조원을 paralegal이라 하는데, 이때 para는 beside옆에서라는 뜻이다. paralegal은 변호사 자격증만 없을 뿐 소송에 필요한 자료 수집, 서면 작성 등 변호사의 업무를 거의 다 하는 법률 전문가이다. 우리나라 변호사 사무소의 경우 '사무장'law office manager이 이런 역할을 한다.

공증인

민사에 대한 공정증서notarial deed 등의 서류를 작성할 수 있는 권한을 갖는 사람을 '공증인'이라 한다. 영어로는 notary이다. 참고로 유언장will에는 유언자testator가 온전한 정신 상태에서 자신의 의지로 유언장을 작성했음을 증명하는 진술서(affidavit)가 공증받은 후 첨부되어야 효력을 발휘한다.

배심원단

배심원단은 jury이며 한 명의 배심원은 juror이다. 배심원단의 대표는 foreman배심원 대표이라고 한다. 대배심원단grand jury은 흔히 12명의 배심원juror들로 구성된다.

어원 003 법정의 사람들

161

- **court** 법정 ← 법원이 사건을 심리하고 판결하는 곳
  [라] cors = enclosed yard 벽으로 둘러싸인 뜰
- **judge** 판사 ← 소송사건을 심리하고 판결하는 일을 수행하는 법관
  [라] ius = law 법
- **prosecutor** 검사 ← 범죄를 수사하고 공소를 제기하며 피고인에 대립해 유죄를 입증하는 일을 수행하는 사법관
  [라] pro = forward 앞으로
  [라] sequi = follow 따르다
- **lawyer** 변호사 ← 피고나 원고를 변호하는 사람
  [게] lagam = put 놓다, lay 두다 ★인도게르만공통조어 legh-(lay 두다)에서 발전함
- **plaintiff** 원고 ← 법원에 민사 소송을 제기한 사람
  [라] planctus = lamentation 애통, 통탄
- **defendant** 피고 ← 소송을 당한 사람
  [라] defendere = ward off 막다
- **jury** 배심원단 ← 배심원들로 구성된 집단

[라] iurare = swear 맹세하다

[cf.] juror 한 명의 배심원

| iurare에서 파생한 단어

perjury 위증

- **wig** **가발** ↢ 머리털과 유사하게 만들어 착용하는 것

  [이탈리아어] perrucca = periwig 가발 ★wig는 periwig의 줄임말

- **attorney** **변호사, 법률대리인** ↢ 법정에서 피고, 원고를 변호하는 사람

  [고대프랑스어] atorner = assign 맡기다

  [cf.] Attorney General (미) 법무장관

- **barrister** **법정변호사** ↢ 영국의 상위 법원에서 변론(advocacy)할 수 있는 변호사

  [라] barra = bar 막대기, 빗장 ★16세기 중반 법학회관의 홀과 법학원의 평의원을 분리하던 철책(railing = bar)을 가리켜 barrister라 함

  [cf.] bar examination 변호사 시험 ★bar에는 막대기란 뜻 외에 변호사란 뜻이 있음

- **solicitor** **사무변호사** (solicit 간청하다) ↢ 서류 관련 업무나 법률 자문 등을 주로 하는 변호사

  [라] sollicitus = agitated 동요된

- **client** **의뢰인** ↢ 남에게 어떤 일을 맡긴 사람

  [라] clientem = follower 따르는 사람, retainer 보유자

- **confidentiality** **기밀** ↢ 외부에 드러나서는 안 되는 비밀

  [라] com 강조 접두사

  [라] fidere = trust 믿다

- **contingent fee** **성공보수** ↢ 의뢰인이 소송에서 이겼을 때 변호사에게 보수로 일정한 비율의 금액을 주는 것

  [라] com = together 함께 [라] tangere = touch 접촉하다

  [게] fehu = money 돈, wealth 부

  | fehu에서 파생한 외국어

  (독일어) Vieh 가축, 짐승

- **paralegal** **법률사무 보조원** ↢ 변호사의 업무를 보조해주는 법률 전문가

  [그] para = beside 옆에

  | para에서 파생한 단어

  near 근처에 | beyond ~를 초월하여 | on one side 한 면에

parastatal 준국가기관의 | paranormal 초자연적인

parapsychology 초심리학 (일반 심리학으로 설명할 수 없는 정신 영역을 다루는 학문)

parhelion/mock sun 환일 (幻日: 햇무리 밖에 나타나는 광륜(光輪) hēlios = sun 태양)

paraphrase 다른 말로 바꾸어 표현하다

parenthesis 괄호 (en = in 안에 + tithenai = place 놓다)

paronomasia 익살, 말장난 (onoma = name 이름)

parody 패러디 (ōidē = song 노래)

parachute 낙하산 (chute = fall 낙하)

paradigm 전형적인 예 (deiknynai = show 보여주다)

paraphernalia 신변 가까이 두는 물건 (pherne = dowry 지참금)

paraclete 중재자, 성령 (kalein = call 부르다)

palsy 중풍

paregoric 진정[진통]의, 진통제, 지사제 (agoreuein = speak in public 남들 앞에서 말하다)

paragon 귀감, 모범 | paralysis 마비 (lyein = loosen 느슨하게 하다)

parameter 한도

parish 교구, 교구주민들 (oikos = house 집) | paragraph 단락

parable 우화 (bolē = throwing 던짐)

parasite 기생충 (sitos = grain 곡물, food 음식)

paramecium 짚신벌레 (mēkos = length 길이)

paramedic 준의료 활동 종사자, 긴급 의료원

parasympathetic 부교감신경의

parenteral 비경구의 (enteron = intestine 내장)

paramedical 준의료활동의, 전문의를 보조하는

paresis 부전(不全)[경도(輕度)] 마비 (hienai = send 보내다)

paronychia 손톱[발톱] 주위염 (onyx = nail 손톱)

paracentesis (의학) 천자(술) (穿刺(術): 찌름술. 액체 흡인을 위하여 공동에 외과적 천자를 행하는 것 kentein = prick 찌르다)

paralax 시차 (視差: 관측 위치에 따른 물체의 위치나 방향의 차이 allassein = change 바꾸다)

parotid 귀밑샘, 이하선, 이하의

parenchyma (생물) 유[연]조직 (enkhyma = infusion 유입)

paroxysm 발작[폭발], 발작 (oxynein = sharpen 날카롭게 하다)

paranoia 편집증, 피해망상 (noos = mind 마음)

paraphilia 성적 도착, 이상 성욕 (philos = loving 사랑)

- **notary 공증인** ↔ 공증받을 증서를 작성하여 인증을 해주는 일을 하는 사람

  [동] notarize 공증하다

  [라] nota = shorthand character 속기 문자, note 메모

  [cf.] scrivener 대서인

- **affidavit 선서 진술서** ↔ 유언자가 자신의 의지대로 유언장을 작성했음을 증명하는 진술서

  [라] ad = to ~에게

  [라] fidare = trust 믿다

  | **fidare에서 파생한 단어**

  fiance 피앙세 (약혼자)

- **juror 배심원** ↔ 일반 국민 가운데 선출되어 재판에 참여하고 판단을 내리는 사람

  [라] iurare = swear 맹세하다 ★iurare는 라틴어 ius(law 법)에서 파생함

  [cf.] jurist 법학자

  | **ius에서 파생한 단어**

  de jure 법에 따라 | juridical 법률의, 사법의 | judicial 사법의, 재판의

  jurisprudence 법학 | adjuration 서원, 간청 | abjure 포기하다

  injury 부상

- **foreman 배심원 대표** ↔ 배심원들 중 우두머리 역할을 하는 사람

  [cf.] foreman에는 '건설현장의 감독'이란 뜻도 있다.

  [게] fura = before 앞에, 전에

  | **fura에서 파생한 외국어**

  (독일어) vor ~ 앞에 | (덴마크어) for ~앞에, ~전에

영장과 소환장

영장(warrant)은 체포, 가택 수색 등의 목적으로 발부되는 서류이다. warrant와 달리 subpoena는 증인이 법정에 출두하도록 명령하는 소환장을 가리킨다.

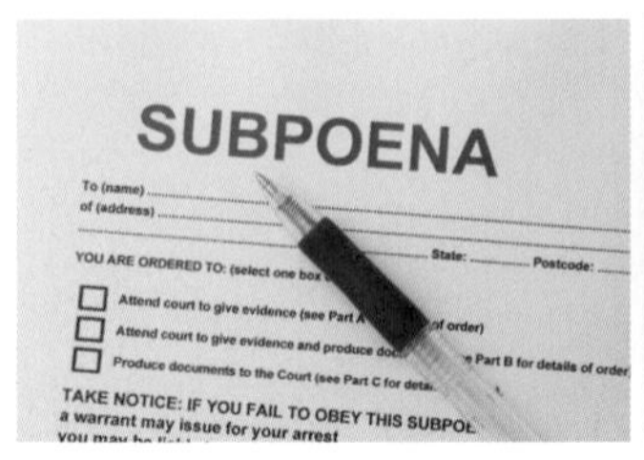

소환장

수색영장

용의자와 피해자, 증인과 증거

미드를 보면 FBI Federal Bureau of Investigation 요원들(agents)이나 경찰들(policemen)은 범인을 색출해내기(ferret out) 위해서 우선 용의자(suspect)를 추린다. 용의자는 범죄의 혐의가 확실치 않아 아직 입건 전인 수사 대상자이다. 반면 피의자는 입건되어 공소 전인 사람인데 영어로는 용의자와 마찬가지로 suspect라고 한다. 따라서 맥락에 따라 해석해야 한다. 범죄의 피해자는 victim, 범죄의 증인은 witness, 범죄의 증거는 evidence라고 하며 라틴어로는 corpus delicti 범죄의 증거라고 한다. 간접증거인 정황증거는 circumstantial evidence라고 한다.

어원 004 **영장과 소환장**

162

- **warrant 영장** ↢ 강제 처분을 허가하여 법원이 발부하는 서류
  ㉿ war = warn 경고하다, protect 보호하다
  cf. arrest warrant 구속영장 | confiscation warrant 압수수색영장
- **subpoena 소환장** ↢ 소송 관계인에게 날짜를 알려 법정 출석을 명령하는 서류
  ㉣ sub = under 아래에

[라] poena = penalty 처벌

| poena에서 파생한 단어

impunity 처벌받지 않음 (im = not 아닌) | punish 처벌하다

penal 처벌의 | repent 후회하다

- **agent** 요원, 대리인 ↔ 어떤 기관에서 일하는 사람

[라] agere = set in motion 작동시키다, do 하다

[cf.] agency 대행기관, 대리점

- **policeman** 경찰 ↔ 국민을 보호하는 일을 하는 사람

[그] polis = city 도시

- **ferret** 찾아내다, 탐색하다 ↔ 살피어 찾다

[고대프랑스어] fuiron = weasel 족제비, ferret 흰담비, thief 도둑

| 유의어

dredge 애써 캐내다 | root out 캐내다, 뿌리째 뽑다

dig up 파내다, 캐내다 | investigate 수사하다

quest 탐구하다, 탐색하다 | search 수색하다, 수색

eavesdrop 엿듣다, 도청하다 | pry 캐다, 들춰내다

scout 정찰하다 | spy on ~를 염탐하다

snoop 기웃거리다, 염탐하다 | peep 훔쳐보다

- **suspect** 용의자 ↔ 범죄의 조사 대상이 되는 사람

[라] sub = up to ~까지

[라] specere = look at ~를 보다

- **victim** 피해자 ↔ 범죄의 피해 대상이 된 사람

[라] victim = sacrificial animal 희생양으로 바치는 동물

- **witness** 증인 ↔ 소송 관련하여 목격한 바를 증언하는 사람

[인] weid = see 보다, know 알다

| weid에서 파생한 단어

advice 충고 | belvedere 전망대 | clairvoyant 천리안의

deja vu 기시감 | eidolon 환영, 허깨비

eidetic 직관적인 | evident 명백한

prudent 신중한 | wise 현명한

envy 부러워하다 | provide 제공하다 | supervise 감독하다

survey 조사하다 | purvey (식품, 서비스를) 조달하다

revise 개정하다 | review 검토하다

providence 섭리 | prevision 선지, 예견
visage 얼굴 | view 견해 | vista 전망, 경치
voyeur 관음증이 있는 사람
Veda 베다 (고대 브라만교 경전)

- **evidence 증거** ⊷ 재판 시 판결에 도움이 되는 특정 사실에 대한 근거
  ㉣ evidentia = proof 증거
  | **유의어**
  attestation 입증, 증거 | corroboration 보강증거, 확증 | proof 증거
  substantiation 실증, 증거 | testament 증거
  lead 실마리 | clue 실마리

수감

수사를 통해 용의자를 체포하여(arrest) 취조 및 증거/증인 확보를 거쳐 범죄 혐의가 확실하다고 판단되면 기소한다(be accused). 중범죄자라 판단되는 경우 재판 전까지 구류(detention, police custody)하고 최종적으로 징역형이나 금고형의 판결이 나면 교도소에 수감(imprisoned, confined)하게 된다. 징역형imprisonment, penal servititude은 교도소에 감금된 동안 벌로 노동을 시키는 형벌인 반면 금고형imprisonment without labor은 교도소에 가두기만 하는 것이다. 구류형detention은 형 판결sentencing 전에 유치장police cell이나 교도소에 가두는 것으로 형이 확정되기 전에 구류되었다면 형 확정 후에는 그 이전의 구류도 처벌받은 것으로 인정해준다.

감옥

jail 유치장

그리스 시대엔 감옥이 벌금을 내지 못하는 자를 가둬두는 용도였다. 그러다 로마에 와서 벌을 주는 수단으로 감옥을 이용하였던 것이 발전하여 오늘날의 감옥이 되었다. 경찰서에 있는 유치장은 lockup 또는 police cell, police jail 등으로 말한다.

jail은 단기 감금을 목적으로 하는 감옥이며 장기 감금을 목적으로 하는 감옥은 prison 혹은 penitentiary라고 한다. 특히 중범죄자들을 수감하는 연방교도소를 penitentiary라고 하는데 라틴어 paenitere cause regret 후회하게 만들다에서 생겨난 표현으로, '감화원'이란 뜻도 있다. 소년원은 juvenile detention centers라고 한다. 또, 전쟁 포로가 재판받지 않고 감금되는 포로 수용소는 internment camp 혹은 concentration camp라고 한다.

prison 감옥

감방과 재소자

교도소 내 개개의 감방은 cell이라고 한다. 죄수들에게 음식을 넣어주는 감방의 구멍은 chuck hole이라고 하는데 이곳으로 음식을 툭 밀어 넣으면shove 재소자들이 식사를 하게 된다.
재소자는 영어로 inmate라고 한다. 재소자들을 감시하는 행위는 surveil감시하다이라 하고, 감시하는 간수, 즉 교도관은 prison officer, warder(남), wardress(여), prison guard 등의 단어로 표현한다. 교도소장은 warden이나 prison governor라고 한다.
참고로, 미국 교도소 내에서 담배가 화폐currency 대용으로 사용되는 것이 금지된 후로는 고등어 통조림a pack of mackerel이 화폐 대용으로 사용되고 있다.

어원 005 **수감**

163

- **arrest** **체포하다** ← 피의자를 잡아서 일정 기간 유치하다
  [라] ad = to ~에게
  [라] restare = stop 멈추다, remain behind 뒤에 남아있다
- **accuse** **기소하다, 비난하다** ← 형사사건에 대하여 공소를 제기하다
  [라] ad = with regard to ~에 관해
  [라] causa = cause 원인, lawsuit 소송
- **detention** **구류** ← 피의자를 교도소(prison)나 경찰서 유치장(jail)에 가둬두는 처분 ★형이 확정되기 전에 구류되면 형 확정 이후 그 이전의 구류 일수도 처벌받은 일수로 인정함
  [라] detinere = hold back 저지하다
  [cf.] be in detention / be taken under police custody 구류되다

- **imprisoned** **수감된** ⊷ 감옥에 가둬진

  [라] im = in 안에

  [라] prehendere = take 데리고 가다

  [cf.] incarcerated 감금된

- **confined** **수감된** ⊷ 감옥에 가둬진

  [라] confinare = border on ~에 아주 가깝다

  [cf.] solitary confinement 독방감금

- **jail** **유치장** ⊷ 단기간 경찰서 내에 가둬두는 곳

  [라] cavea = cage 새장, 우리

- **prison** **교도소** ⊷ 징역형이나 금고형, 유치나 구류 처분을 받은 사람, 재판 중에 있는 사람 등을 수용하는 시설

  [라] prehendere = take 가져가다

- **penitentiary** **교도소** ⊷ 미국의 주 교도소 혹은 연방교도소

  [라] paenitere = cause regret 후회하게 만들다

  | **paenitere에서 파생한 단어**

  penitent 참회하는 | penitential 뉘우치는 | impenitent 뉘우치지 않는

- **internment camp** **포로 수용소** (internment 억류) ⊷ 포로를 가두어두던 시설

  [라] internus = within ~내에, internal 내부의

- **cell** **감방** ⊷ 교도소에 죄수를 수감하는 방

  [라] cella = small room 작은 방

- **inmate** **재소자** ⊷ 감옥에 갇혀 있는 사람

  [게] in = inside 안에서

  [게] ga-matjon = one having food together 음식을 함께 먹는 사람

- **surveil** **감시하다** ⊷ 죄수들의 안전과 폭력 예방을 위해 그들의 행동을 면밀히 살피다

  [명] surveillance 감시

  [라] sur- = over 너머로

  [라] veiller = watch 지켜보다

- **warder** **교도관** ⊷ 교도소에서 근무하는 공무원

  [게] wardon = guard 지키다

형량 선고

sentence는 '(형량 혹은 유무죄를) 선고하다'란 뜻이며 재판을 받고 징역형이나 금고형이 선고된be sentenced 피고인은 교도소에 보내진다.

사형

최고 형벌인 사형은 capital punishment 또는 death penalty라고 하는데, capital의 라틴어근 caput은 head머리를 가리킨다. 예전엔 머리를 매달아 교수형(hanging)에 처한 데서 유래한 표현인 듯하다. 과거에는 교수형hanging 외에도 참수beheading, 총살death by firing squad, 화형burning at the stake 등의 형태로 죄인의 목숨을 거둬갔는데, 인간사회가 고도로 문명화되면서 현재엔 많은 국가들이 사형을 금지하고 있다.

법원의 명령

참고로 법원이 심리 중인 사건에 대한 정보를 공표하지 못하게 하는 금지령을 gag order보도 금지령, 함구령라 하고, 위협을 가하는 사람의 접근을 금지하는 명령을 restraining order접근금지 명령라고 한다.

어원 006 **형량 선고**

164

- **sentence** (형량 혹은 유무죄를) 선고하다 ← 형벌의 양을 비롯해 유무죄에 대한 판결을 내리다

  ㊣ sentire = be of opinion 의견이다

  | sentire에서 파생한 단어

  sentinel 보초병, 감시병

  sensory 감각의 | sentient 감각이 있는

  sensorium 감각중추, 지각기관 | presentiment 예감

  resent 분하게 여기다

  assent 찬성하다, 승인하다 | consent 동의하다

  dissent 반대하다 | consensus 의견 일치

- **capital punishment** 사형 ← 목숨을 끊는 형벌

[라] caput = head 머리

[라] punire = punish 처벌하다

- **hanging** **교수형** ↔ 목매달아 죽이는 것

  [게] hanhan, hanganan = hang 매달다, 처지다

  | **hanganan에서 파생한 외국어**

  (네덜란드어) hangen 교살당하다

  (독일어) hängen 매달다, 교수형에 처하다

- **gag order** **보도 금지령, 함구령** (gag 재갈) ↔ 어떤 일의 내용을 말하지 말라는 명령

  [고대노르웨이어] gagháls = with the neck thrown back 목이 뒤로 젖혀진 채

  [라] ordinem = row 열, line 줄, rank 계급

- **restraining order** **접근금지 명령** ↔ 가해자가 피해자의 주거지나 직장 따위로부터 100미터 이내에 접근하지 못하게 하는 명령

  [라] re- = back 다시

  [라] stringere = draw tight 꽉 당기다

그 밖의 법 관련 표현들

- **민법의 종류**

  family law 가족법 | contract law 계약법

  property law 재산법 | tort law 불법행위법

- **법과 범죄 관련 용어**

  penal system 법 제도 | decree 법령

  statutory 법에 명시된 | binding 법적 구속력이 있는

  drug offender 마약사범 | espionage 간첩행위

  first offense 초범 | first offender 초범자

  recivitism 재범 | second conviction 재범

crack down 단속하다 | sweep = mop up = root out 소탕하다
be caught red-handed 현장에서 들키다

• **범죄의 종류**

murder 살인 | first-degree murder 1급 살인
trespassing 침입 | rape 강간
assault and battery 공갈폭행 | theft 절도 | extortion 갈취
dacoity 약탈 | burglary 절도 | larceny 절도 | fraud 사기
aid and abetment 방조 | conspiracy 공모 | accomplice 공모자
forgery 위조 | arson 방화 (cf. arsonist 방화범)
narcotic crime 마약범죄 | hate crime 혐오 범죄
treachery 반역 | treason 반역 | traitor 반역자
child solicitation = abduction = kidnap 유괴
blackmail 공갈협박(하다) | human trafficking 인신매매
prostitution 매춘 | concealment 은닉 | smuggling 밀수

• **도둑/강도/사기 관련 표현들**

steal 훔치다 | embezzle 횡령하다, 착복하다
pickpocket 소매치기 | shoplifting 들치기 | petty theft 좀도둑질
pilferage 좀도둑질 (cf. pilfer 좀도둑질하다) | filch 좀도둑질을 하다
ganef 좀도둑, 깡패 | armed robbery 무장강도(행위)
bank burglar 무장강도(사람) | mugging 노상강도
get mugged 노상강도를 당하다 | carjacking 자동차 강탈
extortion 갈취 | bandit 산적, 노상강도
looting 약탈 | copycat crime 모방범죄
charlatan/crook/swindler/fake/trickster/conman 사기꾼
imposter 남의 이름을 사칭하는 사람
confidence man 신용사기꾼 | scam 신용사기, 사기, 사기를 치다

- **살인 관련 표현들**

blood stain 혈흔 | on-site inspection 현장 검증

voluntary manslaughter 고의적 살인

involuntary manslaughter 과실치사 (accidental killing = accidental homicide)

suicide 자살 | genocide 대량살육 (mass murder)

premeditation 계획 범죄 | poisoning 독살

contract killer 청부살해업자 | premeditated murder 계획 살인

assassin(ator) 암살범 | assassination 암살

stab to death 찔러 죽이다 | be strangled to death 교살당하다

be shot to death 총맞아 죽다

- **소송/판결/감옥 관련 용어**

indictment 기소 | arbitration 중재

litigant 소송당사자 | jurisdiction 관할권, 사법권

rule 판결하다 | ruling 판결 | verdict 판결

plead guilty 유죄를 인정하다 | innocent 무죄인

win a case[suit] 승소하다 | lose a case 패소하다

appeal against a court decision 법원 결정에 대해 항소하다

self-defense 정당방위 | fine 벌금

probation 집행유예 | enforcement 집행

be sentenced for life 무기징역을 선고받다

execution 사형 | executioner 사형집행인

parole 가석방 | pardon 사면하다

special amnesty[pardon] 특별사면

dungeon 지하감옥

- **투옥의 목적**

rehabilitation 갱생 | deterence 억제, 저지 | incapacitation 무력화

전쟁과 군대

War & Army

There is no flag large enough to cover the shame of killing innocent people.

무고한 이들을 죽인 부끄러움과 죄책감을 가릴 만큼 커다란 깃발은 없다. - Howard Zinn

인류의 역사는 전쟁war의 역사라 해도 과언이 아니다.
수많은 무고한innocent 이들의 피로 얼룩진 커다란 전쟁을
인류는 수차례 경험했다.

하지만 아직도 전쟁은 끝나지 않았다.
지금 내가 있는 곳이 평화로울peaceful진 몰라도
세계 곳곳에서는 종교religion 또는 이해관계interests로 인해
전쟁을 자행하는 이들이 있고
그 속에서 피 흘리는 무고한 이들이 있다.

지금은 평화로워 보여도
전쟁은 언제나 발발할 수 있다는 불안이 우리와 함께 한다.
그래서 국가는 평화로운 시대에도
군대army를 갖추고 군대를 정비한다.
지금의 평화를 지키기 위해서…

군대가 필요 없는 세상이 온다면 얼마나 좋을까!

Peace cannot be kept by force.
It can only be achieved by understanding.

평화란 무력으로 유지되는 것이 아니다.
평화란 오직 이해를 통해 쟁취되는 것이다. - Albert Einstein

전쟁

인류가 존재해온 이래로 인간은 자원을 차지하기 위한 경쟁을 하며 무수한 전쟁을 치뤄왔다. 전쟁(war)은 흔히 무수한 전투(battle)로 이루어져 있다. 전쟁은 대규모의 무력 충돌(armed conflict)이다. 역사상 사망자수fatalities가 가장 많았던 전쟁은 5천 명 이상의 인명을 앗아간 2차 세계대전이다.

아마겟돈

성서에 나오는 지구 종말에 펼쳐지는 대전쟁 Armageddon아마겟돈은 히브리어 Har MegiddonMount of Megiddo 메기도 산으로 팔레스타인에 있는 도시의 명칭이며 arma란 어근에서 생겨난 단어가 아니다.

전략과 전술

전쟁warfare에서 이기기 위해 짜는 전반적인 계획을 strategy전략라고 한다. 이러한 전략을 구체적으로 실행에 옮기기 위해 펼치는 군사기동(military maneuvers) 및 배치disposition 등의 기술을 tactics전술라고 한다. 전략strategy이 장기간의long-term 큰 그림을 그리는 것이라면 전술tactics은 그 큰 그림을 세세히 구체적으로 메워가는 작업인 셈이다.

병참업무

군사작전에 필요한 인원과 물자를 보급, 관리하는 업무를 병참업무, logistics라고 한다. 만일 군대에 식량이 떨어져 군사들이 전쟁을 치를 수 없다면 적군enemy에게 패배할 수밖에 없으므로 전쟁에서 가장 중요한 분야 중 하나이다. 일반용어로 logistics는 '실행계획' 혹은 '물류'의 뜻으로 사용된다.

어원 001 전쟁

165

- **war** 전쟁 ↔ 무력을 사용한 국가 간의 싸움

  ⓘ wers- = confuse 뒤죽박죽이 되게 하다

| 유의어

warfare 전쟁, 전투 | hostility 적의, 교전 | engagement 교전

battle 전투 | combat 전투 | fighting 전투, 투쟁

bloodshed 유혈 사태 | conflict 물리적 충돌

strife 불화, 분쟁 | enmity 반목

- **battle 전투** ↢ 두 편의 군대가 조직적으로 무장하여 싸우는 것

  [라] batuere = beat 물리치다

- **armed conflict 무력 충돌** ↢ 군사상의 힘을 이용한 싸움

  [라] arma = weapons 무기

  [라] com = with 함께 fligere = strike 치다

  | arma에서 파생한 단어

  armament 군비 | armature 갑옷 | armor 철갑 | armory 무기고

  army 군대 | armistice 휴전 (stā- = stand 서다) | armada 함대

- **strategy 전략** ↢ 전쟁을 전반적으로 이끌어가는 책략

  [그] strategos = commander of an army 군대의 지휘자

- **military maneuver 군사기동** ↢ 전투에서 부대를 이동시키는 작전

  [라] miles = soldier 군인

  [라] manu = hand 손 [라] operari = operate 작동하다

- **tactics 전술** ↢ 전쟁 또는 전투에서 이기기 위해 펼치는 기술과 방법

  [라] taxis = disposition of an army 군대의 배치

- **logistics 병참업무, 물류** ↢ 군사 작전에 필요한 인원과 물자를 보급하는 것

  [고대프랑스어] logeiz = encampment 야영

전쟁의 형태

내전

미국의 남북전쟁1861~1864처럼 한 국가 내에서 발생하는 전쟁은 내전, civil war라고 한다. civil시민의은 라틴어 civistownsman 읍맨에서 나왔으니 같은 마을사람들끼리의 전쟁인 셈이다. 미국의 남북전쟁은

우리의 '625사변'과 같은 역사적 사실이므로 고유명사로 취급해 the Civil War라고 표기한다.
세상에서 가장 오랜 기간 펼쳐진 내전은 미얀마와 소수민족 카렌족 사이의 70년 이상의 내전으로 알려져 있다.

전면전과 국지전

전면전(full-fledged war) 대신 제한된 지역에서 발생하는 전투는 국지전(brushfire war, local war)이라고 한다.

테러리즘

테러 행위를 영어로는 terrorism이라고 한다. 이는 정치적 목적을 달성하기 위해 행하는 폭력 행사로, 요구를 들어줄 수 있는 해당 기관에 어필하기 위해 해당 기관에 직접적인 폭력 행사를 하기보다는 무고한 시민이나 대중들을 볼모로 삼아 위협하는 경우가 많다.
terrorism이란 용어는 프랑스 혁명 중의 테러를 가리키기 위해 처음으로 사용되었지만 후에는 정치적 영향력을 행사하기 위해 정부나 해당 기관을 대상으로 행해지는 폭력 행사를 가리켜왔다. 자살폭탄(suicide bombing), 비행기 납치(hijacking), 자동차 폭파car bombing 등이 테러리즘의 형태들이다.

알카에다

대표적인 테러리스트 단체로는 911테러의 주범이자 수니파 이슬람교도인 오사마 빈라덴을 주축으로 형성된 Al-Queda알카에다를 꼽을 수 있다.

IS

IS 활동 지역

수니파는 무함마드의 언행인 수나Sunnah를 따르는 종파로 이슬람교의 90%(시아파Shi'a 10%)를 차지하는데 그 중 급진적 수니파인 Islamic State, 일명 IS는 코란의 교의(tenet)를 따르는 이슬람교도인 와하브파Wahhabi 군사단체이다. 알카에다의 이라크 하부 조직으로 출발하였는데 현재엔 이라크와 시리아가 주활동무대이다.

어원 002 전쟁의 형태

166

- **full-fledged** 전면적인, 깃털이 다 난 (fledge (새 새끼가) 깃털이 다 나다) ↔ 광범위하게 벌어지는
  - ㉓ flugja- = feather 깃털
- **brushfire war** 국지전 ↔ 제한적 지역에서 발생하는 전투
  - (고대프랑스어) broce = bush 관목
  - ㉓ fūr- = fire 불
  - | **fūr에서 파생한 외국어**
  - (네덜란드어) vuur 불, 화재 | (독일어) Feuer 화재
- **local** 지역적인 ↔ 지역에 속한
  - ㉑ locus = spot 장소
- **terrorism** 테러리즘, 테러 행위 ↔ 정치적인 목적을 위한 직간접적 폭력 행사
  - ㉑ terrere = frighten 겁을 주다
  - | **terrere에서 파생한 단어**
  - deterrent 제지하는 것 | deter 제지하다 | terror 공포
  - terrific 아주 좋은, 훌륭한 | terrible 끔찍한, 지독한
- **suicide bombing** 자살폭탄 ↔ 남을 살상하거나 건물 등을 파괴하기 위해 자기 몸에 폭탄을 설치하여 자신도 죽는 것
  - ㉑ sui = of oneself 자신에 의한
  - ㉠ bombos = deep and hollow sound 깊고 허허로운 소리
- **hijack** 비행기를 납치하다 ↔ 불법적으로 비행기를 장악하여 자신이 원하는 곳으로 끌고 가다
  - ★20세기 초반에 생겨난 미국영어로 high(way 길)와 jacker(one who holds up 떠받치는 사람)가 합쳐진 것으로 보임
  - cf. 사람을 '납치하다'고 할 때는 kidnap이나 abduct를 쓴다.
- **Al-Queda** 알카에다 ↔ 오사마 빈 라덴이 이끈 과격 이슬람 테러단체
  - (아랍어) qaida = base 토대
- **tenet** 교의 ↔ 종교의 가르침
  - ㉑ tenet = he holds 그가 쥐다
  - | **유의어**
  - doctrine 교리, 교의, 주의, 신조 | creed 교리, 신념

credo 신조 | dogma 교리, 교의, 신조 | canon 규범, 계율
persuasion 종교적 신념, 신앙 | faith 신념

세계대전

1차 세계대전

1914년 오스트리아-헝가리 제국의 후계자인 대공(archduke) 프란츠 페르디난트Franz Ferdinand가 세르비아의 국수주의자nationalist 가브릴로 프린치프Gavrilo Princip에 의해 암살되면서assassinated 1차 세계대전이 발발되었다. 프랑스, 대영 제국, 러시아 제국, 이탈리아, 미국, 일본으로 구성된 연합군the Allies과 오스트리아-헝가리 제국, 독일, 오스만 제국오늘날의 터키, 불가리아로 구성된 추축군the Central Powers 간에 치러진 1차 세계대전은 1918년 연합군의 승리로 끝났다.

1차 세계대전 연합군과 추축군의 복장

2차 세계대전

1939년 독일이 폴란드를 침략하면서 제2차 세계대전이 시작되었고, 후에 독일의 소련 침략(invasion), 일본의 진주만 공격(attack) 등이 이어졌다. 영국, 프랑스, 미국, 소련을 중심으로 한 연합군과 독일, 이탈리아, 일본을 중심으로 한 추축군(the Axis Power) 간에 치러진 2차 세계대전은 연합군의 승리와 히틀러의 자살로 1945년 끝이 났다.

어원 003 세계대전

167

- **archduke** 대공 ↔ 유럽 왕가의 황태자

  [그] arkh, arkhi = chief 주요한

  [라] dux = leader 지도자 ★dux는 인도게르만공통조어 deuk(lead 이끌다)에서 파생함

  | **dux에서 파생한 단어**

  ducal 공작의 | duchess 공작부인 | doge 총독

  | **deuk에서 파생한 단어**

  adduce 제시하다 | conduce 이바지하다 | deduce 추론하다

  induce 유도하다, 설득하다 | introduce 소개하다

  produce 생산하다 | subduce 제거하다

  seduce 유혹하다 | traduce 비방하다

  abductor 유괴범 | aqueduct 수로

  conduct 행동 | conduit 도관, 전선관 | circumduction (의학) 순환운동

  dock 부두 | ductile 잡아 늘일 수 있는

  transducer 변환기 | taut 팽팽한, 긴장된

- **invasion** 침략 ↔ 남의 나라에 쳐들어감

  [라] in = in 안에

  [라] vadere = go 가다, walk 걷다 ★vadere은 인도게르만공통조어 wadh(go 가다)에서 파생함

  | **vadere에서 파생한 단어**

  pervade 스며들다, 만연하다 | evade 피하다, 모면하다

  | **wadh에서 파생한 단어**

  wade 헤치며 걷다

- **attack** 공격 ↔ 무력으로 적을 치는 것

[이탈리아어] attacco = attack 공격

- **the Axis Power 추축군** ↔ 2차 세계대전에서 연합군과 맞서 싸운 나라들 (나치 독일, 제국주의 일본, 파시스트 이탈리아)

  [라] axis = axle 차축, pivot 중심축

  [라] potis = powerful 강력한 ★potis는 인도게르만공통조어 poti(powerful 강력한)에서 파생함

  | **poti에서 파생한 단어**

  potent 강한, 센 | potential 잠재력 있는 | potentiate 강력하게 하다

  omnipotent 전지전능한 | impotent 발기 부전의, 무력한

  potentate 강한 통치자 | potency 힘, 성행위 능력

  despot 폭군 | compos mentis 마음이 안정됨

무기

무기의 발전

총포가 발명되기 전인 중세에는 긴 창(lance), 창(spear), 방패(shield) 등이 주 무기(weapon)였다. 근대에 과학기술이 발달하면서 탄환을 발사할 수 있는 총포firearm 등 군사 무기도 발달에 발달을 거듭해 현대에는 생화학 무기chemical and biological weapon와 핵무기nuclear weapon까지 등장했다. 국제 사회는 1차 세계 대전 이후 거듭하여 생화학 무기의 사용을 금지해왔고, 2017년 핵무기 금지조약the Treaty on the Prohibition of Nuclear Weapons을 통해 핵무기의 사용도 금지되었다.

탄알과 화약

탄알과 화약을 ammunition탄약이라고 하며 탄약고는 ammunition storage나 dump 또는 magazine이라고 한다. 일반적으로 '잡지'로 알고 있는 magazine이 군대에서는 '탄약고'란 의미로 쓰인다는 점이 재미있다. 전체 무기를 보관하는 무기고는 armory이다.

어원 004 무기

168

- **lance** 긴 창 ← 긴 나무 자루 끝에 뾰족한 쇠촉을 박은 창

  [라] lancea = light spear 가벼운 창

  | **lancea에서 파생한 외국어**

  (스페인어) lanza 창

- **spear** 창 ← 나무 자루 끝에 뾰족한 쇠촉을 박은 창

  [인] sper = Spear 창

  | **spear에서 파생한 외국어**

  (독일어) speer 창

- **shield** 방패 ← 칼, 창, 화살 등의 공격을 막는 데 쓰는 무기

  [게] skel = divide 나누다 ★같은 어근에서 scale(비늘)이란 단어가 생겨남

  | **skel에서 파생한 외국어**

  (네덜란드어) schild 방패 | (독일어) Schild 방패

- **weapon** 무기 ← 전쟁에 사용되는 도구

  [게] wæpnan = weapon 무기

  | **wæpnan에서 파생한 외국어**

  (독일어) Waffe 무기, 병기

- **ammunition** 탄약 ← 탄알과 화약 등 무기가 화력을 내는 데 실질적인 역할을 하는 재료

  [라] munire = fortify 강화하다

- **magazine** 탄약고 (일반적으로는 '잡지') ← 탄약이나 포탄을 저장하여 두는 창고

  [아랍어] makhzan = storehouse 창고

  ★탄약을 보관하는 곳이 탄약고이고 정보를 보관하는 곳이 잡지라고 이해해 보자.

  | **makhzan에서 파생한 외국어**

  (스페인어) almacen 창고, 탄창

- **armory** 무기고 ← 무기를 보관하는 창고

  [라] arma = weapons 무기

  | **arma에서 파생한 단어**

  armament 군비, 무기, 예비군 훈련장 | armada 함대 | army 군대

  armistice 정전, 휴전 | armature 갑옷, 방호기관 | armor 갑옷, 철갑

armoire 장식장 (armarium = place for tools 도구 보관함)

arm 무장시키다

군대

군대와 군단

군대(army)의 군사령부headquarters는 그 휘하에 여러 조직이 있다. 여러 개의 사단division으로 구성된 것이 군단(corps)이다.

군사령관은 '대장 general'이며, 군단장은 '중장 lieutenant general'이다. lieutenant는 다른 계급 앞에 쓰이면 바로 그 계급의 아래 계급을 가리킨다. 그래서 general대장 앞에 lieutenant를 붙이면 중장이 되는 것이다. 한국 군대에서는 대장이 별 네 개로 가장 높은 직위이며 별 다섯 개는 국가원수를 뜻한다.

여단

사단(division) 밑에 있는 여단은 brigade라고 한다. 사단의 최고 지휘관인 사단장division commander은 '소장 major general'이 맡으며, 여단의 최고 지휘관인 여단장brigadier general은 흔히 '준장 brigadier'가 맡는다. 참고로 대장, 중장, 소장을 통틀어 장성general이라 일컫는다.

연대

여단 밑의 연대(regiment)는 흔히 두 개의 대대battalion로 이루어진다. 연대장은 '대령 colonel'이다. 참고로, 중세 유럽에서 전쟁 시에 봉주가 모집했던 최전방 부대였던 것이 연대로 발전하였다 한다.

대대, 중대, 소대

연대 밑에는 대대(battalion), 대대 밑에는 중대(company), 중대 밑에는 소대(platoon)가 있다. company는 라틴어 with함께와 panisbread 빵가 합쳐진 단어이다. 즉 함께 빵을 나눠 먹는 관계의 전우들이 모여 있는 곳이 중대인 셈이다. 대대를 이끄는 대대장은

'중령 lieutenant colonel'이다. 중대를 이끄는 중대장은 '대위 first lieutenant'이다. 소대를 이끄는 소대장은 '소위 second lieutenant'이다.

분대

소대 밑에는 분대(squad)와 공격부대fireteam가 있다. 분대를 이끄는 사람은 '병장 sergeant'이다. 병장 밑에 '상등병 corporal', '일등병 private first class', '이등병 private'이 있다.

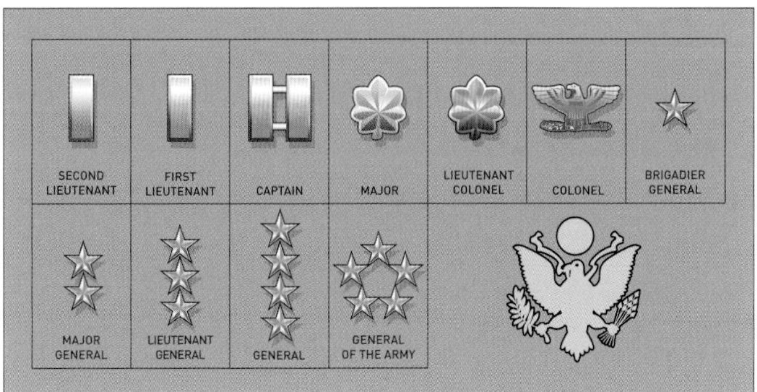

군견

미국의 군견military working dog 프로그램을 담당하는 곳은 육군이 아니라 공군이다. 군견에게는 군견 훈련사handler보다 한 계급 높은 부사관noncommissioned officer의 직급을 부여한다. 군견이 맡은 임무도 중요할 터이지만 사람들이 학대하는 것도 방지할 수 있으니 묘수인 듯!

어원 005 군대

169

- **army** 군대 ↤ 군인의 집단

  [라] armatus = armed 무장한

- **corps** 군단 ↤ 군과 사단의 중간

  [라] corpus = body 몸, 단체

  | corpus에서 파생한 단어

  corpse 시체 | corporeal 형체를 가진, 물질적인

  corporal 육체의, 상등병 | corporate 기업의 | incorporated 주식회사

  corpuscle 혈구 | corpulent 뚱뚱한 | incorporate 포함하다, 설립하다

- **general** 대장 ↞ 원수의 아래, 중장의 위

[라] generalis = relating to all 모두와 관계된, of a whole class 전체 무리 중의

- **lieutenant general** 중장 ↞ 대장(大將)의 아래, 소장의 위

[고대프랑스어] lieu = place 자리

[고대프랑스어] tenir = hold 지니다

[cf.] lieutenant 중위, 소위

- **division** 사단 (일반적으로는 '분할, 분과') ↞ 군단의 아래, 여단의 위

[라] dividere = divide 나누다

- **brigade** 여단 ↞ 보통 2개 연대로 이루어지며 사단보다 규모가 작음

[이탈리아어] briga = strife 싸움

[cf.] brigadier 여단장 (brigadier general), 준장

- **regiment** 연대 ↞ 여단의 아래, 대대의 위

[라] regere = direct 지휘하다

| **regere에서 파생한 단어**

erect 똑바로 선, 세우다 (e = up 위로) | rector 교구목사

reign 통치, 통치하다 | regime 정권

rex 국왕 | regal 제왕 | regent 섭정 | region 지역

regimen 식이요법 | rectum 대장 끝의 직장

rail 난간 | surge 치밀어 오름 (sub = up from below 아래에서 위로)

correct 수정하다 | direct 지시하다

- **colonel** 대령 ↞ 준장의 아래, 중령의 위

[라] columna = pillar 기둥

- **battalion** 대대 ↞ 중대의 위, 연대의 아래

[라] bauttere = beat 물리치다

- **company** 중대 (일반적으로는 '일행, 회사') ↞ 소대의 위, 대대의 아래

[라] com = with 함께

[라] panis = bread 빵

- **platoon** 소대 ↞ 분대의 위, 중대의 아래

[프] peloton = platoon 소대, a group of people 사람들

- **squad** 분대 ↞ 보병 부대 편성의 가장 작은 단위.

[라] ex- = out 밖으로

[라] quadrare = set in order 정돈하다

• **sergeant** 병장 ↞ 사병 계급 중 가장 높은 계급

[고대프랑스어] sergent/serjant= servant 하인, soldier 군인 ★sergent/serjant는 라틴어 servire(serve 봉사하다)에서 파생함

| servire에서 파생한 단어

subservient 굴종하는

• **corporal** 상등병 ↞ 병장의 아래, 일등병의 위

[라] caput = head 머리

육해공군

육군 병과

육군army, ground force은 병과에 따라 전투병과인 보병(infantry), 전투지원병과인 포병(artillery), 공병(military engineer), 통신병(signal corpsman) 등으로 나뉜다. 예전에는 말을 타고 전투에 참여하는 기병(cavalry)이 있었으나 요즘에는 폐지되었다.

육군특수작전사령부

미국 육군특수작전사령부the United States Army Special Operations Command 하에는 일명 night stalker라 불리는 특수작전항공사령부Special Operations Aviation Command, 일명 green beret이라 불리는 특전단Special Forces Group, 그리고 일명 Ranger레인저라 불리는 기습공격연대Ranger Regiment를 포함하고 있다. 레인저들의 특성을 잘 나타내주는 단어는 raid급습이다.

공군, 해군, 해병대

공군은 air force, 해군은 navy, 해병대는 the Marine Corps라고 부른다. 해군의 특수부대는 SEAL(SEa, Air, Land)이라고 한다. 해병대는 해군과 육군을 보조해주는 보병부대로 흔히 해군에 속해 있다. 해병대는 전투에 가장 먼저 투입되는 지상작전군boots on the ground(BOTG)이다.

170

[어원 006] 육해공군

- **infantry 보병** ← 육군의 주력을 이루는 전투병과의 군인
  [라] infantem = young child 어린아이
  [cf.] infant 영아
- **artillery 포병** ← 포 사격을 맡아 하는 병과의 군인
  [라] articulum = skill 기술
- **military engineer 공병** ← 건설, 측량, 폭파 등을 맡아 하는 병과의 군인
  [라] miles = soldier 군인
  [라] ingeniare = inventor 발명가, designer 디자이너
- **signal corpsman 통신병** ← 통신을 맡아 하는 군인
  [라] signum = sign 신호
  [라] corpus = body 몸
- **cavalry 기병** ← 말을 타고 싸우는 군인
  [라] caballus = horse 말
- **air force 공군** ← 공중에서 공격과 방어를 하는 군대
  [그] aēr = mist 엷은 안개, haze 실안개
  [게] fortia = force 힘
  | fortia에서 파생한 외국어
  (스페인어) fuerza 기운, 힘 | (이탈리아어) forza 힘
- **navy 해군** ← 바다에서 공격과 방어를 하는 군대
  [라] navis = ship 배
- **the Marine Corps 해병대** ← 육지와 바다 둘 다에서 싸울 수 있는 부대
  [라] mare = sea 바다 ★라틴어 mare는 인도게르만공통조어 mori(body of water 물이 모여 있는 곳)에서 파생함
  | mori에서 파생한 단어
  mere 호수, 연못 | mare 바다 (화성, 달 표면의 어두운 부분)
  marina 정박지 | marine 바다의 | submarine 잠수함, 바다 속의
  aquamarine 연한 청록색 | ultramarine 군청색의
  mariner 선원, 뱃사람 | maritime 바다의, 해양의
  morass 늪, 난국 | marsh 습지
  mermaid 인어 | merman 인어
  meerschaum 해포석(海泡石)

rosemary 로즈메리 허브 (해변 근처에서 자람)

Weimar 바이마르 (독일 중부의 도시)

marinate 양념장에 재워두다

- **raid 급습** ↔ 갑작스러운 공격

(고대영어) rad = ride 탑승, journey 여행, hostile incursion 적의 갑작스러운 등장

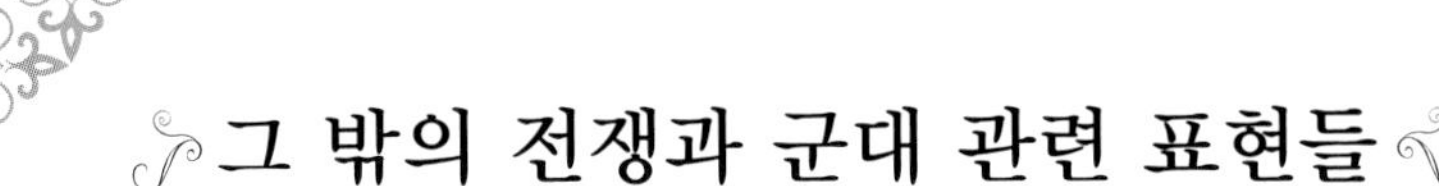

그 밖의 전쟁과 군대 관련 표현들

- **전쟁, 전투**

combat 전투 | conflict 충돌 | guerrilla warfare 게릴라전
skirmish 소규모 접전, 소전투 | armistice 휴전협정
crusade 십자군 전쟁 | war crime trial 전범 재판

- **무기**

arsenal 무기고 | musket 머스킷총 (과거병사들이 쓰던 장총)
submachine gun 따발총 | rifle 소총 | carbine 미국의 군용 소형소총
sniper rifle 저격총 | shotgun 엽총 | machine gun 기관총
handgun 권총 | revolver 회전식 연발 권총 | machine pistol 자동권총
autocannon 기관포 | artillery gun 대포 | cannon 대포, 기관포
gun 총 | bullet 총알 | projectile 발사체 | artillery shell 포탄
ballistic 탄도학의 | projectory 탄도 | barrel 총열, 총구 | bayonet 총검
armored vehicle 장갑차 | grenade 수류탄 | howitzer 곡사포
mortar 박격포 | mine 지뢰 | ordnance 포, 대포, 군수품
bombard 폭격하다 | fire 발사, 발포하다 | barrage 일제 엄호 사격
detonate 폭발시키다 | deflagration 폭연

- **징집**

conscription 징병 cf. recruit 징집하다, 예비군
draft 징병제도 | enlist 입대시키다
obligatory/compulsory/mandatory 의무적인
dodge military service 군복무를 회피하다
dishonorable discharge 불명예 제대

- **군인**

marshal 원수 | petty officer (하사, 중사, 상사, 원사를 통틀어) 부사관
admiral 해군장성, 제독 | combatant 전투부대, 전투원
chaplain 군대나 교도소의 사제
dog tags 군번줄 (serial number chain) | epaulet 장교복의 견장

- **군대와 부대, 군사훈련과 작전**

Ministry of National Defense 국방부
unit 부대 | reserve forces troop 병력, 부대
squadron 비행중대, 소함대 | field force 야전부대
flying column 유격대, 별동대 | fireteam 공격대
the Joint Chiefs of Staff 합동참모본부
convoy 호송대 | dispatch troops 파병하다
camouflage 위장 | maneuver 기동훈련 | at ease! 쉬어!
siege 포위작전 cf. under siege 포위당한
besiege 포위하다 | deter an aggression 침략을 저지하다
propaganda 적군의 선전 | morale 사기 | deployment 전개, 배치

- **군사시설**

trench 참호, 도랑 cf. entrench 단단히 자리잡게 하다
fox-hole 참호 | one-man foxhole 1인용 참호
barracks 병영 | brig 배에 있는 감옥 | garrison 군대의 진영

- **군인 휴가**

leave 휴가 | furlough 해외근무 중인 군인의 휴가

stand-down 군인의 포상휴가

- **대표적인 전쟁영화**

Im Westen nichts Neues (독일어 원제) 서부 전선 이상 없다 (영어 제목: All Quiet on the Western Front)

Saving Private Ryan 라이언 일병 구하기 | Hacksaw Ridge 핵소 고지

Apocalypse Now 지옥의 묵시록 | Dunkirk 덩케르크 | Fury 퓨리

Platoon 플래툰 | Black Hawk Down 블랙 호크 다운

- **기타 군대 관련 표현**

IRR (Individual Ready Reserve) 상근근무를 하지 않는 예비군

Snake Eater 특전단의 생존 훈련을 받는 병사

AE\WOL (Absent Without Official Leave) 무단이탈

chow hall (속어) 군인들의 식당 (= DFAC)

Post Exchange 군대 내의 매점

a cup of Joe 한 잔의 커피 (a cup of coffee)

bachelor officers' quarters 독신 장교 숙사 (BOQ)

catch flak 꾸중을 듣다, 비난을 받다

have boots on the ground 지상군을 투입하다

no man's land 양국군 사이의 중간(위험) 지역

Roger 알아들었다 (무선 교신 영어)

Geronimo! 간다! (낙하산병이 뛰어내리며 외치는 말)

Got your six. 제가 백업하겠습니다.

on the double 신속히

on the front lines 최전선에서 | balls to the wall 전속력으로

cf. bite the bullet 울며 겨자먹기로 하다

a loose cannon 어디로 튈지 모르는 사람

INDEX